学堂兴
师道立

蔡磊砢 等 编著

北京大学教育学科溯源（1902—1949）

商务印书馆
创于1897 The Commercial Press

京师大学堂管学大臣张百熙

京师大学堂旧址

光绪癸卯年（1903）京师大学堂暑假仕学师范合影

1907年京师大学堂优级师范科毕业生合影

京师大学堂旧址

北京大学第一院（红楼）大门

北京大学第三院大门

北京大学第二院大门

北京大学第二院大讲堂

北京大学第二院荷花池及西邻景

北京大學第二院及西齋全景

1930年教育学系毕业同学合影

1931年教育学系教员及本届毕业同学合影

1934年教育学系师生合影

1936年教育学系师生合影

1937年教育学系教授及毕业同学合影

创建于 1917 年的北京大学心理学实验室

北京大学心理学会

樊际昌"任重道远"题词

继续努力

蒋梦麟题

蒋梦麟"继续努力"题词

1931年教育学会合影

1932年教育学会合影

1932年教育学系参观团在开封观龙亭及潘杨二湖

1932年教育学系参观团在山东攀泰山

1932年教育学系参观团在济南观趵突泉

教育系参观团在济南青岛 • • •

1937年教育学系参观团在济南、青岛参观考察

蒋梦麟

国立西南联合大学师范学院大门

1946年国立西南联合大学结束暨昆明师范学院成立联欢纪念

陶铸人格，改进社会

刘云杉

四十不惑。

学科重建四十年之际，我们才开始认真整理百年前学科创建时先贤们的著述与活动：开设的课程、培养的学生、创办的学社……如同侦探，在陈旧的报刊、各种散落的著作中找寻蛛丝马迹，再拼图一般尝试复原旧时的图景：曾为这个学科做过贡献、曾在这个学系工作过的有名或者无名的人物，我们都恭敬地把他们请回来，并列在"人物小传"中；编年记载的史料辑录中，琐碎的小事与重要的大事，既被时间拉平，也诚实地镌刻着时间的厚度；我们试图重新进入当年的思考与论题，隔着岁月山河，有的论争虽中断，多数仍是今天的思虑。四十年忙于开疆拓土，院史整理是一趟迟到的回乡之旅，在书写族谱中，在和先辈们朝夕相伴中，我们把心思沉静下来，洗净彼此脸上的尘埃，显露出陌生中明晰的相似——隐秘却明确的精神连带，学科基因顽强地传递。

北京大学教育学科是危机催生的学科，有极强的家国情怀，既虑庙堂之高，更忧江湖之远："亡而存之，废而举之，愚而智之，弱而强之，条理万端，皆归本于学校。"在国与家之间，在教与化之间，从哪入手呢？彼时的认识既宏阔又温情，如何培育健康正直的道德情感？移风易俗，天下皆新，天下方宁，然而风俗习惯的转变是缓慢的，用鼓吹、宣传、政治和法律的方法来推行，药力或者太浮，或者太猛，成效有限;强根固体,最根本的途径是教育,靠的是教育的持久绵力,靠的是教育向下用力,往深使劲:1919 年 3 月,以"增进平民智识,唤醒平民之自觉心"为宗旨的北京大学平民教育讲演团成立,期望通过露天演讲的方法,实现教育普及与教育平等。许德珩讲演《勤劳与知识》,希望劳动人民可以做有知识的劳动者。1920 年 1 月,北大平民夜校正式开学,以"增进平民普通知识,改良社会"为宗旨,主要面向失学儿童和成人,蔡元培校长发表演说。陶孟和指出:"平民教育不只是劳动者的技能或是职业训练,而是能发展劳动者的精神,让劳动者体验到超出日常经验的文化生活,这才是劳动者尊严所在。"他转引魏奇(Eduard Weitsch)的话:劳动者对其从事的职业要有深远的眼光,"须以非常之精神,从事于故常之事业"。

教育根本,首重师资;办理学堂,首重师范。师范何以重要?清季赴日考察教育的官员发现,日本高等学校毕业生担任教师,虽于学理颇能胜任,往往不明教育原理,因而不能陶铸人格。用今天的话来说,学历高未必能胜任教师专业,教师有其专业特质:如何进入教育原理呢?教育有何特殊的方法意识与学习途径呢?其一,实地调查。1921年 8 月,蒋梦麟等发起组织了"实际教育调查社",取"从事实上调查,作实地的研究,以为实行改良的基础"之意;1923 年,北京高等教育访问社成立,其宗旨在"调查北京高等教育之详细状况,作精确的统计,以尽其研究教育之兴趣",其方法在"通函京中各专门大学,请其裁答,或绘就表格,送请填写"。其二,参观考察。参观之于教育,如同实验之于理化,同其重要,教育学系可无实验,而不能不参观。教育学系学生素有前往日本考察的先例,增长知识,以便借镜,大学学制、课程、图书馆、学术活动、青年思潮,均放在具体社会情势下做整体性的观与察、体与悟。其三,办学实验。研究教育不能仅是课堂听讲,或空探理论，所学不能与实际分离，知行相需，做中学，学且做，创设附属学校在教育学系发展的不同时期皆为要事，既供师生之实验，亦为全国树立楷模。

教育是一门实践的技艺，人是教育的中心，教育不能目中无人：未来的教师需要选择心术纯正、成绩优良者，择人尤为重要；育人则在生活，师生奉行生活教育。1935年北大试行导师制，教育学系先试行，师生之间相亲相近，性情相感相通，学业的熏陶、人格的涵养，皆在共同的教育生活中。

教育系为什么能这样活跃呢？第一，因为它有自己的学习团体——新教育社，这是在陶行知先生感召下产生的。第二，它有自己的工作中心——实验学校，而最重要的则是由于每一位同学对教育的目的有充分的了解，他们知道教育的对象应该是人民，教育的内容应该是生活，他们知道，"教育"不仅是教育别人，也是教育自己。

活泼的教育生活滋养了教育学人何种性情？何种精神？教育学人的心与教育实践是相通的，与社会生活是相通的。恰如钱穆先生所言：人文学科研究者"正须时时向外通气，正须在万变日新的人生大社会中求新呼吸，正须面对人群当前现实需要，把握人生当前现实问题，而使彼所研究的这一项学科，不断有新生命，有新创辟"。教育学系师生的论文，既能呼应宏大的教育危机，能通感社会痛痒关切处，他们思虑教育与生活的脱节，忧虑填鸭式的教学法，批评训育的分离，师生之间只是知识关系……有关切，才有思虑，也才有深究。置身真实的教育情境，面对诸多问题，教育的学问从来不是只看书本，只看圣贤，鹦鹉学舌，照抄照搬，对实践不知不问，对民生冷暖不知或知而不问，也如钱穆先生所言："不知不问，是不智；知而不问，是不仁。不仁，是情感上的麻木；不智，是理智上的糊涂。"教育的学问需用平民的情怀、实践的技艺磨砺教育学人的品格，使他们耳聪目明，既仁且智，通情达理，敬业乐群。

崇实的教育实践培植了教育研究何种学术品格？胡适在对杜威演讲的现场翻译中，夹带了不少自己的理解，他指出，一切学术方法所得之渊源，不外三种：（一）古代相传而来者；（二）由先进各国抄袭而来者；（三）以自己心思脑力经验，用科学的精神、试验的态度研究而得之者。前两项属于摹仿，皆有流弊，唯独第三项，绝无流弊。因此，试验的态度、试验的方法是教育研究最重要的方法论。试验表现为因地制宜，谨慎取舍，姜琦、邱椿在研究教育行政管理时，客观比较中央集权与地方分权各自利弊，在授权专家与尊重民众之间，在委员会制与领袖制之间，因事因人谨慎权衡，绝对中央集权、绝对地方分权都不可能，应走"允执阙中"的道路，需要折中的办法；绝对信任专家与绝对信任民众都不可能，最好办法是保持"黄金的中度"——如此判断与见识，今天仍让人信服。以试验态度面对世事，在复杂的情势中权变，这是教育研究的理智与通透。

北大教育学科的底色是通，在中西术语的"转译"、新旧话语的通融之间，学科不断确认自己的文化根基；在教育生活中，教与育是通的，师与生是通的，学术与实践是通的；面临共同的实践与问题，学人之间是相通的，学科之间也是相通的。通即不隔、不肢解、不分裂，通即通融、通透与通达。

这是我们学科建设走到今天，在科学化、制度化中越来越细密、越来越抽象，在卷入评估指标竞争的舍本逐末中，格外需要警醒的——快速奔跑中不可遗忘教育、教育学、教育研究的本原！

目　录

北京大学教育科系简史

概　况

办理学堂，首重师范。自京师大学堂开办之始，为了充实中小学师资，培养大学堂的生源便成当务之急。1902年京师大学堂师范馆设立，规定了《师范馆的课程分年表》，设立伊始即初成教育学科之概貌。然师资的养成并不可框定在某一学科范围之内，政经商法理工农等科皆须修习教育科目，给生徒以未来成为师资的可能。内忧外患之际，唤起民众的国民心态、发动民众投身时代洪流，是学子们的使命所在。平民演讲、教育研究和实验、出洋考察、参观调查等广泛开展，使学生们认识到富国强兵不可直达。师资既富，学自易兴，教育乃是修筑国家之根基、绵延学界之文脉的唯一通途。

1912年京师大学堂改称北京大学校，依教育部规定，大学文科哲学门下设中国哲学和西洋哲学，均设"教育学"科目，与时局相呼应。教育乃开启民智之重器，北大校内各门各系皆有学生成立教育类社团，自发研究教育。走出校门，鼓动民众参与教育，遂成一浓烈的教育研究之氛围。1924年秋国立北京大学教育学系①正式设立，但在此年以前，哲学系内已有教育科目之设，堪为前身。北京大学的办学宗旨是"以教授高深学术，养成硕学闳材，应国家之需要为宗旨，不仅在专门技术人才的养成"。教育学系依此原则，故于课程之规定，"不急急以

① 1924年北京大学成立教育学系，一段时期内对其存在"教育学系""教育系"两种不同的表述，本书正文统一为"教育学系"，但对史料部分中的"教育系"不做改动。

养成良好教师为目的，而对于一般学术知识之灌输，极其注重"①。此种特质，显与普通师范大学或大学内敷设之教育科不同。循着北大总体的办学方针，教育学系发展日新月异，特色鲜明，蓄势待发。

20世纪30年代，教育学系师生努力求发展，深知加紧教育事业之研究，至彼时而益呈刻不容缓之势，冀望扩充本系为北大教育院，创办实验学校。然1937年七七事变宣告了民族全面抗战之开端，时局动荡，祸乱交兴，风雨如晦，来之坎坎。从北平到长沙再到昆明，组成长沙临时大学转而设立西南联合大学，北大整体南迁，辗转流徙，教育学系的宏图终究未能得偿所愿。1938年8月西南联大增设师范学院，哲学心理教育学系的教育科目划归师范学院，成立教育学系。值家国风雨飘摇之际，办学更是举步维艰。教育学系行政人员变更频仍，课程教员多番流动增删，颇为普遍。路虽坎坷，唯砥砺前行，矢志不渝。

1946年10月复员后的北京大学正式开学，教育学系归属文学院，并于文科研究所下设教育学部以期发展研究生教育。1949年北平解放后，6月17日华北高等教育委员会发布训令，取消北大教育学系。初以为是如日方升，但囿于时代格局之裹挟，教育学系之建设创业未半而不了了之。

撰写者尽力以客观、忠实的态度，记述北京大学教育科系自初始到撤销的50年历程。以下所记不敢言其绝对详确，只知其大略事件而已。简史所参考史料，如未特别标明，均来自本书之"北京大学教育学科史料编年辑录"。

---

① 《北京大学之教育系》，国立北京大学卅一周年纪念会宣传股编:《北京大学卅一周年纪念刊》，国立北京大学卅一周年纪念会宣传股1929年版。

京师大学堂师范馆（1902—1909）

　　鸦片战争以后，洋务派开眼看世界，陆续办理实业和军事等学堂，旨在富国强兵。然而中日甲午一役之败绩，致使丧师辱国，列强群起，攘夺权利，国势衰颓。朝野之士均重新评估洋务派的办学成就，纷纷凑陈教育制度阙如、学堂重艺不重政、师资匮乏、生源断代等弊端。1896 年 6 月 12 日，刑部左侍郎李端棻在《请推广学校折》中首次正式提出在京师设立大学堂。8 月，吏部尚书孙家鼐上奏清廷《议复开办京师大学堂折》，提出："泰西各国，有所谓师范学堂者，专学为师。大学堂学生，如不能应举为官者，考验后，仿泰西例奖给牌凭，任为教习。"此折子从国际比较的视野出发，指出培养师资的重要性。9 月 17 日，维新运动领导人之一梁启超从其"认教育为核心"的变法主张出发，在《时务报》发表《学校总论》，发出"师范学堂不立，教习非人也"的鲜明论断。

　　1898 年 7 月 3 日，光绪皇帝批准了总理衙门呈奏的《奏拟京师大学堂章程》。章程由梁启超代为草拟，是京师大学堂第一个办学章程。其中强调："西国最重师范学堂，盖必教习得人，然后学生易于成就。中国向无此举，故各省学堂不能收效。今当于堂中别立一师范斋，以养教习之才。"12 月 31 日，京师大学堂正式开学。与之前由中央政府派出的各省巡抚在地方办理洋务学堂有别，京师大学堂由中央直接出面办理。京师大学堂不但是最高级别的教育机构，同时也行使全国的教育行政管理职权。光绪皇帝派吏部尚书孙家鼐为管理大学堂事务大臣。

　　大学堂开办不到两年，即于 1900 年 5 月受到义和团冲击。8 月，八国联军侵入北京，大学堂被迫停办。1902年1月10日，清政府决定恢复大学堂，任命张百熙为管学大臣。2月13日，张百熙奏陈《筹办京师大学堂情形疏》，将京师大学堂分大学院、大学专门分科和大学预备科，提出："于预备科之外，再设速成一科。速成生取更事较多、立志猛进者，取其听从速化之效。速成科亦分二门：一曰仕学馆，一曰师范馆。……举贡生监等皆准应考，入师范馆。……师范馆三年卒业，学有成效者，由管学大臣考验后，择其优异，定额引见。如原系生员者，准作贡生；原系贡生者，准作举人；原系举人者，准作进士。准作进士者，给予准为中学堂教习文凭；准作举贡者，给予准为小学堂教习文凭。"师范馆的学历定级对接了科举时代的功名等级，减缓了传统的科场惯习对师范馆办学和毕业生出路的阻碍。

1902年8月15日，张百熙奏陈学堂章程，获清廷批准。清政府随即正式颁行《钦定学堂章程》，中国教育之有系统自此开始。办理学堂，首重师范。同时颁布的规章还有《京师大学堂仕学馆师范馆教习注意条规》《京师大学堂仕学馆师范馆讲课条规》《京师大学堂仕学馆师范馆讲堂事务员职务条规》《速成师范馆考选入学章程》等。

1902年12月17日，京师大学堂举行开学典礼。本年度招取仕学馆生57名，师范馆生79名。然而，不到100名的师范馆生根本不敷期待。1904年1月13日，清政府批准张之洞、张百熙、荣庆所奏《重订学堂章程折》。折中写道："办理学堂，首重师范；原订《师范馆章程》系仅就京城情形试办，尚属简略。兹另拟《初级师范学堂章程》一册，《优级师范学堂章程》一册，并拟《任用教员章程》一册，将来京城师范馆，应即改照《优级师范学堂章程》办理。"随即《奏定学堂章程》颁布实施，而《奏定初级师范学堂章程》和《奏定优级师范学堂章程》成为我国近代第一个关于中等、高等师范教育的法规。

1905 年 3 月 5 日，京师大学堂首任总监督张亨嘉奏陈《请开办预备科并添招师范生折》。9 月 2 日，直隶总督袁世凯等人上奏《立停科举以广学校折》，强调了师范的重要性。他提出："师范宜速造就也。各省学堂之不多，患不在无款无地，而在无师。应请旨切饬各省，多派中学已通之士，出洋就学，分习速成师范及完全师范，亦以多派举贡生员为善，并于各省会多设师范传习所。师资既富，学自易兴，此为办学入手第一要义，不可稍涉迟缓。"决计先造就一班师范人才，以储师资。青年有志之官吏，亦容许他们接受新教育，预备青黄不接时代的任使。

1907 年 2 月 11 日，学部准大学堂师范馆旧班一、二、三、四类学生举行毕业考试。2 月 25 日至 3 月 2 日，京师大学堂师范生举行毕业考试。3 月 26 日，经大学堂总监督准予，学部为大学堂师范科毕业生举行毕业典礼。这是大学堂师范馆自 1902 年开办以来，首批毕业的 104 名学生。

1908 年 6 月 14 日，清政府批准《学部奏设京师优级师范学堂并遴派监督折》，其中写道："京师大学堂，向附设师范一馆，以储养高等师范之才。现在分科大学将次开办，势难兼筹并顾，另行筹办优级师范学堂，以储师资。"大学堂优级师范科独立设置为京师优级师范学堂。

1909 年 4 月 25 日，清政府准予学部奏陈《大学堂预备科改为高等学堂遴员派充监督折》。折中提出："现在预备科学生业经毕业，分科大学正在筹办，高等学堂所以预备大学之选，自应迅即设立。现拟暂将大学预备科地方改设高等学堂。"1910 年 1 月 10 日，学部奏《筹办京师分科大学并现办大概情形折》，对京师大学堂之间的学生如何分流至分科大学做了规定：(1) 经科现拟先设毛诗学、周礼学、春秋左传学三门，学生除大学堂预备科毕业生志愿请入外，另以各省保送之举人优拔贡考选升入。(2) 法政科现拟设法律、政治两门,学生以师范第一类学生及译学馆毕业学生、预科法文班学生升入。(3) 文科现拟先设中国文一门、外国文一门,学生以师范第二、三类学生升入。(4) 格致科现拟先设化学一门、地质学一门,学生以预科德文班学生升入。(5) 农科现拟先设农学一门,学生以师范第四类学生升入。(6) 工科现拟先设土木工学一门、采矿及冶金学一门,学生以预科英文班学生升入。(7) 商科现拟先设银行保险学一门,学生以译学馆学生及大学堂师范第一类学生升入。

在此时期,教育学科的课程与教学已初具雏形,视野广阔。招选学生,以国学和东西文有根底者为录取标准,以便容易研究科学。1902 年颁布的《钦定学堂章程》规定师范馆课目包括伦理、经学、教育、习字、作文、算学、中外史、中外舆地、博物、物理、化学、外国文、图画和体操。其中《师范馆的课程分年表》规定:"教育学第一年学习教育宗旨;第二年学习教育之原理;第三年学习教育之原理及学校管理法;第四年则为实习。"

1904 年 1 月 13 日颁布实施的《奏定大学堂章程》规定:大学堂内设八个分科大学堂,即经学科、政法科、文学科、医科、格致科、农科、工科和商科大学。在经学科大学中,"中外教育史"被设为专业补助课(即必修课),在教材选用方面"中外教育史,上海近有《中国教育史》刻本,宜斟酌采用;外国教育史日本有书可译用"。在政法科大学之政治学门,文学科大学之英国文学门、法国文学门中,"教育学"被设为主课或专业补助课。校中所授学科,虽不太深,但却是择要急速深进。在教材选用方面"外国均有成书,宜择译外国善本讲授"。《奏定学堂章程·进士馆章程》规定:进士馆学科之目分十一门,其中包括教育。学生须在第一年学习教育学科,其"程度"包括教育史、教育学原理、教授法管理法大要、教育行政法，每星期须学习 4 个钟点。《奏定学堂章程·译学馆章程》规定：学生"无论所习为何国文，皆须习普通学及交涉、理财、教育各专门学"，即学生须在第五年学习教育学，"暂用日本教育诸书讲授"，每星期学习 3 个钟点。普通学学完之后，师范馆学生即分设四类：第一类国文外国语，（英、法、德）任学员自择一种，分班授课；第二类中外史地；第三类理化数学；第四类博物动植矿生理农学等。

课程和教学所需的书籍供给，此时期主要倚重译书和外购。1902年 8 月 30 日，张百熙呈报京师大学堂上海译书分局开办情形，其中提及向日本购买若干应译书籍，也介绍了教育方面的已译书籍。书籍涉及学科史、国民教育、学科教学、教育行政、儿童教育、特殊教育、西洋教育、教育改革、教学方法等。1903 年 5 月，京师大学堂颁布《暂定各学堂应用书目》，其中师范生暂定书目为《教育学》《教授学》《学校管理法》等 5 种；参考书目为《教育新论》《教育新史》《教育世界》等 11种。大学堂译书分局此时已译成的"教育学"方面的著作有《新体欧洲教育史学》《格氏特殊教育学》《教育古典》等 8 种。1905 年 11 月 14 日，大学堂总监督张亨嘉向学务大臣奏请采购书籍，其中教育学类的书目包括《达顿的教育之社会的方面》《孟笃模仁西氏英国教育国权影响》《古林吴特氏教育原理》等。

在西学东渐的时代背景下，教育科目的参考书籍基本上都是以日本转译的为主，兼顾西洋。而在 1907 年 2 月 21 日，京师大学堂首任总监督张亨嘉向学部报送大学堂师范生履历册、请假册、学生笔记，其中学生笔记清单中有黄尚毅编写的《王阳明教育学》，料想当时已有主动编纂传统中国的教育名家的思想的举动。朝政得失、外交是非、社会风俗之好坏，均纳入研究讨论，学生对这些议题各有主义，各有政见。

自京师大学堂师范馆始,注重开眼看世界,派遣留学生,毕业后选派出国造就师资,成为其时办学之鲜明特征。1903 年 6 月 27 日,清政府批复张百熙《奏请添派重臣会商学务折》,派张之洞会同张百熙、荣庆厘定学堂章程。12 月 21 日,张百熙奏请选派京师大学堂学生留学东西洋,获批复如下:"本日张百熙等奏选派学生赴东西洋各国游学一折,师范学生最关紧要,着管学大臣择其心术纯正学问优长者,详细考察,分班派往游学,余依议。"不久,清政府选派 31 名学生赴日留学,16 名学生去西洋各国。这是京师大学堂选派的第一批留学生。1906 年 7 月 21 日,学部颁布《优级师范学堂章程》,资遣师范第一类毕业生前赴西洋留学,计留学美国者 4 名,留学法国者 1 名,留学英国者 1 名。1907 年师范馆毕业生中,派 2 名赴英国游学,派 2 名赴法国游学,派 3 名赴美国游学。

当年风气闭塞,学校程度幼稚。管学大臣思想开明,延揽才俊,甚或借用客卿,参合中外成规,编定学制。京师大学堂作为现代大学建制的高等学校,日籍教师渐成主力。师范馆所聘的服部宇之吉和法贵庆次郎是受过学部表彰的教员。服部宇之吉 1902 年 9 月受聘为京师大学堂师范馆"正教习",教授心理学、教育学、论理学、伦理学、教育概论等课程。曾着手制订京师大学堂师范馆和仕学馆教学计划、规章以及设施建设等工作,对师范馆的教学进行督导。清政府为奖励其对中国高等教育的贡献,于 1908 年授予他二等第二宝星,1909 年授予他"文科进士"。法贵庆次郎是服部宇之吉的学生,1904 年入职京师大学堂,教授教育学、伦理学和东文等课程。1909 年 8 月 3 日,学部奏请拟按照外务部定章请商给教育学日本教员法贵庆次郎三等第一宝星,以示鼓励。

北京大学的教育科目和教育研究

（1912—1924）

新文化运动高举"民主"与"科学"两面大旗，在求索救亡图存的道路上，教育成为万众瞩目之焦点。实用主义教育家杜威宣讲的"平民教育论"应其时中国社会之需，平民主义教育思潮亦如火如荼。北大积极借鉴国外办学经验，初见现代大学形制，开设教育选修科目，踊跃发起教育研究，推广平民教育，在思想和实践层面推动着中国教育现代化进程。

行政沿革

1912 年 5 月 3 日，京师大学堂改称北京大学校，总监督改称校长，严复为北京大学校首任校长，提出"兼收并蓄，广纳众流"的办学方针。1916 年 12 月 26 日，蔡元培被任命为北京大学校长。1917 年 1 月 4 日到校视事，1 月 9 日发表就职演说，强调大学是研究高深学问的机构。其后，蔡元培进行了一系列旨在为"教学自由"与"学习自由"提供制度保障的改革。1918 年 10 月 30 日，教育部召集在京各高校代表会议，协商修改《大学规程》。蔡元培校长代表北大提出一系列应讨论的问题。其中与教育学相关的问题包括：(1) 大学采用选科制；(2) 教育学与哲学、心理学组成本科选修科第三组；(3) 在哲学系开设教育学、教育史、教授法、教育学史的课程。到 1919 年，北大建立起为选科制服务的"组"—"系"两级课程体系和"学科统系"，实行"分组分系"的选科制教学制度。彼时教育学系正在筹办中，但教育学科的基础课程已被列入分组选修的科目之中。

教育选修科目设立

1912年，北大公布的《民国元年所订之大学学制及其学科》规定：在哲学门下设的中国哲学类、西洋哲学类，均设有"教育学"科目。1917年12月2日，北大文科改订课程会议决议，在文科哲学门设教育学、教育史和教授法为选修科。12月29日，评议会决议通过由陈独秀提议的《文科大学现行科目修正案》，规定哲学门设教育学为选修科目。在1918年的夏季讲习科中也设有"教育"科目。

1919年北大的学科统系图确立以后，教育课目成渐增趋势。蒋梦麟于1920年春季学期开始讲授"教育学""教育学史"课程。1922年6月开始，哲学系教授朱经农加授"欧洲教育史""教育学"课程。至当年10月，哲学系课程形成哲学、心理学和教育学三组，其中教育学组课程包括：蒋梦麟开设的"教育史"，刘廷芳开设的"教育学""乡村教育""初等教育""教育测验"，杨荫庆开设的"中等教育原理""学校管理法"。心理学组的课程中也包括了刘廷芳开设的"教育心理学"和"儿童心理学"。此外"教授法""教学论""教育行政""教育统计"课程已经设定，但教员待定。

1923年9月，哲学系课程设定全系共同必修科目和各组的必修科目。高仁山讲授的"教育学"被列为全系共同必修。教育学组的必修科目为：陶孟和开设的"教育社会学"、刘廷芳开设的"教育心理学""儿童心理学"和"教育测验"、高仁山开设的"教育史"、戴夏开设的"教授法"和"教育行政"。

平民教育讲演和实践

这一阶段，以民主与科学为底色的新文化运动引爆变革批判之思潮，为"适应社会进化之需要，发挥平民精神，谋个性之发展"，中国从效法日本转向效法美国，平民主义教育运动成为新教育思潮和实践活动。蔡元培、蒋梦麟、胡适等人密集发表教育研究文章和公开演讲，与此同时，北大关于平民教育的推广和教育实验的探索都极为突出。

1919年2月，《新教育》杂志在上海创刊，该杂志由江苏省教育会、北京大学、南京高等师范学校、暨南学校、中华职业教育社联合组织，蒋梦麟任主编，以"输入世界最近教育思潮、学术新知、传布国际大事"为宗旨。第1卷第1期刊登的文章包括《教育究竟做什么》（蒋梦麟）、《教育对待的发展》（蔡元培）、《试验主义与新教育》（陶行知）等。1919年3月29日，蔡元培受邀在天津青年会做题为《欧战后之教育问题》的演说，指出战前教育偏于国家主义，即为本国造成应用人才；战后教育必当偏于世界主义，为世界养成适当之人物。5月2日，胡适应江苏省教育会邀请在上海讲演《实验主义大旨》。

1918年12月24日，乐理研究会改组，更名为北京大学附设音乐讲习会。这是我国高等教育中最早的现代专业音乐教育之雏形。讲习会分为中乐、西乐两部，中乐部仅设专修科，西乐部设普习科和专修科。普习科为有志音乐教育者所设，教育学和心理学为其必修课。1920年北京大学第一次招收女生，应蔡元培和蒋梦麟聘请，刘吴卓生到北大任女生导师，同时担任北京大学音乐研究会导师，教授钢琴。1922年，《北京大学日刊》（以下简称《日刊》）刊载《北京大学附设音乐传习所简章》，传习所下设师范科，以养成中小学音乐教员为目的，并分甲乙两种，甲种师范科修业年限暂定四年，乙种暂定二年，均开设伦理学、教育学、教育行政、教授法并实习、心理学、教育史、论理学等课程。

1919年3月7日，北大学生周长宪、罗家伦、陈宝锷等发起组织北京大学平民教育讲演团，以"增进平民智识，唤起平民之自觉心"为宗旨，招募讲演团成员，期望通过露天演讲的方法，实现教育普及与教育平等。3月23日，北京大学平民教育讲演团召开成立大会。讲演会首批学术演讲便汇集了众多名家，涉及广泛的人类、教育、国民和方法等问题。如胡适讲演《实验主义》、焦莹讲演《中小学校之体育问题》、王星拱讲演《科学与人类进化之关系》、陈映璜讲演《人类之过去及未来》与《遗传之研究》、韩景陈讲演《国民教育之真谛》等。随后，平民教育讲演团讲演员许德珩讲演《勤劳与知识》，希望劳动人民可以做有知识的劳动者。

平民教育讲演团不仅在校内广泛散播教育普及和平等之要义，还走出校门，真正走到民众中间，普及现代国家观念、公民的基本权利、生活习惯、社群共建等知识和倡议。1919年4月27日，平民教育讲演团在地安门外护国寺举行讲演会，李秀龙讲演《互相帮助》，康白情讲演《头彩十万元》，王凌震讲演《国家思想》，高绍珠讲演《戒烟》，杨真江讲演《交友之益》，丁肇青讲演《生死》与《寄生虫》，罗运麟讲演《权利》，刘炽昌讲演《天赋与人造》，严建章讲演《平民》，许宝驹讲演《判别事情的常识》，陈云程讲演《植物对于人生之利益》，周炳琳讲演《什么是国家》，陈宝锷讲演《为什么女子要守节》。

1919年5月4日，在北大学生发起并积极活动下，北京各大专学校3000余名学生举行集会和游行示威，震惊中外的五四运动爆发。同日，平民教育讲演团组织丁肇青、常惠、廖书仓、邓康(即邓中夏)等人进行了17场讲演。5月11日，平民教育讲演团组织陈宝锷、杨真江、张国焘等人进行了24场讲演。5月18日，平民教育讲演团组织许宝驹、邓康、罗家伦等人进行了22场讲演。在讲演的感召下，讲演团不断有新成员加入。从5月至次年4月，平民教育讲演团在东南西北四城开展讲演，30余位讲演团成员发表演讲，内容遍及国家与国民、国际关系、抵抗外侮、爱国与传统道德、亡国与救国、平民教育、教育改良、人生意义等30余个议题。

1920年1月18日，北大平民夜校正式开学，蔡元培校长发表演说。北大平民夜校由北大学生会、教育委员会创办，以"增进平民普通知识，改良社会"为宗旨，主要面向失学儿童和成人，教师由北大学生担任，学习科目有国文、修身、历史、地理、算术等。2月28日，蒋梦麟第一次为平民夜校教职员讲演《为什么要教育?》。平民学校自开办以来，教职员因"教育学识与经验的缺乏，感受许多困难"，因此决定由蒋梦麟每周六、日下午2时至4时为他们讲解"教育原理及教授法"。讲演拟分12次，内容为:(1)为什么要教育?(第1次);(2)教育与社会(第2次);(3)儿童心理(第3—6次);(4)青年心理(第7次);(5)教授法(第8—12次)。

平民教育讲演团自1920年4月起走入北平乡村七里庄、大井村、丰台、通县等地，开展为期4天的"乡村讲演"，主要话题是读书和受教育的重要性，颇受居民欢迎。北大在本年度首开女禁，招收了9名女生入读文科系，平民教育讲演团也积极在乡村倡导"女子应当和男子同样的读书"。

1920年11月4日，北大学生会通过《改组北大学生会章程草案》，改组后的北大学生会下设教育及庶事、出版、调查、体育委员会，其中教育委员会以开展社会教育为主。

借鉴国外

北京大学在此阶段初见现代大学形制,除在制度、组织和具体措施上参考国外大学的通常做法外,还大量引进留学归国人员,更定期选派师生赴日本、美国、欧洲、俄罗斯参加教育会议、考察教育改革,亦积极引荐国外教育名家来校演讲,推动中国的教育学术发展。

1915年6月3日,教育部决定派北京大学教员陶孟和参加8月在美国加利福尼亚州奥克兰城召开的万国教育会。

1919年3月13日,受全国高等专门以上学校及各省教育会委派,南京高等师范学校校长郭秉文和北大教授陶孟和赴日考察日本教育制度。他们在东京拜访了多位日本教育家和主持教育者,认为日本教育改革和进步值得中国学习的有六方面:(1)扩充高等教育;(2)国库补助中小学校教员薪俸;(3)改订教授细目;(4)改革学制,缩短中学年限,增设高等中学;(5)延长义务教育;(6)日本与中国之教育与欧美之教育相较,有一大通弊,即东方之教育偏于文字书本及理论,欧美之教育则重在实用,此后东方之教育应于此点特别注意,以救此弊。

5月,郭秉文、陶孟和赴美国夏威夷进行教育考察。陶孟和回国后受北大辩论会之邀讲演其赴欧洲、日本调查战后教育现状的心得体会。他与郭秉文撰写的调查报告颇为生动地介绍了夏威夷的师范学校。

师范学校课程,四年专科,一年附设(初小四年、高小四年)。凡生徒每日必须习职业或职业预备科目一时间。在专科时,更须专门,俾将来可以管理割烹或工厂之事。男生习农工之职业,女子习农事家政。农事包括园艺、养鸡、养兔子，此学校可借此获利，并可训练生徒将来之职业。工场事业包括建筑、修理、造□、印刷、装订、油漆诸事。家政包括割烹。生徒曾为七百八十人备五年之工食。女生习割烹，然后执侍奉之役。更计算收入，存之银行，当每月底，生徒结算账目，故凡关于厨房一切事项，皆使生徒亲习之。即存银还账等事，亦使女生习之。此外更授以割烹之理论及开账记帐【账】等详细方法。女生更监督年幼生徒，打扫地板房室等。

女生更习洗濯、制洗濯之肥皂、去油垢等事。缝级科须习制衣两□。制内衣及制帽之法，两年以来，女生热心于红十字事业，造出物品极多。如寝衣汗衫、枕套手巾、洗面巾、绷带、衣服等。此外更制织物如袜帽等计共数千件。

报告所描述的国外师范学校的做法，对 20 世纪 20 年代中国轰轰烈烈进行的教育实验和教学改革产生了影响。

1920 年 11 月 24 日，蔡元培校长从上海与罗文幹、汤尔和、陈大齐、张申府等同船出发赴法，开启他为期近一年的欧美教育考察之旅。此行旨在考察欧美大学教育及学术研究机构的状况。1923 年，北大委派刘廷芳教授赴苏联考察教育。

北大不仅派出教师出访考察，还出资派遣学生出国学习和参观。1918 年 4 月 23 日，北大呈报教育部，拟选拔文科 5 人赴欧美或日本学习，具体科目有美学及美术史、言语学、伦理学、实验心理学及实验教育学和历史学。1920 年 4 月底，北大前届及本届毕业生孟寿椿、徐彦之、方豪、康白情组成北大赴日考察团，由预科黄日葵同学担任翻译，前往日本调查大学学制、课程、图书馆、学生活动、青年思潮等。

1924 年 3 月 17 日,陈大齐教授带领罗守颐、吴献琛等 15 名学生出发,前往日本参观考察。本次系日政府请求亲善,于是商请我政府派选学生 50 名前往该国,视察各项文化事业,旅金 500 元,从我国对日庚子赔款内拨付。赴日考察的安排相当详尽,考察侧重于公共和教育事业。学生具体考察内容为:(1)臧玉洤——视察教育上的设施、出版事业的状况,慈善事业的状况;(2)童永庆——视察关于化学工艺及科学教育;(3)罗宗炜——视察学校实验教育之设备、各项场厂制造所、市政工程和建筑;(4)胡敩——视察学俄文之学校、学俄文之分科、图书馆中所藏之俄文书籍、各学校之设备;(5)俞建章——视察各大学地质组之设备、化学标本、野外地质情形;(6)高绪懋——视察教育事项、各图书馆的设备、出版事业、文艺学会的组织、各地灾后的新建设;(7)欧宗祐——视察政治现状、市政劳动状况、大学教育、中学教育(日人自办的中学与外人在日所办的中学)、图书馆出版界复兴计划;(8)商承祖——视察日本地震后之教育状况;(9)吴献琛——视察各法政学校、各级法院监狱及各大工厂、各图书馆;(10)韦奋鹰——视察博物馆、图书馆、各学校历史教育、各工厂;(11)武崇林——视察各大学数学课程及教授情形、各数学会之活动情形;(12)李汉声——视察各大学研究中国文学之状况及考求关于中国文学贵重书之最近发现于日本者;(13)刘崇年——视察东西京、大阪及各大城市之经济近状、中日贸易之趋势、各大银行公司之调查日本地震后经济界所受之影响;(14)李钟贤——视察各大学图书馆、报纸事业、出版界、博物馆;(15)罗守颐——视察各著名法政学校、各级法院及监狱外并各种学校海陆军要塞、社会状况及地震后情形及各大工厂、各名胜。

除了师生走出去,还积极请国外学者进来。1919 年 4 月 30 日,应北京大学、江苏省教育会等机构之联合邀请，杜威及家人抵达上海，开始在华历时两年的讲学。北大教授胡适、蒋梦麟与陶行知三人到码头迎接。6月17日，杜威在北京美术学校礼堂为中小学教职员做第一次关于中小学教育的讲演。讲演主题为《现代教育之趋势》，共分3次进行，内容分别为"教育天然的基础""对于知识的新态度"和"教育之社会化"。9月21日至次年2月22日，每星期日上午9时，杜威在教育部会场讲演《教育哲学》，第一次由胡适担任翻译，共16次。随后，北大图书馆公布了杜威所指定的教育学参考书籍，如《民主与教育》（Dewey, *Democracy and Education*）、《明日之学校》（Dewey, *School of Tomorrow*）、《学校与社会》（Dewey, *The School and Society*）、《大城市的校长》（Patri, *A Schoolmaster of the Great City*）、《教育的原则》（Ruediger, *The Principles of Education*）、《爱弥儿》（Rousseau, *Emile*）、《人的教育》（Froebel, *Education of Man*）、《比较教育》（Sandiford, *Comparative Education*）。

1921年9月5日，美国教育家孟禄抵达上海，开始在华进行教育调查并讲学。9月11日，实际教育调查社发起人范源廉等在北京饭店为前一日抵达北京的孟禄接风洗尘。10月1日，孟禄参观北大。12月23日，孟禄在美术学校公开讲演《教育在政治上社会上之重要》，胡适担任翻译。12月24日，孟禄应北大邀请，在第三院大礼堂讲演《大学之职务》（*The Function of the University*），胡适担任翻译。

教育研究

1918年2月24日，蔡元培、张谨等人发起组织学术讲演会，旨在"唤起国人研究学术之兴趣而力求进步"。第一次演讲会由章士钊讲演

《伦理学》，陶孟和讲演《社会与教育》，王星拱讲演《燃料》。3月3日，学术讲演会邀请陈大齐、陶孟和分别讲演《现代心理学》和《社会与教育》。4月15日至5月9日《日刊》连载了《现代心理学》的讲演稿，5月27日至6月11日连载了《社会与教育》的讲演稿。4月21日，学术讲演会邀请邓萃英讲演《教育学》。

　　1921年4月28日，北大学生胡致、陈方缓、魏建功等发起成立平民教育研究社。他们立志研究平民教育，开办平民学校，进行平民事业调查，并准备开办通俗图书馆，举行通俗演讲。8月，黄炎培、范源廉、严修、梁启超、郭秉文、张伯苓、蒋梦麟等人在北京发起组织了实际教育调查社，取"从事实上调查，作实地的研究，以为实行改良的基础"之意。

　　1922年2月24日，北大哲学系教育哲学专业的卢逮曾、杨廉、吴泰安等学生发起组织北大教育研究社，以"收集中国各处教育材料"为目的。3月19日，北大教育研究会正式成立。该会由北大已毕业和在校同学中的有志教育者组成，以研究教育学理及实际问题为宗旨，设研究、调查和庶事股。1922年12月至次年1月，北大教育研究会邀请陶孟和做题为《大学的课程问题》的讲演，孙惠卿做题为《初等教育最近的趋势》的讲演，陶行知做题为《教育与科学方法》的讲演，查良钊做题为《教育行政学之意义及范围》的讲演，程时煃做题为《教育调查》的讲演。

　　1923年11月，北京大学关心教育之少数同学组织成立北京高等教育访问社。其宗旨在于调查北京高等教育之详细状况，做精确的统计，以尽其研究教育之兴趣。倘有心得，即供国人。

北京大学教育学系（1924—1937）

北京大学教育学系正式设立于 1924 年秋，但在此年以前，哲学系内已有教育科目之设，实为本系之前身。其时凡哲学系学生对于教育有特殊兴趣者比较偏重选习教育学之功课，而称哲学系教育门学生。唯人数不多，课程亦殊简单。待教育学系成立，规模乃告树立。前一时期在北大校内蔚然成风的教育研究和实践，影响和成就了教育学系的课程、教学和研究独具的特色。教育学系甫一成立，即渐次铺开直面改造中国教育现实问题的课程和教学体系；授课和指导呈现师生之间如切如磋、如琢如磨的制度安排和气氛一直绵延至 1949 年；丰富的学院生活和校外参访调查内外贯通，促推教师带领学生结伴走向真实的教育现场，形成改进教育和社会的强烈意识；学生自发自主研究的热情更为强烈，将自我成长与国家、社会、民族的兴亡建立起互相依存的关系认知；在经费捉襟见肘之时依然不忘走出国门，艰辛地搜集可资借鉴的经验和资料，取法发达国家的教育，以求改造自己国家的教育。唯数年来国家遭遇内忧外患，本校变革频仍，本系遂亦未能谋迅速的发展。本篇所述，系从 1924 年正式成立后起，至 1937 年南下合并止，就本系成立、行政沿革、招生与毕业、教员与课程、教育研究、国际交流、学生活动、参观调查等其历年情况，按时间顺序分而述之。

教育学系成立

1923 年 10 月 7 日,《晨报》报道《北大生请设教育系》:

> 北京大学教育系原在筹办之中,未成立之先附设在哲学系与心理学系并为哲学系中之三组,然近年时势推移需求日亟,社会心理已集中在教育救国之一途,大学校之不能无教育系自不待言,而今年肄业于该校之预科二年级生,对于研究教育之志趣已定者,颇不乏人,以预科行将毕业,甚望校中明年即开设教育系,故某某数君特于日前张贴启事,邀同志签名以便对于学校作郑重的请求,观签名者已大有其人。又闻此事在学校方面只要将原有本校教授朱经农等请回,再延一二专门学者即可成立,想当此教育荒之时,学校断不能借口经济支绌而置之于度外也。

1923 年 10 月 17 日,哲学系学生陈世菜和关蔚华与蒋梦麟校长见面,请求成立教育学系。蒋梦麟回应说,假使一年内学校能保持住现在的(经济)状况,明年定可成立:

> 因为现有关于教育之教员,已经不少。且各系学生毕业后,多从事教育,若缺乏教育知识,实感不便。故今后计划,不独教育系学生学教育,即所有其他各系学生,也皆应选习若干,校中予以一种教育的证书。至教育系学生,对于与教育有关的,其他各系功课,也应择要选学,以备应用。如和教育系极有关系的各系中,尚有心理生物两系不曾成立;我们也正在筹备,希望他能和教育系同时成立。

蒋梦麟此番陈辞,奠定了北京大学教育学科的跨学科性质,并确立了教育学系与其他院系之间相互嵌入的关系。

1924 年 5 月 13 日，哲学系学生代表钟尔强等拜谒系主任陈大齐，提出"设立教育调查一科"，并增设大学教育、初等教育、乡村教育、中国教育问题讨论、教育统计等课程。陈主任答复如下：教育学系下学年准可成立，关于设立"教育调查科"应归该系办理。

1924 年 5 月 28 日，北大评议会议决通过：下学年添设"教育"及"东方文学"两系，应向教育部要求增加预算案。11 月 2 日，教育学系教授及同学在红楼四楼（教育研究会研究室）开欢迎会，教育学系首届学生正式入学。11 月 19 日，教育学系选举教授会主任，蒋梦麟三票，高仁山、戴夏、张颐各一票，最终蒋梦麟当选为教育学系教授会主任。

行政沿革

1926 年 11 月 18 日，校长布告：教育学系教授只有二人，向例不必选举，应请先到校之教授为主任：高宝寿（即高仁山）教授应为教育学系教授会主任。本月，教育学系教授陈大齐以高票当选北大评议会评议员。

1929 年 3 月 15 日，北大进行各系主任选举，陈大齐当选教育学系主任。

1931 年 3 月 9 日，北大布告教育学系主任开票结果：共计收到选票四张，戴夏二票（当选），童德禧一票，陶孟和一票。

1929 年 8 月 14 日，教育部公布《大学规程》，其中"关于学系及课程规定"指出，大学教育学院，或独立学院教育科，分教育原理、教育心理、教育行政、教育方法及其他各学系。大学或独立学院之有文学院或文科而不设教育学院或教科者，得设教育学系于文学院或文科。1931 年 8 月 25 日，北大召开行政会议，会议议决实行《国立北京大学行政组织系统草案》,规定北大设文理法学院,教育学系归属文学院。1932 年 6 月 11 日,北大公布《国立北京大学研究院规程(草案)》。《规程》规定,本院分立三部:第一部为自然科学部;第二部为文史部,包括史学、文字学、文学、哲学、教育学各门的高深研究;第三部为社会科学部。1932 年 6 月 16 日,北大公布《国立北京大学组织大纲》,并决定于 7 月 1 日起正式实行。

1932 年 9 月,北大本学期已聘定各系主任、教授、讲师。教育学系主任为胡适。

1933 年 10 月 7 日,北大布告:蒋梦麟校长兼教育学系主任,当选校务会议当然会员。

从 1930 年开始,教育部着手组织"大学课程及设备标准起草委员会",正式开始"大学课程的整理工作",要求大学课程设置应该重视基础课程,而兼顾专业课程。1934 年 5 月 18 日,《北平晨报》介绍北大课业长樊际昌的谈话:"下学年心理系将裁并,所有该系课程,除将不适合'整理课程'新标准者裁减外,其余课程并入哲学、教育两系授课,将心理系名义取消。"

1934 年 7 月,北大公布下年度各系教授名单,教育学系主任为吴俊升,教员有尚仲衣、潘渊、邱椿、樊际昌、陈雪屏、叶审之(助教)。次年公布了教育学系名誉教授为林可胜、汪敬熙。

1935 年 5 月 23 日,教育部公布《学位分级细则》,将文科、理科、法科、教育科、农科、工科、商科、医科均分为学士、硕士、博士三级。

1936 年 10 月 21 日,据《国立北京大学布告》,文学院教育学系教授会负责人为杨荣贞。

1937 年 1 月 18 日,教育学系主任吴俊升离开北平,休假赴欧美考察教育。教育学系主任职务暂由邱椿代理。

招生和毕业

北大教育学系招生规模有限，但应试学生专业背景多元，在招生过程中充分彰显其跨学科性质。从考试要求、试验科目到转系生、旁听生的存在，集中展现了教育学系文理兼招、兼收并蓄的开放性政策。同时亦表明北大的教育学科建制仍处发轫之际，专业性略显不足，而独立性饶有欠缺，对哲学、心理学等别系科门依赖性较强。

1924 年 6 月 7 日，《国立北京大学招考简章》颁布，考生投考教育学系和哲学系的要求一致，可任择[甲]组或[乙]组试验科目。

[甲]组试验科目为：

1. 国文：须略通中国学术及文章之流变；

2. 外国文（英文，或法文，或德文，或俄文）：

（1）能直接听讲并笔记；

（2）能以国语与外国语互译；

（3）能作文，无文法上之谬误；

3. 数学：代数、几何（平面及立体）、平面三角；

4. 论理学：须了解演绎归纳的方法及其应用；

5. 历史：须习过中国通史及西洋通史，其西洋史亦可用外国文答；

6. 地理：中外地理，其外国地理亦可用外国文答。

[乙]组试验科目为：

1. 国文：须略通中国学术及文章之流变；

2. 英文：

（1）能直接听讲并笔记；

（2）能以国语与外国语互译；

（3）能作文，无文法上之谬误；

（投考者得于英文之外，并报考法文或德文；如其法文或德文程度能与右列英文程度相当，则英文程度稍低者，亦得录取）

3. 数学：

（1）代数、几何（平面及立体）、平面三角；

（2）解析几何，微积分大意；

4. 物理及实习：普通物理及实习；

5. 化学及实习：普通化学及实习。

1924学年公布的《国立北京大学预科规则》规定："预科分甲乙两部。在甲部毕业者，得升入本科数学、物理、化学、地质学各系；在乙部毕业者，得升入东方文学、英文学等；哲学、教育学两系，甲部或乙部毕业者，皆得升入之。"招考要求和预科升学规定都确定了教育学系实行文理兼招政策，并可接收校内其他学生的转系申请。

1932年5月25日，北大发布的《国立北京大学入学考试简章》（民国二十一年四月修订）规定：本校本年招考文理法三院各系一年级学生。其中，文学院设中国文学、外国语文学、哲学、史学和教育学五系。报考教育学系，须考试科目为：1. 党义（必须及格）；2. 国文（300分）；3. 外国文（英、德、法、日文，四种任择其一，但考日文者，须兼考英、德、法文之一种）（400分）；4. 数学：代数、几何、平面三角（200分）；5. 史地（100分）。

1932年8月4日，北大公布本年在北平招考文、理、法三院各系二、三年级转学生。其中，转入文学院教育学系二年级，应试之基本科目为：教育概论（或教育原理）、教育社会学、教育史、普通教学法、教育心理，于上列科目中任择一种应试。转入三年级，应试之基本科目为：教育概论（或教育原理）、教育社会学、教育史、普通教学法、教育心理,于上列科目中任择二种应试。

1933 年 10 月 13 日,北大召开第一次校务会议。会议议决通过:文法二院学生准选入理学院心理系,理学院学生准选入文学院哲学、教育二系。1932 年的入学考试简章和 1933 年的校务会议都大力支持教育学系接受转系申请,但多数转系生需以原科系为辅科。

1926 年至 1936 年北大教育学系部分招生及毕业情况可参见下表。

表 1　1926—1936 年北大教育学系部分招生及毕业情况

年份	招生情况	毕业情况
1926 年	黄佛、卜锡珺(物理系毕业生转入教育系二年级肄业); 何联奎(英文系毕业生转入教育系一年级肄业)	王九思、胡自益; 未能毕业者:王少文
1927 年	李钟灏、孟际丰、高昌运、张世铨(教育系一年级); 李鸿蕃(教育学系三年级)	张博文、马复
1928 年		黄新运、欧阳兰、裘友椿、程宗颐、胡勤业、张锡辰、陆梅舲、张瑞英、刘晓玉
1929 年	徐炳庆(转入教育学系二年级肄业,须以化学为辅科); 程坤一(转入教育学系二年级肄业,须以物理为辅科); 丁锡魁(转入教育学系二年级肄业,须以数学为辅科); 叶审之(转入教育学系二年级肄业,但须以哲学为辅科); 朱银山(转入教育学系二年级肄业)	石廷瑜、吴汝雷、褚保权、陈世棻、洪樨、卜锡珺、黄镜、谢祚茞、谢舆聊、沈昌盛、萧忠贞、齐泮林、周遴

续　表

年份	招生情况	毕业情况
1930 年	何寿昌、孙长元(本科新生); 姜蕴粹(受试旁听生)	詹昭清、李荣荫、李辛之、程星龄、秦槐士、黄佛、黄继植
1931 年	王斌(考教育英文阅读,后得入教育系); 刘培栽(考教育英文阅读及国文,后得入教育系一年级); 杜宏远(转入教育系二年级肄业,以数学为辅系); 朱庭翊(转入教育系二年级肄业,以哲学为辅系); 王焕勋(心理系学生转入教育系二年级肄业); 马飞鹏(转入教育系四年级肄业); 杨荣贞、张致祥、李永文、杜生芳、夏涤环(免考旁听生);	李钟灏等 19 人
1931 年	卓慈利、卜宪魁(受试旁听生) 受九一八事变影响,东北大学失学学生抵京寄读。北大教育系容纳东北大学①学生最高人数分别为:一年级1 人,二年级 3 人,三年级 3 人,四年级 4 人。	李钟灏等 19 人
1932 年	李宇柱、王金镕、马汝邻、廖鸿恩(转入教育系二年级); 杨荣贞、莫国康、孙凤鸣、尚士毅、刘国芳、国培之、王先进(转入教育系三年级)	叶审之等 18 人

---

① 东北大学成立于 1923 年。1931 年秋,九一八事变爆发,东北大学办学受到严重影响,大部分师生抵京。1931 年 10 月 19 日,北大第四次教务会议议决《东北大学失学学生来本校寄读办法》。其中,各系能容纳人数由各系主任酌定后,提请教务会议公决。

续　表

年份	招生情况	毕业情况
1933 年		莫国康等 14 人
1934 年	魏泽馨、曹鹏祥(转入教育系二年级); 边振方(转入教育系三年级); 同年获助学金学生:刘文秀、刘铮、 唐景崧、马汝邻、缪振鹏、刘济勋①	唐景崧等 25 人
1935 年	王成瑜(转入教育系三年级); 董浩(蒙藏生)	
1936 年		李景安等 15 人

课程与教员

1924 年 9 月 27 日,北大教务会议决议通过《教育学系课程指导书(十三年至十四年度)》,对开设课程、任课教师、教学大纲及毕业要求等均做了详细规定。1925 年 9 月,根据新修订的《国立北京大学哲学系课程指导书》,"教育学"是哲学系哲学与心理学组学生的必修科目,由高仁山讲授;教育心理学是心理学组的必修科目,在学过普通心理学后方可选习,由刘廷芳讲授。另,若有意选习刘吴卓生的"幼稚教育"课程,须得先习过"普通心理"或"儿童心理"课程。由此可见,教育学系课程为哲学与心理学之基础科目,且其课程学习讲求从专业实际出发,循序渐进。

---

① 1934 年 11 月 14 日,北大第三十二次教务会议通过应得助学金各生姓名及助学金额。其中教育系获得者为:刘文秀(100 元)、刘铮(80 元)、唐景崧(160 元)、马汝邻(100 元)、缪振鹏(100 元)、刘济勋(80 元)。

　　教育学系关于科目修习之要求也考虑到了转系生与高年级学生的特殊性。1931 年 9 月 16 日，教育学系教授会召开会议，决议如下：(1) 三年级辅科学分减为三十学分。但欲得合格教师证书者仍须照已定标准办理。(2) 本系新定基础必修学程，三年级以上学生不受拘束。(3) 三年级以上学生得备至二十四学分。(4) 旧科目与新科目性质相同者，得有相等之效力，如中学教育原理与中学教育，学校管理法与学校行政等。(5) 规定辅系必修科目及选修科目，包括:(甲)政治经济组；(乙)哲学心理组；(丙)英文组；(丁)数学组；(戊)史地组；(己)国文组。

　　这一时期北大教育学系的课程体系建设较为系统全面，理论学习和现实批判并举，既重历史追溯，亦聚焦当下，涵咏国内外多元教育思想。其课程设置囊括教育学、心理学、哲学、经济学、行政管理等多学科视角，学前教育、中学教育、小学教育等不同教育阶段。

　　高仁山所授"教育学"、"教育学概论"、"近代教育原理与实施"，以及 1930 年增设的"中等教育原理"(余家菊)课程，讲授教育基本理论内容。教育心理学领域，设有"教育心理学"(刘廷芳，须先习"普通心理学")、"青年心理"(杨振声)、"心理卫生"(樊际昌，1935 年增设)、"情绪心理"(潘渊，1935 年增设)等课程。教育哲学领域，设有"教育哲学"(陈宝锷)、"行为论"(张竞生)、"行为论史"(张竞生)、"唯物史观与教育"(王少文，1930 年增设)等课程。"中学教学法"(杨廉，1931 年增设)、"普通教学法"等关注课程与教学问题。"校校管理"(杨荫庆)、"教育行政"(戴夏，1924 年 11 月起授，1926 年 11 月改由查良钊教授)等课程关注教育行政与管理问题。1927 年聘请时任北平教育局局长的张敬虞授"教育统计"及"养成师资问题"。

　　教育史领域，由戴夏负责"教育史"作通论导入。中国教育史部分，

"上古及中古教育史"（杨荫庆）、"近世教育史"（1927年3月起由高仁山授）等课程作历史发展之梳理，"中国教育思想史"（邱椿）、"现代教育思潮"（戴夏）、"教育理想发展概观"（戴夏）等课程关注教育思想之演进，"幼稚教育"（刘吴卓生）、"中等教育史"（杨荫庆）、"近代小学教育史"（陈宝锷）等课程考究不同阶段之教育问题。外国教育史部分，设有"西洋教育史"（杨振声）、"近代西洋小学教育史"（杨振声）等课程以观西洋教育发展之概貌。国际与比较教育研究领域，设有"最近美国教育"（杨廉，1931年）、"比较教育"–英国部分（萧恩承），"比较教育"–日本部分（吴家镗）。

另有以某一教育问题为论域展开课程讨论，如中等教育问题（杨荫庆）、生理卫生与教育（陈宝锷）、小学教育（吴俊升，1932年起授）、道德教育（吴俊升，1932年起授）。

同时，考虑到学生专业发展、安身谋生的职业需求和社会现实的人才需求，教育学系酌情添设课程。

文献检索与图书查考之能力乃学术研究需备之基本素养。1924年11月，教育学系增设图书学科目，包含"图书利用法"一门必修科，以及图书馆学、目录学两门选修科，均由后来的北平图书馆馆长袁同礼负责讲授，每周两课时。"图书利用法"讲授现代图书馆之组织，中西参考书之利用，借以知治学方法之初步。"图书馆学"讲授现代图书馆之建筑，各种图书馆之管理，中西文图书之分类编目。"目录学"此科为研究文学、史学之补助学科，讲授本国史家、官家、藏家目录之沿革，目录分类之变迁，欧美各国目录学之派别，现代之方法及趋势。另有"图书馆史"科目，叙述中西藏书之沿革，并说明其与学术盛衰之关系。以上各科目，各班人数限二十人。

20世纪20年代，欧美各国教育新思潮在华风靡一时，中国教育学科发展伊始，更以广泛学习和研究国外教育学为要，是以教育学系在课程学习中着重强调外文语言的习得。诸多课程都明确要求"凡选习此科者，必须有读英文参考书之能力"，参考书目更以外文文献为主。1924 年，北大教务处便要求"教育系第一二学年学生外国文一律定为每周两小时至四小时"。美国教育在世界内影响最大最广，已为教育研究者必须了解之对象。1931 年 2 月，教育学系添设"最近美国教育"科目，由杨廉负责教授，每周三小时。学程内容包括：(1) 最近美国教育的背影；(2) 最近美国教育的实况概要；(3) 影响最近美国教育的几个教育家；(4) 教育行政；(5) 高等教育；(6) 中等教育；(7) 初等教育；(8) 职业教育；(9) 妇女教育；(10) 社会教育；(11) 师资养成与教员待遇；(12) 学校建筑与学校卫生；(13) 教育经费；(14) 私立教育机关之活动；(15) 教育研究之趋势。

1931 年 2 月，教育学系为毕业后有志于从事中学教学、中学行政及中学督学等职务的学生添设"中学教学法"课程，使习得最近中学教学上最进步、最有效的教学方法与技术(若要选习该科目须先习"普通教学法")。学程内容包括：(1) 中学教学之目的；(2) 良好的教学环境；(3) 教材之选择；(4) 教案之编制；(5) 教学的基本原理；(6) 教学的基本方法；(7) 辅助教学的工具；(8) 转导自学；(9) 社会化的教学法；(10) 问题教学法；(11) 设计教学法；(12) 考试计分方法；(13) 成绩测验的应用；(14) 改良笔试之研究；(15) 中国现行中学法的批评；(16) 复习。

此外，聘请不限于校内的名师以讲座形式开设课程，使得教育学系之课程体系更具开放性、包容性。1931 年 11 月 4 日，汤茂如受教育学系聘请讲演《乡村教育》，并于每周一、三、五晚 7：00—9：00 讲演，每周一、三午后 5：00—6：00 讨论。1932 年 3 月 7 日，齐鲁大学校长朱经农受教育学系聘请担任"中国教育问题"一科内之"义务教育问题"的讲演,每周五晚7:00—9:00上课。4月26日起,蒋梦麟担任"中国教育问题"一科内之"高等教育问题"的讲授,并于28日继续讲授。

诸多教员开课宗旨在于使学生通晓古今中外之教育,既要溯古明教育发展之概貌,亦要放眼时局,兼具国际视野与本土情怀。参考1929年11月27日《日刊》刊载邱椿各科教学程序单,具体内容如下。

(一)中国教育思想史。每周二小时,一年授完(三四年级选修)。本学科目标:(1)使学生明了中国教育思想之缘起与变化;(2)说明思潮变化之规律;(3)预测未来教育思潮之趋势。范围限于儒家一派,上自孔子,下迄戴震,所选出教育哲学家约二十余人,详论其哲学背景与其对于教育目标、课程、教学法、训育之根本主张。

(二)唯物主义与教育。每周三小时,半年授完(三四年级选修)。本学科出发点有二:(1)教育哲学的唯物史观;(2)唯物主义的教育哲学。内容分三部:(1)根本原则:讨论唯物的宇宙观、人生观、知识论、教育哲学等;(2)唯物的教育价值论;(3)比较与批评,即将唯物的教育哲学与唯心的、人文的、自然的、唯用的教育哲学比较异同,并批评其得失。

(三)小学教育。每周三小时,半年授完(二年级选修)。本学科略论小学教育之目标、课程与教学法,而特别注重欧美新教学法之介绍。内容如下:(1)小学教育目标论。略分历史的研究,比较的研究,学理的研究等;(2)小学课程论。略分课程编制的原则、步骤、惯例,与欧美课程新试验;(3)小学各科教学法。略分读法、历史、地理、算术、科学、艺术等教学法,与道尔顿制□设计教学、温尼提卡制等。

（四）英文教育学选读。每周二小时，一年授完（一二年级选读）。本学科目标为:(1) 增进学生阅读英文教育书的能力;(2) 介绍各种教育学科的代表作品。内容如下:(1) 教育哲学;(2) 教育心理;(3) 教育行政;(4) 教育史;(5) 教育社会学;(6) 教育测验;(7) 小学教育;(8) 中学教育;(9) 成人教育;(10) 职业教育。教育名家如:Dewey、Thorndike、Cubberley、Monroe、Snedden、Terman、Bonser、Inglis、Parker、Judd Charters 等［人］作品，每人至少选读一篇。

除学科基本的理论学习，教育学系亦从社会现实之具体问题出发，开设相应课程，洞察和关切家国境况。1924 年 10 月，《日刊》介绍了杨子馀（即杨荫庆）在教育学系所开设的"中等教育问题"和"校校管理"课程，教育学系课程之现实关怀可见一斑。

中等教育问题:

1. 教授内容:(1) 中等教育之意义及其范围;(2) 初等与中等教育之区别;(3) 英美德法中等教育之概况;(4) 中等学校之组织;(5) 私立中等学校;(6) 成年时期之研究;(7) 青年问题;(8) 女子中等教育;(9) 中等教育之改组;(10) 课程之组织;(11) 男女合校问题;(12) 各科之价值;(13) 教育之资格;(14) 寄宿舍问题;(15) 考试问题;(16) 选科问题。

……

校校管理:

1. 教授内容:(1) 绪论;(2) 组织;(3) 校长与教员之合作主义:(甲)在教授方面;(乙)在训育方面;(丙)在管理方面;(4) 学生与教员之关系;(5) 行为论;(6) 分班问题;(7) 青年健康问题;(8) 学校建筑及卫生;(9) 全体教职员之解释;(10) 学校之

分类及其功用；(11) 管理学校之机关；(12) 注意与兴味在管理方面之讨论；(13) 赏罚问题；(14) 习惯与规矩；(15) 请假问题；(16) 试验问题；(17) 时间经济；(18) 学生自治；(19) 课内与课外动作之讨论；(20) 竞赛问题。

多数课程采用教员授课和学生演讲相结合的教学法，每学期每位学生至少担任一次主讲。由教员指定题目，学生写作短篇论文或详细大纲，在课堂讲演并展开讨论。此外视情形实行调查及参观。

学生的论文题目多为教员指定，且多为宏观论述。1931 年 6 月 9 日，《日刊》刊载教育学系教员杨廉所授科目"中国教学法""最近美国教育"学期论文题目如下。

1. 中国教学法学期论文题目：

(1) 中国现在中学教学法之批评(须要具体的, 分析的陈述)。

(2) 怎样应用社会化教学法，举二种科目为例。

(3) 怎样实施问题教学法，试举一种科目为例，用问题教学法来：a. 组织教材；b. 指定功课；c. 上课。

(4) 任择一种现行中学教科书，详细评其得失，应评论之范围至少包括：a. 教材之选择；b. 教材之组织；c. 参考书之列示；d. 研究问题之提出；e. 教法之提示。

说明：1) 每篇至少二千字；2) 引用书报，无论中外，须指出页数、书名、著者、版本；3) 6 月 20 号以前交卷于注册部；4) 平日上课过少者，照章不与试。如有择题作文者，等于自动研究。

2. 最近美国教育学期论文题目：

(1) 美国中学教育之演进。参考书：1) A. [J.] Inglis, *Principles of Secondary Education*, P161-201；2) P. Monroe, *Principles of*

Secondary Education, P16-69; 3) L. V. Koos, *The American Secondary School*, P1-47; 4) W. L. Whl【Uhl】, *Principles of Secondary Education*, P1-149; 5) A. A. Douglass, *Secondary Education*, P3-30; 6) W. S. Monroe [and] O. F. Weber, *The high School*, P22-63。

（2）美国最近的大教育家。J. Dewey, P. Monroe, E. L. Thorndike(此题可分作,任做一位教育家即可)参考书:1) E. W. Knight, *Education in the United States.* P521-541. A. 关于 E. L. Thorndike 的看 *Teachers college Record*, Vol. XXIV, No. 3（Way, 1923）B. 关于 J. Dewey 的看商务出版之《教育大辞书》上, P502-504; C. 关于 P. Monroe 的看 I. L. Kandel 编的 *Twenty-Five Years of American Education*, Introduction, Paul Monroe-An Appreciation, Irz H. Snzzall。

（3）美国州教育行政之组织。参考书:1) E. P. Cubberley, *State School Administration*, P270-360; 2) Clapp, Chase, Merriman, *Introduction to Education.* P155-195。

（4）美国之职业教育。参考书:I. L. Kandel, *Educational Yearbook.* 1928, P395-451。

（5）美国之教学方法。参考书:I. L. Kandel, *Educational Yearbook.* 1924, P557-595。

（6）美国初等小学之课程。参考书:I. L. Kandel, *Educational Yearbook.* 1925, P535-568。

说明:1)每人各作一题,二人合作者无效;2)限六月二十号以前交卷到注册部;3)按照学校规定,平日上课太少者不得与考。如有选做者,等于自动研究,与考试无关;4)引用参考书籍,无论中外,务须注明页数、书名、著者、以便复按;5)参考书为学校图书馆无者，教者可以暂借一星期；6) 希望择题不必雷同，免参考书不够，已选定者可在题下注明自己的名字；7) 亦可自择题目，但须先得教者之同意；8) 最低限度两千字。

除正式的课堂教授外，教育学系师生于课外的非正式互动同等密切。教师常将个人藏书借予学生阅览，学系更以分组形式为学生配备导师，凡同学个人读书、治学诸问题，均可向个人所属之指导教授请教。学生需赴教育学系阅览室填写每周之空余时间，以便指导教授招请谈话。当各教授原定课外在校指导时间多与同学其他功课冲突不便时，学系会组织酌增师生交流时间。

其时中国八方风雨，国事蜩螗，教育学系教员变动和课程调整频频，动乱时局之下的交通问题更成为正常开课的莫大阻力。1924 年 10 月，哲学教育学系教员戴夏因交通阻塞未能到京，所授课暂停。1926 年 5 月戴夏因事挈眷南旋，"教育行政""现代教育思潮"及"教育理想发展概观"三门课程考试事宜改由陈百年（即陈大齐）代理。直至 1929 年 12 月戴夏来校，其所授教育学系功课方才恢复。1926 年春季学期，"教育社会学""哲学系社会问题"停课，杨振声所授"西洋小学教育史"一课改在下学期讲授。1931 年 2 月，教育学系教员李蒸因事不能到校授课，所授课程"乡村教育"请余景陶（即余家菊）担任。

北大教育学系不仅以培养师资队伍和高等教育人才为要旨，还主动打开围墙，与社会组织联动，为基础教育之发展倾尽全力。1926 年 5 月，北大教育学系、中华教育改进社、京师学务局合组北京暑期学校，面向中小学教育群体招生。该校分特别组（专为男女中小学教员研究教育问题）、甲组（专为男女中学毕业生补习学科而设）、乙组（专为预备入中等学校之学生而设）。

教育研究

北大教育学系承接建系之前校内的教育研究之风气和活动，此方面之进步表现有三：其一为北大教育研究会为之日常活动，其二为教育领域编著出版之事业，其三为延请专家讲演之学术活动。

1921 年左右即有北京大学教育研究会之组织，"以研究教育学理及实际问题为宗旨"，凡本校同学，无论毕业与否，有志于教育者均可报名加入。此乃全系同学之唯一的统一的组织。1925 年 10 月 31 日，北大教育研究会进行内部改组，由原来的研究股、调查股、庶事股三个部门，改组为总务股、研究股、调查股、介绍股、图书股五个部门。11月 12 日，举行秋季大会，决议更名为"北大教育学会"。11 月 28 日，根据北大教育学会《研究股办事细则》，研究股共设九个分组，分别为教育哲学组、教育行政组、教育制度组、教育心理组、学校训育组、教学法组、社会教育组、幼稚教育组、中国教育史组。同时该股依时酌开"分组会""联组会""公开会"，且每月须举行一次公开讲演会。《教育学会分组研究规约》详细规定了研究组织方式和流程方法。

1926 年 1 月 7 日，《日刊》刊载规定：(1) 教育学会的光荣，寄托在各位会员身上；各会员研究出来的成绩，就是学会的成绩；所以希望大家认真做工夫。(2) 各组进行，全靠各组组员，这个规约只能作一个引子。(3) 各组当第一次分组会时，请即互推干事一人，以后召集分组会及与导师或他组接洽，均干事任之。(4) 第一次分组会时，先请组员各自报告对于此项研究之兴趣及希望(能一并报告自己的素养更好)，次请导师导以研究的方针。(5) 导师如指定图书，无论分读合读，均望组员认真读去。(6) 为研究便利计，最好拟定问题。就问题去研究，亦有分工与合作两种办法。分工的办法，各人研究一问题，而互相触发者。合作的办法，多人研究一问题，而自不同的方面者。（7）分组会原定每周一次，但实际应何时开会，各组可自行取决。每次开会，导师到会与否，亦由组员与导师直接商订。（8）导师如作讲演式之指导，得欢迎旁听。

1926年1月12日，教育学会幼稚教育召开第一次分组会，导师刘廷芳提供相关参考书和研究方向建议：（1）根据《心理》杂志一卷一号陈鹤琴的《研究儿童的知识之方法》，在各学校里做一次实验的功夫；（2）利用新年，实地调查北京儿童玩具之种类、价值销路……（3）调查八岁至十二岁儿童组织团体之性质、种类以及方法；（4）对于儿童搜集物件事项之调查（搜罗纸烟画片等）。

1930年1月6日，教育学会请戴夏主任添聘教授，并增加学务调查、各国教育制度、乡村教育、教育公文程式等课程。1935年3月19日至28日，《北平晨报》连刊三期教育学系应教育部要求进行的"减少假期缩短学年案研究报告书"。教育学会以"促进教育事业及研究教育学术"为宗旨，专设研究股并邀请导师分门别类地进行学术研究指导，增进学生间的讨论交流，并承担起反映学生之专业诉求的组织责任。

同一时期，教育研究会亦负责编辑教育丛书、出版教育年刊等著述事宜，促进学术成果交流。1924年11月26日，在蒋梦麟和高仁山的大力支持下，教育研究会创办的教育图书馆正式开馆供师生阅览。1929年5月17日，北大教育学会《年刊》编辑部发布《征文启事》。6月1日，教育学会召开第一次《年刊》全体筹备委员大会，通过《北大教育学会出版年刊计划》案，具体内容如下：（一）教育学会拟出版北大教育年刊，每年发行一本，暑假前出版。一九二九夏出第一期。（二）出版年刊的旨趣：（1）表现北大教育学系的精神；（2）发抒心得贡献教育界；（3）纪念每届毕业同学；（4）提高同学研究兴趣。（三）年刊文体，约为十类：（1）评论；（2）专著；（3）译述；（4）讲读；（5）研究；（6）报告；（7）教育文艺；（8）通信；（9）同学消息；（10）学会纪事。（四）年刊内容均以教育为限，约如：（1）教育哲学；（2）教育行政；（3）教育史；（4）教育心理；（5）学校教育；（6）社会教育；（7）教育问题：a. 高等教育；b. 中等教育；c. 小学教育；d. 职业教育；e. 农村教育；f. 女子教育；g. 党化教育。（五）该刊稿件，以现在教授、从前教授、毕业同学、现在同学之撰述，及来校讲演者讲稿等为主体，而每届毕业同学，于该届年刊，至少须每人一篇。

1931 年 11 月 11 日，教育学会通过出版委员会工作大纲，确定出版委员会组织。出版委员会工作以会刊和丛书为主。（1）会刊。甲，半月刊——即日出版。1）本会为商榷中国教育之理论与实施起见，暂发行一种刊物，定名为"现代教育"。2）每月出版两期。3）内容为 a. 短评；b. 研究；c. 书报介绍；d. 两周内教育界大事述要；得视材料之多寡增减之。4）每期约一万字左右，为便于保存起见，订为小册。如材料丰富，得随时增加篇幅。5）每期零售二分，外加邮费，全年共二十册，连邮费五角。乙，季刊——出版日期及办法，容后再定。（2）丛书。甲，教育丛书。1）教育学会编辑一种教育丛书，名曰"北大教育丛书"。2）凡本会会员之专门译著，经丛书编审委员会审查合格者，得列入本丛书。3）丛书编审委员会由本会聘请教育学会会员若干人组织之，于必要时，得请会外专家参加。4）本丛书由本会接洽书局印行，让与版权或抽收版税，由著者自愿。5）丛书稿费收入，应提出百分之三，作为本会基金；其抽收版税者，照每册定价之六倍，一次缴纳。乙，青年丛书——除名称而外，余均与教育丛书同。

在教育研究会的主导组织之下，教育学系多次延请专家举行学术讲演。1926 年 1 月 6 日，北大教育学会第一次公开讲演，邀请茅唐臣（即茅以升）讲演《学校建筑与设备》。1929 年 6 月 9 日，教育学会邀请傅斯年讲演《西欧大学中之文学教育》。11 月 10 日，邱椿受邀做题为《社会主义的教育》的讲演。12 月 15 日，受教育学会与政治学会邀请，王之相在第二院讲堂做题为《革命后的俄国》的讲演。1935 年 3 月底至 12 月末，教育学系邀请晏阳初做题为《中国农村教育与农村建设问题》的讲演，教育学系教授邱椿做题为《德国青年的训练》《中国教育与中国国民之改造》的讲演。

教育学系教员对于当时的教育改革也颇多参与。1935 年 3 月，立法院院长孙科，提出减少假期缩短学年问题，已引起教育界深切之注意。平津院校教联会，为此问题曾函请北平各大学，对此问题加以研究，以便汇集意见，呈报教育部，北大教育学系接到该项通函后，由该系主任吴俊升两次招集本系各教员，征集对此问题之主张，吴主任已将搜集所得各方意见，加以整理，就假期之功用、中西学校假期之比较、假期功用在教育效率上之效果等各点，编就长万余言之意见书，对减少假期问题颇有发挥。

国际交流

此一时期北大教育学系对其未来发展之构想兼具国际视野，曾多番邀请海外知名教授，组织赴日考察团以深化对别国教育之了解，并有胡适等本土学者参加国际学术讨论会，赴美等地做讲演。

1925 年 5 月 26 日，教育学系教授会邀请时任美国图书馆协会代表、美国圣路易公立图书馆馆长鲍士伟（Arthur E. Bostwick）在北大做讲演。1927 年 5 月 2 日，美国哥伦比亚大学教授克伯屈（Kilpatrick）做题为《现代教育方法之批评》的讲演。1934 年 10 月 9 日,丹麦民众教育专家贝尔斯受邀做题为《目前高等民众教育问题及其工作》的讲演。12 月 17 日,校长蒋梦麟代表中国出席在菲律宾大学召开的东亚教育会议,并与刘湛恩一同讲演了"高等教育制度"及"中国高等教育之趋势"等问题。1935 年 5 月末至 6 月初,香港大学文学院兼教育学系主任富斯德(Foster)先后做题为《英国人之特性与思想》、《英国之民众学校》(*Public School*)、《牛津与剑桥》、《英国学制系统》、《英国教育之实验趋势》的公开讲演。1937 年 6 月 14 日,世界教育会议会长孟禄受邀在北大做讲演。

1929 年 4 月,北大教育学系全体学生拟于毕业后到日本参观考察,以增长知识,而便借镜,向校方请求津贴旅费一节,业志前报。北大评议会对其游日壮举,极为嘉许,即开会定出旅费津贴之最高额,然而学生们认为所订津贴数目过少,特再呈评议会。并呈交所拟渡日参观旅程表,请求复议,措辞极为恳切。原呈云:"夫教育之应参观,与理化之应实验,同其重要,故理化各系,可不参观,而不可无实验,而教育学系则可无实验,而不能不参观,慨本系成立之始,蔡蒋诸师,极为重视……革新教育,世有公谕,日本教育制度,虽为中国袭用,然其详细情形,及其效法西洋之程度,尚鲜介绍,未见详论。生等感时势之需,谋切身之要,故必欲前往日本,稍事观摩,必期有所建树……"

1929 年 5 月 22 日至 6 月 15 日,教育学系教授会组织赴日考察团,进行为期三周的教育参观考察,先后参访了神户、东京、京都、奈良、大阪、广岛、福冈等地。考察团由四年级毕业生周遊、黄镜、洪橘、卜锡珺、谢卿尔、沈昌武、吴汝雷、石庭瑜、齐泮林等九人组成,团长为洪橘。1930 年 4 月 22 日,教育学系四年级学生组建参观团再度赴日考察。教育学系参观团指导员为戴夏,团员有王德崇、黄继植、黄佛、李荣荫、詹昭清、秦槐士、李辛之。7月1日的《北大学生》刊载了参观团撰写的《参观日本教育报告》。报告分上下篇，上篇为《参观日记》，下篇为《日本教育一瞥》。下篇又分五部，内容为：(1) 日本之教育目的；(2) 日本之教育制度；(3) 日本之学校教育(幼稚教育、初等教育、中等教育、师范教育、高等教育、特殊教育)；(4) 日本之社会教育；(5) 综合与批评。

1933年8月14日，时任教育学系主任的文学院院长胡适出席在美国举行的第五次太平洋学术讨论会，并在芝加哥大学做题为《最近三百年来孔子主义的变迁》的讲演。

学生活动

教育学系同学团结活跃，级友会①为组织学生活动之中心，常以全体大会、茶话会、恳亲会、学校参观、新年同乐会等活动形式增进生生、师生交流，并选举学生代表出席校级学生会，提升院系影响力。

1924年10月31日，教育学系级友会召开成立大会，通过《教一级友会简章》。1929年4月22日，北大教育学系一年级级友会正式成立，该会以研究教育学术及谋求本级利益为宗旨。同日，北大成立1929毕业同学录筹备会，其中，教育学系毕业生代表为吴汝雷。4月27日，北大教育学会召开教育学系全体同学会议。11月27日，教育学系1933年级友会成立。1930年11月13日，为联络感情和研究教育，邹湘、王友凡、李中昊、颜秀三、江锐、孟际丰发起成立教育学系四年级

① 级友会在这时期的不同年份中表述有细微不同，如一九三三年级级友会，一九三三级友会和一九三三级友会，据史料原文和照片信息，"一九三三级级友会"形式居多，本书正文统一为"年份+级友会"的形式，但对史料部分的表述不做改动。

级友会，亦即教育学系 1931 年级级友会。

　　除全体大会等日常会议的召开，级友会不定期组织恳亲会、校园参访等学生活动，年级团建形式多样而精彩纷呈。1924 年 11 月 18 日，哲学系教育测验班全体同学赴孔德学校实施非正式国文默读测验。1925 年 1 月 1 日，教育学系一年级学生举行恳亲会。1926 年 6 月 15 日，教育学系 1929 年级级友会组织参观孔德学校，并于北海公园举行本学年临别茶话会，借送本系本届毕业生王九思、胡自益二人。1931 年 4 月 12 日，教育学系全体同学欢送本系四年级毕业生，戴夏、刘钧等诸多师长均捐款支持创立 1931 级毕业同学录筹备委员会。1935 年 5 月 24 日，教育学系学生严倚云、陈传芳、廖实中参加外国语文学系举办的英语演讲竞赛会预赛，并分获一、二、三名。

　　教育学系中诸多学子撰文针砭时弊，就中国教育问题各抒己见，直言正论，表明当时学生活动有强烈的通过教育改革进行社会改造的意识。1924 年 12 月 7 日，教一级友会召开第二次常会，讨论胡勤业的论文《教学法研究》（The Study of Teaching）、陈世荣的论文《广职业教育刍议》，教育学系教授会主任蒋梦麟莅临讨论会并训话。1925 年 3 月 3 日，哲学系学生杨廉撰文介绍了中华教育界制定的《教育问题征求意见表》，并就国家收回教育权问题发表了意见。《征求意见表》中提出的教育问题如下：（1）今后中国教育宗旨应否含有国家主义的精神？（2）今后应否明定小学教育宗旨为实施国民教育？（3）各省教会学校应否收回由中国人自办？（4）今后中国学校应否酌量实施军事教育？（5）新制小学应否教授英语？（6）学校应否有宗教的课程与仪式？（7）有关国耻的史地教材，应否编入教本，以激励民气？（8）中小学史地教授应否与外国史地并重？（9）留学生归国后应否由国家考试，颁给国家学位？（10）学校应否允许传教师充当教师？

1930 年 6 月 1 日,《北大学生》(*The Student Monthly of Peking National University*)创刊号出版。本刊由北大学生月刊委员会编辑,编辑主任为教育学系学生李辛之。该刊主要刊载本校师生的学术论著和译述,其中以政治、经济、文、史、哲、教育、社会学等为重点,兼有数学、理化及地质学等方面的著作。

参观调查①

走出书斋,方能寻得教育问题之立据和可能的解决之道。北大教育学系学生在学习研究之余,颇为注重参观调查,"纸上得来终觉浅,绝知此事要躬行",意旨通过实践于现实中拷问教育问题。教育学系不仅定期组织学生参观京内中小幼学,更分派专业老师带队前往全国各地进行院校参访。

1925 年 3 月 25 日,经蒋梦麟校长联系,教育学系学生参观香山慈幼院及中法大学。29 日《日刊》刊载了陈世棻写的《教育系修学旅行记》,记录了此次调查。1926 年 4 月底至 5 月中旬,杨荫庆带领中等教育班同学先后参观师大附中、西什库第四中学、女附中及公立第三中学等校。1927 年 5 月,教育学系学生组织参观了师大附中、女师大附小、崇实学校、翊教女子中学等中小学。1930 年 11 月 8 日,教育学系四年级同学参观外交部街大同中学以备实习。1934 年 5 月 16 日,教育学系教育调查班参观本市汇文、慕贞两中学。为增进教学效率,提高

① 对于学生来说,国内国际交流的主要方式都是参观考察和学习。但由于国际交流参与的人数较少,经费一开始比较充裕,行前和返程后都有比较周密的设计和安排;从教育史的立场来看,中国学生走出国门对某一国家的教育进行考察有更为特殊的含义,因此本文将"国际交流"单列,本部分的"参观调查"不包括国际考察的部分。

研究兴趣，教育学系幼稚教育班教授刘吴卓生每学期带领学生参观本市公私立各学校。1935 年 4 月 24 日、10 月 9 日，1936 年 4 月 29 日，刘吴卓生带领教育学系学生前往香山参观慈幼院，并做春季旅行，同行中有女生二十余人。香山慈幼院为教育学系参观之热点，与幼稚教育教学之深入开展不无关系。

　　1931 年 4 月下旬，教育学系四年级同学组成教育参观团，进行为期约五周的实地考察，赴南京、苏州、无锡、上海、杭州等地参观，返平时顺道参观济南、青岛。其行程包括：24 日，参观中央大学实验学校、中央大学、中央研究院、中央研究院自然博物馆、教育部、考试院并访陈大齐；25 日，参观南京女子中学、南京女中实验小学、江苏教育馆、南京市教育局；26 日，观明孝陵、谒中山陵、登清凉山、望莫愁湖；27 日，参观金陵大学、中央大学农学院、铁道部、中央党部、中央广播无线台、游玄武湖、五洲公园。4 月 28 日，北大教育参观团赴中央研究院拜访蔡元培。蔡元培做了二十分钟的讲话，大意计大学教育学系与师范大学，意义及任务，均有不同，诸生行将出校，毕业后，又有三条出路：（1）家庭有资供给，出洋固然很好；（2）服务社会也不要忘了上进，须继续用功；（3）如谋事不成，亦不可过于焦虑，须安心忍气，仍然研究考察，方不致落伍。

　　1932 年 5 月 13 日，在杨亮功教授的带领下，教育学系四年级学生组成华北教育参观团，先后赴天津、济南、开封、太原等地展开为期两周的教育调查活动。6 月 10 日，教育学系参加天津市教育调查的同学赴东铁匠胡同师大女附小进行实习测验。

　　1935 年 4 月中旬，在尚仲衣教授的带领下，教育学系四年级学生自无锡至浙省进行为期半月的视察。教育学系参观团沿津浦路南下，以杭州为终点，参观津浦沿线及长江下流各省市区教育实况，希冀毕业在即的教育学系学生借此对国内教育概况有相当认识。5月6日，教育学系四年级学生出发参观北平教育机关。具体行程为：6日由吴俊升率领，参观市社会局及市立师范；8日由潘企莘（即潘渊）率领，参观汇文中学；10日由吴俊升率领，参观市立职业学校、民众教育馆、聋哑学校；13日和15日由潘企莘率领，参观师范大学附属中学及附小、贝满女中。11月30日，上海中学校长郑西谷率领江苏省中等学校校长华北教育考察团一行九人至北大参观。教育学系主任吴俊升亲自招待，陪往北大一院、新图书馆、地质馆、学生宿舍及二院心理实验室等处参观。

1936年4月8日，教育学系学生乘平汉车由北平出发，赴定县实验教育署参观，以作课外参考。5月28日，赴市立师范参观上课情形及教学方法。1937年5月10日，教育学系中学教育班由潘企莘率领参观市内各著名中学，以为研究学问之借镜。具体行程为：10日参观师范大学附属中学南校；17日参观市立第四中学及师范大学附属中学北校（丰盛胡同）；24日参观私立汇文中学及慕贞女子中学。

除了组织各类学校参观活动，教育学系还专设实验学校供学生实习所用。1929年10月1日，学生会公布《发展北大计划书草案》，其中提及"务于本学年内筹备添设试验学校，此专为教育系而设，由学校创办中小学校各一所，作该系实习之用"。11月21日，《日刊》刊载由北大教育学会推定起草委员起草的《国立北京大学教育系筹办附设实验学校计划大纲》。在小学部"设立旨趣"中描述其教育目的如下。

A. 谋中国教育之根本革新：中国废科举设学校，迄今垂三十年，但过去一切教育之理想与制度，均非无目的抄袭舶来品。中国之教育失败多而成绩少，无需讳言。本校负有革新国家文化教育之使命，则创设小学，树立楷模，以资本国小学之观摩，以谋国家教育根本之革新,诚属必要。

B.适应本校目前之需要,本校设教育系,忽忽数年,设备陋简,成绩稀微。近世教育潮流所驱,莫不承认"教育即生活"一语为解释教育目标最正确之意义。故研究教育而徒事课堂听讲,或空探理论;使所学与实际分离,决难期有成绩。国内设备较良,成绩较优之师范学校(如前南京高师及北京高师)皆有附设中小学校,实有甚重要之意义。且近年来世界教育之理想与制度,瞬息万变,成效如何,端赖试验。故创设小学,以资师生之实验,尤为本校目前急切之需要也。

西南联大师范学院教育学系
(1937—1946)

行政沿革

1937年7月7日卢沟桥事变发生,中华民族开始全面抗战。8月28日,国民政府教育部分别授函南开大学校长张伯苓、清华大学校长梅贻琦和北京大学校长蒋梦麟,指定三人分任长沙临时大学筹备委员会委员,三校在长沙合并组成长沙临时大学。按照专业相同或相近的学系合并的原则,北大教育学系、哲学系与清华哲学系、心理学系以及南开哲学教育系合并为哲学心理教育学系,属文学院。9月10日,教育部发布政令,正式宣布建立国立长沙临时大学。10月,长沙临时大学常务委员会召开第四、五次会议。课程委员会拟定临时大学所设学系——文科设中国文学系、外国语文系、历史社会系、哲学心理教育学系；并推定冯友兰为哲学心理教育学系教授会主席。11月1日，由国立北京大学、国立清华大学、私立南开大学在长沙组建成立的国立长沙临时大学正式开课。其中，北大教育学系到校教师有吴俊升、樊际昌、邱椿、陈雪屏、罗廷光。

由于长沙连遭日机轰炸，1938年2月中旬，经中华民国教育部批准，长沙临时大学分三路西迁昆明。期间，因学校迁滇，学生颇有以经济困难考虑不克前往者，其中不乏品学优良之青年，因此刘崇鋐、蒋梦麟等45位教授致函临时大学会计室，请求将学校拟津贴各教授旅费65元，全部捐与学校，补助寒苦学生旅费。捐款名单中包括教育学系教授莫泮芹、樊际昌、陈雪屏、邱椿。4月2日，国立长沙临时大学更名为国立西南联合大学。4月19日，西南联大常委会首次在昆明举行，决议：冯友兰辞去哲学心理教育系主席职务，改请汤用彤；文学院院长胡适未到校前，请冯友兰代理文学院院长。5月1日，西南联大蒙自分校校务委员会成立，推定樊际昌为主席。8月，西南联大第83次常委会议决：自下学年起增设师范学院，将哲学心理教育学系的教育部分划归师范学院，成立教育学系，其余改称哲学心理学系，仍属文学院。第85次常委会议决聘请黄钰生为西南联大师范学院院长。后为了充实教育学系的力量，奉教育部令，将云南大学教育系并入西南联大师范学院，按师范学院规程编造经费概算，规定该院学生本年度暂定400人。其中，北大教育学系学籍的学生仍住在文学院宿舍，也不享受公费待遇，按原规定选课，学习四年。云南大学教育学系学生也要求四年毕业，经系务会议议决批准，他们毕业时领取云南大学毕业文凭。从1938年招收的一年级学生开始实行五年制。10月3日，西南联大第88次常委会决议聘请邱椿为师范学院教育学系主席（各学系教授会主席后改称为系主任)。

1940年4月17日,西南联大第140次常委会议决:本校训导长查良钊、师范学院院长黄钰生赴渝参加第二届高等师范教育会议。离职期间,训导长职务请樊际昌兼代;师范学院主任导师职务请许浈阳代理;师范学院院长职务请陈雪屏代理。7月,成立师范学院附设学校筹备委员会,黄钰生、冯友兰、吴有训、查良钊、陈雪屏为委员,后通过师范学院办理附设学校办法9条,请黄钰生兼任师范学院附设学校主任。

时局纷乱,教育学系主任一职亦变更频繁。1943年9月和1945年9月,陈雪屏赴渝公干,教育学系及公民训育系主任职务由陈友松暂代,师范学院院长职务请查良钊暂行兼代。

1945年6月,蒋梦麟出任行政院秘书长,呈请辞去北京大学校长职务,后国民政府准免,并任胡适为校长,胡适未到任前,由傅斯年代理。西南联大师范学院虽师资队伍有限,但仍获校方较大的资金支持。8月,北大文学院召开三十四年度第二次谈话会,隶属于文学院之教育学系的教员名额配置为:教授5至6人,助教1人,视学科课程情形可临时聘定其他教员。另获美金4000元书籍费、美金2000元期刊费、美金3000元仪器费。

1946年5月4日,西南联合大学举行结业典礼,宣布西南联大正式结束。6月,教育部发布训令:业经决定将西南联大师范学院自本年8月起在昆明独立设置,改称国立昆明师范学院,任命查良钊为国立昆明师范学院院长。国立昆明师范学院分设国文、史地、英语、教育、理化、博物、体育等学系,并附设中学。国立西南联合大学师范学院所有校舍、校具、图书仪器及其他校产,学生成绩及有关文卷拨该院使用。联大师院原有教职员、学生由该院接收继续办理。

教　员

联大师院专任教授以教育学系为最多，其余各系多聘请联大其他院系教授兼职。据联大教职员名录记载，在联大师院先后执教的教师共130人，兼任的28人，专任的102人。其中教授25人，副教授10人。

1939年1月至10月，西南联大常委会决议聘请罗廷光（师范学院公民训育系主席）、陈友松（公民训育系兼教育学系教授）、孟宪承（教育学系教授）、刘振汉（教育学系音乐教员）。1940年3月至9月，决议聘请王维诚（哲学系及师范学院教育学系副教授）、田培林（教育学系教授）、陈雪屏（教育学系主任）。1941年7月至8月，决议聘请胡毅（教育学系教授）、王纯修（教育学系副教授）、徐继祖（教育学系教授）。1942年12月，决议聘请汪懋祖（教育学系教授）。据1942—1943年统计，教育学系有：教授9人，樊际昌、陈雪屏（均属北大）、黄钰生（南开）、沈履（清华）、查良钊、胡毅、汪懋祖、徐继祖、陈友松（均联大聘任）；副教授1人，严文郁。另有教员严倚云，助教李廷揆、陈熙昌、萧厚德等。

课程体系

教育学系以培养教育行政管理人员为主要任务，兼及教育研究人才和合格的中等学校教师。教育学系虽未设辅系，但院方要求学生根据自己的特长或兴趣，进修一两门与中学课程相关的专业课，以便毕业后担任行政领导职务时兼课之用。

师范学院各学系均为五年，按规定必须修满170学分方得毕业。一、二年级必须学习普通基本科目，共约50学分，教育学科基本科目共22学分。另有专业必修课和教学实习等。其中，四年级须完成毕业论文，五年级需从事教育实习(16学分)，即在中学实习一年。

一年级必修课有:教育学概论(黄钰生讲授，1944年后李廷揆也参加教学工作)，普通心理学(先后由樊际昌、周先庚讲授);二年级必修课有:教育心理学(陈雪屏)、中等教育(先后由陈友松、徐继祖讲授)、教育统计学(先后由曾作忠、胡毅讲授);三年级必修课有:普通教学法(先后由罗廷光、黄钰生、胡毅、严倚云讲授)、训育原理及实施(查良钊)、西洋教育史(先后由邱椿、田培林、陈友松、孟宪承讲授)、初等教育(王纯修)、社会教育(陈友松)、发展心理学(先后由陈友松、倪中方讲授)、教育行政(先后由罗廷光、陈友松讲授)、教育哲学(先后由孟宪承、田培林、汪懋祖、黄钰生讲授)、教育社会学(陈友松);四年级必修课有:比较教育(先后由罗廷光、曾作忠、陈友松讲授)、分科教材教法(由黄钰生、查良钊、樊际昌、陈友松、田培林、曾作忠、陈雪屏、严倚云讲授)、教育及学校行政(罗廷光)、小学各科教材教法(严倚云)。选修课程供三四年级学生修读，涵括心理学(樊际昌讲授的变态心理学、社会心理学等9科)、图书馆学(董明道)、行政与管理学(沈履讲授的中学行政问题等5科)、法学(杜元载讲授的教育法令)等多学科领域。此外，童子军教育(朱守训)、音乐教育(刘振汉、顾钟琳讲授)此两门为二、三、四年级学生必修。可见，教育学系注重德智体育协调发展，而三年级课程压力最重，同时课程教员流动更易较频，一科多教的现象较为普遍。

招生和毕业

联大师院教育学系建系之初，全系学生 133 人（其中一年级新生 23 人），占师院学生总数的 54%。教育学系从 1938—1946 年共毕业 168 人，其中：北大教育学系 23 人（含 1938 年毕业者 7 人），南开哲教系（教育组）5 人，联大学籍学生 140 人。1946 年三校复员，志愿入北大教育学系者 33 人。这些毕业生少数留在本校任助教，有的出国深造，大部分走上中学行政工作的岗位，但也不乏在教育学、心理学方面有杰出成就的专家、学者、教授。

表 2　1938 年至 1946 年教育学系部分招生及毕业情况①

年份	录取新生情况	毕业生情况
1938 年	林秀清、余培忠、力易周、李芳经、张文洸、梁荫均、李应栋、符气雄、李应智、蒋极明、王启钧、全慰天、周桂霞、骆大辉、石希珍、彭慧如、林社友、廖拓、张郎清、郑韵琴、张淑彬、吴杏珍、邝文宝、李蕊、郭佩玉、金福祥、曹学源、杨尔衔、马维骏、陈以仁、陆和，共 31 名。	
1939 年		刘盈、陈熙昌、周树人、孟宪德、张岳，共 5 名。
1940 年		郅玉汝、徐克清、王习之、郭松懋、汪绥英，共 5 名。

---

① 本表对招生毕业情况的整理不全面，从"史料编年辑录"中相关事件的记录来看，由于联大的建制常常变动，学生流动也比较频繁，新生名单应该比本表所列更多。

年份	录取新生情况	毕业生情况
1941 年		李楚安、李廷揆、尹士伟、秦锌，共 4 名。
1942 年		萧厚德、孙谛知，共 2 名。
1946 年	（西南联大分入北大教育系学生）王继位、史中一、李德一、李衡照、余雪涛、林毓杉、计思忠、段运钧、许开德、陈司寇、杨善继、刘瑜、萧淑芳、钱惠濂、张明浚、廖兴週、伍骅、段生农、邹礼、鲍汉琳、史士豪、汪兆悌、李德宁、李秉衡、吴路德、高先丙、萧俊琦、刘薇、戴剑梅、李彦，共计 30 人。	

早在这一抗战时期，教育学系的研究生教育已初具雏形。1940 年 3 月 19 日，师范学院教育学系起草《师范研究所教育门计划书》，准备在本年秋设置师范研究所教育门，招收学制二年之教育及心理学硕士研究生。

教育研究和实践

教育学系的科研活动，主要是结合中等学校教育、教学及社会教育等实际情况，在社会服务实践及调查中进行某些实验，成立研究室和学会，举办座谈会和讨论会，在昆明的报刊上，主办"教育专栏"等。

（1）曾收集中小学及师范学校教科书，进行比较研究。与公民训育系共同审查国立编译馆编纂的《教育名词》。

（2）建院初期，成立教育研究室，收集云南省的许多教育材料，每半月全系开会一次，讨论专题，报告研究心得。1941 年，教育研究室与云南省教育厅中、小学升学及职业指导委员会联合组成升学及职业指导测验室。以昆明的三所中学、三所小学及昆明职业指导所为对象，进行多项普通心理测验，提供中小学生作升学指导及职业指导和介绍职业时参考。

（3）主办学术刊物。《益世报》上的双周刊"教育"、《云南日报》的"西南教育"、《正义报》的"青年与教育"、《中央日报》的"教育与生活"，均由教育学系教师编辑、撰稿。

（4）抗战结束前两月，有计划地举办战后教育座谈会，共开会七次，讨论范围涉及教育的各个领域。全体教授、讲师、助教参加。每次开会在三四小时以上，发言记录整理后送教育部，供决策时参考。

（5）创办附属中学。由黄钰生兼任附中主任。聘请魏泽馨为副主任（相当于副校长），在附中设立"实验部"，进行教育新途径的研究与实验，使附中不仅成为师院学生教育与教学实习基地，也是现代教育理论与技术的实验场所。

北京大学教育系复归与终结

（1946—1949）

行政沿革

1946 年 7 月，胡适到任北京大学校长。10 月 10 日，复员后的北京大学正式开学。12 月，北大、清华、南开三大学 1946 年度联合招考一年级新生,根据《招考简章》,报考北大文学院教育学系的考生,需考试的科目为国文、英文、数学(高等代数、平面几何、三角)、公民、中外史地、理化。1947 年 2 月 8 日,教育部部长朱家骅回复北京大学关于调整学系的决定指出,"文学院应以中国语文学系为主,亦即全校之重心",教育学院隶属文学院而位列第四系科。4 月 28 日,北大教授会通过《国立北京大学组织大纲》。《大纲》规定,本大学现设理、文、法、医、农、工六学院,其中文学院下设哲学系、史学系、中国语文学系、东方语文学系、西方语文学系、教育学系。

1947 年 6 月,北大公布 1947 年度招考研究生简章,规定在北平、上海、武汉、广州招考第一年研究生,招生人数视考生成绩而定。招考部门有:(1)文科研究所:哲学部、史学部、中国语文学部、东方语文学部、西方语文学部、教育学部;(2)理科研究所;(3)法科研究所。其中,报考文科研究所教育学部,需考试科目为:(1)国文;(2)英文;(3)教育哲学;(4)教育史;(5)教育心理。

最终,北大公布第一学期研究所分三:(1)理科研究所;(2)文科研究所:文科下设哲学部、史学部、教育学部、中国语文学部、西方语文学部,分别由汤用彤、郑天挺、陈雪屏、胡适、朱光潜任或代任部主任。(3)法科研究所。

1948 年 1 月 11 日,教育部备案,照准北大研究所计划设置 15 科,教育为其中一科。次日,国民政府公布《大学法》,该法规定:大学分文、理、法、医、农、工、商等学院。师范学院应由国家单独设立,国立大学得附设之;本法施行前已设立之教育学院,得继续办理。

1949 年 1 月 31 日北平解放。6 月 27 日,华北高等教育委员会发布高教秘字第 234 号训令,取消北大教育系,教育系三年级学生提前毕业,二年级以下学生转其他系;被取消各系的教授的工作,在征得本人同意后，尽先由各校分配，亦得由高教会分配。该训令自 1949 年秋季学期起实行。

学生情况

教育学系以"培养理论上和行政上的领导人才"为教学宗旨，不仅重视理论学习，更强调实践考察。在陶行知的号召下，设有"新教育社"作为学习团体；同时，以"实验学校"为工作中心，引导学生展开教育调查。

教育系学生不单拘囿于专业学习，更踊跃参与院务，就院系建设向校方直言献策，为争取学生权益挺身而出。教育学系系主任原为陈雪屏，1947 年 9 月 20 日后为樊际昌，1948 年 11 月起由张天麟代理。1947 年 9 月 30 日，教学系全体学生因本系"系务的紊乱和空虚"写信给胡适校长，提出意见如下：（1）要求"立即聘定能孚众望肯负专责的系主任"，不同意系主任兼职过多和"不肯负责"；（2）要求"立即增聘几位优良教授"，以解决教授过少排不出课程的问题；（3）要求立即订购本系应有的图书杂志；（4）要求立即恢复心理实验室；（5）要求胡适校长"向教育部据理力争"，解决"教育系学生为当然师范生待遇"的问题。

此外，教育系学生力易周和北大另两同学被当局拘捕，系里学生要求胡适校长"设法营救"。1947 年 11 月 26 日，教育、史学、经济、西语、中文等五系会联名致校长信，对孟宪功、李恭贻二同学被警备司令部逮捕至今不移送法院一事，要求胡适向政府交涉。

表3　1946 年至 1948 年北大文学院教育学系部分招生及毕业情况表

年份	招生	毕业人员
1946 年	文学院教育学系共有 78 人,其中一年级新生共 25 人,分别为正取生:程相钤、王世垣、幸代高、周裕宽、林清汶、赵四维、朱静娴、薛立常等 8 人;试读生:殷铭文等 17 人。	
1947 年	文学院教育学系录取本科一年级新生 27 人。其中,6 人来自北平区,1 人来自天津区;9 人来自上海区;5 人来自武汉区;3 人来自南京区;2 人来自重庆区;1 人来自沈阳区。 文科研究所教育学部共录取 2 人,均来自北平区。 北大 1947 年度①第一学期教育学系共有 137 人,其中一年级有马元德等 62 人,二年级 41 人,三年级 24 人,四年级 10 人。	王继位、史中一、李德一、李衡照、余雪涛、林毓杉、计思忠、段运钧、许开德、陈司寇、杨善继、刘瑜、萧淑芳、钱惠濂、吴澈,共 15 人。
1948 年	教育学系录取新生 23 人,得奖学金者 4 人,分别为:汪金波(北平区)、周升业(南京区)、岳凤麟(上海区)、李舜农(武汉区)	张明浚、李恒耀、刘助名、禄厚坤、俞琨、力易周、鲍汉琳、王文光、计思忠,共 9 人。

---

① 本年度一年级学生数两处有异,以及四年级学生数和毕业生数不同,似为自然年份与学年度的划分区别所致。

教员与课程

这一时期教育学系的在校教员变动依然频繁，但一直驻守的教员术业专攻，比较鲜明。齐泮林为统计专家；邱椿主教育理论和教育行政；樊际昌教社会心理和变态心理；孙国华所授教育心理、发展心理两科独具见地而颇受欢迎；陈友松乃教育界知名人士，以博大见称，专授教育行政和比较教育。为填补师资之短，这一阶段的教育学系从清华大学、山西大学等外校聘请大量兼任讲师。

由于师资较为短缺，一位教授或同时指导5位及以上学生的毕业论文。从1946年到1947年，陈友松先后指导毕业生共计达12名。从表4可知其时学生所关切的教育研究议题。

表4 1947年11月28日《国立北京大学周刊》刊载教育系部分学生毕业论文题目

三十五年度		
姓名	论文题目	指导教授
李德一	三十五年度三大学联合招生入学试题之分析	陈友松
余雪涛	同上	陈友松
林毓杉	同上	陈友松
许开德	同上	陈友松
钱惠濂	同上	陈友松
三十六年度		
姓名	论文题目	指导教授
张明浚	知行的关系与教育	邱椿
李恒耀	教师之待遇问题	陈友松

姓名	论文题目	指导教授
刘助民	我国中等教育今后应走的方向	陈友松
禄厚坤	女子教育	陈友松
俞琨	我国现行中等学制与心理的适应问题	陈友松
力易周	政府教育文化预算之分析	陈友松
鲍汉琳	有效修学发【法】	陈友松
王文光	国民教育之经费研究	陈友松
计思忠	孔子的教育学说	邱椿

相较于上一时期,此时教育学系课程被大幅缩减,但心理学课程比重较大。以1946年度第一学期课程表为例。教育学系二年级有6门必修课,分别为教育概论、教育统计、教育心理学、教育名著选读等;三年级有6门必修和3门选修,选修课含社会心理学、变态心理学两门心理学课程;四年级有4门必修课和3门选修课。授课老师以邱椿、陈雪屏、齐泮林、陈友松4位教员为核心,一人兼授数科之现象突出。

教育系终结

1948年,北大半月刊社编《北大1946—48》出版。其中刊载了对文学院教育系的介绍。全文如下:

提起教育系,校外人也许不大注意,可是在校内,有工作的地方就有教育系的同学。目前教育系有一百多人,虽然分住在四院、沙滩两处,同学间的感情并未因此而削弱,有什么工作,只要系会或级会一发动,马上便有过半数的同学来参加,这情形是常使其他各系羡慕的。

教育系为什么能这样活跃呢？第一，因为它有自己的学习团体——新教育社，这是在陶行知先生感召下产生的。第二，它有自己的工作中心——实验学校，而最重要的则是由于每一位同学对教育的目的有充分的了解，他们知道教育的对象应该是人民，教育的内容应该是生活，他们知道，不仅是教育别人，并且也教育自己。

自从樊际昌先生主持系务以来，教育系似乎一直在"为培养理论上和行政上的领导人材"（樊先生语）努力着的，这首先表现在提高"英文"程度上。同时为了充实本系课程，准备自下学期起减少或取消辅系的学分（虽然辅系成立才一年）。目前教育系教授中，邱椿先生是教授教育理论的。孙国华先生的教育心理和发展心理很受同学欢迎，他的特色不仅在有独到的见解，而且随时告诉科学的方法和它的实际应用。陈友松先生以博大见称，他教的是教育行政和比较教育，是教育界的红人。此外还有齐泮林先生和樊际昌先生，齐先生是统计专家，樊先生教社会心理和变态心理。在心理学的实验方面也还算有一点设备，有一门实验心理学。系里有它自己的图书馆，杂志书籍最近充实了很多，据说下学期还要来两位权威教授，我们且看樊先生的努力吧。

教育系的先生和学生感情相当好，除了樊先生因为太忙，其余的先生时常有同学去拜访聊天，聊的范围很广，自生活态度以至国家大事无所不包，态度是坦白诚恳的。

教育系日在壮大，"明年的教育系"如何呢？大家都这末想"一定是一个生活的大单元，工作、学习和游玩都会打成一片，做到教育不外生活，生活便是教育"。

这份对复员后的北大教育系的描述,让人充满了对教育系未来美好蓝图的想象。然而,一年之后,"明年的教育系"首先迎来的是1949年4月中文教接管委员会教育部部长张宗麟与北大教育系教师们举行座谈会。会议认为"在大学改革事业中,负有为新民主主义国家培养新师资任务之大学教育系,尤须首先改造,以奠立新中国所需的教育基础",应该讨论教育系课程改革问题。4月23日,华北人民政府教育部部长晁哲甫、副部长孙文淑,文管会的张宗麟,北大教育系的张天麟、邱椿、陈友松、汤茂如,以及辅仁教育系、清华心理系、燕京教育系、师大教育系、上海沪江大学教育系、香港道德学院教育系的教授等五十多人参与座谈会。6月1日,华北人民政府颁布《华北高等教育委员会组织规程》,并决定设立华北高等教育委员会,任命董必武为华北高等教育委员会主任委员,张奚若、周扬为副主任委员。6月8日,华北高等教育委员会召开首次常务委员会议,决定组织历史、哲学、文学、法律、政治、经济、教育等七组分别进行学制课程改革事宜。6月27日,华北高等教育委员会发布高教秘字第234号训令:

> 经本会常务委员会第二次会议决定,取消南开哲教系,北大教育系,清华法律系、人类学系……北大教育系三年级生提前毕业,二年级以下转系……取消各系教授之工作,在征得本人同意后尽各校先分配,亦得由高教会分配……。以上调整各院系各校应立即着手准备,自下学期起实行。

作为有着50年历史的北京大学教育科目、25年正式建制的北京大学教育系就此终结。

1949年10月11日,华北高等教育委员会颁布《各大学专科学校文法学院各系课程暂行规定》。其中对教育系课程的规定如下:

（一）任务：根据新民主主义的教育方针及马克思主义的理论与方法，培养为人民服务的中级教育工作者的知识与技能。（二）本系基本课程：(1) 新民主主义论；(2) 教育概论；(3) 教学方法；(4) 教育心理学；(5) 中国近代教育史；(6) 西洋近代教育史；(7) 教育行政；(8) 教育测验与统计；(9) 现代教育学说研究；(10) 职业教育概论；(11) 实习；(12) 政策法令；(13) 政治经济名著选读(参考政治系名著选读及经济系基本课程)；(14) 苏联及新民主国家教育研究(以上课目一部分得列为选修)。①

（撰写者：林小英）

---

① 华北高等教育委员会编：《各大学专科学校文法学院各系课程暂行规定》，《华北高等教育委员会法令选辑》，1949 年 12 月。

教授小传

蔡乐生[*]

　　蔡乐生(1901—1992),广东潮安人。1913年,随父南下前往苏门答腊岛的直民丁宜埠,就读于其父经理的阅书学校,并于1915年担任该校教员。1916年归国后考入汕头角石中学,1919年初中毕业,期间参与了五四运动。后就读于私立金陵大学①,1923年毕业后受聘为私立复旦大学应用心理学助教,开设工商心理学、法政心理学课程,并师从郭任远教授攻读硕士学位,1926年成为国内第一位心理学专业研究生。继而自费前往美国芝加哥大学(The University of Chicago)深造。1928年秋,他以论文《迷津学习中引导的逐步与突然取消的对比》(Gradual versus Abrupt Withdrawal of Guidance in Maze Learning)获得心理学博士学位,随即被该校研究院聘为教授。1929年担任医学院病理研究所研究员,半年后被擢升为研究院副教授。同年9月,出席了在美国耶鲁大学(Yale University)举行的第九届国际心理学会。1931年回国在复旦大学心理学系任教。1932年,任国立中央研究院心理学研究所(北平)研究员。

　　1932年任职于国立北京大学,在教育学系开设教育心理课程。1935年8月,任省立河南大学教育系心理学教授,后为该校创办了心

---

*　本部分教授小传的选录对象是在北京大学教育学系任教及开设教育学相关课程的部分教员。按传主姓氏音序排序。
①　本部分大学名称第一次出现时用全称,如私立金陵大学、国立北京大学、省立河南大学等,第二次则不再出现"私立""国立"或"省立"字样。

理实验室。1936 年 8 月就职于国立北平师范大学，并为广东国立中山大学研究院提供指导。1937 年金陵大学迁至成都华西坝，蔡乐生兼任文学院哲学系主任，1940 年任哲学心理学系主任，1941 年任教育部成都区学术演讲会主任。因抗战需要，转而关注军事心理和应用心理学等方面的研究。1946 年后出任中山大学师范学院院长。1947 年 4 月，应美国援华联合会邀请赴美进修，8 月出席心理学国际合作会议。

1945 年后，蔡乐生旅居美国，曾在布朗大学(Brown University)、加州大学洛杉矶分校(University of California, Los Angeles)和图兰大学(Tulane University)担任教职。1965 年，任职于加州州立大学富勒顿分校(California State University, Fullerton)心理学系。其间，兼任台湾大学、台湾政治大学客座教授。1973 年退休后，仍活跃于实验心理学领域。1992 年 12 月 31 日，在美国北卡罗来纳州奥兰治县(Orange County)逝世。著有《汉字心理学》(1938)等。

（编撰者：王利平）

陈宝锷

陈宝锷(1897—1953)，字剑翛，江西遂川人。1916 年就读于北京大学国文系。其间参与发起北大平民教育讲演团，并加入中华全国学生联合会和进德会。五四运动期间，作为学生代表积极南下扩展运动。1919 年毕业后，留学英国，获伦敦大学心理学硕士学位，曾为英吉利心理学会名誉会员。

1926 年任职于北京大学教育学系，讲授教育哲学课程。1926—

1927 年度开设有教育心理、实验教育两门必修课，以及教育心理测验、生理卫生与教育、原人心理等选修课。后历任国立浙江大学师范学院教育系主任，国立中央大学教务长和院长，国立武汉大学心理学教授，中央研究院心理研究所筹备委员，南京市教育局局长，教育部社会教育司司长兼高等教育司、蒙藏教育司代司长，江西、湖北省政府教育厅厅长。1937 年任职于国立西安临时大学和国立西北联合大学①，1941年任国立广西大学商学院院长，1946 年 10 月任校长。在北京任教期间，与全国教育联合会等团体代表为庚款等事项奔走呼吁。

1949 年 4 月赴香港。新中国成立后，任中南军政委员会教育部副部长兼中原大学副校长。1953 年病逝于武汉。曾发表《公民教育运动》(1926)、《教育方针》(1927)等文章，译有《罗素的教育哲学》(1926)。

（编撰者：王利平）

陈大齐（陈百年）

陈大齐(1886—1983)，字百年、伯年，浙江海盐人。早年在上海广方言馆学习英文，1903 年夏赴日留学，先后在东京补习学校、仙台第二高等学校学习，1909 年升入东京帝国大学文科哲学门，受日本心

---

① 1937 年卢沟桥事变后，平津相继沦陷。10 月 18 日，北平大学、北平师范大学、天津北洋工学院（原北洋大学）和北平研究院合组国立西安临时大学。1938 年 4 月，学校南迁至汉中城固，更名为"国立西北联合大学"。1939 年 8 月，西北联大改称"国立西北大学"。1946 年，学校复迁西安。

理学家元良勇次郎的影响，对心理学产生了浓厚兴趣。于是主修心理学，辅以理则学（又称论理学，即逻辑学）、社会学。1912 年毕业回国，任浙江高等学校（浙江大学前身）校长，兼浙江法政专门学校教授。1913 年任北京法政专门学校预科教授，讲授心理学。

1914 年，任北京大学哲学系教授，讲授心理学、理则学和哲学概论，后因研究兴趣逐渐集中于理则学，教授课程也以理则学为主，兼授认识论、西洋近代认识论史、陈述心理学。1917 年创建我国第一个心理学实验室，次年出版《心理学大纲》，该书被视为我国第一本大学心理学教材。1919 年参与发起哲学研究会，并出版《哲学概论》。1921 年赴德国柏林大学研修西方哲学。1922 年回国，任北大哲学系教授、主任，1923 年任北大聘任委员会委员。曾参与筹建北大教育学系，并在教育学系开设必修课论理学。1926 年 4 月辞去哲学系主任一职，11 月任心理学系教授会主任。1927 年兼任教务长，并在北京师范大学兼职授课。1928 年任北平大学①文学院长，1929 年 2 月，任北平大学北大学院②院长，同年 3 月当选教育学系主任，并开设论理学。9 月任北京大学代理校长。1931 年任考试院秘书长。卸任后，潜心研究印度因明学。

---

① 1927 年 7 月，教育部决定将北京大学、北京师范大学、北京女子师范大学、北京女子大学、北京法政大学、北京工业大学、北京农业大学、北京医科大学、北京艺术专门学校九所国立高校合并组成京师大学校。1928 年 6 月，国民政府成立，改"北京"为"北平"。京师大学校更名为国立中华大学。8 月，北平试行大学区制，中华大学更名为北平大学。1937 年 7 月，北平大学与北平师范大学等组建西安临时大学。自此，"北平大学"校名不复存在。

② 1928 年 8 月，大学区制试行，北京大学成为北平大学北大学院。1929 年 8 月 6 日，大学区制停办后北大恢复校名。

1949 年举家赴台，历任台湾大学文学院教授，台湾"省立"师范学院教育系教授，台湾政治大学教授、校长，中华学术院哲学协会会长，国民党中央评议委员，兼任台湾孔孟学会理事长等职。在台期间，以孔子学说为研究重点。1961 年，香港大学授予其名誉文学博士学位。1967 年从台湾政治大学退休，1983 年 1 月 8 日病逝于台北。著有《现代心理学》(1918)、《迷信与心理》(1922)、《因明大疏蠡测》(1945)等，译有《审判心理学大意》(1922)等。

（编撰者：王利平）

陈科美

陈科美(1898—1998)，原名陈锡庆[1]，湖南长沙人。1903 年春，入读私塾修习八年汉学，后毕业于长沙市私立修业高等小学。1915—1920 年就读于私立雅礼大学预科。五四运动期间，与同好创办暑期儿童补习学校，后扩充为协均中学。预科毕业后自费赴美，就读于伊利诺斯州立大学(Illinois State University)教育系。1923 年秋至 1924 年夏，就读于芝加哥大学教育学院研究所，获硕士学位。1924 年秋至 1926 年夏，入哥伦比亚大学(Columbia University)师范学院教育哲学系，师从系主任克伯屈(W. H. Kilpatrick)和杜威(J. Dewey)。

---

[1]　据《陈科美自传》，他的启蒙老师根据《诗经》中的"则笃其庆，载锡之光"为他取了三个学名，"锡光""锡笃""锡庆"。因认为"古今中外的学术根本上不外乎科学与美术"，1915 年改名为陈科美。参见晋阳学刊编辑部编：《中国当代社会科学家传略》（第二辑），山西人民出版社 1982 年版。

1926 年回国，任教于上海私立大夏大学教育系。1927 年春，在北京大学教育学系讲授教育哲学、现代教育哲学问题以及教育思想发展概况等课程，并协助时任北大教育系主任的高仁山办理艺文中学，实验道尔顿制(Dalton Plan)。1927 年夏，入国立暨南大学教育学院教育系任教。后历任暨南大学师范专科主任、教育学院代院长、真如实验学校主任、复旦大学上海补习部教育系主任等职。新中国成立后，教育系取消教育哲学课，转而讲授凯洛夫的《教育学》。先后在复旦大学、华东师范大学教育系、上海师范学院任教，曾任上海第一师范学院①教育学教研室主任、上海师范学院教育科学研究室副主任等职。1972—1978 年任职于上海师范大学外国教育研究室，翻译了《学会生存：教育世界的今天和明天》(*Learning to be：The World of Education Today and Tomorrow*)前三章，并参与编译《外国教育资料》。

曾参与《上海近代教育史(1843—1949)》《教育学》《辞海》《工农兵辞典》的编写工作。著有《新教育学纲要》(1932)、《教育社会学》(1945)、《教育社会学讲话》(1948)，发表有《全面发展的教育需要包括美育》(1979)、《杜威教育哲学的重新探讨》(1982)、《再谈幼儿美育》(1989)等文章。

（编撰者：王利平）

---

① 其前身为创建于 1954 年的上海师范专科学校。1956 年扩建为上海第一、第二师范学院，廖世承为院长。1958 年，一师、二师合并，成立上海师范学院。1972 年，与华东师范大学、上海教育学院、上海半工半读师范学院合并，成立上海师范大学。1978 年复校，称上海师范学院。1984 年改称上海师范大学。

陈映璜

陈映璜(1876—？)，字仲骧，湖北黄陂人。早年留学日本，入国立东京高等师范学校博物科就读。1917年任国立北京高等师范学校博物部教授。1919年为中华职业教育社特别社员。1920年任北京高等师范学校代理校长，兼国文部主任。1931年兼任北京高等师范学校生物系主任，女子高等师范博物部主任、北平大学农学院①生物系主任。

兼任北京大学教授10余年。其中，1919—1926年任职于历史学系，教授人类学、人种学、民族学。1928年任中国大学②哲学教育系教授，兼系主任。1929—1931年，任教于北大教育学系，开设遗传与环境课程。所著教科书《人类学》，被列入北京大学丛书，于1918年由商务印书馆出版，此后10年间再版8次。1949年去台湾。编著有《生理卫生学》等，合编《博物辞典》(1921)。

（编撰者：王利平）

---

① 其前身京师大学堂农科筹建于1905年，1909年正式设立，罗振玉任监督。1914年成立国立北京农业专门学校，1923年扩建为国立北京农业大学，1928年并入北平大学，成为北平大学农学院。

② 1912年冬，孙中山仿照日本早稻田大学在北京创建了国民大学，旨在造就国民党革命人才。"二次革命"爆发后，袁世凯断绝了学校来自政府的财力支持。1914年与上海吴淞中国公学合并，称中国公学大学部。1917年3月5日，中国公学在上海停办，大学部改称为中国大学。1925年9月迁至西单郑王府。1930年改称中国学院。1949年停办。

陈友松

　　陈友松(1899—1992),原名豹,字敦伟,后改字友松,湖北京山人。早年在英国循道会办的教会学校学习,1915 年就读于武昌博文书院。1919 年毕业,受英国牧师资助,入菲律宾师范学校(Philippine Normal School)学习。1922 年毕业回国,先后任武昌协和师范学校、广州市立师范学校教员。1924 年转赴上海,任教于暨南大学附设高中部师范科。1925 年赴菲律宾大学(University of the Philippines)教育学院学习一年。回国后任广西教育厅视导员、上海商务印书馆所属东方图书馆管理员、浙江省立西湖图书馆西文部主任。1928 年考取湖北省官费留学,1929 年就读于加利福尼亚州立大学(University of California)和斯坦福大学(Stanford University),1930 年转入哥伦比亚大学师范学院,师从杜威、孟禄、康德尔(I. L. Kandel)等人,攻读比较教育、教育行政,并曾师从司利克满(E. R. A. Seligman)学习财政学。1934 年获博士学位。

　　1935 年回国,受聘为上海大夏大学社会教育系主任,并开设电影教育课程,兼任中央教育电影检查委员会委员,主编《电化教育》月刊。曾任中国电影教育协会理事。1936 年后曾在私立厦门大学、广东省立勷勤大学①、

---

① 　1931 年,为纪念国民党元老古应芬,其时主政广东的陈济棠倡议创建勷勤大学。1932 年该校由广东省立工业专门学校(改组为工学院)、广州市立师范学校(改组为师范学院)及加办的商学院组建而成,学校原址在广州增埗,1934 年筹建石榴岗校区。日本侵占广州后,勷勤大学被迫迁往外地。1938 年停办。

贵州定番乡政学院①任教。1939 年，受北京大学之聘，任国立西南联合大学师范学院教育系、公民教育系教授，开设教育行政、比较教育、教育财政学、中等教育、西洋教育史、社会教育、教育哲学、发展心理学等课程。1942 年，应李四光之请，出任湖北省立教育学院院长。1943 年因与当局意见不合辞职，返回西南联大任教。9 月代理教育学系主任之职，1945 年 9 月又代理公民训育系主任。抗战胜利后，联大解散，随北大回迁，继续在教育系任教，开设教育行政、社会教育、比较教育、教育名著选读、教育行政、教育视导等课程。

1949 年，北大取消教育系，调入北京师范大学教育系任教。1957 年被划为右派。1958 年被安置在教育系翻译室，致力翻译各国教育资料。20 世纪 80 年代初，回北师大教育科学研究所任教，开设西方教育哲学原著课程，指导研究生。曾任中国高等教育管理研究会顾问、中国比较教育学会顾问、中国陶行知研究会顾问、欧美同学会名誉副会长等。著有《各国社会教育事业》(1937)、《有声的教育电影》(1937)、《苏联的教育》(1944)、《当代西方教育哲学》(1982)；译有《实用学生修学法》(*How to Study*, A. W. Kornhaucer 著，1930)、《教育财政学原论》(*Research Problems in School Finance*, United States Department of Education 著，1936)、《学生的生活与学习》(М. В. Антропова 著，1953)、《学校管理》(福尔柯夫斯基、马立雪夫编，1954)等，与他人合译有《教育科学研究法》(莫诺兹昂等著,1957)等。

（编撰者：蔡磊砢）

---

① 1936 年 4 月 2 日，清华大学、南开大学、燕京大学、协和医学院、金陵大学、中华平民教育促进会在北平组织成立了华北农村建设协进会，共同开展乡村建设实验，培养农村建设人才。何廉为会长，晏阳初为副会长，梅贻琦、陆志韦、谢家声、张伯苓、林可胜等为会员。其工作区域最初在山东济宁和河北定县，抗战全面爆发后，迁至贵州定番，并设立定番乡政学院。

陈雪屏

　　陈雪屏(1902—1999),原名陈铸,字雪屏,以字行,江苏宜兴人。早年就读于山东省立第一中学,1920年入北京大学预科,两年后升入哲学系,1926年毕业,同年赴美国哥伦比亚大学,翌年获硕士学位。1930年回国,任省立东北大学①心理学系教授、系主任。九一八事变后,任教于北平师范大学。

　　1932年受聘为北京大学文学院心理学系教授,后兼系主任、训导长,为教育学系和心理学系学生共同开设青年心理课程。1934年下学年,北大心理学系被裁撤,并入教育学系。1937年抗日战争全面爆发,随校南迁,先后任长沙临时大学教育系教授,西南联合大学师范学院教育学系教授、代理系主任、系主任等职。1945年9月奉命回北平,接收北大校产,并主持国立北平临时大学补习班。1934—1948年间,在教育学系开设的课程有教育名著选读、实验心理学、儿童心理学、应用心理学、学习心理学、教育心理学、发展心理学、人格心理学、西洋教育史等。

　　1943年2月,当选为三民主义青年团第一届中央干事会干事,并

---

① 创立于1923年,名为省立东北大学,实为私立大学。1931年迁往北平、西安等地,1937年更名为国立东北大学,1946年迁回沈阳。

任三青团云南支部书记长兼西南联大支部团主任。1945年5月当选中国国民党第六届中央执行委员。1948年12月30日由胡适荐任总统府教育部政务次长，代理部务。1949年5月赴台，任"台湾省"行政部门成员兼教育部门负责人。1950年8月5日，任中国国民党中央改造委员会委员兼普通党务组组长。1953—1957年任台湾大学教授。后历任台湾地区考试主管机构考选部部长、台湾地区行政主管机构秘书长、政务委员兼研究发展考核委员会主任委员，台湾地区领导人办公室顾问、资政，"中央研究院"评议员，台北故宫博物院常务委员等职。1999年逝世。

著有《谣言的心理》(1939)、《从心理的观点谈人事问题》(1943)，主编《云五社会科学大辞典(心理学分册)》(1979)等。

（编撰者：王利平）

程克敬

程克敬(1899—1982)，字述伊、伊述、述伯，安徽合肥人。1910年就读于金陵大学文学院心理学系。1928年任金陵大学校长。1930年赴美留学，获哥伦比亚大学教育硕士学位。1933年以论文《口头宣传材料对学生态度的影响》(The Influence of Oral Propaganda Material upon Students' Attitudes)获哥伦比亚大学哲学博士学位。

1933年9月，任北平师范大学教育系心理组教授、教育研究所导师。1934年被聘为教育心理委员会的组织人员。作为中国教育学会北平分会成员，参与讨论了毕业会考研究议题。同年9月，被聘为中华平民教育促进会教育心理委员会成员。

1934 年曾在北京大学教育学系讲授现代心理学课程中的"心理学与社会科学"部分。1937 年起，先后任北平师范大学教育学系、西北联大教育系(后改为师范学院)、国立西北师范学院①教育系心理组教授。后任中央大学心理系教授，1947 年赴美国纽约市立学院(City College of New York)讲学。合著有《幼儿期性教育》(1936)等。

（编撰者：王利平）

戴　夏

戴夏(1889—1963)，字夷乘，浙江永嘉人。早年赴日本、德国和瑞士修习哲学。回国后历任北京大学、广州中山大学、武汉第二中山大学②(武汉大学前身)等校教授。

1923 年受聘为北京大学哲学系教员，1924 年，教育学系正式成立，改聘为教育学系教员。

1925 年 2 月，离开北大，任北洋政府教育部专门教育司司长，4 月去职，赴广州任中山大学教授。1929 年 2 月任南京国民政府教育部编审。不久回北大任职，年底当选教育学系主任。

---

① 1939 年 8 月，西北联合大学师范学院独立，成立国立西北师范学院。
② 1927 年 6 月，国民政府教育行政委员会颁布的"大学区制"。全国依省份划分为若干大学区，按北伐进军的次序，命名为第一中山大学(广东)、第二中山大学(湖北)、第三中山大学(浙江)、第四中山大学(江苏)。

1923—1932 年间，在北大开设的教育学课程包括教授法、教育行政、中等教育、现代教育思潮、教育史、德文哲学选读、教育理想发展概观、西洋教育史、教育行政概论、上古中古教育史、比较教育德国部分等。1930 年在《北大学生》上发表《个性教育与社会教育》文章。

1932 年 6 月，任教育部督学。1933 年视察河南省教育，同周邦道一起编写《教育部督学视察河南省教育报告》。此后又赴浙江、山西、江西、福建等省视察教育工作，并撰写考察报告。1936 年 12 月任立法院立法委员。新中国成立后，1956 年 8 月被聘为上海文史馆馆员。自幼酷爱昆曲，既能填词，又能谱曲，造诣颇深。曾创作杂剧《史可法殉难沉江》，为关汉卿《窦娥冤》和《拜月亭》整编并订谱。

（编撰者：王利平）

邓以蛰

邓以蛰（1892—1973），字叔存，安徽怀宁人。邓稼先之父。1899—1906 年，辗转于家乡安徽怀宁、安庆、芜湖求学，接受传统教育。1907年，东渡日本，于东京宏文学院、早稻田中学学习日语。1911 年回国，任安庆陆军小学日文教员、安徽省立图书馆馆长。1917 年赴美留学，入哥伦比亚大学哲学系，研习美学，获学士、硕士学位。1923 年夏回国，任北京大学哲学系教授，开设美学、美术史、西洋哲学史课程，其中西洋哲学史是教育学系必修课，同时兼授北京艺术专科学校课程。

1927 年 8 月，北洋政府教育总长刘哲提出将北京大学、北京师范大学等九所高校合并成立"国立京师大学校"，在北大引发反对改组的风潮，邓以蛰脱离北大以示抗议。随后，前往厦门大学艺术系任教。1928 年秋返京，受聘于清华大学哲学系，同时在北大哲学系开设西洋哲学史课程。1933—1934 年，邓以蛰游学西欧，访问意、比、西、英、德、法等国，在巴黎大学研习艺术史，归国后写成《西班牙游记》一书。回国后继续在清华大学任教，讲授中外美术史、美学等课程。1943 年，出任中国大学文学院院长、教授，讲授美学、美术史。1945 年，回到清华大学哲学系任教。直至 1952 年院系调整，再次任教北大哲学系。1973 年 5 月 2 日去世。

著有《艺术家的难关》（1928）、《六法通铨》、《书法之欣赏》、《辛巳病余录》（未完）等作品；译有《若遴玖嬺新弹词》（*Romeo and Juliet*，William Shakespeare 著，1928）；辑有《邓以蛰全集》。

（编撰者：王利平）

杜元载

杜元载（1905—1975），字赓之，湖南溆浦人。1920 年，考入北京师范大学，1924 年毕业于研究科，获教育学士学位。同年，发表《变态心理学之内容》《变态心理：梦》《教育家的太戈尔》和《中学校男女同学问题的研究》等文章。1925 年回到湖南第二师范学校任教。随后赴美深造，获明尼苏达州立大学教育学硕士及西北大学法学博士学位。

1928年6月回国，8月出任河南大学法科教授兼法科主任。1930年，河南大学法科改为法学院，任第一任院长。其后受聘于北京大学教育学系，开设教育测验课程，并在北平师范大学担任讲师。1933年任省立湖南大学教育学系教授。

1937年抗战全面爆发后，历任四川省立教育学院、中央大学、西南联合大学、西北大学教授，兼系主任、教务长、院长等职；在西南联大任职期间，于师范学院教育学系开设教育法令课程。1945年李约瑟访华期间，负责全程接待。1949年赴台，历任台湾地区考试主管机构司长，国民党中央党史委员会副主委、主委，并任台湾"省立"师大教授、教务长、代校长10余年。1975年3月20日逝世。

杜元载出身法学，但研究领域横跨法学、教育学与心理学。著有《中国刑法研究》、《教育测验与统计》（1933）、《非常时期之社会教育》（1937）、《杜威教育哲学》等。

（编撰者：王利平）

法贵庆次郎

法贵庆次郎，服部宇之吉的学生，毕业于日本东京高等师范学院，1904年入职京师大学堂，讲授教育学、伦理学、理化和东文等课程。著有《中世哲学史纲》（1903）。

（编撰者：蔡磊砢）

樊际昌（樊逵羽）

樊际昌（1898—1975），字逵羽，浙江杭县（今杭州）人。幼时受教私塾，后考入上海南洋公学（上海交通大学前身）。1918 年，赴美国华盛顿大学攻读心理学。1921 年学成归国，曾任教于清华大学，同时在北京师范大学、中国大学教授外语课程。

1922 年 8 月，受聘为北京大学哲学系讲师、教授，讲授普通心理学、心理学、英文哲学选读等课程。1924 年，教育学系成立后，改聘为教育学系教授。1926 年后任心理学系教授，兼北大注册部主任，1931 年当选为心理学系主任，翌年兼任课业长（即教务长）。1934 年下半年，心理学系被裁并，改聘为教育学系心理组教授。1935 年参与起草"中国心理学会"组织章程、参与筹备《中国心理学报》的发行。1937 年抗战全面爆发，随校南迁，先后在长沙临时大学、西南联合大学任教。在西南联大期间，曾担任蒙自分校校务委员会主席、教务长、代理训导长等职务。1945 年抗战结束，翌年北大复校，任北大教务长。1947 年任教育学系代理系主任，后任系主任。在北大任教期间，曾开设普通心理学、社会心理学、变态心理学、心理卫生及精神卫生等课程。

1948 年 10 月，赴南京，任农复会秘书长、总务长。同年，随蒋梦麟赴台，先后在台湾政治大学、台湾大学任教。作为台大心理学系的奠基人之一，他教授社会心理学等课程，直至 1975 年 2 月 24 日病逝。发表有《社会科学和本能问题》(1924)、《行为派的思想观》(1925)、《行为心理学和社会科学的关系》(1929)等文章。

（编撰者：王利平）

冯友兰

冯友兰(1895—1990)，字芝生，河南唐县(今唐河)人。1902 年入私塾，1912 年入上海中国公学预科班就读。1915 年考入北京大学，1918 年毕业于北大文科中国哲学门。毕业后回到河南开封，在河南留学欧美预备学校①和省立师范学校教授国文和修身课程。1919 年官费留美，入哥伦比亚大学研究院就读。1923 年夏，以论文《人生理想之比较研究》(A Comparative Study of Life Ideals: the Way of Decrease and Increase with Interpretations and Illustrations from the Philosophies of the East and West, 又名《天人损益论》)获哲学博士学位。回国后，历任河南中州大学、广东大学、燕京大学哲学教授。1926—1927 年度出任北京大学哲学系教授，讲授中国哲学史课程。1928 年，任清华

---

① 今河南大学前身。在袁世凯、河南都督张镇芳的支持下，河南留学欧美预备学校于 1912 年由林伯襄创建而成。1923 年更名为中州大学，1927 年与河南省立农业专门学校、河南公立法政专门学校合并为国立河南中山大学，1930 年改省立河南大学，1942 年改国立河南大学。

大学文学院院长兼哲学系主任,同年7月,代理校务会议主席一职。

1937年10月任长沙临时大学哲学心理教育系主席。1938年5月任西南联合大学文学院代理院长,10月任院长。1945年1月因母病返河南原籍省视。1946年应宾夕法尼亚大学邀请,赴美任客座教授。1949年年初,任清华大学校务委员会代理主席。1952年调任北京大学哲学系教授,1954年任哲学系中国哲学史教研室主任。

1955年,被任命为《北京大学学报》人文科学版编辑委员,同年被聘中国科学院哲学社会科学部委员,兼任中国科学院哲学研究所中国哲学史组组长。1979年任北京大学学术委员会委员。曾获美国普林斯顿大学、印度德里大学、美国哥伦比亚大学名誉文学博士学位。

主要代表作有《中国哲学史》、"贞元六书"(《新理学》《新事论》《新世训》《新原人》《新原道》《新知言》)等。

(编撰者:王利平)

傅葆琛

傅葆琛(1893—1984),字毅生,四川双流人。1916年毕业于清华留美预备学校。后赴美留学,1918年毕业于俄勒冈农科大学森林学院(Oregon Agricultural College)。1921年起在耶鲁大学森林研究院进修半年,后入康奈尔大学(Cornell University)农业研究院乡村教育专业学习,获森林学硕士、乡村教育学博士学位。1924年冬毕业回国,参加晏阳初的平民教育运动。

1925年出任北京师范大学教育系教授,讲授农村社会学等课程,兼任该系乡村教育实验区主任。1928—1931年，先后出任燕京大学教育系教授，社会学系兼职教授，齐鲁大学教授兼教育系主任、江苏省立教育学院教授兼任研究实验部主任。1931—1936年，任北平大学农学院农业经济系教授，并兼任北京大学教育系、清华大学社会学系、私立辅仁大学教育系教授。1932—1933年度在北大教育系开设成人教育课程。

1936年回到成都，担任华西协和大学乡村建设系教授、系主任，兼任文学院院长，开设乡村教育、乡村建设课程。1939年，成都屡遭日机轰炸，傅葆琛举家迁回老家华阳，开始在家乡办学，实践以乡村小学作为改造乡村社会的中心之主张，并先后创办乐育小学和乐育中学。1949年后，先后执教于西南师范学院、成都体育学院。1952年院系调整之后，调任重庆西南师范学院教授，翌年任西南体育学院教授。1955年退休后，出任成都市西城区第五届政协委员。1984年8月，因车祸不幸去世。

著有《乡村平民教育大意》(1928)、《乡村生活与乡村教育》(1930)、《乡村民众教育的理论与实际》(1931)、《民众教育研究与评论》(1932)等，辑有《傅葆琛教育论著选》。

（编撰者：王利平）

服部宇之吉

服部宇之吉(はっとりうのきち，1867—1939)，生于日本奥州二本松(福岛县二本松市)。幼年就读于新式学堂，同时跟随汉学家冈寿

考、宫崎良山学习汉学。1887 年入东京帝国大学文科大学哲学科，1890 年毕业。

1891 年任教于京都第三高等中学校，讲授哲学概论、心理学、伦理学等课程。1894 年回到东京，任教于东京高等师范学校，讲授英语、西洋哲学史、伦理学课程，后专任汉文汉书题解，编写孟子、韩非子、老子等课程的讲义。曾任文部大臣的秘书官、文部省视学官、参事官等职。但对仕途并无兴趣，随后又回东京高等师范学校任教，并兼任东京帝国大学文科大学助教授。1899 年为研习汉学来华留学，但受义和团运动的影响，于 1900 年 10 月回国。同年 12 月留学德国，以学习教学法、研究法为目的。

1902 年 8 月回到日本，被文部大臣破格授予博士学位，并提升为文科大学教授。同年 9 月再度来到中国，受聘为京师大学堂师范馆正教习，讲授心理学、教育学、论理学、伦理学、教育概论，以及东文、世界史、外国地理、代数、几何等课程。曾参与制订京师大学堂师范馆和仕学馆教学计划、规章以及设施建设等工作，对师范馆的教学进行督导。1905 年，与夫人服部繁子帮助筹建女学堂，并担任经理人、赞成员和名誉教员。清政府为奖励其对中国高等教育的贡献，于 1908 年授予他二等第二宝星，1909 年授予他"文科进士"。

1909 年回日本任东京帝国大学教授，1915 年赴哈佛大学任讲座教授，次年再回帝国大学任教。1917 年被任命为帝国学士院会员，后出任帝国大学文学部长、国学院大学长。1926 年兼任朝鲜京城大学总长。1928 年，日本在东京和京都均设立中国文化研究所，服部出任东京研究所主任。编有《汉文大系》，著有《伦理学》(1892)、《北京笼城日记》(1900)、《清国通考》(1905)、《心理学讲义》(1905)、《伦理学教科书》(1911)、《孔子和孔子教》(1916)、《儒教和现代思潮》(1918)、《东洋伦理纲要》(1921)、《儒教伦理概论》(1941)等。

（编撰者：蔡磊砢）

高仁山（高宝寿）

　　高仁山（1894—1928），字宝寿，江苏江阴
人。17 岁起就读于南开中学。1917 年春，赴日
本早稻田大学，攻读文科教育方向。同年，发起
创建了以南开学校与天津法政学校校友为主体
的新中学会。1918 年赴美国格林奈尔大学
（Grinnell College）学习教育，1920 年毕业后入芝
加哥大学研究院学习，获硕士学位。后曾前往哥
伦比亚大学研究教育，数月后，赴英国、德国、
法国调查各国教育状况。1922 年年底接受北京大学邀请回国任教。

　　1923 年 1 月，受聘为北大哲学系教授，开设课程教育学、各国教
育制度、组织课程的研究等课程，并积极参与教育学系的筹建。1924
年教育学系正式成立，成为教育学系教授，1926 年当选教育学系主任。
1924—1927 年，开设普通教学法、近代教育原理与实施（从洛克到现
在）、教育学概论、养成师资问题、教育史（近代）、道尔顿制等课程。
并在北京师范大学兼课。与此同时，加入中华教育改进社，推进平民
教育运动，主持开展各种形式的教育实验。

　　1925 年，联合新中学会的会友创设北京艺文中学。12 月，与陶行
知等人共同创办《新教育评论》（半月刊）。1926 年，在李大钊的引荐下

加入国民党，热心支持爱国革命运动，意图将国家主义的教育主张付诸实践。1927年，奉系军阀控制北京。4月，李大钊等20名进步人士被捕牺牲，高仁山出任北方地区最高统战组织"北京国民党左派大联盟"主席。9月，因质疑新政府教育总长刘哲"保存旧道德，取法新文明"之教育观点，以"内乱罪"被北京军政府逮捕，次年1月牺牲于天桥先农坛。发表有《教育与国家》(1923)、《法国高等教育的改革》(1926)等文章，著有《道尔顿制教学法》(1930)。

（编撰者：王利平）

郭晋华

郭晋华(1922—1992)，女，祖籍山东寿光，生于北京。1939年毕业于北平贝满女子中学，1941年曾就读于燕京大学教育系，1945年至1947年在辅仁大学教育系学习，并在附属小学任教。1947年9月考入北京大学文科研究所教育学部，攻读硕士学位。毕业后受聘为北大文学院教育学系助教。

1949年北大教育学系取消，调任北京师范大学教育系助教，1952年晋升为讲师。1957年后从事翻译工作。1965年起在北师大外国教育研究所比较教育研究室从事教学与研究工作。1980年晋升为副教授，1986年晋升为教授。曾任九三学社北京市委妇女部委员。曾编著《教育学教学法研究提纲》(1955)，编译《现代西方教育哲学流派简介》(1980)。

（编撰者：蔡磊砢）

韩定生

韩定生（1884—1932），别号景尘，河北高阳
人。1906 年于储才所毕业。1909 年留学日本东
京高等师范学校。1911 年回国，在北洋师范学堂
担任助教，为日本教授中岛半次郎做随堂翻译，
翻译了中岛讲授的课程"新编教育学"的讲义。
1914 年，与同事周焕文翻译了中岛先生的另外一
门课程"中外教育史"的讲义。1923—1925 年赴
美国哥伦比亚大学攻读教育学硕士。回国后先后任教于北京女子师范
学校、北京师范大学，兼任师大附小主任。

1930 年 5 月，受聘于北京大学教育学系，担任讲师，开设必修课
教授法原理和学校管理法，以及选修课各科教授法。任职期间，发表
《中学校历史课程之改革意见》（1922）、《民治社会需要之教育》
（1927）、《师大附小第一年级入学试验之研究》（1930）、《义务教育问
题》（1930）、《小学学生自治的训育之研究》（1930）等文章。1932 年
底，因病身故。

在多篇作品中，韩定生抒发了国家主义的教育主张，提出教育之
目的在于锻造国民，培育民众之判断力。著有《新体教育学讲义》
（1918）等。

（编撰者：王利平）

赫葆源

赫葆源(1916—1985),北京人,满族。1939 年毕业于燕京大学心理系。毕业后,进入燕京大学研究院心理系与协和医院脑系科攻读硕士。1947 年被聘为北京大学教育系讲员,开设课程实验心理学、实验心理学实验、普通心理学等课程。1950 年任中国科学院联络处处长,参与心理研究所、心理研究室的筹建工作,任助理研究员。同时,主持翻译了苏联心理学、工程心理学等书籍与论文。1978 年任心理研究所副研究员,并兼任心理研究所学术委员会委员、《中国大百科全书》(心理学卷)编委、《心理学动态》杂志编委等职。参与编著《实验心理学》(与张厚粲、陈舒永合编,1983 年)、《人类的智能》(潘菽主编,1983)。发表论文有《从冲模自动机构的试制看到创造性思维》(1959)、《中国人眼光谱相对视亮度函数的研究》(1979)等。

(编撰者:王利平)

侯　璠

侯璠(1900—1986),字子奂,内蒙古萨拉齐人。早年就读于山西省立第一中学。1924—1930 年于北京师范大学修读教育学,后留校任教。曾创办私立中华中学。1932 年任绥远省立第一中学校长。1934 年赴美留学，入斯坦福大学，再转入哥伦比亚大学，获哥伦比亚大学硕士学位，后进入佐治亚大学（University of Georgia），获博士学位。

1941年回国，任中山大学教育学教授。1943年任国立贵阳师范学院教授，兼大夏大学教授。曾任重庆中央干部学校教授兼教务处副处长、国民政府军事委员会外事局译员训练班英语教授。抗战胜利后，历任中央大学教授、北平师范大学教授。

1947年任职于北京大学教育学系，开设心理与教育测验课程。兼任东北大学教授。1949年赴台，任台湾地区教育主管机构编纂、台中师范学校教务主任及地方教育指导员、台湾地区考试主管机构考试技术改进委员会第二组组长、台湾师范大学教授兼学生实习指导委员会主任，兼台湾行政专科学校教授、台湾"陆军军官外语学校"教授等。

著有《新非文字智力测验》（1955）、《教育与心理测验及统计》、《中等学校智慧测验》、《教育统计法》、《如何作个好公民》等，辑有《教育论文集》。

（编撰者：王利平）

胡　适

胡适（1891—1962），原名洪骍，字适之，安徽绩溪人，生于上海。早年就读于上海梅溪学堂、澄衷学堂，1906年考入中国公学。1910年考取庚款官费留美，入康奈尔大学专攻农科，后改习哲学。1915年进入哥伦比亚大学攻读博士学位，师从杜威。1917年毕业，1927年以论文《先秦名学史》（The Development of the Logical Method in Ancient

China），获博士学位。

1917 年回国，受聘为北京大学文科教授，旋即成为《新青年》杂志编辑。10 月，当选为校评议会评议员，后多次当选，积极参与决策北大校务。曾提议实行选科制，推动学科教授会制。还先后担任出版、预算及聘任委员会委员长以及组织、入学试验等委员会委员，并当选哲学、英文门研究所主任。1919 年底代理教务长，次年当选教务长。1922 年，北大研究所国学门成立，负责主编《国学季刊》。1923—1925 年开设中国哲学史课程。1930 年底重回北大，1932 年当选文学院院长，同年 11 月至 1933 年 10 月兼任教育学系主任，此后曾兼中国文学系、哲学系、外国语文学系主任，1934—1937 年间，与蒋梦麟等共同开设中国教育问题课程。1945 年 9 月被任命为北京大学校长。

1919 年曾陪杜威在华讲学。1927 年当选中华文化教育基金董事会代主席，并在上海私立光华大学①任教，1928 年出任中国公学校长。曾当选中央研究院第一届评议员和第一届院士。抗战期间出任驻美大使。1957 年任台湾"中央研究院"院长。

曾参与创办《努力周报》《独立评论》。关于教育方面的论述有《非留学篇》(1914)、《国立大学之重要》(1915)、《实验主义》(1919)、《论大学学制》(1919)、《大学开女禁的问题》(1919)、《中学的国文教学》(1922)、《书院制史略》(1924)、《争取学术独立的十年计划》(1947)

---

① 1925 年五卅惨案后，私立光华大学由上海圣约翰大学的部分爱国师生组建而成。1938 年初，内迁成都，设立成都分部。抗战胜利后，上海本部得以恢复，成都分部独立，更名为私立成华大学。1951 年 10 月，文理科与大夏大学等相关院系合并成立了华东师范大学，其他系科并入同济大学。

等；著有《中国哲学史大纲（卷上）》（1919）、《尝试集》（1920）、《白话文学史（上卷）》（1928）等。

（编撰者：蔡磊砢）

黄建中

　　黄建中（1889—1959），又名士申，字离明，祖籍江西清江，生于湖北随县。早年就读于随县高等小学、德安府中学。1913 年入北京明德大学政治经济科，后参加章太炎国学会，师从黄侃。次年考入北京大学文科中国哲学门。1917 年毕业留校任补习班教员，兼朝阳大学预科讲师。1918 年，与冯友兰等发起成立北京大学哲学会。后任北京大学国史编纂处纂辑员。1919 年任《国民》杂志和《唯是》学报主编。1921 年公费赴英留学，入爱丁堡大学学习教育，继入剑桥大学研习哲学。

　　1925 年回国，任教于国立北京女子大学①，并先后在中国大学、私立民国大学②授课。同年，到北大教育学系任教，开设伦理学、教育哲学课程。1927 年受聘为暨南大学（上海）教务长。1928 年任湖北省政府民政厅秘书，兼武汉大学筹备委员会委员、交通大学教授，同年底任教育部参事。1929 年任教育部高等教育司司长，兼代理常务次长。

---

① 1925 年 8 月，因北京女子师范大学风潮，段祺瑞政府教育部下令解散该校，并在其校址成立北京女子大学，胡敦复任校长。后女师大复校。1926 年 9 月，女师大与女大合并为北京女子学院。

② 1916 年由蔡公时等创办。1920 年，蔡元培任校长。1930 年更名为私立民国学院。1937 年卢沟桥事变爆发后，先后迁开封、长沙、溆浦、宁乡，最后至安化。抗战胜利后，继续留湘办学，改称私立民国大学。新中国成立后并入湖南大学。

1930年任湖北省政府委员、教育厅厅长。1932年任中央大学教授，兼教育学院院长。1934年应教育部部长王世杰之邀，再任高等教育司司长。1938年任四川大学教授，兼师范学院院长，并当选第一届国民参政会参政员。1942年起任湖北省党部主任委员兼省立教育学院讲座、中央干部学校研究部教授兼教育组主任、政治大学教授、国民党立法委员等职。1949年任台湾师范学院教授。后任台湾地区行政主管机构副主管。曾先后加入中国教育学会、中国社会教育社、中波文化协会、中英文化协会等。著有《中国哲学通论》、《教育哲学》、《黑格尔教育思想》、《殷周教育制度及其社会背景》、《比较伦理学》(1944)等。

（编撰者：蔡磊砢）

黄敬思

黄敬思(1897—1982)，别名黄仲诚，安徽芜湖人。1918年毕业于北京高等师范学校英语部，后于安徽省中等学校讲授英文。1924年秋赴美留学，先后入斯坦福大学和哥伦比亚大学师范学院求学，1927年获博士学位。

回国后出任大夏大学高等师范科主任，后兼教育科教育行政系主任，并任上海中学乡村师范部主任。1931年任青岛大学教育学院院长。1932年任大夏大学教授，并在复旦大学、光华大学、劳动大学等校兼课。1933年受聘为北平师范大学研究院教授，1934年兼任师大附属中学主任。1935年任广州中山大学教授，同时在中央大学、青岛大学等校兼课。1936年任安徽大学文学院院长兼教育系主任。同年，在北京大学教育学系开设学校调查课程。

抗战全面爆发后，随北平师大西迁，任教于西北联合大学。1939年秋至1946年春，任中央大学、国立女子师范学院①、四川省立教育学院教授；其间，于1940年任女子师范学院教育系主任。1947年重回大夏大学，任教育学院院长、校务委员会委员。1951年，教育学院并入华东师范大学，继而在华东师大担任教育学教授，直至退休。著有《师范教育》《美国县教学辅导考》，编译有《学校调查》(1937)。

（编撰者：蔡磊砢）

蒋梦麟

蒋梦麟(1886—1964)，原名梦熊，字兆贤，号孟邻，浙江余姚人。清末秀才。早年就读于绍郡中西学堂、浙江省立高等学堂。1904年入上海南洋公学。毕业后自费赴美留学，1909年考入加利福尼亚大学农学院，后转入社会科学院主修教育，1915年进哥伦比亚大学研究院继续学业，1917年毕业，以论文《中国教育原理》(A Study in Chinese Principles of Education)获博士学位。同

---

① 1940年9月20日创建于四川省江津县(现重庆市江津区)白沙镇，谢循初为院长。1946年，迁往位于重庆九龙坡区的国立交通大学内迁校址。1950年，该学院与四川省立教育学院(师范相关系科)合并组建为西南师范学院。1985年改名为西南师范大学。

年回国，任江苏省教育会理事，并曾短期兼上海商务印书馆编辑。1918年加入中华职业教育社。1919年参与创办新教育改进社，担任《新教育》杂志的主编。

五四运动爆发，蔡元培校长辞职。1919年7月，受蔡校长委托，到北京大学代理主持校务，并受聘为北大哲学系教授。9月，蔡校长复职后，任总务长兼文牍、会计部主任，并当选校评议会评议员，此后多次当选。同年年底，协助蔡校长草拟了《国立北京大学内部组织试行章程》，为北大构建了以评议会、行政会议、教务会议和总务处四个机构为核心的管理体系，章程既反映了蔡校长的"教授治校"理念，也体现了他推崇的美国大学注重效能的管理思想。1923年1月，蔡元培校长辞职，年底被教育部任命为代理校长。1930年12月被任命为北京大学校长，提出"教授治学，学生求学，职员治事，校长治校"的方针。抗战全面爆发后，为西南联合大学轮流主持校务的三常委之一。1945年9月，辞去校长之职。

作为北大第一位拥有教育学博士学位的教授，蒋梦麟初到北大即在哲学系开设教育学、教育学史、教育心理学课程。1924年，北大教育学系成立后，当选为首任系主任。此后在教育学系开设西洋教育史、儿童心理、教育心理、青年心理、中国教育问题、近代西洋小学教育史等课程。1933年10月至1934年7月，再次兼任教育学系主任。

1927年，任浙江临时政治会议委员，并兼浙江省教育厅厅长、第三中山大学（浙江大学前身）校长。1928年任国民政府教育部部长。此外，曾任中华教育文化基金董事会董事、董事长，行政院秘书长，中国农村复兴委员会主任委员等。1949年赴台，1958年兼任台湾开发委员会主任。

著有《过渡时代之思想与教育》（1933）、《西潮》（*Tides from the*

West：*A Chinese Autobiography*，1947）、《新潮》（1967）等，译有《美国总统威尔逊参战演说》（1918），辑有《孟邻文存》（1954）。

（编撰者：蔡磊砢）

江绍原

　　江绍原（1898—1983），字诚甫，祖籍安徽旌德，生于北京。1914年毕业于上海沪江大学预科班。1915年赴美留学，就读于加利福尼亚大学文学院，因病回国。1917年入北京大学哲学系旁听。曾为新潮社主要成员，五四运动学生总代表之一。1920年再次赴美留学，先入芝加哥大学攻读比较宗教学，后入伊利诺伊大学（University of Illinois）修习哲学，获博士学位。学习期间，翻译了德国哲学家杜里舒（Hans Driesch）的哲学新论《实生论大旨》，并获得民俗学方面的新资料，推动了我国民俗学研究。

　　回国后任北大哲学系教授、风俗调查会①主席。1924年，与鲁迅等发起创办《语丝》杂志。1924—1925年度在北大教育学系开设英文哲学选读的选修课，兼任厦门大学国学研究院研究员及中国古代风俗校外学侣研究员。1927年应鲁迅之邀，赴中山大学英语系任教，代理英语系主任，兼国文系教授，在国内第一个开设迷信研究课程。辞职后，与钟敬文、娄子匡等在杭州发起成立中国民俗学会，创办《民俗周刊》。

---

①　1922年1月，北大成立研究所国学门，下设五会，即考古学会、歌谣研究会、风俗调查会、明史档案整理会、方言调查会。

1929 年重回北大哲学系任教，开设礼俗与迷信之研究和宗教学课程。自 1931 年起，先后任北京女子文理学院、北平大学、中法大学教授，河南大学文学院院长。抗战时期任中国大学、西北大学教授。

新中国成立后，曾任山西大学教授、中国科学出版社和商务印书馆编审，并兼任中国民间文艺研究会顾问、中国民俗学会顾问。著有《乔达摩底死》(1920) 等，译有《宗教的出生与长成》(*The Origin and Growth Of Religion*，G. F. Moore 著，1926)、《新俄大学生日记》(N. Ognyov 著，翻译自英译本，译者 Alexender Werth，1929)、《现代英吉利谣俗及谣俗学》(*English Folkloric*，R. W. Author 著，1932)。

（编撰者：蔡磊砢）

邝震鸣

邝震鸣 (1895—1962)，字翰青，湖南宜章人。早年接受科举时代教育，并在县一级考试中名列前茅，在国学方面奠定了良好基础。随着科举制度被废，转而进入新式学堂学习。1912 年加入同盟会，参加革命。1916 年自雅礼大学预科毕业，升入本校两年制本科，1918 年毕业。1923 年入燕京大学研究院在职学习，选修社会学、心理学等课程。1925 年毕业于北京东方大学研究院社会学系。

曾历任湖南旅鄂中学英文教员、武昌博文书院大学部数理课程教员、普林斯顿大学社会调查专任职员、燕京大学社会学系名誉讲师。

1925 年受京兆尹薛笃弼之聘,专办社会事业,并兼交际主任。后因西北军败,再回任教,历任朝阳大学、中国大学、民国学院、北京大学、北平师范大学等校讲师或教授。抗战全面爆发后,随民国学院南迁,1946 年任民国大学政治系教授,1947 年兼任法律系主任及教务长。1948 年受湖南克强学院聘请,担任教授,直至 1949 年。

新中国成立后,任育群中学英文教员,1950 年春任大麓中学历史教员。1951 年 1 月被聘为湖南省文物管理委员会委员,1953 年任湖南省人民政府参事室参事。著有《北京平民教育之现状》(1923)、《中国政府与政治》(1928)、《现代社会问题》(1932)、《现代政治概论》(1943)等。

（编撰者：蔡磊砢）

李建勋

李建勋(1884—1976),字湘宸,直隶清丰(今属河南)人。清末秀才。曾先后就读于大名中学、直隶高等学堂、北洋大学堂师范班。1908年,由直隶提学使司派往日本广岛高等师范学校留学。1911 年回国参加辛亥革命。次年赴日继续学业。1915 年毕业回国,任直隶省视学。1917年,经严修推荐公费赴美留学,入哥伦比亚大学师范学院,专攻教育行政,先后获教育学士及硕士学位。

1920 年回国,任北京高等师范学校教授兼教育研究科主任,10 月被任命为北高师校长。1922 年,在全国教育行政会议上提出《请改全国国立高等师范为师范大学案》,提案获通过,继而参与筹备北京师范大学。同年,中华教育改进社成立,李建勋出任师范教育委员会主任。1923 年,作为教育部代表,与郭秉文等出席在美国旧金山召开的世界教育会议。会后再入哥伦比亚大学师范学院研修,1925 年获博士学位。旋即接受教育部委派,赴欧美考察师范教育。

回国后,先后任教于东南大学、清华学校。1929 年重回北京师范大学,任教育系主任。1929—1933 年间在北京大学教育学系兼课,开设学务调查、师范教育、中国教育制度等课程。1930 年后主持中国教育学会北平分会(包括天津)的工作。1932 年任北平师范大学教育学院院长,5 月被任命为校长,固辞不就。1935 年,师大教育系成立"小学教育通讯研究处",他亲自主持,并聘请教育界知名人士以通讯方式解答全国小学教师提出的问题。后由他作序的《小学教育实际问题》于1948 年正式出版,后集结成《小学教育实际问题》于 1948 年出版。

抗战全面爆发后,随北平师大内迁。先后在西北联合大学、西北师范学院任教,1939 年兼教育系主任及教育研究所主任,直至 1946 年。1948 年应邀在四川大学和川东教育学院讲学。1950 年就任平原省文化委员,主管教育工作,并担任平原师范学院教授。1954 年出任天津师范学院副院长至退休。

著有《天津市小学教育之研究》(1934)、《战时与战后教育》(与许椿生合著,1942)、《师范学校教育行政》(与常道直、韩遂愚合著,1948)等。

(编撰者:蔡磊砢)

李廷揆

　　李廷揆(1906—?)，祖籍河南叶县，生于北京。1941 年毕业于西南联合大学师范学院教育学系，后留校任教育学系助教。1944—1945 年度与黄钰生合开课程教育概论。亦曾在云南省立英语专科学校教授教育学。1947 年通过教育部公派出国留学考试，赴瑞士洛桑大学社会科学院研习心理学和教育学，师从皮亚杰，1949 年到法国巴黎大学继续研修。后回国，1951 年任教于北京外国语大学法语系，1973 年 4 月被任命为法语系副主任，1981 年 4 月至 1984 年 6 月任法语系主任，曾担任该校主办的《法语学习》刊物的主编。2000 年从北京外国语大学退休。译有《心理学家及其概念指南》(*A Guide to Psychologists and Their Concepts*, Vernon J. Nordby & Calvin S. Hall 著, 1974)。

　　　　　　　　　　　　　　　　　　　　　　（编撰者：王利平）

李煜瀛（李石曾）

　　李煜瀛(1881—1973)，字石曾，祖籍直隶高阳(今属河北)，生于北京。李鸿藻之子。曾于京师同文馆学习英文。1902 年随驻法公使孙宝琦赴法留学，在蒙达尔纪协奴瓦农业学校(Ecole Pratique de Chesnoy)习农学，后入巴斯德学院(Institut Pasteus)、巴黎大学主修生

物化学,潜心大豆研究,1907 年出版法文版专著《大豆的研究》(*Le Soja*)。其间深受无政府主义思想的影响。1906 年,与吴稚晖、张静江等人在巴黎发起世界社,创办《新世纪》杂志,加入同盟会。1912 年起积极倡导留法勤工俭学,曾参与创办留法预备学校、华法教育会、勤工俭学会等。

　　1917 年,受蔡元培校长邀请,到北京大学任教,开设生物学、哲学等课程。在他的积极筹备下,1925 年北大生物学系成立。1925—1926 年度在教育学系开设生物学通论课程。曾多次当选北大评议会评议员,并任财务委员会委员长及学生事业、图书等委员会委员。

　　1920 年,与蔡元培、吴稚晖等创办北京中法大学,次年在里昂设立中法大学海外部。1927 年与蔡元培等人推行大学区制,1928 年试行大学区制,出任北平大学校长。1929 年创办北平研究院,任院长。曾担任清室善后委员会委员长、中华教育文化基金董事会中国主席、北京师范大学董事、故宫博物院院长以及中央监察委员、中央政治会议委员、北平临时政治分会主席等职。1949 年后移居台湾。曾发表《法国教育与我国教育前途之关系》(1922)等文章;译有《夜未央》(*Le Grand Soir*, Leopold Kampf 著, 1908)、《互助论》(Пётр Алексе́евич Кропо́ткин 著, 1919)、《国家及其过去之任务》(Пётр Алексее́евич Кропо́ткин 著, 1929)等。

(编撰者:蔡磊砢)

李 蒸

李蒸（1895—1975），字云亭，直隶滦县（今河北滦州）人。幼年就读于滦县县立初级小学，1910 年入直隶高等工业学堂附属中学读书，1915 年考入北京高等师范学校英语部，1919 年毕业留校任英语部助教及讲师。1923 年公费留美，入哥伦比亚大学师范学院，主修乡村教育，1927 年获博士学位。

回国后，受聘为北京大学教育学系教授，并在北京农业大学、北京女子师范大学、南京中央大学等校任教，曾出任北平大学区扩充教育处处长等职。大学区制停办后，北平师范大学复校，任代理校长。1929 年任南京大学区民众教育院主任、无锡民众教育院（后改组为"江苏省立教育学院"）教授暨实验部主任。1930—1931 年度，在北大教育学系开设了乡村教育、民众教育课程。1931 年任教育部社会教育司司长。1932 年 7 月，任北平师范大学校长，主持制定《国立北平师范大学整理计划书》，组建乡村教育实验区，设立乡村师范班。抗战全面爆发后，北平师大与北平大学、北洋工学院组成西安临时大学（后更名为西北联合大学），为轮流主持校务的三常委之一，兼临时大学教育学院（后改为师范学院）院长。1939 年 8 月，师范学院独立，任西北师范学院院长，直至 1945 年 8 月。1945 年后曾任三青团中央副书记长、国民党中央执行委员、立法委员等职。

1949 年出席全国政协第一届会议，任政务院参事、民革中央委员、全国政协委员。著有《美国单师制学校组织之研究》（1928）、《民众教育讲演辑要》(1931),发表有《大学兼办社会教育的方法》(1938)等文章。

(编撰者:蔡磊砢)

林可胜

林可胜(1897—1969),祖籍福建海澄(今属龙海),生于新加坡。其父为厦门大学创校校长林文庆。1919年毕业于英国爱丁堡大学,获医学和化学双学士学位。读书期间曾担任谢佛爵士(Sir Edward Sharpey Schafer)的助手,因受其赏识,破格留校任讲师。此后继续跟随其从事生理学研究。1921年获生理学博士学位。1923年当选为英国皇家学会会员。旋赴美,入芝加哥大学从事研究工作一年,1924年又获芝加哥大学科学博士学位。同年回国,应北平协和医学院之聘,任生理学系教授兼主任。1926年发起中国生理学会,任首任会长,创办《中国生理学杂志》(*Chinese Journal of Physiology*)杂志并任主编。次年当选中华医学会会长。

1933—1934年,时任北京大学文学院院长的胡适规定文科各系新生必修科学概论,由各科教授主讲,林可胜讲授"生物与生理方法论"。1935—1937年,任协和医学院三人院务领导小组成员,行院长职务。1937年于汉口组织中国红十字总会救护队,赴前线救治伤员。1942—1944年,任中缅印战区司令官史迪威的医药总监。1945年主持合并创办国防医学院,任院长,创立军医中心教育制度。同年负责筹建中央研究院医学研究所。后任联勤总部军医署署长。1948年任国民政府卫生部部长。同年当选为中央研究院院士,此外因其卓越的科研能力,曾是德国自然科学院名誉院士(1932)、美国国家科学院外籍院士(1942)、美国外科学院名誉研究员(1947),以及英国皇家物理学会、皇家医学会、英国生理学会、美国生理学会、美国自然科学荣誉学会(Sigma Xi)等学术团体的成员。

著有《生理学大纲》(*Outline of Physiology*),发表文章《苏联的医学教育》(1937)、《科学家应取的态度》(1941)等。

(编撰者:刘云杉)

凌 冰

凌冰(1894—1993),原名庆藻,字济东、季东,笔名凌冰,河南固始人。11岁考中秀才。曾就读于南开学校,后考入清华留美预备学校。1913年毕业并赴美留学,先后就读于斯坦福大学、哥伦比亚大学、克拉克大学(Clark University),获心理学博士学位。在哥大留学期间,发起组织中国教育研究会并任会长。

1919年,受张伯苓邀请回国创建南开学校大学部,任大学部主任兼大学教务主任。1919年陪杜威讲学,1921年陪孟禄在济南、曲阜、天津和奉天开展教育调查。同年底,中华教育改进社成立,任成人教育委员会副主任,同时兼任《新教育》杂志的编辑。1922年,应河南督军冯玉祥之邀,就任河南省教育厅厅长兼河南中州大学顾问,后回南开大学任事。1925年重游欧美,代表中国出席爱丁堡世界教育会联合会,并当选董事。1926年到北京高等师范大学任教。同年在北京大学教育学系开设儿童心理学和学校卫生课程。

1927 年任国民革命军总司令部顾问、河南省立中山大学校长。1928 年任河南省政府委员、教育厅厅长、国民政府外交部条约委员会副会长。后任天津比租界委员会委员长、驻古巴公使、外交部参事、立法院立法委员等职。1945 年赴美定居。著有《儿童学概论》(1921)。

(编撰者:蔡磊砢)

刘　钧

刘钧(1898—1947),又名刘海蓬,河南济源人。1918 年毕业于河南留学欧美预备学校德文班,考入北京大学预科,后升入德文系。1923 年毕业后赴德留学,1929 年获慕尼黑大学(Universität München)博士学位。

回国后到北京大学教育学系任教,开设学校组织、工作学校要义、实习、克伸什太奈(Georg Kerschensteiner)①陶冶学原理等课程。1929 年,受北大教育学会邀请,曾做主题为《德国之新教育》的讲演,介绍克伸什太奈的"工作教育",将"工作学校"(Arbeitsschule)的概念引入我国。1931 年后历任北平师范大学、辅仁大学教育系教授,中德学会编译委员会委员,河南大学教

---

① 今译凯兴斯坦纳。

育学教授、教务训导长及教务长，陕西师范专科学校教授兼教务长等职。著有《新教育与旧教育》（1934）等；译有《特殊儿童》（Alfred Adler 著，1931）、《工作学校要义》（*Begriff der Arbeitsschule*，Georg Kerschensteiner 著，1935）、《女青年心理》（*Die Psycheder Weidlichen Jugend*，E. Croner 著，1937）、《德国童话集》（Wilhelm Grimm 著，与杨钟健合译，1928）等。

（编撰者：蔡磊砢）

刘廷芳

刘廷芳（1891—1947），字亶生，浙江永嘉人。早年就读于温州偕我公会所办的艺文学堂（the United Methodist College），后入上海圣约翰大学（St. John's University）附属中学，毕业后赴美留学。1910 年入田纳西州的麦卡利中学（McCallie School，Chattanooga，TN）就读。1911 年入佐治亚大学学习三年，后转入哥伦比亚大学，获学士与硕士学位。1915 年入纽约协和神学院（Union Theological Seminary）学习两年神学，继而在耶鲁大学神学院学习，1918 年获神学学士学位，并授"牧师"称号。随即受聘为纽约协和神学院心理学和宗教教育助教。1920 年在哥伦比亚大学师范学院获神学与教育学博士学位，师从伍德沃斯（R. S. Woodworth）。留美期间曾任留美中国学生会主席。

回国后先后任北京师范学校教育研究所主任,燕京大学心理学教授、神学院院长兼校长助理。1921年受聘于北京大学哲学系,开设教育心理学课程。1924年,教育学系正式成立,改聘为教育学系教员,开设有教育学、教育测验、教育心理学、儿童心理学、儿童心理、教育统计学初步、教育统计等课程。1922年参与创办中华心理学会①,同年加入文学研究会。1923年夏,与麦柯尔博士(W. A. McCall)在北京举办教育心理测验讲习会。1926年赴美国耶鲁大学神学院、哈德福神学院(Hartford Theological Seminary)讲学。1927年秋,在美国波士顿大学(Boston University)任客座教授,后赴班哥尔神学院(Bangor Theological Seminary)、芝加哥神学院(Chicago Theological Seminary)讲学。

1924年起任中华基督教教育协会主席。1925年主持孙中山基督教丧礼仪式,所宣读的悼文被收录在美国出版的《世界名人演讲录》中。抗战胜利后被选为立法委员,1947年病逝于美国。曾创办培元学校,主编《真理与生命》周刊。著有《中国教会问题的讨论》(1922)、诗集《山雨》(1930)、《司徒雷登博士年谱》(1946)等,译有《疯人》(Kahlil Gibran 著,1929)、《道德的探险》(*Moral Adventure*, Canon B. H. Streeter 著,1932)等。

(编撰者:蔡磊砢)

---

① 1921年8月,南京高等师范学校举办暑期教育讲习会,结束时多数学员签名发起组建"中华心理学会"。后在南高师临时大礼堂举行了学会成立大会。首任会长为张耀翔。主要成员有陈鹤琴、陆志韦、廖世承、刘廷芳、凌冰、唐钺等。1922年出版会刊《心理》,1927年停刊。

刘吴卓生

刘吴卓生（1888—1966），即吴卓生，女，浙江鄞县（今宁波）人。与刘廷芳结婚后，冠夫姓，改称刘吴卓生。早年就读于上海中西女塾，中学毕业后在苏州做教员。一年后东渡日本，就读于广岛女校幼稚师范学校，以第一名的成绩毕业。回国后到苏州英华女塾任体育主任，并自办两所幼稚园。两年后赴美留学，在佐治亚州的拉格朗日学院（La Grange College）就读，学习美术、音乐和文学，获得音乐文凭。后就读于魏斯莱女子大学（Wellesley College），获教育文凭。随后入纽约大学（New York University）攻读音乐教育，又于 1915 年在哥伦比亚大学师范学院获得文学硕士学位。

回国后再度担任苏州英华女塾体育主任。英华幼稚师范成立后，任教务主任，因病辞职。休养三年后前往协和师范幼稚班任教，后赴美检查身体。1920 年随丈夫刘廷芳回国，任国立北京女子高等师范学校①幼师教授并兼燕京大学副教授。同年北京大学第一次招收女生，应蔡元培和蒋梦麟聘请，到北大任女生导师，同时担任北京大学音乐研究会导师，教授钢琴。1930—1937 年在北大教育学系任教，开设幼

---

① 前身是 1908 年设立的京师女子师范学校。1912 年更名为北京女子师范学校。1924年受"北高师"改"师大"的影响，更名为国立北京女子师范大学，校长为杨荫榆。

稚教育课程。中华教育改进社成立后，任世界儿童通信委员会副主任，并任《新教育》杂志编辑。1932 年发起组织明日教育社，创办《明日之教育》杂志。

1928 年发起北平妇女社会服务促进会，1935 年担任妇女会主席，同年被聘为北平市文物观光协会委员。1936 年各界妇女联合会成立，被推选为主席，后改为北平市妇女会，任筹委会主席。卸任后创办了国际妇女友仁会北平分会，并担任会长。她发表的教育方面的文章有《改进中国女子教育之计划》（1923）、《国联教育调查团调查中国教育结论改革发育初步的建议》（1933）等。

（编撰者：蔡磊砢）

鲁世英

鲁世英（1897—1976），字岫轩，直隶清丰（今属河南）人。早年就读于县立模范小学、高等小学，后考入大名中学。1917 年考入北京高等师范学校英语部，1922 年升入该校教育研究科。1924 年毕业后，先后在沈阳高等师范学校附属中学、北京香山慈幼院、河北省教育厅、河北省立大名第五女子师范学校等校任职。1931 年赴美留学，先后在芝加哥大学教育研究院、哥伦比亚大学师范学院就读，获教育学硕士学位。后赴欧洲进行教育考察。

1935 年回国，任北平师范大学教育系教授。抗战全面爆发后，先后任教于西安临时大学、西北联合大学、西北师范学院、女子师范学院、西北大学等校。抗战胜利后，重返北平师范大学任教。1947 年，在北京大学教育学系任兼任讲师，讲授普通教学法课程。1949 年后，任北京师范大学教育系主任、平原省人民政府委员兼文教委员会委员、教育部高师司专员等职。1966 年因病退休。著有《乡村教育》(1931)、《教学法基本原理》等。

（编撰者：刘云杉）

陆志韦

陆志韦(1894—1970)，又名保琦，浙江吴兴(今湖州)人。5 岁入私塾。1907 年入东吴大学附属中学，1910 年升入东吴大学。次年受洗礼加入基督教。1913 年毕业，留任东吴大学附属中学国文、英文教师。1915 年获保送赴美留学机会，入范德堡大学(Vanderbilt University)师范学院，攻读宗教心理学。1917 年转入芝加哥大学，攻读心理学，获博士学位。

1920 年回国后，应郭秉文邀请，到南京高等师范学校任教，与陈鹤琴开设国内第一个心理学系。1923 年，南高师并入东南大学，后任东南大学心理学系主任。1927 年，应司徒雷登邀请，赴燕京大学任心理学教授兼系主任，被推举为燕大教授会主席。1928 年曾兼任清华大学心理学系讲师。1933 年当选燕大研究院委员会主席，再次赴芝加哥大学研修。同年任燕京大学代理校长，后升任校长。1934—1935 年在北京大学教育学系兼课，讲授现代心理学课程的"智慧与个性差别"部分。1935年发起创立中国心理学会，任主席，并任会刊《中国心理学报》主编。1947 年重任燕大校长。1948 年被推举为北平研究院学术会议会员。

1949 年出席全国政协第一届全体会议,提出《关于拼音文字方案的意见》。1952 年任中国科学院语言研究所研究员、汉语史研究组主任。1955 年当选中国科学院哲学社会科学学部委员,兼任中国文字改革委员会委员、汉语拼音方案委员会委员等。著有《社会心理学新论》(1924)、《心理学》(1925)、《汉语的浊声母》(*The Voiced Initials of the Chinese Language*:*When Were They Aspirated?* 1940)、《古音说略》(1947)等,译有《教育心理学概论》(*Educational Psychology*, E. L. Thorndike 著,1926)、《普通心理学》(*General Psychology*, Walter S. Hunter 著,1926),辑有诗集《渡河》(1922)等。

(编撰者:蔡磊砢)

罗廷光

罗廷光(1896—1993),字炳之,江西吉安人。1916 年任小学教师。1918 年入南京高等师范教育专修科,1921 年毕业。随即任教于厦门集美师范和河南第一师范。1925 年进南京东南大学进修,毕业后在南昌鸿声中学、江苏扬州中学和无锡中学任教。1928 年公费赴美留学,获美国哥伦比亚大学硕士,入斯坦福大学研究一年。期间曾任中国教育学会会长。

1931 年回国,历任江西教育厅科长、中央大学教育学院教授兼教育社会学系主任及附属实验学校校长。1933 年任湖北省立教育学院院长。1934 年底公费去伦敦大学皇家学院(University of London, Royal Holloway)研究教育。1935 年出席在牛津举行的第六届世界教育会议并向大会介绍中国教育学会和中国社会教育的概况。1936 年曾赴法、德、意、丹、波、苏等国家考察教育。回国后任河南大学教授兼教务长及教育系主任,开设比较教育课程,并整理了国外考察教育资料,写成了《最近欧美教育综览》。1937 年秋入长沙临时大学教育学系任教,后随校赴昆明任西南联大师范学院教育学系教授,任职期间,讲授普通教学法、教育行政、比较教育、教育及学校行政、教育视导课程。1939 年被聘为西南联大师范学院公民训育系主席。1940 年 2 月借调到中山大学师范研究所,主讲教育行政及训育课程。同年任江西中正大学教授兼教务长。1946 年应吴有训校长之约到重庆,任中央大学教授兼师范学院院长。1948 年被聘为联合国教科文组织中国委员会委员。

新中国成立后,任南京大学教授兼教育系主任。1952 年改任南京师范学院教授,并兼院务委员会委员及院学术委员会委员。著有《普通教学法》(1930)、《教育概论》(1933)、《师范教育新论》(1933)、《教育科学纲要》(1935)等,与韦悫合译《比较教育》(*Comparative Education*, I. L. Kandel 著,1940)。

(编撰者:蔡磊砢)

马师儒

马师儒(1888—1963),字雅堂,陕西绥德人。早年先后就读于绥德中学堂、陕西高等学堂。1907 年,在其姑丈高又宜的带领下留学日本。1912 年考入上海同济医工学堂,习工科。1913 年考入北京高等师范学校,改习教育。1919 年毕业,到附中任教。1921 年留学德国,入

柏林大学攻读教育学、心理学,1924 年获博士学位。同年入瑞士苏黎世大学研习心理学、哲学,研究裴斯泰洛齐(Johann Heinrich Pestalozzi),1927 年获博士学位。

回国后任陕北联合县立榆林中学校长。1928 年 9 月任上海劳动大学①教授,兼教育学系主任。1929 年 9 月,陈大齐执掌北京大学时,入教育学系任教,开设教育学、儿童学、教育与文化、教育学概论、普通教授法原理等课程,并同时在北平师范大学、北平大学女子文理学院任教。1931 年受聘为青岛大学教育学院教授,后再回北平师范大学任教。抗战全面爆发后,随北平师大内迁,改任西安临时大学、西北联合大学教授。1939 年 8 月,任国立西北大学②教授,兼文学院院长。1947 年 10 月被任命为西北大学校长,1948 年 9 月辞去校长之职。

1949 年赴四川大学讲学,后再次任教于西北大学师范学院。1954 年,任西安师范学院教育史教授、教育研究室主任及校务委员会常委。1960 年起任陕西师范大学教育系教授。曾加入中国民主促进会,任民进陕西省委员和西安市政协常委。著有《世界教育史》《中国教育史》《哲学概论》等。

(编撰者:蔡磊砢)

---

① 1927 年 4 月,国民党的一些有识之士力主遵循孙中山的工农政策,创办学院培养农业专业人才。5 月,国民党中央同意创办上海劳动大学,并指定蔡元培等 11 人组成筹办委员会,在上海东郊江湾镇建校。该校先后成立劳工学院和劳农学院,劳农学院于同年 10 月招生开学。

② 1939 年 8 月,西北联合大学教育学院和医学院独立后,西北联合大学更名为国立西北大学,下设文、理、法商三个学院。1949 年陕西师范专科学校并入西北大学,与文学院教育系合并为西北大学师范学院。1954 年独立为西安师范学院,1960 年与陕西师范学院合并,成立陕西师范大学。

缪金源

缪金源(1898—1942)，字渊如，江苏东台人。4 岁入私塾，后就读于东台县角斜初级小学、栟茶高级小学。1914 年入江苏省立第七中学(今南通中学)。1918 年考入北京大学文预科，1920 年转入北大哲学系。参与编撰《北京大学学生周刊》，后参与创办《新闻周刊》。1922 年与魏建功、夏德义等人共同组织"江苏清议社"，创办《江苏清议》。缪金源、朱谦之等曾声明不参加考试、不要毕业文凭，1923 年 1 月 4 日的《日刊》公布了 17 名同学名单。

1924 年毕业留校，任北大预科国文讲师，讲授中国古典文学及散文写作等课程。1936—1937 年度在教育学系开设中学国文教学法。抗战全面爆发后，任教于日伪占领区的"国立北京大学"。1938 年秋入辅仁大学哲学系任教。曾任安徽省教育厅秘书。著有《缪金源诗词集》(1928)、《鸡肋集》(1928)、《灾梨集》(1928)、《国立北京大学国语组B、D 班教材》(1931)等。

（编撰者：蔡磊砢）

莫泮芹

莫泮芹(1903—?)，广东台山人。1924 年毕业于广州培正中学。

1928 年毕业于私立岭南大学①，获文学学士学位。曾赴美国哥伦比亚大学求学，获哲学博士学位。1936 年 8 月入北京大学教育学系任教授，开设中学英语教学法课程。抗战全面爆发后，随校南迁。1938—1944 年任西南联合大学外国语文学系教授，开设浪漫主义诗人、英文作文二、欧洲文学名著选读(与钱锺书、吴宓、吴可读、陈福田、燕卜荪、陈铨、闻家驷、叶公超等九位教授共同讲授)等课程。1941 年 6 月、1943 年秋至 1944 年 8 月，任文学院外国语文学系暨师范学院英语学系代理主任。1943 年任消费合作社委员会委员。1944 年 8 月应加利福尼亚州西方大学(Occidental College)聘请，任访问教授(Visiting Professor)，讲授中国文化。著有《美的安定与儒家之"诚"》。

(编撰者:刘云杉)

倪　亮

　　倪亮(1901—?)，女，字郎若，江苏南京人。早年就读于江苏省立第一女子师范学校，1920 年入读南京高等师范学校，1923 年，南京高等师范学校并入东南大学，在东南大学补修学分后，1925 年获东南大学教育学学士学位。后任江苏省立第三女子师范学校校长。1928 年 4 月，与丈夫吴俊升共同赴法留学，曾就读于法国国立职业指导学院，获

---

①　1918 年成立于广州。前身为 1888 年在广州创设的格致书院，初由美国基督教教会开办，后更名为岭南学堂。1918 年定名为岭南大学。1927 年经广东政府批准，学校收归中国人自办，改名私立岭南大学。抗日战争时期迁往香港、曲江、梅县等地。抗战胜利后迁回广州。1951 年由人民政府接管。1952 年分别并入他校。

职业指导导师文凭。1931 年获巴黎大学心理学博士学位。归国后任金陵大学教育系教授、国民党江苏省党部妇女运动委员会委员。1933 年任教于北京大学教育学系，开设课程教育统计学、教育测验、教育测试。抗战全面爆发后，转任省立重庆大学①统计专修科，1947 年任南京市统计处处长，后转为内政部统计长，并兼任南京市妇女会理事长。新中国成立后，先后任教于香港珠海学院、台湾大学心理系等，并曾担任美国哈佛大学客座研究员。著有《心理学大纲》《统计制图》等；译有《教育与心理测验》等。

（编撰者：刘云杉）

潘渊（潘企莘）

潘渊(1892—1974)，字企莘，浙江绍兴人。1907 年入读浙江省立高等学堂预科及文科，毕业后在绍兴尚德小学、绍兴省立第五中学(绍兴一中前身)等校任教。1916 年赴京考取北京政府第一届高等文官，以优异成绩分配至教育部社会司第一科工作，并兼通俗教育研究会编译员，与鲁

---

① 1929 年创办，初设文理两预科。1932 年开办本科。1935 年四川省立工学院并入，文农两学院并入四川大学，定为省立，设理工学院。1942 年更名为国立重庆大学。

迅交往密切。同时在北京女子师范大学和北京大学预科兼授英文。1926年官费赴英留学,曾在爱丁堡大学攻读教育一年,后转入伦敦大学攻读心理学,1930年以论文《情绪与意志之关系:以享乐论与策动论为例》(The Relation of Feeling and Conation with Special Reference to the Hedonic and Hormic Theories)获心理学博士学位。随后赴比利时等国考察学习,并写成《参观比法瑞士奥德各国心理教育报告》(1931)。

1931年归国,任湖北省立教育学院教授、教务长,并代理院务。1932—1933年任北平师范大学心理学教授。1933年8月,受聘为北京大学教育学系教授,开设课程以教育心理学、教育心理学及实验、情绪心理、情绪心理与教育为主,并兼及教学法、教学指导、中学教育、教育制度、比较教育、普通教学法、各国教育制度等。1936年,与陆志韦等34人共同发起中国心理学会。发表《社会心理学略史》(1933)、《教育心理学略史》(1935)、《德国师资训练之检讨》(1937)、《教学之重要原则》(1937)等文章。

1937年抗战全面爆发,北大西迁,潘渊回乡安置家属,却因交通线被阻断,未能随校西迁,故在家乡绍兴川下村兴办小学,兼任重庆教育部特约编辑。1941年,应竺可桢之邀,任教于浙江大学龙泉分校①。新中国成立后,曾入华北人民革命大学②学习,1951年至山东师范学院任心理学教授,1955年退休回绍兴,曾任绍兴市政协常委、浙江省图书馆顾问等职。退休期间为商务印书馆翻译《心理学原理》(The Principles of Psychology,William James 著)一书。

(编撰者:刘云杉)

---

① 抗战时期,浙江大学西迁贵州遵义办学,1939年4月至1945年8月开设龙泉分校。
② 创建于1949年2月的短期干部学校。

齐泮林

齐泮林(1901—?)，河北高阳人。1925 年入北京大学教育学系就读。1929 年 5 月，曾随教育学系四年级前往日本进行为期三周的教育参观考察，并于同年 6 月毕业。1936 年以博士论文 Reliability and Validity of Personality Rating 获芝加哥大学心理学博士学位。

曾任中山大学师范学院院长。1943 至 1946 年任贵阳师范学院院长。1946 至 1948 年任北京大学教育学系教授，开设教育统计、教育名著选读、普通教学法等课程。1949 至 1951 年任沪江大学教授，开设有教育心理学等课程。著有《教育统计学》(1946)，编有《河北省各县普通教育概览(十七年度)》(与卜西君合编，1929)。

（编撰者：刘云杉）

邱椿（邱大年）

邱椿(1897—1966)，字大年，江西宁都人。1912 年考入清华学校中等科，四年后升入高等科。1920 年秋，赴美国华盛顿州立大学留学，1922 年获教育学学士学位，同年 9 月入美国哥伦比亚大学师范学院学习，1924 年获教育学博士学位。1925 年赴德国慕尼黑大学、柏林大学从事教育研究，10 月归国，先后任教于北京女子师范大学、北京师范大学、清华大学、厦门大学等校。曾任中华平民教育总会平民文学部主任，1927 年与姜琦等人共同发起中国教育学会。其间，发表了《荀子教育学说述要》（1926）、《评道尔顿制》（1926）、《大学公民教育实施问题》（1926）、《克伯屈教育学说的根本原则》（1927）等文章。

1929 年受聘为北京大学教育学系教授，开设教育概论、唯物主义与教育、中国教育思想史、英文教育学选读、教育价值论、各国教育制度、教育心理学、小学教育、中国教育史、西洋教育史、近代教育思潮、现代教育思潮、教育名著选读等课程。1933 年 10 月，受中华文化教育基金会资助，赴欧美、苏联等地考察教育。次年，根据考察结果撰写《学制》一书，介绍英、法、德、意、日、美、俄等国的现行学制。1934 年秋至 1935 年秋，曾赴德国研究教育哲学。任教期间，还曾发表《社会主义的教育》（1929）、《教育的实验法》（1930）、《教育哲学的历史哲学》（1931）等文章。1937 年 1 月，因教育学系主任吴俊升休假赴欧美考察教育，代理系主任之职。抗战全面爆发后，随校迁昆明，任西南联合大学师范学院教育学系教授，1938 年 10 月至 1939 年 3 月间曾任教育学系主任。1939 年，被委任为国防最高委员会秘书厅参事，参与国民政府教育部工作报告审查工作。

1939 年秋，因父丧归江西，应江西省主席熊式辉之邀筹建国立中正大学①，被委为筹备委员会委员、中正大学名誉教授。1940 年，熊式辉任命其为省政府委员。1944 年，赴美国匹兹堡大学讲学。1946 年，国民政府任命其为江西省政府委员兼教育厅长，但未就任。抗战胜利后，重返北京大学教育学系任教，1949 年因院系调整转任北京师范大

---

① 创立于 1940 年。1945 年迁往南昌，称南昌国立中正大学。1949 年 9 月更名为国立南昌大学。1950 年更名为南昌大学，1953 年院系调整后改为江西师范学院，1983 年更名为江西师范大学。

学教授。

著有《中国新教育行政制度研究》(与姜琦合著,1927)、《欧战后之西洋教育》(1929)、《中国教育史讲义》等;译有《中等教育基本原理》(1928)、《小学初步阅读教学法》(1928)等。

(编撰者:刘云杉)

尚仲衣

尚仲衣(1902—1939),笔名子钵,河南罗山人。早年就读于河南留学欧美预备学校,1915年考入清华学校,1924年毕业。同年赴美留学,1925年自皮波第师范学校(George Peabody College For Teachers)转入哥伦比亚大学,修读教育学。1929年获教育学博士学位。同年归国,任教于中央大学教育系,讲授初等教育学等课程。1931年秋,任浙江省立民众教育实验学校教务长、校长等职,并对民众教育进行研究,曾翻译世界著名民众教育专家、丹麦的马烈克博士的著作《国际民众学院鸟瞰》,发表在天津《大公报》上,并撰写了《教育试验的几种方法》。

1933年,应北京大学之聘,任教育学系教授,1933—1936年间讲授教育概论、教育行政、小学教育、成人教育、社会教育、小学各科教材及教法、各国教育制度、比较教育等多门课程。其间,翻译了赫尔巴特的《普通教育学》(*The Science of Education*,1936),并特别介绍苏联社会主义教育理论和实践。译有《苏联的科学与教育》(*Science and Education in the U. S. S. R.*，Albert Pinkevich 著，1936)等。

1936 年秋，赴广东勷勤大学任教，讲授教育原理等课程。1937 年 1 月，任广西大学教授、广西省教育会教育心理研究员、广西中山纪念学校校长等职。其间，在《中华教育界》上发表《自由主义的教育之社会基础》《现代中国自由主义教育之任务》等文章，阐述其自由主义教育思想和理论。在《中华公论》创刊号上发表的《民族危难中的教育政策问题》，倡导"战时教育"。同年秋，转任中山大学教育系教授兼教育研究所代所长，开设抗战教育课程，主持"抗战教育实践社"工作，兼任抗战教育实践社自修班主任，该社举办各类启蒙班，培育各界抗日救亡骨干 2000 余人。1938 年夏，辞去中山大学教职，任第四战区政治部第三组组长(主管宣传工作)。1939 年加入中国共产党，任《新华南》编委会主任编委、广东省民众教育馆馆长等。同年因车祸不幸身亡。辑有《尚仲衣遗著全集》(1940)。

(编撰者:刘云杉)

孙国华

孙国华(1902—1958)，字晓梦，山东潍县(今潍坊)人。1914—1923 年求学于清华学校。1923 年赴美，入俄亥俄州立大学(The Ohio State University)教育学院求学。1925 年入芝加哥大学生理学系，次年获硕士学位。1926 年入俄亥俄州立大学研究院，同年发表论文《鸟类的瞳孔反射》(The Pupillary Reflex in Birds)。1928 年毕业，以论文《婴儿视觉和听觉反应的研究》(A Study of Visual and Auditory Reactions in Infants)获哲学博士学位。

同年年底回国，任清华大学心理学系教授，1930年兼心理学系主任，并兼北京师范大学心理学教授。1930年9月，受聘北京大学心理学系讲师，1934年心理学系并入教育学系，在教育学系开设现代心理学课程。西南联大时期，孙国华担任哲学心理系教授，但在1941—1946年，因病暂离教学岗，任四川白沙国立编译馆编译兼总务组主任。1947—1948年再次任教于北京大学教育学系，讲授必修课教育心理学和发展心理学。

1949年新中国成立后，任清华大学心理学系主任、教授。1952年院系调整，原清华大学心理学系并入北京大学，此后就任北京大学哲学系心理专业主任，兼校务委员会委员。在北京大学创建了中国第一个条件反射实验室，后发展为生理心理实验室（含动物心理）；1955年又建立了儿童心理实验室。

孙国华积极参加全国心理学界的活动。1935年11月，陆志韦发起成立"中国心理学会"倡议，1937年该协会正式成立，孙国华被推选为出版委员，担任学报及其他学术著作之出版事务。新中国成立后，历任中国科学院心理研究所发生发展研究学组负责人、中国心理学会理事、《心理学报》常务编辑。

发表论文《心理学常谈》(1948)等。其中，1930年与K. C. Pratt、A. K. Nelson合作发表的长篇论文《初生儿的行为研究》(The Behavior of the Newborn Infant)单印成书，列为"俄亥俄州立大学丛书"，作为研究新生儿心理发展的重要著作。

（编撰者：刘云杉）

谭熙鸿（谭仲逵）

谭熙鸿(1891—1956)，字仲逵，江苏吴县(今苏州)人，生于上海。早年在上海、天津等地的电报局工作，1912年由孙中山任命为总统府秘书，负责电讯。孙中山辞职后，谭熙鸿作为稽勋留学生公派出国留学，先后就读于法国巴黎大学和都鲁士大学(Universite de Toulouse)，专攻生物学和农业科学。1919年夏获生物学硕士学位。同年回国。

1920年，受聘为北京大学哲学系教授，并于1920—1922年兼校长室秘书之职。曾连续当选北大评议会评议员，并兼预算委员会委员长及聘任、仪器、组织等委员会委员，1922年代理总务长。曾提出筹建北大生物学系计划，1925年生物学系正式成立，任首任系主任。其间，先后讲授进化哲学、植物学、遗传与环境、进化学说等课程。1925—1927年在教育学系开设道德与环境、遗传与环境课程。

1926年，三一八惨案发生，谭熙鸿被通缉，被迫南下杭州。1927年5月，任省立浙江农业专门学校校长，8月，该校与浙江工业专门学校合组为国立第三中山大学，任劳农学院院长。抗战全面爆发后，任全国经济委员会委员兼全国蚕丝委员会主委、经济部技监兼全国经济调查委员会主委及全国蚕丝协会委员会主委等职务。抗战胜利后，谭熙鸿应中央人民政府邀请，到北京担任中央农业部顾问和中国科学院特邀研究员。

发表过《达尔文学说及其趋势》(1921)、《拉马克进化学说》
(1922)、《七年来中国林政设施之回顾》(1935)等文章。著有《十年来
之蚕丝事业》(与夏道湘合著,1948)等,主编《十年来之中国经济
(1937—1947)》(1948),译有《微生物之起源及其在自然界之任务》
(Buissiere 著,1926)。

（编撰者:刘云杉）

汤用彤

汤用彤(1893—1964),字锡予,祖籍湖北黄
梅,生于甘肃渭源。1908 年就读于北京顺天学
堂,1912 年考入清华学校。1917 年毕业,考取公
费留美,因眼疾未能成行,留校任国文教员,兼
任《清华周刊》总编辑。次年赴美国汉姆林大学
(Hamline University)攻读哲学,获哲学学士学位。
1920 年转至哈佛大学,修哲学,兼习梵文、巴利
文,1922 年获哲学硕士学位。

同年回国,任东南大学哲学系教授,讲授中国佛教史等课程,1925
年兼任系主任。1926 年聘为南开大学哲学系教授,讲授逻辑学、西洋
哲学史、印度哲学史等课程。1927 年任南京国立第四中山大学①哲学

---

① 由原国立东南大学、河海工程大学、江苏政法大学、江苏医科大学、上海商科大学、
南京工业专门学校、苏州工业专门学校、上海商业专门学校、南京农业学校等江苏
境内专科以上的九所学校合并而成。

系教授、系主任。1930 年任北京大学哲学系教授，讲授哲学概论、中国佛教史、印度哲学、欧洲哲学等课程，自 1934 年起兼任系主任。

1938 年，任西南联大文学院教授，讲授魏晋玄学、印度佛学，并兼任教授会主席。1946 年随北京大学返平，任哲学系主任、文学院院长，讲授魏晋玄学、英国经验主义等课程。1947 年，应聘至美国加利福尼亚大学讲授汉唐思想史。1948 年 3 月，被选为中央研究院院士，兼中央研究院历史语言研究所北京办事处主任。同年夏，离美返国，8 月，被选为国立北平研究院①学术会议会员，隶史学组。1949 年，担任北京大学校务委员会主席。1951 年任北京大学副校长。1955 年当选中国科学院哲学社会科学部委员、历史考古专门委员，并担任《哲学研究》《历史研究》杂志编委。曾当选全国人民代表大会第一、二、三届代表，中国人民政治协商会议第一届委员、第三届常委。1964 年 5 月，因心脏病去世。

著有《竺道生与涅槃学》（1932）、《汉魏两晋南北朝佛教史》（1938）、《印度哲学史略》（1945）等，辑有《汤用彤全集》。

（编撰者：刘云杉）

陶孟和（陶履恭）

陶孟和（1887—1960），原名陶履恭，字孟和，祖籍浙江绍兴，生于

---

① 1929 年 5 月，国民政府在北平成立北平研究院筹备委员会，李煜瀛任筹委会主任，蔡元培、张人杰为筹备员。同年 8 月，行政院决议以北平大学的研究机构为基础组建国立北平研究院，并于 9 月 9 日宣布正式成立，李煜瀛任院长。

天津。其父曾在严修家塾授课，陶孟和早年亦随父在其中读书，1904 年，严修将家塾英文馆改名为敬业中学堂，1906 年，又建新校于南开，改称南开学校。同年，陶孟和毕业于该校师范班，并入读日本东京高等师范学校。1910 年入读英国伦敦大学政治经济学院，修社会学，1913 年获博士学位。同年归国，任商务印书馆编辑、北京高等师范学校教授。

　　1914 年受聘为北京大学法科政治门教员，但其一直对教育问题极为关注。1915 年，参加在美国召开的万国教育会，并成为名誉副会长；1917 年后，支持并协助蔡元培校长进行教育改革，利用出国考察机会为学校购买图书，推荐教授人选；1922 年，在北大教育研究会的成立仪式上发表演说。长期在哲学系和教育学系开设社会学、社会学原理、教育社会学、英文哲学选读等课程。所著《社会与教育》(1922)一书就是在教育社会学课程讲义的基础上写就的，该书是中国教育社会学的开创性著作。还曾多次当选北大评议会评议员，1918 年后曾担任过政治门教授会主任、哲学门教授会主任、政治学系主任、哲学系主任、教务长等职。在北大期间，发表《社会心理学》(1920)、《公民学之内容》(1922)、《大学的课程问题》(1923)、《人性：改革社会的根本问题》(1925)等文章。译有《公民教育》(*Civic Education*, D. Snedden 著, 1923)、《社会进化史》(*The History of Social Development*, F. Müller-Lyer 著，原书名意为《文化的变象与进步的趋向》，英译时译者将其改为《社会进化史》，中文版是陶孟和与沈怡、梁纶才由英文版翻译的, 1924)等书。

　　1926 年，任中华教育文化基金董事会秘书，创立社会调查部。1929 年，社会调查部改名为北平社会调查所，任所长。1934 年，北平社会调查所并入中央研究院社会科学研究所，任所长。其间，主持开展对城市工人生活状况的调查。著有《北平生活费之分析》(1930)、《中国劳工生活程度》(1931)等。1935 年起,受聘为中央研究院评议会评议员,1948 年当选为第一届中央研究院院士。新中国成立后,任中国科学院副院长,兼社会研究所所长,曾任中国科学院联络局局长、图书馆馆长等职,曾当选为第一、二届全国人大代表、第二届全国政协委员、第三届全国政协常委。

(编撰者:刘云杉)

童德禧

童德禧(1882—1955),字禧文,湖北蕲春人。1904 年就读于京师译学馆德语专业,毕业后在学部任职,继而升入京师大学堂文科,1913 年毕业于北京大学国文门,1915 年秋受聘为北京大学预科教员,1917 年离职。次年官费赴瑞士、德国留学,主攻教育心理学。

归国后,受聘为北京大学教授,1929—1931 年在北大教育学系开设教育哲学、德文教育学选读课程,曾兼任学生事业委员会委员。1934 年任教于北平大学女子文理学院,后任哲学教育系主任、教务长等职。1949 年中国大学停办,其院系并入华北大学①、北京师范大学、

---

① 1948 年 5 月,党中央决定,将华北联合大学与北方大学合并成立华北大学,吴玉章任校长。1949 年底,华北大学成立(今中国人民大学前身)。

山西大学等校，童德禧转任山西大学教育系教育组组长、心理系教授，主管心理实验仪器。曾翻译施卜耶格（Edward Spranger）所写的《教育学》一文，收录在《五十年来的德国学术》（*Aus Fünfzig Jahren Deutscher Wissenschaft*，Gustav Abb、Friedrich Schmidt-Ott 等著，1930），发表《研究我国师范教育一个先决的问题》等文章。

（编撰者：刘云杉）

汪敬熙

汪敬熙（1897—1968），字辑斋，祖籍浙江杭县（今杭州），生于山东济南。早年就读于山东公立法政专门学校，1915 年考入北京大学经济学门。就读期间，积极参与新文化运动，与傅斯年、罗家伦、俞平伯等共同组织新潮社，创办《新潮》月刊，发表白话小说，为最早的白话小说创作者之一。1920 年赴美留学，在约翰·霍普金斯大学心理生物学实验室跟随里希特（Curt Paul Richter）开展实验研究。1923 年获博士学位，博士论文为《白鼠的发情周期与"自发"活动之间的关系》（The Relation between "Spontaneous" Activity and Oestrous Cycle in the White Rat）。

1924 年归国，聘为河南中州大学教育学系心理学教授，兼任教育学系首任系主任。1926 年赴美进行实验研究，次年归国，任河南中山大学心理学教授，并建立了国内最早的神经生理学实验室。1931 年任北京大学心理学教授，主持北大心理学实验室，同年在美国华盛顿参加第一届国际心理卫生大会,并做大会报告,首次向国际同行介绍了中国的心理卫生工作。1934 年转任中央研究院心理研究所所长,并受聘为北大教育学系名誉教授,讲授心理学方法。抗战全面爆发后,随心理研究所内迁。1944 年再度赴美开展实验研究,1945 年在哥伦比亚大学任访问教授,1946 年代理中央研究院总干事,1947 年任北大生物系主任,1948 年入选中央研究院院士,同年,经英国科学家李约瑟推荐,担任联合国教科文组织自然科学处国际科学合作组主任。1949 年后,任教于约翰·霍普金斯大学(1952)、威斯康星大学(1957)等校。

著有小说集《雪夜》(1929)等,学术专著有《科学方法漫谈》(1940)、《行为之生理分析》(1944),发表《心理学之最近的趋势》(1920)、《提倡科学研究最应注意的一件事:人材的培养》(1932)、《答潘菽先生"关于心理学的预言"》(1933)、《再谈谈怎样提倡科学研究》(1933)等文章。

(编撰者:刘云杉)

王西徵

王西徵(1901—1988),原名希曾,字伯谛,生于盛京(今辽宁沈阳)。早年就读于沈阳第五小学。1921 年考入南京高等师范学校教育系,并因选修吴梅的词曲课程而迷上昆曲。毕业后担任北京艺专校长,并兼任中华教育改进社编辑,编《中国教育史库》《新教育评论周刊》。曾发表数篇时评揭示日本对华文化侵略事实。1932—1942 年曾在东北大学、辅仁大学、燕京大学等校任教,主授国文及古典文学、现代文学、文学史、文学批评及词曲等课程。1934—1937 年在北京大学教育学系讲授师范教育课程。著有《教育概论》（与吴俊升合著，1935），译有《苏俄的活教育》（英国教育视察团编著，1929）。曾发表《关于美和训育学生》（1929）、《中国教育界的饥饿和警觉》（1929）、《五音七音述考》（1940）等文章。

（编撰者：刘云杉）

王星拱

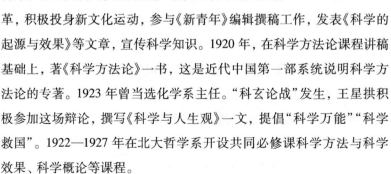

王星拱（1888—1949），字抚五，安徽怀宁人。早年就读于安徽大学堂（1905 年改称安徽高等学堂）。1908 年考取安徽首批留学英国官费生，入英国伦敦理工大学攻读化学，1910 年加入同盟会。1916 年获硕士学位，同年回国。

1917 年受聘为北京大学理本科、文本科兼预科讲师。在北大期间，支持并参与蔡元培对北大的改革，积极投身新文化运动，参与《新青年》编辑撰稿工作，发表《科学的起源与效果》等文章，宣传科学知识。1920 年，在科学方法论课程讲稿基础上，著《科学方法论》一书，这是近代中国第一部系统说明科学方法论的专著。1923 年曾当选化学系主任。"科玄论战"发生，王星拱积极参加这场辩论，撰写《科学与人生观》一文，提倡"科学万能""科学救国"。1922—1927 年在北大哲学系开设共同必修课科学方法与科学效果、科学概论等课程。

1927 年南下，短暂任职于南京第四中山大学。次年，受委派赴武昌筹创武汉大学。1929 年，武汉大学成立，先后任代校长、教务长、化学系主任、理学院院长等职。1934 年 5 月至 1945 年 7 月出任武汉大学校长。其间，所著《科学概论》是他阐述马赫主义哲学思想的代表作，被列为"国立武汉大学丛书"。1929 年 7 月，兼任安徽大学校长，为期一年。抗日战争胜利后，1945 年 12 月—1948 年，出任中山大学校长。1949 年 10 月病逝于上海。

著有《科学与人类进化之关系》、《什么是科学方法》（1920）、《罗素的逻辑和宇宙观之概说》（1920）等，译有《哲学中之科学方法》（罗素著，1922）。

（编撰者：刘云杉）

王徵葵

王徵葵（1902—1974），河南罗山人。美国福曼大学（Furman University）学士，芝加哥大学教育硕士、心理学博士，从学于心理学大师瑟斯顿（L. L. Thurstone），博士论文为《早期个人史对人格特质的意义》（The Significance of Early Personal History for Certain Personality Traits）。曾任芝加哥大学研究员、美国心理学会会员。1927 年，在芝加哥大学参与创建的心理学组织，后来成为国际心理学荣誉协会。1930 年曾与瑟斯顿合作编制《节育态度》量表。

1932 年 8 月回国，任教于河南大学、北平师范大学、北平辅仁大学、北京大学等校，1934—1935 年，在北京大学教育学系心理组讲授现代心理学课程，1934年7月起主持北京心理学者们的聚餐会，奠定了心理学专业群体早期形式的基础。1936年参与发起中国心理学会。1949年移居台湾，1954年移居美国，1955年起任教于洛杉矶州立学院心理学系。

著有《态度测验法》（1935），编著的《心理测验增注目录》（两卷本。卷1，1939；卷2，1940）是当时较完备的心理测验工具书。发表《编造河南小学各种测验之建议》（与李廉方合著，1933）、《中等学校会考方法之检讨》（与周学章、程克敬合著，1936）、《从心理学谈到训育课》（1938）等文章。

（编撰者：刘云杉）

王卓然

王卓然（1893—1975），字回波，号梦白，祖籍山东，生于奉天抚顺（今属辽宁）。早年就读于奉天师范学堂，后升入高级师范英语专修科，其间结识了张学良，后成为挚友。1919年，适值美国著名教育家杜威在中国讲学，因而赴京投考，入北京高等师范学校教育科，1921年获学士学位。其间，随陶行知陪孟禄在华教育调查讲学，后编纂了《中国教育一瞥录》（1923），介绍中国教育状况。毕业后任奉天省教育厅视学。1923年秋获得奉天省官费留学美国，入哥伦比亚大学教育学院，研究教育哲学、教育心理、教育行政。1926年放弃读博机会，在美国巡回讲演。次年赴英、法、德、意等欧洲各国游历。

1928年回国，应张学良之聘，一边任东北大学教授，一边任东北边防司令长官公署咨议,并兼张学良的家庭教师。九一八事变后,东北大学迁至北平,王卓然随张学良至北平,与高崇民等在北平成立"东北民众抗日救国会",开展民间抗日活动,并兼任北平师范大学教授。1932年,受聘为北京大学教育学系讲师,教授英文教育书选读课程。1933年3月,张学良被迫下野出国考察,王卓然被任命为东北大学秘书长、代行校长职务。抗日战争全面爆发后,任军事委员会第六部设计委员及民众动员委员会委员。1938年,任国民参政会参政员。1945年参加中国民主同盟,并与许德珩等发起九三学社。1948年赴日经商,1951年回国。1955年5月被任命为国务院参事。1975年1月在北京逝世。

发表《记忆力之培养》(1924)、《本性与陶冶本性的方法》(1924)等文章,译有杜威的在华演讲《社会的要素》(1921)、《杜威博士之临别演讲》(1921)、美国教育家孟禄演讲《影响教育问题之新势力》(1922)等,著有《国际关系论文选》(1934)等。

（编撰者:刘云杉）

温广汉

温广汉(1902—1982),字漫生,又名孟荪,安徽合肥人。1930年毕业于东南大学,继而任合肥第六女子中学教员。1931年赴法留学,攻读社会历史学,获巴黎大学文科博士学位。

抗战全面爆发后回国。1938年春,任国民政府武昌战时干部训练团教官。同年秋,赴西北联合大学任教授。1939年任洛阳第一战区司令长官部机要秘书。1940 年 8 月任河南省政府委员，1942 年 1 月被免职。后随卫立煌前往西安，任西安行辕参谋。

1946 年秋，任北平师范大学教授，不久兼任训导长。曾支持青年学生反饥饿、反内战、反迫害的斗争。1947 年，受聘北京大学教育学系讲师，开设社会学课程。1949 年 8 月，前往香港，1950 年回到南京。同年冬，参加南京市人民法院法学研究会工作。1952 年秋起，先后任南京市第十中学、江苏省教师进修学院教员。1962 年恢复教授职称，先后在江苏省教育学院、南京师范学院任教。当选为民革中央团结委员会委员、民革江苏省委员会常委委员。参加《汉语大辞典》的编写工作。

（编撰者：蔡磊砢）

吴家镇

吴家镇(1888—？)，字重岳，湖南湘乡人。毕业于日本东京高等师范学校。1916 年任留欧学生监督处书记员。1918 年被任命为教育部主事。1922 年任教育行政讲习会经理员。1925 年任专门教育司第一科代理科长。1927 年任教育部佥事。同年 7 月，与杨晋源一同视察辅仁大学。1928 年任专门教育司代理司长。

1932 年 3 月在北京大学教育学系讲授比较教育课程中的日本教育部分。1937 年左右，任北平华北大学学务课主任及女子文理学院、民国大学讲师。曾在北京政法大学、中国大学、朝阳大学、河南大学及厦门大学教育学院任教。1948 年，在福建协和大学讲授教育课程。

发表《大学教育之历史观》(1922)、《近代教育思潮》(1926)、《最新学制之我见》(1931)、《公民教育之研究与批评》(1934)等文章，著有《世界各国学制考》(1924)，与戴景曦合译《日本教育史》(1935)。

（编撰者：蔡磊砢）

吴俊升

吴俊升（1901—2000），字士选，江苏如皋人。1919 年毕业于如皋县师范学校，后在如皋县师范学校附属小学担任教师。1920 年考入南京高等师范学校，其间受杜威在中国讲学的影响对教育哲学产生浓厚兴趣，通过阅读杜威五大演讲集及《民主主义与教育》和《思维术》，迅速地接受了杜威思想。1925 年获得东南大学教育学学士学位。1928 年，赴法留学，进入巴黎大学攻读教育学，同时师从涂尔干的嫡传弟子福孔奈（Paul Fauconnet）学习社会学，1931 年以论文《杜威教育学说》(La Doctrine Pédagogique de John Dewey)获得巴黎大学文科博士学位。

1931 年秋，受聘为北京大学教育学系教授，开设教育社会学、教育哲学、教育名著选读、小学教育、现代教育思想史、比较教育、各国教育制度、德育原理、西洋教育史等课程。1933 年任教育学系代理系主任、系主任，直至 1937 年初休假赴欧美考察教育。他在北大主讲教育哲学课程的讲义编订而成的《教育哲学大纲》(1935)一书,被列入商务印书馆"师范丛书"。

1938—1944年出任教育部高等教育司司长,促进西南联大等抗战时期高等教育的发展。1945年任教中央大学教育系,同时兼任正中书局总编辑。1949年担任教育部政务次长一职。1949年,与钱穆、张丕介、唐君毅共同在香港筹建新亚书院,不久赴台,任正中书局编务,继而任台湾地区教育主管部门官员、政治大学文学院院长。后受聘为新亚研究所所长,并兼任中文大学副校长。1969年退休,专心著述。1975年再任新亚研究所导师,兼珠海文史研究所导师。1979年后侨居美国。

著有《论理学概论》(1926)、《德育原理》(1935)、《中华民国教育志》(1955)等,译有《实践道德述要》(*Précis Raisonné de Morale Pratique*,André Lalande 著,1935)、《自由与文化》(*Freedom and Culture*,John Dewey 著,1953)。

(编撰者:沈文钦)

萧恩承

萧恩承(1898—?),江西永新人。1921年毕业于雅礼学堂(College of Yale-in-China),后在长沙师范学校任教,其间编著了《儿童心理学》讲义。1922年该书由商务印书馆出版。1922年赴美留学,专攻心理学,先后获哥伦比亚大学硕士、纽约大学博士学位。1925年秋毕业回国,先后在沪江大学、厦门

大学任教。1930年秋,受聘为北京大学教育学系教授,后任外国语组主任,曾讲授西洋教育制度、儿童心理学、课程编制、比较教育、教育名著选读、教育研究法、课程论、课程组织等课程。曾兼任北京师范大学教授。1935年任国民政府湘鄂视察专员,1936年任外交部南洋领事馆视察员,1940年任立法院编译处处长。

著有《中国近代教育史》(*The History of Modern Education in China*,1932),编著《教育哲学》(1926)等教科书。

（编撰者:沈文钦）

萧厚德

萧厚德(1915—?),湖南人。1938年考入西南联大教育学系,1942年本科毕业,其毕业论文《中国人格理论史的研究》在联大1944年的"学业竞赛"中获奖。毕业后,在联大教育学系担任助教。1945年兼任周先庚组织的军官心理测验所测验员。1949年考取教育部留学瑞士公费生。归国后著有《法国小说史》、《法国小说论》(与江伙生合著,1994),发表论文有《关于留学考试的商榷》(1943)、《教育的空间性》(1944)、《性格发展的开始》(1947)。

（编撰者:王利平）

谢循初

谢循初(1895—1984)，安徽当涂人。1915 考入金陵大学。1919 年毕业后留学美国伊利诺伊大学，次年转入芝加哥大学攻读心理学，1921 年获得硕士学位。同年归国后，任国立武昌师范大学教授，在此期间为中国第一份心理学杂志《心理》撰写了大量的论文，广泛介绍了西方心理科学的发展历程和最新成果。1924 年担任北京师范大学心理学教授，1926—1927 年任教于北京大学教育学系，开设选修课教育社会学、变态心理学。1928 年任暨南大学教育学院院长，同时兼任光华大学教育系主任。1934 年担任安徽大学教务长。1940 年任女子师范学院筹备委员兼主任，同年 9 月出任女子师范学院①首任院长。1945—1952 年任复旦大学心理学教授。1952 年院系调整后调入华东师范大学教育系，此后长期从事心理学研究和教学工作。

译有《吴伟士心理学》(*Psychology*: *A Study of Mental Life*, R. S. Woodworth 著，1925)、《一九二五年心理学》(*Psychologies of 1925*, W. S. Hunter 著，1928)、《现代心理学派别》(*Contemporary Schools of Psychology*, R. S. Woodworth 著，1934)等。编译《行为心理学大意》(*The Ways of Behaviorism*, J. B. Watson 著，1928)等教科书。

（编撰者：沈文钦）

---

① 1950 年，女子师范学院与四川省立教育学院合并组建为西南师范学院，1985 年更名为西南师范大学。2005 年，与西南农业大学合并组建为西南大学。

徐炳昶

徐炳昶(1888—1976)，字旭生，笔名虚生、遯庵，河南唐县(今唐河)人。1906年入北京豫学堂，同年入京师译学馆学习法文，1911年毕业。1913年赴法国巴黎大学攻读哲学，1918年毕业。1919年回国后在开封第一师范及河南留学欧美预备学校任教。1920年作为河南教育界代表赴北京反对军阀赵倜，此后留居北京。1921年，任北京大学哲学系、法文系教授，1924年教育学系成立后，曾讲授西洋哲学史、中国哲学史、法文哲学选读等课程。1926—1927年任北大教务长，协助整顿北京大学。

1927年，担任中国历史上第一个中外合作的科学考察团"中瑞西北科学考察团"中方团长。1929年任北平研究院史学研究会考古组主任，同年任北平女子师范大学校长。1932年任北平研究院史学研究会编辑。1933年参与组建陕西考古会，并主持宝鸡斗鸡台遗址的发掘工作。1936年担任《民众周刊》的主编，发表多篇鼓舞抗战和普及科学知识的专文。1937年任中国史学研究所所长。抗战胜利后，先后出任北平研究院领导小组主任委员、中国科学院考古研究所研究员。

著有《西游日记》(1930)、《陕西调查古迹报告》(1941)、《中国古史的传说时代》(1946)。译有《欧洲哲学史》(*History of Philosophy*，

Alfred Weber 著，1935）和波兰历史长篇小说《你往何处去》（*Quo Vadis*，Henrik Sienkiewicz 著，1935）。

（编撰者：沈文钦）

许寿裳

许寿裳（1883—1948），字季茀、季黻，号上遂，浙江绍兴人。1899年就读于绍郡中西学堂，次年转入杭州求是书院。1902年官费留学日本，先入东京弘文学院补习日语，后考入东京高等师范学校史地科。1908年毕业。

1909年4月回国，任浙江两级师范学堂教务长。1912年起任职于南京临时政府教育部。1916年受聘到北京大学，兼任文科中国哲学门讲师，教授教育学课程。1917年底任江西省教育厅厅长，任职期间，积极倡导社会教育与妇女教育。1920年辞职，任教育部编审。1922年任北京女子高等师范学校校长，积极筹划女高师改为"女子大学"，后因守旧势力排挤而辞职。1924年再入教育部任编译。三一八惨案后，因支持进步学生而遭通缉。1927年初任中山大学中文系教授。10月，受蔡元培邀请，出任大学院参事、秘书长；1929年大学院制取消，任中央研究院干事兼文书处主任。1934年任国立北平大学女子文理学院院长。

抗战全面爆发后，随校西迁，先后任西北联合大学史学系主任、法商学院院长、国文系教授，成都私立华西大学教授、重庆考试院考选委员会专门委员等职。1946年赴台，历任台湾编译馆馆长、台湾大学教授兼国文系主任。著有《历代考试制度述要》(1944)、《章炳麟》(1946)、《鲁迅的思想与生活》(1947)、《我所认识的鲁迅》(1952)等。

(编撰者:蔡磊砢)

严文郁

严文郁(1905—2005),字绍诚,出生于湖北汉川。1925年毕业于武昌私立华中大学,并取得文华大学图书馆学专业文凭,继而应聘为北京大学图书馆西文图书编目员。1926年任职于北海图书馆,1930年派赴美国哥伦比亚大学图书馆服务学院进修,兼管该校中文图书,1932年获图书馆学硕士学位。同年10月,受国立北平图书馆委派赴德国,在普鲁士邦立图书馆、柏林大学图书馆任交换馆员。1933年回国后,任北平图书馆编纂部主任兼阅览部主任。1935年6月任北京大学图书馆主任,并在教育学系开设图书馆学大纲课程。1938年出任西南联合大学图书馆馆长兼教育学系副教授,讲授目录学。

1949年,移居美国,任纽约联合国图书馆编目科科长,主持中文图书编目。1964年退休之后受聘于俄亥俄州立大学,教授中国目录学并主持该校东亚图书馆的工作。1978年任教于台湾辅仁大学图书馆学系,1981年被聘为讲座教授,并兼任台湾"中央研究院"汉学资料及服务中心顾问。

发表《美国国会图书馆及其分类法》(1929)、《德国联合目录概述》(1934)、《美国大学教育及图书馆》(1948)等文章。著有《严文郁先生图书馆学论文集》(1983)、《中国图书馆发展史:自清末至抗战胜利》

（1983）、《清儒传略》（1990）、《中国书籍简史》（1992）、《美国图书馆名人略传》（1998）。

（编撰者：沈文钦）

严以宁

严以宁（1915—？），女，祖籍福建侯官（今福州）。严复族侄严培南之女。1939年转入西南联合大学师范学院教育学系三年级就读。1942年7月毕业后，被选聘到由黄钰生、查良钊负责筹办改组的资源委员会西山五厂职工子弟小学任教。1947年至1948年任北京大学文学院教育学系助教。1948年9月，调至北京大学农学院教职员子弟小学任教务主任。1957年在北京市第一〇四中学任教。1959年被评为社会主义建设积极分子。1960年获北京市文教群英会代表荣誉称号。同年，调至广东茂名任教。

（编撰者：蔡磊砢）

严倚云

严倚云（1912—1991），女，字寿诚，祖籍福建侯官（今福州），生于北京。严复族侄严培南之女，后过继给严复长子严璩为女。幼年入私塾读书。1925年入法国教会创办的圣心女校修读英文、法文两科。

1934 年入北京大学教育学系就读,并辅修英文。1938 年 7 月毕业于西南联合大学,后留校任教育学系助教。1940 年调往师范学院附设学校任职。1943 年任教育学系专任教员,1945 年 8 月升任讲师。在此期间,开设有普通教学法、初等教育、小学各科教材与教法课程。抗战胜利后,随北大回迁北京,同时任教于教育学系和西文系。

1947 年应聘赴美,任教于纽约州立师范学院。1951 年入密歇根大学研究院攻读语言学,后转入康奈尔大学继续攻读,1956 年获博士学位。曾先后任南加州大学亚洲学系、华盛顿大学亚洲语言文学系教授。1991 年在华盛顿大学设立"严复翻译基金""严复奖学基金"。著有《英国话》(*Spoken English Textbook*, 1955)等。

(编撰者:蔡磊砢)

杨成章

杨成章(1896—1996),原名宗宪斌,奉天安东(今辽宁东港)人。1920 年毕业于北京高等师范学校英语部,获学士学位;1922 年升入该校教育研究科,毕业后任教于奉天省立一中,并创办北京弘达中学。1933 年赴美留学,就读于斯坦福大学教育学院,获教育学硕士学位。

1936 年回国后,先后任教于北平师范大学、燕京大学、辅仁大学等校。曾于 1947 年在北京大学教育学系任兼任讲师。1952—1954 年任北京师范大学教育系教授;1954—1958 年任沈阳师范学院教育系教授兼图书馆馆长;1958 年起,先后任辽宁大学图书馆馆长、外语系副主任、外语系教授。著有《英语介词短语及其用法》(1987)等。

（编撰者：刘云杉）

杨 廉

杨廉(1896—1939)，字光宾，号默然，亦号思默，四川安岳人。1919年考入北京大学预科，两年后升入哲学系。1925年毕业。

1925—1927年担任北京孔德学校小学部教务主任和教师。1927—1929年先后任浙江教育厅秘书、浙江县长考试委员会委员等职。1929年由浙江省政府派赴欧美考察教育，并前往美国哥伦比亚大学学习，1930年获得教育硕士学位。回国后，1930年任教育部社会教育司司长。1931年任北京大学教育学系教授，1931—1932年度曾讲授中学教学法、最近美国教育、中学教育、比较教育(合开)、中学行政、教学法、中学教育原理等课程。1932年教育部派赴欧洲考察教育。1933—1938年任安徽省教育厅厅长，兼任安徽中学校长。1938—1939年任四川教育厅厅长。

著有《近代欧美初等教育发达小史》(1924)、《西洋教育史》(1926)，译有《设计教学法》(*Teaching by Projects*，C. A. Mcmurry 著，1923)、《主要社会问题》(*Major Social Problems*，Rudolph M. Binder 著，1928)。

（编撰者：沈文钦）

杨亮功

　　杨亮功(1895—1992)，原名保铭，字亮功，安徽巢县(今巢湖)人。1915 年进入北京大学预科，1917年升入本科国文门。1920 年毕业，先后任天津女子师范学校教员、安徽省立第一中学校长。1922 年留学美国加州大学伯克利分校，后转入斯坦福大学学习教育行政管理，1924 年获教育学硕士学位。后到哥伦比亚大学、纽约大学教育学院从事研究，1927年获纽约大学教育学博士学位。1928 年回国，任国立第五中山大学①文科主任、教育系教授。同年 6 月任上海公学副校长。1929—1931 年先后任安徽大学文学院院长、秘书长、代理校长、校长等职。1931 任北京大学教育学系教授，负责教育行政、视学指导、教育概论、教学指导、教育调查、地方教育行政课程讲授。

　　1933 年当选中国教育学会理事，3 月任监察委员。1936 年当选中央研究院评议员。1938 年后，任皖赣监察使、闽浙监察使、闽台监察使等。1948 年 7 月至次年 5 月，任安徽大学校长。1949 年前往台湾，任台湾师范学院教授，兼教育系主任。1950 年后任台湾地区监察、考试主管机构官员、台湾地区领导人办公室资政及台湾政治大学教授等职，参与筹办逢甲大学。

---

①　1927 年成立的国立河南中山大学(河南大学前身)又称为国立第五中山大学。

著有《五四》(1919)、《中山先生教育思想述要》(1940)、《教育学之研究》(1968)、《中西教育思想之演变与交流》(1972)、《先秦文化之发展》(1978)、《早期三十年的教学生活》(1980)、《孔学四论》(1983)等。

（编撰者：沈文钦）

杨荣贞

杨荣贞(1904—？)，河北通县(今北京通州)人。1932年以招考转学生转入北京大学教育学系，1934年毕业留校，为教育学系助教，后兼学生自治会代表。1935年为改进中国教育，研究会考制度，曾与潘渊一同对河北、河南、江苏、浙江、北平、天津的302位会考科目的教师进行调查。西南联大时期随校南迁，担任长沙临时大学文学系助教。

（编撰者：刘云杉）

杨荫庆（杨子馀）

杨荫庆(1888—？)，字子馀，曾用名庆荫，直隶武清人(今属天津)。1907年留学美国康奈尔大学，获文学学士学位。后留学英国伦敦大学教育学院，获教育学硕士学位。1917年回国后，任北京大学哲学系讲师，英文学系教授、系主任，曾在哲学系教育学组开设中等教育原理、学校管理法课程。1924—1927年间在教育学系开设学校管理

法、中等教育史、中等教育问题、近代教育趋势、教育史(上古及中古)、英文教育选读、西洋中等教育史、近代教育趋势等课程。兼任北京师范大学文科英文系主任、教育系师范科教授兼系主任。1924年任京师公立第一中学校长，1933年任中国学院英文系讲师，后任东北大学英文系教授。

著有《教育宗旨论》(1926)，译有《巴格莱教育学》(1923)、《克伯屈学说之介绍》(1927)，辑有《杨氏教育文集》(1926)。

(编撰者:沈文钦)

杨振声

杨振声(1890—1956)，字今甫、金甫，号歆甫，笔名希声，山东蓬莱人。早年就读于山东省立第八中学，1915年考入北京大学国文门，其间参与组织新潮社，创办《新潮》杂志。1919年参加五四运动被捕，年底赴美。次年入哥伦比亚大学修读心理学，1923年获得博士学位，后入哈佛大学深造教育心理学。

1924年回国，任教于武昌大学中文系。1925年受聘为北京大学中文系教授，同时在教育学系与蒋梦麟共同讲授西洋教育史(上古及中古)、西洋教育史(近代)、青年心理、近代西洋小学教育史课程。1926年任燕京大学中文系教授，1927年任中山大学英国语言文学系教授，兼图书馆主任。1928年受聘为清华大学教授，兼教务长、中国文学系主任。1930—1932 年任青岛大学校长。1937—1938 年先后任长沙临时大学主任秘书，西南联大筹备委员会秘书主任、中文系教授、叙永分校主任等职。1946 年任北京大学教授，参与学校复员北京事宜，后兼任中文系主任。1952 年调任东北人民大学中文系教授，兼中国文学史教研室主任。曾当选吉林省人民代表大会代表、长春市政协委员、九三学社长春分社委员。1956 年病逝，遵照遗嘱其两千多册藏书捐赠长春东北大学图书馆。

主编《大一国文》《西南联合大学大一国文习作参考文选》《抗日救国中小学国文教科书》等。发表的小说包括《渔家》（1919）、《一个兵的家》（1919）、《贞女》（1920）、《玉君》（1925）等，辑有《杨振声选集》（1987）。

（编撰者：沈文钦）

杨震文（杨丙辰）

杨震文（1890—1966），字丙辰，河南南阳人。1913 年进入柏林大学学习法学，1917 年毕业。回国后在河南留学欧美预备学校教书，1918 执教于北京大学，先后任哲学系教授、德文学系教授兼主任，讲授德文哲学选读等课程。后任清华大学外文系教授。1933 年"中德文化协会"建立，杨震文为编译委员会成员，1934 年当选中方常务干事，不久辞职并就任河南大学校长。1938 年任中德学会《研究与进步》杂志编辑。

著有《葛德略传》（1925）、《葛德和德国文学》（1931）、《威兰之生平及其著作》（1933）等；译有《强盗》（席勒著，1926）、《军人之福》（*Das soldatengluck*，G. E. Lessing 著，1927）、《论德国民族性》（*Deutscher Volkscharakter*，W. H. Riehl 著，1939）、《亲和力》（歌德著，1941）、《汤若望传》（R. Wietholter 著，1942）等。

（编撰者：沈文钦）

叶　麟

叶麟（1893—1977），原名祥麟，字石荪，四川古宋（今属兴文）人。早年就读于四川陆军小学。1911年加入同盟会。1914 年考入上海南洋公学，1915 年入苏州垦殖专门学校，又入南京河海工程专门学校学习。1918 年毕业后分配到济南任英语教员，同年考入北京大学文科哲学门。1921 年留学法国里昂大学，1924 年进入该校文学院哲学系，1929 年获文学博士学位，同年在巴黎大学心理研究所从事心理研究。

1930 年回国，任清华大学理学院教授，8 月受聘为北京大学心理学系讲师，讲授儿童心理、现代心理学等课程。1936 任教于山东大学。1937 年任四川大学教育系教师、系主任，兼文艺研究会导师。1941 年转任武汉大学哲学系教授。1945 年重回四川大学任教务长，1946 年任代理校长。1950 年任川西行署委员、川大校务委员会委员。1952—1977 年，任西南师范学院教授、心理学教研室主任，兼任中国心理学会常务理事。

译有《阿朵耳夫》(*Adolphe*, Benjamin Constant de Rebecque 著, 1928)、《决裂》(Б. Лавренев 著, 1928)、《安那其主义概论》(Пётр Алексе́евич Кропо́ткин著, 1938), 编译有《心理学》《实验心理学》等教科书。

(编撰者:沈文钦)

叶审之

叶审之(1904—?),号诗馆,福建平和人。早年就读于沙拉抵加中华高中,1927 年 9 月考入北京大学哲学系,1929 年 10 月转入教育学系二年级就读,1931 年任留平闽南同学会文书。1932 年毕业,受聘为北大教育学系助教。曾任安徽教育厅科员、教育部人事处科长。1950 年前后在龙溪师范学校任教。

(编撰者:蔡磊砢)

余家菊（余景陶）

余家菊(1898—1976),字景陶、子渊,湖北黄陂人。1920 年就读于北京高等师范学校教育研究科。1922 年赴英国留学,先后在伦敦大学、爱丁堡大学攻读心理学、教育哲学。1923 年中华书局出版其与李璜合著论文集《国家主义的教育》,抨击教会教育并主张"收回教育权"。

1924 年回国,任国立武昌高等师范学校哲学教育系主任。1925 年入上海中华书局,参与创办《醒狮》周刊,并任教育副刊编辑。同年加入中国青年党,并与李璜、陈启天等发起国家教育协会,作为倡导收回教育权的机关。1930 年 9 月,任北平师范大学教育系教授,并兼北平大学农学院讲师、北京大学教育学系讲师。1932 年夏,辞北平师大职南下,应聘为《申江日报》编辑,兼任中华书局职外编辑。1934 年 9 月返京,再次受聘为北大教育学系讲师。在北大期间,主要讲授中等教育原理、乡村教育、中国教育史、课程论等课程。后任中国大学哲学教育系教授。1936 年被任命为湖北省政府公报室主任及湖北通志馆馆长。抗战全面爆发后,赴河南大学任教育系主任。1938—1948 年,历任国民参政会参政员、中国政治协商会议代表等职。持国家主义教育论,主张教育是一种国家主权,须以教育"确立国格、阐扬国光、确定国基、以维国脉"。

著有《国家主义教育学》(1925)、《国家主义概论》(1927)、《中国教育史要》(1929)、《乡村教育通论》(1934)等;译有《儿童论》(*Education for the Needs of Life*, Irving Edgar Miller 著, 1921)、《教育哲学史》(*Evolution of Educational Theories*, John Adams 著, 1934)。

（编撰者:林小英）

袁敦礼

袁敦礼(1895—1968),字志仁,直隶安肃(今河北徐水)人。1915年就学于北京高等师范学校英语科。1923 年留学美国,先后入芝加哥大学、哥伦比亚大学师范学院、约翰·霍普金斯大学就读，1927 年获公共卫生学硕士学位，并被聘为美国体育学会特别通讯员。

同年回国，任教于北平师范大学。1928 年被聘为浙江大学文理学院体育科主任。1932—1934 年间受聘为北京大学教育学系讲师，开设健康教育课程。抗战全面爆发后，先后任西安临时大学、西北师范学院、西北联合大学体育系主任及教授等职。1946—1949 年，任北平师范大学校长，其间创办电化教育馆。

新中国成立后，先后任西北师范学院体育系教授及系主任、兰州体育学院副院长、甘肃师范大学副校长兼体育系主任等职。此外，曾任中华全国体育总会副主席，全国政协委员等职，参与起草《国民体育实施方案》和修改《国民体育法》。提出体育代表新教育的新精神，主张体育应建立在科学的基础上。著有《体育原理》（与吴蕴瑞合著，1933）。

（编撰者：林小英）

袁同礼

袁同礼（1895—1965），字守和，祖籍直隶安肃（今河北徐水），生于北京。1916 年毕业于北京大学预科英文班，旋即入清华学校图书馆工作，次年升任代理馆长。1920—1923 年，先后获得美国哥伦比亚大学历史系学士学位、纽约州立图书馆专科学校（Queens College，State of University）图书馆学学士学位，后到英国伦敦大学、巴黎古典学校、美国国会图书馆研修。

1924 年回国后，任广东岭南大学图书馆馆长。1925—1927 年任北京大学目录学教授兼图书馆馆长。1924—1927 年及 1929—1931 年间，在北京大学教育学系教授图书利用法、图书馆学、目录学等课程。1926 年起，历任京师图书馆①副馆长、馆长及北平图书馆副馆长、馆长等职。抗战全面爆发后，主持北平图书馆内迁工作，与西南联合大学等合办后方大学图书馆，兼任国际学术资料供应委员会委员及秘书长。1945 年任北平图书馆馆长，代表政府接收日占区的北京大学图书馆。

1949 年在美国国会图书馆任职，重订国会图书馆馆藏中国善本目录。1951—1953 年，任斯坦福大学研究所编纂部主任。1957—1965 年，负责美国国会图书馆编目部工作。著有《永乐大典考》(1929)等，编有《国会图书馆藏中国善本书目录》(1957)、《西文汉学书目》(1958)、《中国留欧大陆各国博士论文目录》(1964)等。

（编撰者：林小英）

曾性初

曾性初(1923—2014)，湖南邵阳人。1938 年于中山大学教育心理学系就读，其间，因抗日战争，曾到贵州师范学院寄读一年。1943 年入清华大学研究院攻读心理学，师从周先庚。1947 年 9 月受聘为北京大学教育学系助教。1948 年经胡适和梅贻琦推荐，公费前往哥伦比亚大

---

① 始建于 1909 年，初名为京师图书馆。1928 年底从方家胡同迁到中南海居仁堂，改称国立北平图书馆。1929 年与北平北海图书馆合并，仍称国立北平图书馆。1949 年新中国成立后改称北京图书馆。

学深造，师从著名心理学家斯金纳（Burrhus Frederic Skinner）。1952 年
获心理学博士学位，并经杜威向当时哥大校长推荐，从事博士后研究。
同年任明尼苏达大学儿童心理研究所副研究员。

1954 年回国，任教于河北师范学院。1957 年调任上海华东师范大
学心理学系，历任副教授、教授、心理实验室主任、实验心理学教研组
主任。曾任国务院学位委员会教育与心理学学科评议组成员兼召集
人、上海市心理学会理事长、《国际学校心理学》编委等职。1980 年以
后曾到新南威尔士大学、哈佛大学、宾夕法尼亚大学等院校担任客座
教授。1987 年受美国科学院院长郝伯特·西蒙邀请成为中美交流
学者。

代表性论述有《略论婴幼儿的学习》（1979）、《汉字好学好用证》
（上、下，1983）、《"注音识字、提前读写"实验中一些问题的商榷》
（1984）、《情智与情商》（1998）等。

（编撰者：刘云杉）

查良钊

查良钊（1896—1982），字勉仲，浙江海宁人，生于天津。早年就
读于天津南开中学和清华学校。1918 年留学美国，先后入格林奈尔学
院（Grinnell College）、芝加哥大学教育学院、哥伦比亚大学师范学院学
习。曾被推任为中国学生华盛顿会议后援会执行干事长。1922 年回国
后，执教于北京高等师范学校，参加中华教育改进社，和陶行知等人共
同推进"新教育运动"。

1926—1927 年在北京大学教育学系任教,开设必修课教育行政。后历任北京师范大学教授兼教务长、河南大学校长、国立北京八校教职员代表会议主席、河南省教育厅长、长江水灾赈灾委员会常委、陕西省教育厅代厅长。

国民革命时期,为深入社会,了解民间疾苦,查良钊辞去河南大学校长职务,1930 年全力投身赈灾救济工作,1931 年任长江水灾赈济委员会常务委员兼灾区工作组总干事。1937 年日本占领北平后,查良钊南下以教育部参事、赈务委员会专员身份救济战区青年,并在甘肃天水创办国立第五中学。1938 年任西南联合大学师范学院教育学系教授兼训导长,开设课程训育论、学校行政问题、青年问题、训育原理及实施。

1949 年秋,赴印度出席联合国教科文组织(UNESCO)成人教育会议。1950 年,任德里大学中央教育研究所客座教授。1954 年至台湾,任台湾大学心理学系教授兼训导长。后兼台湾地区考试主管机构委员、台湾"中国"教育学会常务理事、"中国"孔孟学会监事、"中国"教育学会监事等。1982 年,病逝于台北。著有《学校调查用教育测验》(1923)。

(编撰者:王利平)

张竞生

张竞生(1888—1970),幼名江流,学名公室,广东饶平人。1907—1910 年,先后就读于黄埔陆军小学、上海复旦学校、北京法文高等学校、京师大学堂法文系。1912 年赴法留学,1915 年获巴黎大学文学学士学位，1919年以论文《关于卢梭古代教育起源理论之探讨》获里昂大学哲学博士学位。

1920年回国，任广东金山中学代理校长。1921年，受北京大学校长蔡元培聘请，任哲学系教授，讲授伦理学（行为论）、论理学（初级）等课程，授课内容以逻辑学和美治为主。任教期间，从事性行为、性教育研究，专门开设性心理和爱情问题讲座。1923年成立风俗调查会，进行"性史"调查与征集，并组织发动关于"爱情定则"的大辩论，招致多方斥责。1926年因著《性史》（第一集）为传统观念所不容而被解聘。

1927年赴上海担任开明书店总编辑，创办美的书店，出版性学书籍。1929年再度赴法，从事译著工作。1933年回国，任广东省实业督办，兼任《广东经济建设》月刊主编、广州《群声报》编辑。1935年改任广东省参议员、广州经济委员。1937年回饶平创办学校。1953年任广东省文史馆馆员。1960年回饶平隐居，从事著述。

其在中国最早提出和确立风俗学，最早发表关于人体裸体研究文章，率先提出计划生育思想；主张"爱情定则""美的性育""情人制"等观点。著有《"行为论"的学理与方法》（1923）、《美的人生观》（1925）、《美的社会组织法》（1926）等；译有《哥德自传》（Johann Wolfgang von Göthe 著，1930）、《多惹情歌》（George Gordon Byron 著，1930）等。

（编撰者：林小英）

张敬虞（张见庵）

张敬虞（1893—？），字见庵，以字行，河北武邑人。早年留学美国哥伦比亚大学师范学院,获教育硕士学位。回国后,任北京高等师范学校教育系教授,兼任北京女子高等师范学校教育系讲师。1923年2月至1926年1月任直隶第二师范学校校长。1927年任北平教育局局长。曾于1926—1927年在北京大学教育学系教授教育统计学、师资问题等课程。1930年11月至1931年12月任河北省政府委员兼教育厅厅长。次年5月,兼任省立河北大学校长。10月河北大学停办后,辞厅长等职。后历任民国学院教育系教授、中国学院哲学教育系讲师、北京师范学院教育伦理组讲师、《晨报》主编、中华教育总会委员等。1949年后,曾任职南京文物保管委员会。

（编撰者:林小英）

张孟休

张孟休(1911—？),四川南溪人。1931年考入北京大学文学院教育学系,同年11月,作为"北京大学全体同学南下示威团"代表,赴南京示威、请愿。1935年毕业留校,任教育学系临时助理,后转任助教。其间依据何林华(H. L. Hollingworth)所著的 *The Psychology of the Audience* 编述了《听众心理学》。1939年参加中英庚款第七届留英公费考试,被录取,专业为教育学。但因欧战爆发暂留中央大学教育心理研究所研究员。后赴多伦多大学研习心理学,1942年获博士学位,其博士论文题目为《学习的拓扑理论》(A Topological Theory of Learning)。回国后,受北京大学昆明办事处聘请,任西南联大副教授。1946 年,北大回迁北京,任教育学系教育心理学副教授。著有《黄昏》(1930),译有《适应与娴熟》(*Adjustment and Mastery*, R. S. Woodworth 著, 1937)

（编撰者：蔡磊砢）

张天麟

张天麟(1906—1984),原名天彪,字虎文,山东济南人。因参加国民革命,借堂兄之名做掩护,遂用一生。1924 年入济南正谊中学就读,与季羡林系同班同学。1928 年参加济南惨案后援代表团,赴北平、上海等地宣传抗日。1929 年参与创办《民权导报》《五三日报》,任主编。1932 年考入中国大学哲学系,次年,转入北京大学哲学系、德文系,师从杨震文,研究德国古典哲学。其间担任北平中德学会中文秘书。1936 年毕业后,获德国奖学金,1937 年赴图宾根大学(Universität Tübingen),攻读德国语言学。1940 年入柏林大学攻读博士,研究福禄贝尔(F. Fröbel)和裴斯塔洛齐(J. H. Pestalozzi)的儿童教育。

1943 年获瑞士大学的授课权,在瑞士苏黎世联邦理工学院(Eidgenössische Technische Hochschule Zürich)和国际关系学院讲授中文与中国古代文化史。1946 年 1 月,参加裴斯塔洛齐诞辰二百周年纪念会并做学术报告,会后被美国裴斯塔洛齐基金委员会接受为会员。同年辞职回国,任教育部国民教育司帮办。1948 年 7 月,任北大教育学系教授,10 月因系主任樊际昌赴南京参加农村复兴工作,代理教育学系主任。

　　1949 年北大取消教育学系后,张天麟调入北京师范大学,任教育系和保育系教授。曾参加艾思奇发起组织的哲学会,被推举为政协筹备委员。1956 年加入九三学社。1974 年在北师大外国研究所任教授。在北师大期间,曾任图书馆副馆长、德语进修班教授等。著有《德国留学指导书》(1937)、《中国母亲底书》(1948)、《小学教育原理》(1949)、《简明德语语音学》(1979)等,译有《奥里昂的姑娘》(*Die Jungfrau von Orlean*, Johann Christoph Friedrich von Schiller 著, 1956)等。

(编撰者:蔡磊砢)

张心沛

　　张心沛(1896—？),字犀海,广西桂林人。1918 年从日本东京帝国大学留学归国。1929—1931 年,先后于北京大学哲学系、教育学系教授课程科学概论。1938 年日军占领华北后,任北京市教署教育局长兼文化局长。任职期间,主导北京大学由原有之"文、理、法"三院增设为"文、理、法、农、工、医"六院。1941—1945 年,任伪华北政务委员会教育总署署长兼秘书主任。1945 年夏,辞去教育总署署长一职,任北京大学图书馆馆长。1946 年被北平警备司令部稽查逮捕。1947 年以汉奸罪接受冀高法庭审判,被判处有期徒刑八年,褫夺公职六年。

(编撰者:林小英)

张 颐

张颐(1887—1969)，又名唯识，字真如，别号丹崖，四川永宁(今叙永)人。1908 年考入四川省城高等学堂。就读期间，参与组建革命团体"勉学会"和"乙辛社"。1913 年考取四川省公费留学资格，赴美国密歇根大学深造，获该校文学学士、教育硕士以及哲学博士学位。1919 年秋，转入英国牛津大学，以进修生身份继续研究黑格尔哲学。因留学官费中断，1921 年继赴德国，先后入埃尔朗根大学(Friedrich-Alexander-Universität Erlangen-Nürnberg)、柏林大学重点研究康德和黑格尔哲学。1923 年以论文《黑氏伦理探究》(The Development, Significance and Some Limitations of Hegel's Ethical Teaching)获牛津大学哲学博士学位。

1924 年秋回国，受聘为北京大学哲学系教授，讲授教育哲学、西洋哲学史、黑格尔哲学等课程。1925 年 9 月，因军阀政府拖欠教育经费以及并校风波，随京中若干高校教员南下他就。1926 年受陈嘉庚之聘，任厦门大学哲学系教授，次年兼文学院院长，后任副校长。其间结识鲁迅，两人颇为交好。1929 年北平时局好转，遂回北大哲学系任教授兼系主任，后就任北大中华文化教育基金会董事会特聘教授。1936 年应任鸿隽之邀，任四川大学文学院院长。1939 年任武汉大学(时迁至四川乐山)教授。抗战胜利后，同好友朱光潜一同返回北大任教。1948 年身体不适，回乡养病。

1951 年被聘为四川省文史馆研究员。1956 年任全国政协委员。1957 年,受北大校长马寅初及哲学系主任郑昕诚邀,复返北大,仅做研究生科研指导。著有《黑格尔与宗教》(1933)等。

（编撰者:林小英）

周先庚

周先庚(1903—1996),又名伏生,安徽全椒人。1924 年毕业于清华学校理工科,旋入东南大学文法科借读一年,修读图书馆学。1925 年以普通文科专业入斯坦福大学就读,后转入生物学院心理学系,先后获学士学位、硕士学位以及哲学博士学位。

1931 年任清华大学理学院心理系实验心理学教授。1934—1935 年间在北京大学文学院教育学系讲授现代心理学(合开)课程的"心理学的实验方法""职业心理与工业心理"部分。1936—1937 年兼任清华大学心理系代主任。抗战全面爆发后,随校南迁,任西南联合大学哲学心理教育学系教授及行政负责人,开设教育心理学、普通心理(与樊际昌合开)。曾在北京师范大学、辅仁大学等校授课。1948—1949 年兼授北大教育学系教育及心理测验课程。

1950 年被聘为中国科学院专门委员。1952 年院系调整,调至北京大学哲学系心理学专业任教授,后离休;其间,曾审校北大心理学系教师合译著作《心理学纲要》(*Elements of Psychology*, David Krech 著,

1980），亦组织师生翻译《心理学导论》（*Introduction to Psychology*，Ernest Hilgard 著，1987）一书。1982 年起，历任《中国大百科全书·心理学》编委、中国社会心理学会顾问、中国心理卫生协会顾问、北京心理学会顾问。著有《中国工业心理学之兴起》（与陈汉标合著，1936）、《谈天才》（1957）等。

（编撰者：林小英）

朱经农

朱经农（1887—1951），原名有昀，字经农，继更名经，以字行，祖籍江苏宝山（今属上海），生于浙江浦江。1903 年就读于湖南省常德府中学堂。1904 年留学日本，入弘文学院、成城学院就读；次年加入同盟会。后因反对日本《取缔中国留学生规则》回国，在上海参与创办中国公学，任干事。1916 年赴美任中国教育部留美学生监督处书记，并到华盛顿大学旁听。1920 年辞职入哥伦比亚大学师范学院攻读教育学，获硕士学位。

1921 年回国，应蔡元培之邀任北京大学哲学系教授，并在北京女子高等师范学校兼课。在北大期间，教授欧洲教育史、教育学、教授法、中国教育史研究、中国教育问题（合开）等课程。1923 年到上海商务印书馆编中小学教材，与陶行知合编《平民千字课》。1924 年兼任沪江大学国文系主任，讲授教育学。1925 年参与创办光华大学，后任教务长。1927 年起，先后历任《教育大辞书》主编、上海市教育局局长、大学院普通教育处处长、教育部常务次长、中国公学代理校长以及齐鲁大学校长等职。1932 年受北大教育学系聘请,担任讲演"中国教育问题"课程之"义务教育问题"。1932—1942 年,任湖南省政府委员兼教育厅厅长。1943—1948 年,历任重庆中央大学教育长、教育部政务次长、商务印书馆总经理、光华大学校长。1950 年任职于美国哈特福德神学院(Hartford Seminary)。著有《近代教育思潮七讲》(1941)、《教育思想》(1944)等。

(编撰者:林小英)

朱希亮

朱希亮(1900—1978),江西临川人。早年就读于北京汇文中学。1921 年考入燕京大学心理学系。1924 年毕业后到江西私立心远大学任教。1926 年留学美国威斯康星大学,跟随考夫卡(Kurt Koffka)学习心理学,1928 年获文学硕士学位;旋入耶鲁大学心理研究所学习实验心理学,1930 年获科学硕士学位。

同年秋回国,任北京大学教授,讲授现代心理学课程。1934 年起,先后任教于北京师范大学、清华大学、四川大学,教授现代心理学、普通心理学、儿童心理学、巴甫洛夫高级神经活动学说等课程。抗战全面爆发后,在岭南大学任教。1938 年前往重庆,任中央研究院学术秘书。1940 年任南昌中正大学教授及训导长。1942—1950 年,任浙江大学心理学教授。1951 年任教于湖北教育学院。1952 年后任华中师范学院教育系心理学教授,直至去世。曾任中国心理学会理事、中国心理学会武汉分会理事长。长期从事感知心理学实验和理论、教育心理

学专论和心理发展理论、完形心理学及统计学的教学与研究。著有
《逆联想学习之量的研究》（A Quantitative Study of Serial Learning in
Terms of Backward Association, 1929）、《完形心理学与制约反应》
（Gestalt Psychology and Conditioned Reactions, 1932）、《完形心理学批
判》（1958）等文章。

（编撰者：林小英）

北京大学教育学科
史料编年辑录

1896 年（光绪二十二年）

6 月 12 日　刑部左侍郎李端棻在《请推广学校折》中首次正式提出在京师设立大学堂。

> 李端棻：《请推广学校折》，北京大学、中国第一历史档案馆编：《京师大学堂档案选编》，北京大学出版社 2001 年版，第 1—6 页

8 月　吏部尚书孙家鼐上奏清廷《议复开办京师大学堂折》，提出："泰西各国，有所谓师范学堂者，专学为师。大学堂学生，如不能应举为官者，考验后，仿泰西例奖给牌凭，任为教习。"

> 《孙家鼐议复开办京师大学堂折》，北京大学校史研究室编：《北京大学史料》（第一卷），北京大学出版社 1993 年版，第 25 页

9 月 17 日　梁启超《时务报》发表《学校总论》，指出：

> 亡而存之，废而举之，愚而智之，弱而强之，条理万端，皆归本于学校。……吾所欲言者，采西人之意，行中国之法，采西人之法，行中国之意，其总纲三：一曰教，二曰政，三曰艺。其分目十有八：一曰学堂，二曰科举，三曰师范……今之同文馆……之类，其不能得异才何也？言艺之事多，言政与教之事少……又其受病之根有三：一曰科举之制不改，就学乏才也。二曰师范学堂不立，教习非人也。三曰专门之业不分，致精无自也。

> 梁启超：《学校总论》，《饮冰室合集》（文集第一册），上海中华书局 1936 年版，第 19 页

1898 年（光绪二十四年）

7 月 3 日　光绪皇帝批准了总理衙门呈奏的《奏拟京师大学堂章程》。《章程》由梁启超代为草拟，是京师大学堂第一个办学章程。其中强调："西国最重师范学堂，盖必教习得人，然后学生易于成就。中国向无此举，故各省学堂不能收效。今当于堂中别立一师范斋，以养教习之才。"

《总理衙门奏拟京师大学堂章程》,《北京大学史料》(第一卷)，第 81 页

同日　光绪皇帝派吏部尚书孙家鼐为管理大学堂事务大臣（即管学大臣）。

12 月 31 日　京师大学堂正式开学。

1900 年（光绪二十六年）

5 月　大学堂受到义和团冲击。

8 月　八国联军侵入北京，大学堂被迫停办近两年。

1902 年（光绪二十八年）

1 月 10 日　清政府决定恢复大学堂，任命张百熙为管学大臣。

2 月 13 日　张百熙奏陈《筹办京师大学堂情形疏》，提出：

> 于预备科之外，再设速成一科。速成科亦分二门：一曰仕学馆，一曰师范馆。……举贡生监等皆准应考，入师范馆。……师范馆三年卒业，学有成效者，由管学大臣考验后，择其优异，定额引见。如原系生员者，准作贡生；原系贡生者，准作举人；原系举人者，准作进士。准作进士者，给予准为中学堂教习文凭；准作举贡者，给予准为小学堂教习文凭。

> 《张百熙奏筹办京师大学堂情形疏》，《北京大学史料》（第一卷），第 53 页

8 月 15 日　张百熙奏陈学堂章程，获清廷批准。清政府随即正式颁行《钦定学堂章程》。《章程》规定：

> 京师大学堂附设仕学、师范二馆；师范馆招考举贡生监入学肄业，学制四年；其功课如普通学，而加入教育一门，共 14 门：伦理、经学、教育学、习字、作文、算学、中外史学、中外舆地、博物、物理、化学、外国文、图画和体操。

且规定了《师范馆的课程分年表》："教育学第一年学习教育宗旨；第二年学习教育之原理；第三年学习教育之原理及学校管理法；第四年则为实习。"同时颁布的相关规章还有《京师大学堂仕学馆师范馆教习注意条规》《京师大学堂仕学馆师范馆讲课条规》《京师大学堂仕学馆师范馆讲堂事务员职务条规》《速成师范馆考选入学章

程》等。

《总理衙门奏拟京师大学堂章程》,《北京大学史料》(第一卷),第88、92—93页

8月30日　张百熙呈报京师大学堂上海译书分局开办情形。其中提及向日本购买若干已译和应译书籍:

> 现计发译书籍,已译成之日本木鹰村太郎之《东西洋伦理学史》,穗积八束之《国民教育爱国心》,佐藤传藏之《中学矿物学教科书》,藤代祯辅之《坃氏实践教育学》,清水直义之《实验教育行政法》内职员、儿童篇,立法、司法、外政篇外,尚有小林歌吉之《教育行政法》,大濑甚太郎、杉山富槌之《儿童教育法》,育成会之《欧米教育观》,泽柳政太郎、立法铣三郎之《格氏特殊教育学》,小山左文二之《教授法各论》,寺田勇吉之《学校改良论》,谷本富之《新体欧洲教育史要》,江口高邦之《独逸教授法》,清水直义之《实验教育行政法》内泛论设备篇各种。

《京师大学堂上海译书分局为呈报开办情形事》,《北京大学史料》(第一卷),第193页

12月17日　京师大学堂举行开学典礼。本年度招取仕学馆生57名,师范馆生79名。

《沿革一览》,《国立北京大学廿周年纪念册》,北京大学出版部1918年版,第13页

1903年(光绪二十九年)

2月8日　清政府增派荣庆为管学大臣,会同张百熙管理大学堂事务。

4月30日　京师大学堂学生因闻俄国强占东北三省事而鸣钟上

堂，教员、学生登台讲演，陈说利害，思筹力争善策，并拟办四事。会后发出《京师大学堂师范仕学两馆学生上书管学大臣请代奏拒俄书》《京师大学堂师范馆学生请政务处代奏争俄约疏》等。

《北京大学史料》(第一卷)，第573—575页

5月 京师大学堂颁布《暂定各学堂应用书目》。其中师范生暂定书目为《教育学》《教授学》《学校管理法》《统合教授法》《实用教育学》，参考书目为《实验小学管理术》《精神之教育》《简便国民教育法》《速成师范讲义丛录》《日本现时教育》《国民体育学》《教育新论》《教育新史》《学校管理法问答》《东游丛录》《教育世界》。在教育学方面，大学堂译书分局已译成的著作有：《埕氏实践教育学》《新体欧洲教育史学》《欧美教育观》《东西洋伦理学史》《格氏特殊教育学》《独逸教授法》《儿童矫弊论》《教育古典》，未完成的译著有《斯氏教育学》。

《京师大学堂暂定各学堂应用书目》，湖广督署重刊，光绪二十九年癸卯四月

6月27日 清政府批复张百熙《奏请添派重臣会商学务折》，派张之洞会同张百熙、荣庆厘定学堂章程。

《命张之洞会同张百熙荣庆厘定学章》，《北京大学史料》(第一卷)，第57页

12月21日 张百熙奏请选派京师大学堂学生赴东西洋各国游学，获批复如下："师范学生最关紧要，着管学大臣择其心术纯正学问优长者，详细考察，分班派往游学，余依议。"不久，清政府选派速成科31名学生赴日留学，16名学生去西洋各国。这是京师大学堂选派第一批留学生。

《管学大臣奏派学生前赴东西洋各国游学折》，《北京大学史料》(第一卷)，第442页；

《沿革一览》，《国立北京大学廿周年纪念册》，第15页

本年 根据京师大学堂所订大学学制及其学科，政法科大学的政

173

治学门将"教育学"设为主课；经学科大学的各门学科将"中外教育史"
设为补助课。

《光绪二十九年所订之大学学制及其学科》，北京大学档案，BD1912001 - 2

1904 年（光绪三十年）

1月12日　清政府批准张之洞、张百熙、荣庆所奏《重订学堂章
程折》。折中写道："办理学堂，首重师范；原订《师范馆章程》系仅就
京城情形试办，尚属简略。兹另拟《初级师范学堂章程》一册，《优级师
范学堂章程》一册，并拟《任用教员章程》一册，将来京城师范馆，应即
改照《优级师范学堂章程》办理。"随即《奏定学堂章程》颁布实施。而
《奏定初级师范学堂章程》和《奏定优级师范学堂章程》成为我国近代
第一个关于初等、高等师范教育的法规。

《管学大臣张百熙等奏报遵旨重订学堂章程折》，《京师大学堂档案选编》，第210页

同日　颁布实施《奏定学堂章程·大学堂章程》。《章程》规定：
"大学堂内设八个分科大学堂，即经学科、政法科、文学科、医科、格
致科、农科、工科和商科大学。"其中，在经学科大学中"中外教育史"
被设为专业补助课（相当于必修课），在教材选用方面规定，"上海近有
《中国教育史》刻本，宜斟酌采用；外国教育史日本有书可译用"；在政
法科大学政治学门中"教育学"被设为主课，在教材选用方面规定，"外
国均有成书，宜择译外国善本讲授"；在文学科大学英国文学门、法国
文学门中"教育学"被设为专业补助课，在教材选用方面规定，"外国均

有成书，宜择译外国善本讲授"。

《奏定学堂章程·大学堂章程》，《北京大学史料》（第一卷），第97—102、108—109 页

同日 颁布实施《奏定学堂章程·进士馆章程》。《进士馆章程》规定："本馆学科之目分十一门：一、史学，二、地理，三、教育，四、法学，五、理财，六、交涉，七、兵政，八、农政，九、工政，十、商政，十一、格致。"学生须在第一年学习教育学科，相关课程包括教育史、教育学原理、教授法管理法大要、教育行政法，每星期须学习 4 个钟点。

《奏定学堂章程·进士馆章程》，《北京大学史料》（第一卷），第 154 页

同日 颁布实施《奏定学堂章程·译学馆章程》。《译学馆章程》规定："设译学馆，令学外国语文者入焉；以译外国之语文，并通中国之文义为宗旨。"学生"无论所习为何国文，皆须习普通学及交涉、理财、教育各专门学"。学生须在第五年学习教育学，所学内容"暂用日本教育诸书讲授"，每星期学习 3 个钟点。

《奏定学堂章程·译学馆章程》，《北京大学史料》（第一卷），第 169、171 页

1905 年（光绪三十一年）

3 月 5 日 大学堂总监督张亨嘉奏陈《请开办预备科并添招师范生折》。

《总理学务处准大学堂开办预备科并添招师范生知照各处》，

《北京大学史料》（第一卷），第 147 页

9 月 2 日 直隶总督袁世凯等人上奏《立停科举以广学校折》，强

调了师范的重要性。他提出：

> 师范宜速造就也。各省学堂之不多，患不在无款无地，而在无
> 师。应请旨切饬各省，多派中学已通之士，出洋就学，分习速成师
> 范及完全师范，亦以多派举贡生员为善，并于各省会多设师范传习
> 所。师资既富，学自易兴，此为办学入手第一要义，不可稍涉迟缓。

《袁世凯等奏请立停科举以广学校折》，《北京大学史料》（第一卷），第 37 页

11 月 14 日　大学堂总监督张亨嘉向学务大臣奏请采购书籍，其
中教育类的书目包括《达顿的教育之社会的方面》《孟笃模仁西氏英国
教育国权影响》《古林吴特氏教育原理》等。

《大学堂为购办书籍事呈学务大臣文》，《北京大学史料》（第一卷），第 491—494 页

1906 年（光绪三十二年）

7 月 21 日　学部颁布《优级师范学堂章程》。

本年　资遣师范第一类毕业生①赴西洋留学。留学美国者 4 名，
留学法国者 1 名，留学英国者 1 名。

《沿革一览》，《国立北京大学廿周年纪念册》，第 15 页

---

① 《奏定优级师范学堂章程》（1904 年 1 月 13 日）规定："优级师范学堂之学科分为三
节：一、公共科，二、分类科，三、加习科。"公共科为第一年共同习之，第二年开始
分类，分类科分为四类：第一类以中国文学、外国语为主；第二类以地理、历史为主；
第三类以算学、物理学、化学为主；第四类以植物、动物、矿物、生理学为主。"加
习科者，因分类科毕业后，自觉于管理法、教授法其学力尚不足用，故自愿留学一
年，择有关教育之要端加习数门，更考求其精深之理法。"见璩鑫圭、唐良炎编：《中
国近代教育史资料汇编·学制演变》，上海教育出版社 2007 年版，第 419—421 页。

同年 为师范生实地练习起见，大学堂开办附属高等小学堂一所。

《沿革略》，北京大学二十五周年纪念编：《国立北京大学概略》，

北京大学总务处 1923 年版，第 6 页

1907 年（光绪三十三年）

2 月 21 日 京师大学堂首任总监督张亨嘉向学部报送大学堂师范生履历册、请假册、学生笔记，其中学生笔记清单中有黄尚毅编写的《王阳明教育学》。

《大学堂报送师范生履历册请假册学生笔记呈学部文》，《北京大学史料》（第一卷），

第 281 页

2 月 25 日至 3 月 2 日 京师大学堂师范生举行毕业考试。人伦道德等科由学部拟题，伦理学、教育学、心理学、论理学、外国文、图画、物理学、化学、植物学、动物学、生理学、矿物学、地学等学科，由授课教习拟题。

《学部准大学堂师范生毕业考试文》，《北京大学史料》（第一卷），第 280 页

3 月 21 日 大学堂告示出国游学事。"据准师范旧班学生，现届毕业，其第一类以外国语文为主课，向来分习英、德、法三国文字，历有年所，根底尚优。现在酌量情形，拟就其中慎加遴选，择派送英美法等国肄业专门学校。"选派名单如下：孙昌烜、阮志道派赴英国游学；潘敬、高继颐派赴法国游学；朱垂荦、曹冤、程祖彝、何焱森派赴美国游学。

《大学堂告示出国游学事》，《北京大学史料》（第一卷），第 444 页

3 月 26 日　大学堂师范科举行毕业仪式。大学堂奏请给奖励。大学堂师范馆自光绪二十八年(1902)十一月内开学,至光绪三十二年(1906)十二月底终。首批 104 名学生毕业,定最优等 18 名,优等 61名,中等 21 名,下等 4 名。

《学部为师范生毕业考试、典礼等事咨复大学堂总监督》,《北京大学史料》(第一卷),

第 281—282 页;《咨大学堂查照师范生毕业考试分数册暨等第分数表列榜晓示文》,

《北京大学史料》(第一卷),第 389 页

本年　京师大学堂优级师范科毕业 100 人。依据学生籍贯,河北15 人,山东 7 人,河南 2 人,山西 2 人,辽宁 6 人,江苏 14 人,浙江 6人,福建 1 人,安徽 4 人,江西 2 人,湖北 3 人,湖南 8 人,广东 20 人,四川 6 人,云南 1 人。其余籍贯不明者 3 人。

《国立北京大学本科毕业学生统计表(自前清光绪三十三年起至民国十八年止)》,

《北京大学卅一周年纪念刊》,国立北京大学卅一周年纪念会宣传股 1929 年版,

第 24 页

1908 年（光绪三十四年）

6 月 14 日　学部奏请改京师大学堂优级师范科为京师优级师范学堂。

《学部奏筹设京师优级师范学堂并派充监督折》,《政治官报》第 233 号,

1908 年 6 月 21 日

同日　清政府批准《学部奏设京师优级师范学堂并遴派监督折》。折中写道:"京师大学堂,向附设师范一馆,以储养高等师范之才。现

在分科大学将次开办，势难兼筹并顾，另行筹办优级师范学堂，以储师资。"

《奏设京师优级师范学堂并遴派监督折》，《学部官报》第 57 期，1908 年 6 月 14 日

1909 年（宣统元年）

4 月 25 日　清政府准予学部奏陈《大学堂预备科改为高等学堂遴员派充监督折》。折中提出："现在预备科学生业经毕业，分科大学正在筹办，高等学堂所以预备大学之选，自应迅即设立。现拟暂将大学预备科地方改设高等学堂。"

《学部奏大学堂预备科改为高等学堂遴员派充监督折》，《北京大学史料》（第一卷），

第 150 页

8 月 3 日　学部奏请《京师大学堂豫备师范两科学生毕业照章请奖折》。折中写道：

上年十二月，据大学堂总监督刘廷琛咨呈，称自预备、师范两科开学以来，截至本年冬底止，已届四年期满，所有各科课程均一律授课完毕，自应准其毕业等因。……查照臣部《奏定学堂考试章程》以八十分以上者为最优等，七十分以上者为优等，六十分以上者为中等。其主课有不满七十分及六十分者，照章降等。……师范科学生取列最优等二十三名，优等七十七名，中等一百零三名，下等及主课无分者三名。

《奏京师大学堂豫备师范两科学生毕业照章请奖折》（并单），《学部官报》第 96 期，

1909 年 8 月 16 日

同日　学部奏请赏赐京师大学堂东西洋教员贾士蔼等宝星折。其中拟按照外务部定章,请商给教育学日本教员法贵庆次郎三等第一宝星,以示鼓励。

《奏请赏给京师大学堂东西洋教员贾士蔼等宝星折》,《北京大学史料》(第一卷),

第312页

本年　京师大学堂优级师范科毕业203人。依据学生籍贯,来自河北的20人,山东8人,河南5人,山西6人,陕西3人,甘肃1人,辽宁19人,江苏17人,浙江13人,福建4人,安徽8人,江西12人,湖北19人,湖南18人,广东10人,广西2人,四川9人,云南7人,贵州9人,新疆1人。其他籍贯不明者12人。

《国立北京大学本科毕业学生统计表(自前清光绪三十三年起至民国十八年止)》,

《北京大学卅一周年纪念刊》,第24页

1910 年（宣统二年）

1月10日　学部奏《筹办京师分科大学并现办大概情形折》,其中写道:

（1）经科现拟先设毛诗学、周礼学、春秋左传学三门,学生除大学堂预备科毕业生志愿请入外,另以各省保送之举人优拔贡考选升入。(2) 法政科现拟设法律、政治两门,学生以师范第一类学生及译学馆毕业学生、预科法文班学生升入。(3) 文科现拟先设中国文一门、外国文一门,学生以师范第二三类学生升入。（4）格致科现拟先设化学一门、地质学一门,学生以预科德文班学生升入。(5)农科现拟先设农学一门,学生以师范第四类学生升入。(6)工科现拟先设土木工学一门、采矿及冶金学一门,学生以预科英文班学生升入。(7)商科现拟先设银行保险学一门,学生以译学馆学生及大学堂师范第一类学生升入。

《学部奏筹办京师分科大学并现办大概情形折》,《北京大学史料》(第一卷),

第 200—201 页

1912 年（民国元年）

5 月 3 日 京师大学堂改称北京大学校,总监督改称校长,严复为北京大学校首任校长。

本年 北大文科哲学门下设中国哲学类和西洋哲学类,均计划开设"教育学"科目。

《大学文科之科目》,北京大学档案,BD1912001 - 1

1913 年（民国二年）

1 月 12 日 教育部公布《大学规程》,规定大学文科哲学门下的中国哲学和西洋哲学均设"教育学"科目。

《大学规程》,《教育杂志》第 5 卷第 1 期,1913 年

1915 年（民国四年）

6 月 3 日　教育部决定派北京大学教员陶履恭参加 8 月份在美国加利福尼亚州奥克兰城召开的万国教育会。

《咨外交部、驻美公使派北京大学教员陶履恭与万国教育会文》，

王学珍、郭建荣主编:《北京大学史料》(第二卷)(下)，北京大学出版社 2000 年版，

第 2308 页

1916 年（民国五年）

2 月 24 日　袁世凯令扩充京师师范学校。其令如下：

教育根本，首重师资。前经明令各省，将师范学校整理扩充，以为国民教育之先导。顾念各省学务，久形减缩，或因财力支绌，班次不易增加，或因办理失宜，成绩未能优美，遂致根本计划迄难一致进行。须知今日师范之优劣，即将来国民教育优劣所关，教授既贵精良，设置尤须完备。自非先从中央倡率，不足以宏造就而树楷模。著教育部将京师师范学校量加扩充，调取各省学生来京肄业，各该省学生名额暂定为大省二十名，中省十六名，小省十二名。由各该巡按使选择优等生徒，分期咨送。

所有筹备设置一切办法，即著该部悉心妥拟，奏请施行。此令。

洪宪元年二月二十四日

《命令》，《教育公报》第 3 年第 2 期，1916 年 3 月

12 月 26 日　蔡元培被任命为北京大学校长。

1917 年（民国六年）

5 月 26 日　北大向教育部报送《北京大学四年度周年概况报告书》。《报告书》指出，本年度新聘本科教员有许寿裳，其所授科目为"教育学"，下设于文科哲学门。

《北京大学四年度周年概况报告书》，《教育公报》第 4 年第 10 期，1917 年 8 月 30 日

8 月前　北大向教育部报送《北京大学文理法科本预科改定课程一览》。其中，哲学门通科课程中设"教育学概论"科目；专科课程中设"教育学（包括教授法、教育史、教育学史）"科目。

《北京大学文理法科本预科改定课程一览》，《教育公报》第 4 年第 14 期，
1917 年 10 月 30 日

12 月 2 日　北大文科公布《改订文科课程方案》。《方案》指出，在文本科哲学门设教育学、教育史和教授法为选修科。

《改订文科课程会议纪事》，《北京大学日刊》1917 年 12 月 2 日

12 月 29 日　北大公布《文科大学现行科目修正案》，其中哲学门下设中国哲学和西洋哲学，均设教育学为选修科。该修正案原案于1918 年 1 月 21 日获北大评议会通过。

《文科大学现行科目修正案》，《北京大学日刊》1917 年 12 月 29 日；
《北京大学文科通告》，《北京大学日刊》，1918 年 1 月 23 日

1918 年（民国七年）

2 月 24 日　蔡元培、张谨等人发起组织学术讲演会，旨在"唤起国人研究学术之兴趣而力求进步"。学术讲演会第一次演讲由章士钊讲演《伦理学》、陶履恭讲演《社会与教育》、王星拱讲演《燃料》。

《学术讲演会启事一》《学术讲演会启事二》，《北京大学日刊》1918 年 2 月 20 日

3 月 3 日　学术讲演会邀请陈大齐、陶履恭分别讲演《现代心理学》和《社会与教育》。4 月 15 日至 5 月 9 日的《日刊》连载了《现代心理学》的讲演稿；5 月 27 日至 6 月 11 日连载了《社会与教育》的讲演稿。

《学术讲演会启事》，《北京大学日刊》1918 年 3 月 2 日

4 月 21 日　学术讲演会邀请邓萃英讲演《教育学》。

《学术讲演会启事》，《北京大学日刊》1918 年 4 月 18 日

4 月 23 日　《日刊》发布布告："北大呈报教育部，拟选拔文科五人赴欧美或日本学习，具体科目有美学及美术史、言语学、伦理学、实验心理学及实验教育学和历史学，请各科教员和本校毕业生有意愿者三日内报名。"

《本校布告》，《北京大学日刊》1918 年 4 月 23 日

4 月 28 日　学术讲演会邀请邓萃英讲演《动的新教授论》。6 月 22 日至 7 月 27 日《日刊》连载了讲演稿。

《学术讲演会启事》，《北京大学日刊》1918 年 4 月 22 日

6 月 18 日　北大教员陈定谟等首次组织夏季讲习科（暑期学校），

时间定于 7 月 15 日至 9 月 6 日，共八周。"教育"为讲习科目之一。

《夏季讲习科之组织》，《北京大学日刊》1918 年 6 月 18 日

11 月 1 日至 18 日　全国专门以上学校校长会议召开。会上，北大提案中与教育学科相关内容如下：

（1）在大学组织之问题中，建议改"学门"为"学系"，以重组大学本科，并按照各学系的性质和相互之间的联系，将已有学系与未来拟设之学系编为五组①，教育学系与哲学系、心理学系编为五组中的第三组。（2）在各学系的课程中，建议哲学系开设教育学、教育史、教授法、教育学史课程。（3）建议组织高等教育学会，并对国内外大学毕业生的著作进行认定，符合标准者得授予博士学位，并准其加入学会。

《中国大事记(民国七年十月十五日至十一月十六日)》，
《东方杂志》第 15 卷第 12 期，1918 年 12 月；《专门以上学校校长会议事项》，
教育部编：《教育部行政纪要》(第 2 辑)，文海出版社 1986 年版，
第 166—169 页；《本校拟在专门以上各学校校长会议提出讨论之问题》，
《北京大学日刊》1918 年 10 月 30 日至 11 月 9 日

12 月 24 日　乐理研究会②改组，更名为北京大学附设音乐讲习会。这是我国高等教育中的现代专业音乐教育之雏形。讲习会分为中乐、西乐两部，中乐部仅设专修科，西乐部下设普习科和专修科。普习科为有志音乐教育者所设，教育学和心理学为其必修课。

《乐理研究会改组议导师陈蒙提议》，《北京大学日刊》1918 年 12 月 24 日

---

① 本科的选修科共分五组：组一为数学、物理、天文等；组二为生物、地质、化学等；组三为哲学、心理学、教育学等；组四为中国文学、英文学、法文学等；组五为史学、政治、经济等。
② 北京大学乐理研究会是经蔡元培校长提议，1918 年 6 月由北大音乐会改组而成。其宗旨是"敦重乐教提倡美育"，研究分为音乐学、音乐史、乐器、戏曲。据《乐理研究会布告》，《北京大学日刊》1918 年 6 月 12 日。

1919 年（民国八年）

2 月　《新教育》杂志在上海创刊。该杂志由江苏省教育会、北京大学、南京高等师范学校、暨南学校、中华职业教育社联合组织，以"输入世界最近教育思潮、学术新知、传布国际大事"为宗旨。蒋梦麟任主编。第一卷第一期刊登的文章包括《教育究竟做什么》（蒋梦麟）、《教育对待的发展》（蔡元培）、《试验主义与新教育》（陶行知）等。

《新教育月刊出版通告》，《北京大学日刊》1919 年 3 月 26 日

3 月 7 日　北大学生周长宪、罗家伦、陈宝锷等发起组织北京大学平民教育讲演团，以"增进平民智识，唤起平民之自觉心"为宗旨，期望通过露天演讲的方法，实现教育普及与教育平等。本日《日刊》刊载了《平民教育讲演团征集团员启》和《北京大学平民教育讲演团简章》。

《平民教育讲演团征集团员》，《北京大学日刊》1919 年 3 月 7 日

3 月 9 日　学术讲演会发布启事：胡适讲演《实验主义》，焦莹讲演《中小学校之体育问题》，王星拱讲演《科学与人类进化之关系》，陈映璜讲演《人类之过去及未来》与《遗传之研究》，韩景陈讲演《国民教育之真谛》等。

《学术讲演会启事》，《北京大学日刊》1919 年 3 月 3 日

3 月 13 日　受全国高等专门以上学校及各省教育会委派，南京高等师范学校校长郭秉文、北大教授陶履恭等赴日考察日本教育制度。他们在东京拜访了多位日本教育家、主持教育者，认为日本教育改革

进步有四大要点:"(1)初等、中等教育之科学教授,大加进步;(2)注重体育;(3)增强女子教育;(4)推广职业补习教育。"值得中国学习的有六方面:

(1)扩充高等教育;(2)国库补助中小学校教员薪俸;(3)改订教授细目;(4)改革学制,缩短中学年限,增设高等中学;(5)延长义务教育;(6)日本与中国之教育与欧美之教育相较,有一大通弊,即东方之教育偏于文字书本及理论,欧美之教育则重在实用,此后东方之教育应于此点特别注意,以救此弊。

他们拜访的东京高等师范学校校长嘉纳治五郎谈及日本高等教育的改革时指出:

(1)大学制之改革:A.课程,日本要仿美国改学年制为选科制;B.大学授予学位之权由大学决定,须得文部省大臣许可。(2)提高高等师范程度:日本高等学校教员向为大学毕业生,虽于学理颇能胜任,往往不明教育原理,不能陶铸人格。

此后高等学校教员应由高等师范造就,方为正法。

郭秉文、陶履恭:《调查教育通信》,《北京大学日刊》1919 年 4 月 18 日、19 日

3 月 14 日 郭秉文、陶履恭在东京拜访杜威①,邀请杜威来华访学。

顾红亮编著:《杜威在华学谱》,华东师范大学出版社 2019 年版,第 33 页

3 月 23 日 北京大学平民教育讲演团召开成立大会。到会者 35 人,廖书仓被公选为临时主席。会议讨论章程及推进方法,选举干事。

---

① 1919 年 2 月,胡适获悉杜威休学术假到日本访学,随即与陶行知商讨邀请杜威访华。陶行知将此事告知郭秉文,郭秉文立即决定在赴欧美考察战后教育途经日本时,当面邀请。于是,郭秉文与陶履恭 3 月 8 日出发,到东京拜访了杜威,邀请他来中国讲学一年,杜威欣然答应。4 月底便抵达中国,开启了他的访华旅程。

最后,廖书仓、邓康当选为总务干事,罗家伦、康白情为编辑干事,周炳琳为文牍干事,易克嶷为会计干事。

《平民教育讲演团纪事》,《北京大学日刊》1919 年 3 月 26 日

3 月 29 日 蔡元培受邀在天津青年会做题为《欧战后之教育问题》的演说。他指出:"战前教育偏于国家主义,即为本国造成应用人才;战后教育必当偏于世界主义,为世界养成适当之人物。"

蔡元培:《欧战后之教育问题》,《北京大学日刊》1919 年 4 月 19 日

4 月 3 日 平民教育讲演团讲演员许德珩讲演《勤劳与知识》,希望劳动人民可以做有知识的劳动者。

许德珩:《勤劳与知识》,《北京大学日刊》1919 年 4 月 22 日

4 月 27 日 平民教育讲演团在地安门外护国寺举行讲演会。首先由北京工业专门学校赵本良致来宾感言,其次李秀龙讲演《互相帮助》,康白情讲演《头彩十万元》,王凌震讲演《国家思想》,高绍珠讲演《戒烟》,杨真江讲演《交友之益》,丁肇青讲演《生死》与《寄生虫》,罗运麟讲演《权利》,刘炽昌讲演《天赋与人造》,严建章讲演《平民》,许宝驹讲演《判别事情的常识》,陈云程讲演《植物对于人生之利益》,周炳琳讲演《什么是国家》,陈宝锷讲演《为什么女子要守节》。

《平民教育讲演团纪事》,《北京大学日刊》1919 年 4 月 29 日

4 月 30 日 应北京大学、江苏省教育会等机构之联合邀请,杜威偕夫人爱丽丝(Alice)从日本抵达上海,开始在华历时两年的讲学。北京大学代表胡适、南京高等师范学校代表陶行知、江苏省教育会代表蒋梦麟等人到码头迎接。

《胡适教授致校长函》,《北京大学日刊》1919 年 5 月 8 日;《杜威在华学谱》,第 45 页

5 月 2 日 胡适应江苏省教育会邀请在上海西门外林荫路讲演《实

验主义大旨》。

《胡适教授致校长函》,《北京大学日刊》1919 年 5 月 8 日;《杜威在华学谱》,第 51 页

5 月 4 日　在北大学生发起并积极活动下,北京各大专学校三千余名学生举行集会和游行示威,震惊中外的五四运动爆发。

同日　平民教育讲演团组织丁肇青、常惠、廖书仓、邓康等人进行了 17 场讲演。

《平民教育讲演团启事》,《北京大学日刊》1919 年 5 月 2 日

5 月 11 日　平民教育讲演团组织陈宝锷、杨真江、张国焘等人进行了 24 场讲演。

《平民教育讲演团启事》,《北京大学日刊》1919 年 5 月 9 日

5 月 18 日　平民教育讲演团组织许宝驹、邓康、罗家伦等人进行了 22 场讲演。近期新加入成员有李荟棠、刘伯朏、孟寿椿、宴才钟。

《平民教育讲演团启事》,《北京大学日刊》1919 年 5 月 17 日

5 月 25 日　平民教育讲演团在东南西北四城举行讲演。倪源泉讲演《维持国货》,严建章讲演《国家和我们》,朱一鹗讲演《礼义廉耻》,黄耀华讲演《国民的责任》与《李完用与朝鲜》,张国焘讲演《自卫》与《解放》,杨真江讲演《禁烟之关系》,刘正经讲演《良心》,邹传先讲演《经济侵略之抵御》,易克嶷讲演《抵抗强权》,李秀龙讲演《真正民气》,罗运磷讲演《争回青岛》。

《平民教育讲演团启事》,《北京大学日刊》1919 年 5 月 28 日

5 月　郭秉文、陶履恭赴美国夏威夷进行教育考察。5 月 29 日至 31 日以及 6 月 3 日、4 日的《日刊》连载了他们撰写的调查报告。其中对夏威夷的师范学校介绍如下:

师范学校课程,四年专科,一年附设(初小四年、高小四年)。

凡生徒每日必须习职业或职业预备科目一时间。在专科时,更须专门,俾将来可以管理割烹或工厂之事。男生习农工之职业,女子习农事家政。农事包括园艺、养鸡、养兔子,此学校可借此获利,并可训练生徒将来之职业。工场事业包括建筑、修理、造□、印刷、装订、油漆诸事。家政包括割烹。生徒曾为七百八十人备五年之工食。女生习割烹,然后执待奉之役。更计算收入,存之银行,当每月底,生徒结算账目,故凡关于厨房一切事项,皆使生徒亲习之。即存银还账等事,亦使女生习之。此外更授以割烹之理论及开账记帐【账】等详细方法。女生更监督年幼生徒,打扫地板房室等。

女生更习洗濯、制洗濯之肥皂、去油垢等事。缝级科须习制衣两□,制内衣及制帽之法。两年以来,女生热心于红十字事业,造出物品极多,如寝衣汗衫、枕套手巾、洗面巾、绷带、衣服等。此外更制织物如袜帽等计共数千件。

郭秉文、陶履恭:《调查教育通信》,《北京大学日刊》1919 年 5 月 31 日

同月 哥伦比亚大学复电,批准杜威请假一年,允其在华讲学。

《杜威在华学谱》,第 68 页

6 月 1 日 平民教育讲演团在东南西北四城开展讲演。钮家洛讲演《工作》,周显政讲演《为什么要爱国》,田奇瑀讲演《民与国的关系》,周长宪讲演《日本的野心和中国救亡的法子》,倪品真讲演《民国与专制国性质之区别》,刘炽昌讲演《报酬之解释》,潘元耿讲演《社会》,潘宗翰讲演《五月四日》,黄耀华讲演《亡国之痛苦及救国之方法》。

《平民教育讲演团启事》,《北京大学日刊》1919 年 6 月 5 日

6 月 17 日 应京师学务局邀请,杜威在北京美术学校礼堂为中小

学教职员做题为《现代教育之趋势》的演讲，讲演分为《教育天然的基础》《对于知识的新态度》和《教育之社会化》三部分内容。当日为第一次讲演，后两次讲演分别于 19 日和 21 日进行。讲演记录稿连载于1919 年 6 月 27 日至 7 月 5 日的《北京大学日刊》。

《杜威博士再行讲演》，《北京大学日刊》1919 年 6 月 12 日

7 月 19 日　由胡适介绍，在北京大学哲学研究室，杜威与贵州教育实业参观团见面长谈。杜威此次谈话要点为：（1）过渡时代的教育；（2）修养得力要点；（3）训练社会；（4）民治与武力；（5）哲学与宗教。

《杜威在华学谱》，第 92—93 页

7 月 21 日　蒋梦麟抵京。《晨报》报道："北大校长蔡元培氏所委托之代表蒋梦麟博士，日前亦已到京，着手与该校职教员等商议维持校务方法，而学生仍极望蔡氏北来任事，二十一日又致蔡一电。"

《蒋梦麟到京》，《晨报》1919 年 7 月 24 日

7 月 22 日　蔡元培校长在《日刊》发布启事：

> 本校教职员诸君公鉴：元培因各方面督促，不能不回校任事。惟胃病未瘳，一时不能到京。今请蒋梦麟教授代表，已以公事图章交与蒋教授。嗣后一切公牍，均由蒋教授代为签行。校中事务，请诸君均与蒋教授接洽办理。特此奉布 并颂公绥　蔡元培谨启。

于是，蒋梦麟走进北大代理校务，并在哲学系任教。

《蔡校长启事》，《北京大学日刊》1919 年 7 月 22 日

9 月 21 日　杜威在教育部会场讲演《教育哲学》，由胡适担任翻译。该讲演共 16 次，时间为该日起至 1920 年 2 月 22 日每周日上午九时。1919 年 9 月 23 日至 1920 年 3 月 9 日的《日刊》连载了讲演记录稿。

《杜威博士讲演之广告》，《北京大学日刊》1919 年 9 月 16 日

9 月 29 日　教务处布告："蒋梦麟因事回南，所教授哲学系'教育学''教育史'课程暂缓上课。"

《教务处布告》，《北京大学日刊》1919 年 9 月 30 日

10 月 12 日　全国教育联合会于 10 日在山西太原开幕，各省代表到会 52 人。杜威为联合会会员讲演《教育上试验的态度》，胡适担任翻译。杜威演说道：

> 略谓中国与美国同为幅员广大之国，于促进教育有同一困难之点，即徒讲一致，必不能适合各地之需要是也，于此图积极之改良，必须根本从事试验教育。自大学以次，若师范，若女学，均须注重永□以试验态度做去，则日新又新，方可适应世变，有相当之进步，云云。又历述教育管理、一切学术方法所得之渊源，不外三种：（一）古代相传而来者；（二）由先进各国抄袭而来者；（三）以自己心思脑力经验，用科学的精神、试验的态度研究而得之者。前两项属于摹仿，皆有流弊，唯独第三项，绝无流弊。更希望参考西洋学说时，宜取其最近最新者。

《杜威在华学谱》，第 123—124 页

10 月 25 日　北大评议会投票选举评议员。蒋梦麟当选，同时当选评议员的还有胡适、俞同奎、马寅初、陶履恭、马叙伦、陈大齐等 15 人。

《本校评议会选举法及改选人当选名单》，北京大学档案，BD1919013

11 月 2 日　平民教育讲演团在四城开展讲演。张蒙讲演《势力是什么造成的》，丁肇青讲演《中国银行的票子》，邓康讲演《国事真不可谈吗?》，周炳琳讲演《没有"命"》，李钟秀讲演《平民教育的意义》，俞平伯讲演《打破空想》，许宝驹讲演《"人"——人怎么活着》。

《平民教育讲演团启事》，《北京大学日刊》1919 年 11 月 6 日

11 月 5 日　北大评议会召开会议，决定成立组织委员会，协助校长调查、策划大学内部组织事务。蒋梦麟、俞同奎、顾梦渔、陶履恭、胡适、马叙伦、黄右昌、陈世璋及沈世远当选为组织委员会委员，蒋梦麟担任委员长，并负责起草《国立北京大学内部组织试行章程》。

《评议会开会纪事》，《北京大学日刊》1919 年 11 月 7 日；

《本校布告》，《北京大学日刊》1919 年 12 月 6 日

11 月 7 日　北大辩论会邀请陶孟和讲演其赴欧洲、日本调查战后教育现状的心得体会。4 月和 5 月的《日刊》曾连载了他与郭秉文撰写的《调查教育通信》。

《辩论会启示》，《北京大学日刊》1919 年 11 月 6 日

12 月 3 日　北大评议会议决通过了《国立北京大学内部组织试行章程》。该《章程》将北大内部组织分为四部分：（1）评议会，司立法；（2）行政会议，司行政；（3）教务会议，司学术；（4）总务处，司事务。这一管理体制体现了蔡元培校长的"教授治校"和蒋梦麟的"注重效能"治校理念的结合。

《本校布告》，《北京大学日刊》1919 年 12 月 6 日；《国立北京大学内部组织试行章程》，

《北京大学史料》（第二卷）（上），第 78 页

1920 年（民国九年）

1 月 14 日　蒋梦麟本学期开始讲授"教育学""教育学史"课程。

《教务处布告》，《北京大学日刊》1920 年 1 月 14 日

1 月 18 日　北大平民夜校正式开学，蔡元培校长发表演说。北大

平民夜校由北大学生会、教育委员会创办，以"增进平民普通知识，改良社会"为宗旨，主要面向失学儿童和成人，教师由北大学生担任，学习科目有国文、修身、历史、地理、算术等。

《蔡校长在平民夜校开学日的演说》，《北京大学日刊》1920 年 1 月 24 日

2 月 17 日　北大第一个女生王兰获得许可，以旁听生就读于哲学系一年级。此后，陆续有九名女生作为旁听生被北大文科录取，她们是王兰、杨寿璧、邓春兰、赵懋芸、赵懋华、韩恂华、程勤若、奚浈、查晓园。这标志北大实现了男女同校。3 月 11 日《日刊》载九名女生的履历。

《北京大学实行男女同学》，《晨报》1920 年 2 月 18 日；
《本校女生消息》，《北京大学日刊》1920 年 3 月 11 日

2 月 28 日　蒋梦麟第一次为平民夜校职教员讲演《为什么要教育?》。平民学校自开办以来，教职员因"教育学识与经验的缺乏，感受许多困难"，因此决定由蒋梦麟每周六、日下午二时至四时为他们讲解"教育原理及教授法"。讲演拟分十二次，内容为：(1) 为什么要教育?(第一次)；(2) 教育与社会(第二次)；(3) 儿童心理(第三至六次)；(4) 青年心理(第七次)；(5) 教授法(第八至十二次)。《日刊》自 3 月 3 日起陆续刊载了讲演记录稿。

《平民夜校启事》，《北京大学日刊》1920 年 2 月 5 日；
蒋梦麟：《蒋梦麟教授教育讲演》，《北京大学日刊》1920 年 3 月 3 日

3 月 6 日　北大评议会召开特别会议，会议议决："孔德学校由本校教育系借用为试验学校，由本校每月津贴二百八十元(按一教授薪水数)。"

《评议会议事录》(第一册)，北京大学档案，BD1919002

4 月 1 日　平民教育讲演团自本日起开展为期四天的"乡村讲演"，颇受居民欢迎。在七里庄由汤炳桀讲演《北大平民夜校与七里庄

国民学校的比较》，刘炽昌讲演《女子应当和男子同样的读书》；在大井村由王星汉讲演《缠足的害处》，李荟棠讲演《平民教育的重要》，郭衍盈讲演《为什么要读书》；在丰台由刘炽昌讲演《人生与工作》，李荟棠讲演《同业联合与儿童教育》；在通县由朱自清讲演《平民教育是什么》与《靠自己》，杨钟健讲演《中华民国》《我住在此地应管此地事》与《共和国民要有的精神》，汤炳荣讲演《皇帝和统治》等。

《平民教育讲演团乡村讲演的报告》，《北京大学日刊》1920 年 4 月 10 日

4 月 18 日　平民教育讲演团开始在四城举行"城市讲演"，每星期日举行一次。汤炳荣讲演《改良教育谈》，邓康讲演《为什么要读书》，宋金桂讲演《人要读书》，朱自清讲演《我们为什么要求知识》等。

《平民教育讲演团启事》，《北京大学日刊》1920 年 4 月 14 日、5 月 25 日

4 月 22 日　杜威夫人得哥伦比亚大学校长白特劳博士复电，允杜威续假一年。北大同人闻此消息，想同深庆幸也。

《杜威在华学谱》，第 187 页

4 月底　北大前届及本届毕业生孟寿椿、徐彦之、方豪、康白情组成北大赴日考察团，由预科黄日葵担任翻译，前往日本调查大学学制、课程、图书馆、学生活动、青年思潮等。

《本校之赴日考察团》，《北京大学日刊》1920 年 5 月 11 日

6 月 9 日　北大教授陶孟和担任南京高等师范学校暑期学校教员，讲授"教育社会学"课程。

《南京高等师范学校暑期学校一览》，《北京大学日刊》1920 年 6 月 9 日

9 月 21 日　教育部致函北大校长蔡元培，同意他亲赴欧美法比英德各国考察教育和大学事务。

《教育部公函》，《北京大学日刊》1920 年 9 月 24 日

9 月　自本学期起杜威在哲学系开设"教育哲学""思想之派别"和"社会哲学与政治哲学"课程。

《国立北京大学学科课程一览》(九年至十年度)，北京大学 1920 年版

10 月 6 日　图书馆公布杜威指定本科学生教育学参考书籍。书目如下：Dewey：*Democracy and Education*；Dewey：*School of Tomorrow*；Dewey：*The School and Society*；Patri：*A Schoolmaster of the Great City*；Ruediger：*The Principles of Education*；Henderson：*A Text-book in the Principles of Education*；Rousseau：*Emile*；Fröbel：*Education of Man*；Sandiford：*Comparative Education*。

《杜威博士指定本科学生教育学参考书籍》，《北京大学日刊》1920 年 10 月 6 日

10 月 8 日　平民教育讲演团召开秋季全体大会，前任总务干事邓康主持会议，讨论一切进行事宜，并选举干事。结果，罗运磷、朱务善当选为总务干事，钟少梅为会计干事，周长宪、章廷谦、宋金桂为书记干事。

《平民教育讲演团开会纪事》，《北京大学日刊》1920 年 10 月 12 日

10 月 17 日　北大在第三院大讲堂举行授予名誉博士典礼，授予杜威北京大学哲学名誉博士学位。

《杜威在华学谱》，第 256—257 页

11 月 4 日　北大学生会通过《改组北大学生会章程(草案)》，改组后的北大学生会下设教育及庶事、出版、调查、体育委员会，其中教育委员会以开展社会教育为主。

《改组北大学生会临时委员会通告》，《北京大学日刊》1920 年 11 月 11 日

11 月 17 日　杜威到京，18 日起在北大上课。

《杜威在华学谱》，第 275 页

11 月 24 日　蔡元培校长从上海与罗文幹、汤尔和、陈大齐、张申

府等同船出发赴法，开启为期近一年的欧美教育考察之旅。此行旨在考察欧美大学教育及学术研究机构的状况。

《民国日报》1920 年 11 月 25 日；中国蔡元培研究会编：《蔡元培全集》（第 16 卷），

浙江教育出版社 1998 年版，第 104 页

11 月 30 日　蒋梦麟致函陈宝泉，谈及北高师与北大合并之议。全文如下：

筱庄先生大鉴：

敬启者：顷读先生辞北高校长职后之宣言，谓先生之辞职，首因北大不肯与高师联络；又高师毕业同学某某五君之通启，谓先生主张高师与大学能联络不能合并；学生诸君上本校教职员书及致严范老诸公之通电；谓先生之辞职，为某教育会某学阀之欲吞噬高师，及某系之逼迫而然；而传闻竟有谓江苏省教育会欲并吞北高，而麟主其谋者，在学生诸君之通电所言某教育会某学阀不知系何所指？姑置勿论。而总括以上言论，或形诸笔墨，或布诸口舌，似以麟代表江苏省教育会，又代表北大，逼先生辞职而并吞北高，因欲府狱于麟者。事迹之离奇，诚百索而莫解。今略举经过之事实，质之于先生，为时不过数星期，想先生犹能记忆也。

高师归并北大之议，事实上曾有之，毋庸讳言。然而倡此议者为先生而非麟，先生曾记忆当先生向教育部表示辞职后之某日，北京专门以上校长公谒范总长后，先生邀麟至镒昌饭店吃茶之时乎？彼时先生曾将北大与高师合并之议商诸麟，并嘱麟为转达范总长。谈约半小时之久。别后，麟以此事关系部定学制，并北大组织，况蔡先生赴湘未回，更未便负此重责。故次日见范总长时，未将此事提及，数日后赴部，范总长谓麟曰："筱庄对我谈及，欲将高师归并北大，此事部里办不到。"麟答曰："蔡先生即将赴法，

即使部里办得到，我个人恐怕负不起这种责任，现在北大一校，事务已极繁重，若再加以高师，精力不够。"此事遂作罢论。是麟对于先生提出北高归并北大之议，初即居于反对地位也。

越数日，蔡先生自湘回京，先生复提此议。麟谓"先生之意虽好，但蔡先生赴法后，我个人精力兼顾不到，可待蔡先生归国后再商"。后一二日，蔡先生谓麟曰："归并之议，我亦不赞成。但筱庄说现在只要联络，不要归并，此事我们总要帮他的忙。"是此时先生始改合并之议为联络。麟当时犹持异议，谓"联络如何方法，须详细讨论，但蔡先生去后，使我支持北大，已非容易，若再要我兼顾高师，实觉太困难"。蔡先生终持"我们总要帮忙"之议，是麟于先生改合并为联络之后，犹未表赞成也。

后范总长电话招蔡先生与先生及麟到部谈话，先生力持高师不能独立之说，引加伦比亚大学①之教育院为先例。彼时麟曾谓："以高师校长而谓高师不能独立，则其不能独立可知，不过麟个人实以精力不能兼顾，所以不能赞成。"（当时先生并提出联络办法数条）而蔡先生仍本帮忙之旨，谓："此事我们须商量一个办法"。我说："我们北大可以开评议会讨论。"先生说："此事须秘密。"蔡先生说："那么我们请几位同事谈一谈，不要开评议会了。"

次晨，遂招数同事商量。麟屡说："我精力顾不到，此事还要待蔡先生回来后再办。"蔡先生总说："筱庄既然定要与我们联络，现在不能不帮他的忙。"于是大家商量联络办法，讨论结果，以两校性质不同，办法不同，不易联络，只有参酌加伦比亚大学办法，由北京大学先办一教育院，北京高师学生毕业后，可入教育院三

---

①　今译哥伦比亚大学。

年级，补习不足科目，及自由选修大学各系科目，两年毕业，授与教育学士学位，以此意为根据，拟定办法数条，即由麟电话通知范总长。范总长电招先生与麟到部。麟将条件与组织表先请范总长阅看，范总长说："待筱庄来商量。"约数十分钟，先生到部，麟将条件与组织表交先生阅看，问先生意见如何，并谓"此议不过我们对于先生要求帮忙提出之意见，去取或应如何修改，还请先生决定"。先生阅后略有所问，连说："那很好。"是北大提出之办法，系应先生之请求，而复经先生之赞同也。

越数日，麟与先生及范总长会于部中，复问先生，先生仍谓提出条件，甚为妥洽。范总长才说："就是照了这样做去吧。"并嘱麟速由北大呈部，请办教育院；又私谓麟曰："筱庄辞职不知多少次，现在实在急得不了，办不下去；我看他十分为难，你赶紧预备呈文罢。"此十九日星期五下午五时也。继因先生亟于求去，于是部中遂有先派校长之议。范总长征求先生同意，先生答曰："甚善。"是新校长之派定，固先征先生之同意，而复经先生之赞同也。

此时陶孟和先生适往天津，范总长嘱麟劝驾。麟以先生曾有函致麟，谓陶君继长师校，以各方面观之最为妥洽，故星期日陶先生回京，麟衔命往劝。陶先生说："我不行的，还是让我教书罢。我在天津与严范老商议，范老也不赞成。"我说："我们大学里确是不愿你去；你去，我办事更苦了。但筱庄实在为难得很，请你帮帮他的忙罢。且筱庄给我来信，也说从各方面看来，你最为妥善。"当时麟即以先生来信示陶先生，陶先生尚犹豫未决，复经旁人力劝，始勉强允许。二十二日星期一下午五时许，当部令未发表以前，范总长尚征求先生同意，先生赞成，于是部令始下。是部令任陶孟和君为校长，先生亦参与而赞同者也。

此事经过之实在情形,大略如是,至先生辞职之真因,先生自知外,外人毋庸代赘一语。但合并之议,实先生倡之于前;北大提议,亦先生要求所得;新校长之委任,先生复参与其间;此事经三面再四磋商,其议始定。先生始终主持其间,并始终主张秘密;故外间于此事多不明真相。

以上情形,麟据直以书,语语可负责任;其他牵涉某教育会某系之谈,究竟有何种用意非麟所知。麟素性戆直,既有所闻,不能隐而不宣。麟于此事始则完全反对,继则勉强参预,事实如此,而指为吞噬北高之人;然则先生创议于前,坚请于后,为此事之主动者,不知又将得何罪名!

麟与此事之关系,事实上系代表北大,就先生所请求各节,与先生商定办法。且先生之辞职在前,先生之主张与北大合并联络在后;麟之秉承范总长、蔡校长与先生商定办法又在后。而外间不根之谈,谓麟为逼先生辞职,不论其根据之事实何在,时间顺序亦完全倒置,此则悠悠之口可以置之;而先生复自称其去职,为因于北大之不肯与北高联络,抑何违于事实而乱其因果?此则麟有所疑而愿以质之先生者。先生之所以首创合并,继求联络,其用意究竟若何?麟既未深求于前,亦未敢悬揣于后。惟事实之真相,麟为预闻之一人,不敢以意变乱,既有集矢于麟之人,自不能任其颠倒黑白,不加辨正,愿公布事实,借明真相。专此布达,敬请

台安

蒋梦麟拜启

九年十一月三十日

《蒋梦麟致陈宝泉函——北京高师事件经过之事实》,

《北京大学日刊》1920年12月4日

1921 年（民国十年）

4 月 28 日　北大成立平民教育研究社。该社由北大学生胡致、陈方绶、魏建功等发起组织。他们立志研究平民教育，开办平民学校，进行平民事业调查，并准备开办通俗图书馆，举行通俗演讲。经选举，胡致当选为正主干，东方绶为副主干，魏建功为文牍，邹延芳为会计，饶铗鸣为庶务。11 月 19 日的《日刊》刊载了《组织缘起》及《本社简章》。

《北大平民教育研究社记事》，《北京大学日刊》1921 年 11 月 19 日

8 月　美国教育家孟禄即将来华进行教育调查，由黄炎培、范源廉、严修、梁启超、郭秉文、张伯苓、蒋梦麟等人在北京发起组织实际教育调查社，取"从事实上调查，作实地的研究，以为实行改良的基础"之意。

《实际教育调查社筹备处通告》，《北京大学日刊》1921 年 12 月 15 日；

汪懋祖：《孟禄博士之来华与实际教育调查社之缘起》，《教育丛刊》1922 年 2 月

9 月 5 日　孟禄抵达上海，开始在华进行教育调查并讲学。

王卓然：《孟禄在华日记》，《新教育》第 4 卷第 4 期，1922 年 4 月

10 月 1 日　孟禄参观北大。

《本校纪事》，《北京大学日刊》1921 年 10 月 3 日

10 月 5 日　教务处就"部分学生询问教育学系和生物学系相关情况"发布启事："查本校于上学年筹备两系计划，皆以学校经费无着未能实行。在该两系未成立以前，所有应属该两系之功课，均仍暂隶哲

学系,供各系学生选修。"

《教务处启事》,《北京大学日刊》1921 年 10 月 5 日

12 月 23 日　孟禄在美术学校公开讲演《教育在政治上社会上之重要》,胡适担任翻译。24 日和 26 日的《日刊》连载了讲演的记录稿。

孟禄:《教育在政治上社会上之重要》,《北京大学日刊》1921 年 12 月 24 日

12 月 24 日　孟禄应北大邀请,在第三院大礼堂讲演《大学之职务》(The Function of the University),胡适担任翻译。《日刊》于 27 日刊载了讲演稿。

《校长布告》,《北京大学日刊》1921 年 12 月 23 日

1922 年（民国十一年）

2 月 24 日　北大哲学系教育哲学专业的卢逮曾、杨廉、吴泰安、黄韬文、舒启元、陈强华等学生发起组织北大教育研究社,以"收集中国各处教育材料"为目的。

《发起"北大教育研究社"的启事》,《北京大学日刊》1922 年 2 月 24 日

3 月 19 日　北大教育研究会正式成立。该会由北大已毕业或在校同学有志教育者组成,以研究教育学理及实际问题为宗旨。设研究、调查和庶事股。29 日的《日刊》刊载了《北大教育研究会简章》。

《北大教育研究会启事》,《北京大学日刊》1922 年 3 月 15 日

5 月 28 日　北大平民教育研究社举行成立一周年纪念会。改选职

员，兼欢迎新社员，欢送毕业社员。

《北大平民教育研究社启事》，《北京大学日刊》1922 年 5 月 28 日

6 月 2 日　注册部布告：哲学系教授朱经农从下星期起加授"欧洲教育史""教育学"课程。

《注册部布告》，《北京大学日刊》1922 年 6 月 3 日

8 月 12 日　北大公布《北京大学附设音乐传习所简章》。传习所下设师范科，以养成中小学音乐教员为目的。分甲、乙两种，甲种师范科修业年限暂定四年，乙种暂定二年。均开设伦理学、教育学、教育行政、教授法并实习、心理学、教育史、论理学等课程。

《北京大学附设音乐传习所简章》，《北京大学日刊》1922 年 8 月 19 日；

《北京大学附设音乐传习所简章》，《北京大学史料》(第二卷)(下)，第 2658 页

10 月 9 日　北大公布《哲学系课程一览》。其课程分为哲学、心理学和教育学三组，教育学组课程包括：教育史(蒋梦麟)、教育学(刘廷芳)、中等教育原理(杨荫庆)、学校管理法(杨荫庆)、乡村教育、初等教育①、教育测验(刘廷芳)。此外教授法□论、教育行政、教育统计课程的教员待定。心理学的课程包括：普通心理学(樊际昌)、变态心理学(樊际昌)、实验心理学(樊际昌)、教育心理学(刘廷芳)、儿童心理学(刘廷芳)、社会心理学(陶孟和)。

《哲学系课程一览》，《北京大学日刊》1922 年 10 月 9 日

11 月 18 日　北大教育研究会开秋季大会，改选职员。结果：杨廉当选为研究干事，吴泰安为调查干事，黄继文、卢逮曾为庶事干事。

《北大教育研究会启事》，《北京大学日刊》1922 年 11 月 15 日、12 月 12 日

---

①　乡村教育和初等教育两门课史料中未标记任课教员。

12 月 7 日　北大教育研究会为谋会务发展,并为参观京中各校准备,邀请陶孟和做题为《大学的课程问题》的讲演。9 日和 11 日的《日刊》连载了讲演稿。

《北大教育研究会启事》,《北京大学日刊》1922 年 12 月 7 日

12 月 26 日　受北大教育研究会的邀请,孙惠卿做题为《初等教育最近的趋势》的讲演。28 日的《日刊》刊载了讲演稿。

《北大教育研究会启事》,《北京大学日刊》1922 年 12 月 23 日

12 月 27 日　受北大教育研究会的邀请,陶行知做题为《教育研究法》①的讲演。30 日的《日刊》刊载了演讲稿。

《北大教育研究会启事》,《北京大学日刊》1922 年 12 月 27 日

1923 年（民国十二年）

1 月 6 日　北大教育研究会在第一院(红楼)四层哲学教授会开研究会,讨论审查小学图书馆及其他问题。

《北大教育研究会启事》,《北京大学日刊》1923 年 1 月 5 日

1 月 12 日　受北大教育研究会邀请,查良钊做题为《教育行政学之意义及范围》的讲演。

《北大教育研究会讲演启事》,《北京大学日刊》1923 年 1 月 11 日

1 月 24 日　受北大教育研究会邀请,程时煃做题为《教育调查》的

---

①　实际演讲时题目改为《教育与科学方法》,据《北京大学日刊》1922 年 12 月 30 日。

讲演。

《北大教育研究会启事》,《北京大学日刊》1923 年 1 月 24 日

4 月 17 日 《日刊》刊载蒋梦麟的《专门以上学校教学法中的一个问题》文章,认为高校教学不应发讲义,并分析了理由。

《专门以上学校教学法中的一个问题》,《北京大学日刊》1923 年 4 月 17 日

5 月 27 日 北大平民教育研究社召开第二周年纪念会,改选职员。胡致当选为正主干,东方绥为副主干,刘德荣为文牍,张国祥为会计,饶铗鸣为庶务。

《北大平民教育研究社启事》,《北京大学日刊》1923 年 5 月 30 日

6 月 14 日 哲学系主任陈大齐就"本系学生希望系里能够采纳学生的相关建议"做出口头答复。答复如下:

(1)教育方面:一是系里正设法添聘教员,其后再添设科目;二是以孔德学校作为实验学校,定可做到,详细办法等暑假后再定;(2)组织方面:一是哲学系分组情况,要等教务会议开会讨论后再定;二是哲学、心理、教育三方面功课的排列不相冲突,可以办到。

《和哲学系主任接洽的报告》,《北京大学日刊》1923 年 6 月 16 日

10 月 7 日 《晨报》报道:

北京大学教育系原在筹办之中,未成立之先附设在哲学系与心理学系并为哲学系中之三组,然近年时势推移需求日亟,社会心理已集中在教育救国之一途,大学校之不能无教育系自不待言,而今年肄业于该校之预科二年级生,对于研究教育之志趣已定者,颇不乏人,以预科行将毕业,甚望校中明年即开设教育系,故某某数君特于日前张贴启事,邀同志签名以便对于学校作郑重的请求,

观签名者已大有其人。又闻此事在学校方面只要将原有本校教授朱经农等请回，再延一二专门学者即可成立，想当此教育荒之时，学校断不能借口经济支绌而置之于度外也。

《北大生请设教育系》，《晨报》1923 年 10 月 7 日

同日　据莫斯科电，受北京大学委派，北大刘教授①正在俄罗斯考察教育。

《北大教授在俄考察教育》，《晨报》1923 年 10 月 10 日

10 月 17 日　北大预科三年级请求成立教育系，学生日前集议，起草公函一件，并推举关蔚华、陈世棻二君代表面谒蒋梦麟校长。二君将与蒋梦麟的谈话经过记录下来，并刊载于《日刊》。全文如下：

同志们：

我们今日见着蒋先生，除面呈公函外，今将蒋先生的话，就记忆着的，述之如次。倘有错误，还请原谅我们记忆力的不好。

蒋先生说：对于此事，极表同意；使一年内学校能保持住现在的状况，不发生特别困难（不外乎经济），明年定可成立。虽经济需要增加，也不要许多，因为现有关于教育之教员，已经不少。且各系学生毕业后，多从事教育，若缺乏教育知识，实感不便。故今后计划，不独教育系学生学教育，即所有其他各系学生，也皆应选习若干，校中予以一种教育的证书。至教育系学生，对于与教育有关的，其他各系功课，也应择要选学，以备应用。如和教育系极有关系的各系中，尚有心理生物两系不曾成立；我们也正在筹备，希望他能和教育系同时成立。至于你们的公函不日当为批出；无

---

①　根据 1922 年和 1925 年《国立北京大学职员录》判断，刘教授疑似刘廷芳。

论明年能否成立(校中一切事，皆不能不由人预决)，先请陈百年、高寿宝【宝寿】两先生拟出一个计划书来再说。

《北大特设教育系》，《晨报》1923 年 10 月 19 日；

《关于请求成立教育系的报告》，《北京大学日刊》1923 年 10 月 19 日

11 月 北京高等教育访闻【问】社由北大陈咸一、乌以锋、陈东原、张寅东等关心教育的同学组织成立。该社宗旨在"调查北京高等教育之详细状况，作精确的统计，以尽其研究教育之兴趣，倘有心得，即供国人"。其调查方法，由该社"通函京中各专门大学，请其裁答，或绘就表格，送请填写"。他们商请谭仲逵、李泰棻教授为导师。

《高等教育访闻【问】社 北大学生之新组织》，《京报》1923 年 11 月 8 日

1924 年（民国十三年）

1 月 10 日 图书部公布第三院阅览室杂志种类，其中与教育相关的有《教育丛刊》《新教育》《教育公报》《教育行政月报》《教育》《中华教育界》《广东省教育会杂志》《教育汇刊》。

《图书部第三院阅览室启事》，《北京大学日刊》1924 年 1 月 10 日

2 月 27 日 《哲学汇刊》发布《征文启事》："该刊稿件以哲学、心理、教育三方面之撰著及译述为限"。

《〈哲学汇刊〉征文启事》，《北京大学日刊》1924 年 2 月 27 日

3 月 8 日 北大评议会开会，议决将"孔德学校提出增加经费至每

月一千元"事宜移交财务委员会及教育系筹备委员会核议,提出于原有津贴外酌量增加。

《评议会议事录》(第四册),北京大学档案,BD1923009

3月18日　北大教授陈大齐带领罗守颐、吴献琛等十五名学生出发,前往日本参观考察。本次考察为日政府请求亲善,于是商请我政府派选学生五十名前往该国,视察各项文化事业,旅金五百元,由我国对日庚子赔款内拨付。师大首先出发,美专、工大、女高师继之,法大则迟迟无期。当日与北大一起出发的还有农大、医大两校师生。北大赴日的学生及其考察内容如下:

(1)臧玉泫:视察教育上的设施出版事的状况,慈善事业的状况;(2)童永庆:视察关于化学工艺及科学教育;(3)罗宗炜:视察学校实验教育之设备、各项场厂制造所、市政工程和建筑;(4)胡敩:视察学俄文之学校、学俄文之分科图书馆中所藏之俄文书籍、各学校之设备;(5)俞建章:视察各大学地质组之设备、化学标本、野外地质情形;(6)高绪懋:视察教育事项、各图书馆的设备、出版事业、文艺学会的组织、各地灾后的新建设;(7)欧宗祐:视察政治现状、市政劳动状况;大学教育、中学教育(日人自办的中学与外人在日所办的中学);图书馆出版界复兴计划;(8)商承祖:视察日本地震后之教育状况;(9)吴献琛:视察各法政学校、各级法院监狱及各大工厂、各图书馆;(10)韦奋鹰:视察博物馆、图书馆、各学校历史教育、各工厂;(11)武崇林:视察各大学数学课程及教授情形、各数学会之活动情形;(12)李汉声:视察各大学研究中国文学之状况及考求关于中国文学贵重书之最近发现于日本者;(13)刘崇年:视察东西京、大版【阪】及各大城市之经济近状、中日贸易之趋势、各大银行公司之调查日本地震后经济界所受之影响；（14）李钟贤：视察各大学图书馆、报纸事业、出版界、博物馆；（15）罗守颐：视察各著名法政学校、各级法院及监狱外并各种学校海陆军要塞社会状况及地震后情形及各大工厂、各名胜。

《北京三大学学生抵日》，《北京大学史料》（第二卷）（下），第 2301 页；

《咨外交部为复赴日旅行团启行日期及人数姓名清单文》，

《教育公报》第 11 年第 5 期，1924 年 6 月 30 日

5 月 13 日　哲学系学生代表钟尔强等拜谒系主任陈百年，提出"设立教育调查一科"；"请开办附属中学或以孔德学校作为实验学校"；增设"大学教育""初等教育""乡村教育""中国教育问题讨论""教育统计"等课程。陈主任答复如下："教育学系下学年准可成立，关于设立'教育调查科'应归该系办理；开办附中，限于财力，以孔德学校为本校实验学校一事，正在接洽中，应该可以办到；教育学系已准于下学年成立。"

《哲学系同学会常会记事》，《北京大学日刊》1924 年 5 月 15 日

5 月 28 日　北大评议会开会，议决："下学年添设'教育'及'东方文学'两系，应向教育部要求增加预算案。"

《评议会议事录》（第四册），北京大学档案，BD1923009

6 月 5 日　高等教育访问社根据其调查编印出版了《北京各大学入学调查录（十二年度）》。其调查的学校包括北京大学、法政大学、工业大学、医科大学、女子高师、税务专门学校、燕大女校、朝阳大学、中国大学和世界语专门学校。

高等教育访问社：《北京各大学入学调查录（十二年度）》，

北京大学出版部 1924 年 6 月 5 日

6 月 7 日　北大公布《国立北京大学招考简章》（民国十三年修

订)。《简章》规定：

本科考试科目分甲、乙两组。甲组试验科目为：1. 国文：须略通中国学术及文章之流变；2. 外国文(英文，或法文，或德文，或俄文)，要求：能直接听讲并笔记，能以国语与外国语互译，能作文，无文法上之谬误；3. 数学：代数、几何(平面及立体)、平面三角；4. 论理学：须了解演绎归纳的方法及其应用；5. 历史：须习过中国通史及西洋通史，其西洋史得用国文或外国文作答；6. 地理：中外地理，其外国地理得用国文或外国文作答。乙组试验科目为：1. 国文：须略通中国学术及文章之流变；2. 英文，要求：能直接听讲并笔记，能以国语与外国语互译，能作文，无文法上之谬误(投考者得于英文之外，并报考法文或德文，如其法文或德文程度能与英文程度相当时，则英文程度稍低者，亦得录取)；3. 数学：A.代数、几何(平面及立体)、平面三角，B.解析几何、微积分大意；4. 物理及实习：普通物理及实习；5. 化学及实习：普通化学及实习。甲组适用于投考国文学、东方文学、英文学、法文学、德文学、俄文学、史学、法律学、政治学、经济学诸系者；乙组适用于投考数学、物理学、化学、地质学诸系者；投考哲学系和教育学系者，可从甲、乙两组中任选一组作为考试科目。

《国立北京大学招考简章》，《北京大学日刊》1924 年 6 月 7 日

8 月 30 日　教育部发布训令：

因山东教育厅前任厅长曾订定章程，规定报考山东各县教育局长的人必须毕业于大学教育科，现任厅长据此拒绝北大文科毕业生投考各县教育局长。北大文科毕业生孙维岳等认为自己的权利受到侵害，要求教育部向山东教育厅做出解释，表示北大文科就是教育专科。教育部在查明情况之后，于本日电令山东教育厅：

查北京大学近用选科制并不设教育专科，该校毕业生在校曾经择修教育学科者亦可认为有县教育局规程第三条第一项资格。

《训令第一百九十九号 令山东教育厅》，《教育公报》第 11 年第 9 期，
1924 年 10 月 30 日

9 月 6 日 北大公布《国立北京大学预科规则》（民国十三年修订），该章程规定："预科分甲、乙两部。在甲部毕业者，得升入本科数学、物理、化学、地质学各系；在乙部毕业者，得升入东方文学、英文学等；哲学、教育学两系，甲部或乙部毕业者，皆得升入之。"

《国立北京大学预科规则》，《北京大学日刊》1924 年 9 月 6 日

9 月 27 日 教务会议九月议决通过《教育学系课程指导书（十三年至十四年度）》，其中对开设课程、任课教师、教学大纲及毕业要求等均有详细说明。

《教育学系课程指导书》，《北京大学日刊》1924 年 9 月 27 日

10 月 4 日 《日刊》刊载杨子馀在教育系开设"中等教育问题"和"校校管理"课程的大纲。

《杨子馀先生在教育系的功课》，《北京大学日刊》1924 年 10 月 4 日

10 月 15 日 教务处通知："因教育学系，亦有特别提高外国文程度之必要，应将国文、哲学、史学、教育系四系，第一二学年学生外国文一律定为每周两小时至四小时。"

《教务处布告》，《北京大学日刊》1924 年 10 月 15 日

10 月 23 日 教育研究会发布通告。在蒋梦麟和高仁山的大力支持下，教育研究会所办的教育图书馆将于下周开馆。其馆藏包括蒋梦麟所藏的教育类书籍百余种，高仁山向他方代借教育书报多种。未来，研究会将请导师指导专门研究，请教育专家讲演，编辑教育丛书，联络

在各地教育界之毕业生等事。

《教育研究会通告》,《北京大学日刊》1924 年 10 月 23 日

10 月 24 日　教育系同学于本日开会筹商组织级友会的办法。发起人为陈世棻、萧忠贞、万班、明仲祺、黄新运、石廷瑜、高韵笙、程星龄、刘晓玉、杨蔚丰、段纯、杨良、吴汝雷、梁渡。

《教育系组织级友会启》,《北京大学日刊》1924 年 10 月 21 日

10 月 30 日　教一级友会召开成立大会。通过《教一级友会简章》,并选举干事两人,陈世棻为书记,裘友椿为会计。

《教育系级友会通告》,《北京大学日刊》1924 年 10 月 29 日

同日　注册部布告:"哲学教育学系教员江绍原因病请假一月;哲学教育学系教员戴夏因交通阻塞未能到京,俟其来京后再行宣布上课日期。"

《注册部布告(一)》,《北京大学日刊》1924 年 10 月 31 日

11 月 2 日　教育系教授及同学在红楼四层教育研究会研究室开欢迎会。

《教育研究会通告》,《北京大学日刊》1924 年 11 月 1 日

11 月 7 日　胡适回复教育学系学生陈世棻的信,谈及对教育制度史及史料来源的看法。

《胡适之先生与陈世棻君函——论中国教育史》,《北京大学日刊》1924 年 11 月 10 日

11 月 18 日　哲学系教育测验班全体同学赴孔德学校实施非正式国文默读测验。

刘廷芳:《哲学系教育测验班同学鉴》,《北京大学日刊》1924 年 11 月 18 日

同日　教务会议决定教育学系内设立图书学科目。其科目及选习办法如下:

一、教育学系图书学科目（十三年至十四年度）

科目	每周时数	教授
I 图书利用法：讲授现代图书馆之组织，中西参考书之利用，借以知治学方法之初步。	二	袁同礼
II 图书馆学：讲授现代图书馆之建筑，各种图书馆之管理，中西文图书之分类编目。	二	袁同礼
III 目录学：此科为研究文学、史学之补助学科，讲授本国史家、官家、藏家目录之沿革，目录分类之变迁，欧美各国目录学之派别，现代之方法及趋势。	二	袁同礼
IV 图书馆史：叙述中西藏书之沿革，并说明其兴学术盛衰之关系。（本学年暂不讲授）	二	袁同礼

二、注意：

1. 教育学系学生习此种功课者，是否计算单位，如计算单位时，何者为必修，何者为选修，另由教育学系教授会规定后宣布。

2. I.II.III.三科目，各系学生均可选修，但不算单位，惟既选修者，必须考试，考试及格者与以证明。

3. 以上各科目，各班人数限二十人。愿习者于本月二十二日以前到注册部报名。

三、袁同礼先生讲授图书学及目录学，选用下列之书为课本。凡选习是项功课者，应在各科内所列之书，至少选读一种：

1. 图书利用法：（1）I. G. Mudge：*New Guide to Reference Books*. Chicago. 1923 （2）Fay and Eaton：*Instruction in the Use of Books and Libraries*. Boston. 1915

2. 图书馆学：（1）J. D. Brown：*Manual of Library Economy*, 3$^{rd.}$

edition. London，1920（2）A. Maire：*Manuel Practique de du Bibliothécaire*. Paris，1896（3）A. Graesel：*Handbuch der Bibliotheksle-hre*. Leipzig，1902

3. 目录学：（1）J. D. Brown：*A Manual of Practical Bibliography*. London. 1906（2）John Ferguson：*Some Aspects at Bibliography*. Edinburgh，1900（3）C. V. Langlois：*Manuel de Bibliographic Historique*. Premier Eascicule. Paris，1904（4）Georg Schneider：*Handbuch der Bibliographie*. Leipzig，1923（5）Giuseppe Fumagalli：*La Bibliografia*. Roma，1923。

4. 图书馆史：此科无适当课本，参考书随时指定。

《教务部布告》,《北京大学日刊》1924 年 11 月 18 日

同日　注册部布告:"戴夏所授'教育行政''教育史''现代教育思潮'课程,自本星期开始授课。"

《注册部布告》,《北京大学日刊》1924 年 11 月 18 日

11 月 19 日　教育学系投票选举教授会主任。蒋梦麟三票,高仁山、戴夏、张颐各一票。蒋梦麟当选为主任。

《校长布告》,《北京大学日刊》1924 年 11 月 21 日

11 月 24 日　北大学生会筹备会正式成立。教育系临时代表为一年级学生裘友椿、张挹兰(经本班同学选举)参加了会议。

《教育系一年级启事》,《北京大学日刊》1924 年 11 月 25 日;

《北大学生会筹备会通告》,《北京大学日刊》1924 年 11 月 26 日

11 月 25 日　教育学系教授会颁布《修习图书学科目之单位办法》。规定:"I. 图书利用法(二单位)为教育学系必修科。II. 图书馆学(二单位)和 III. 目录学(二单位),为教育学系选修科。以上三课,各

系学生均可选修，但不算单位。惟既选修者，必须考试，考试及格者予
以证明。"

《教育学系教授会布告》，《北京大学日刊》1924 年 11 月 26 日

11 月 26 日　教育研究会读书室正式开放阅览。25 日的《日刊》刊
载了《阅书规则》。其规定：阅览时间为每日下午二点至六点，周日不
开馆。读书室负责人时间安排如下：星期一为张锡辰；星期二为徐瑞
禄；星期三为钟尔强；星期四为赵凭铎；星期五为徐瑞禄；星期六为赵
凭铎。

《教育研究会通告》，《北京大学日刊》1924 年 11 月 25 日

12 月 7 日　教一级友会在二院南楼第七教室召开今年第二次常
会，讨论胡勤业的论文《教学法研究》(The Study of Teaching)、陈世菜
的论文《广职业教育刍议》，教育学系教授会主任蒋梦麟莅临讨论会并
训话。

《教一级友会通告》，《北京大学日刊》1924 年 12 月 5 日

12 月 29 日　教育系一年级发布启事："本级已推定张挹兰、黄新
运为正式代表，出席学生会。"

《教育系一年级启事》，《北京大学日刊》1924 年 12 月 29 日

1925 年（民国十四年）

1 月 1 日　教育系一年级学生在二院南楼第七教室举行恳亲会。

《教育系一年级诸同学鉴》，《北京大学日刊》1924 年 12 月 29 日

1 月 17 日　北大社会调查团在红楼二层西边第六教室开筹备会,通过该会简章,票选职员,并决定成立教育调查委员会、工业调查委员会。调查团以"调查社会状况,解决社会问题"为宗旨。凡北大同学赞成宗旨并愿加入合作者,皆为团员。

郭俊英主编:《北大红楼历史沿革考论》,文物出版社 2012 年版,第 149 页

3 月 3 日　北京大学哲学系学生杨廉撰文介绍中华教育界制定的《教育问题征求意见表》,并就国家收回教育权问题发表意见。《征求意见表》中提出的教育问题如下:

（1）今后中国教育宗旨应否含有国家主义的精神?（2）今后应否明定小学教育宗旨为实施国民教育?（3）各省教会学校应否收回由中国人自办?（4）今后中国学校应否酌量实施军事教育?（5）新制小学应否教授英语?（6）学校应否有宗教的课程与仪式?（7）有关国耻的史地教材,应否编入教本,以激励民气?（8）中小学史地教授应否与外国史地并重?（9）留学生归国后应否由国家考试,颁给国家学位?（10）学校应否允许传教师充当教师?

4 日的《日刊》刊载了杨廉的全文。

《介绍"中华教育界"的教育问题征求意见表》,《北京大学日刊》1925 年 3 月 4 日

3 月 21 日　王璞所授教育系"国语及注音字母"课程开始在第一院第二教室授课。

《注册部布告》,《北京大学日刊》1925 年 3 月 19 日

4 月 25 日　北大教育系学生在学习研究之余,也颇注重参观调查。经蒋梦麟校长联系,今日教育系学生前往香山,参观慈幼院及中法大学。29 日的《日刊》刊载了陈世菜写的《教育系修学旅行记》,记录

了此次调查经过。

《北大教育系定期参观 修学旅行至西山》，《京报》1925 年 4 月 22 日

5 月 20 日　北大公布《国立北京大学入学考试规则》(民国十四年修订)。

《国立北京大学入学考试规则》，《北京大学日刊》1925 年 5 月 20 日

5 月 26 日　教育学系教授会邀请时任美国图书馆协会代表、美国圣路易公立图书馆馆长鲍士伟(Arthur E. Bostwick)在北大讲演。他用幻灯详尽讲解美国图书馆之外观、内容、组织以及各种图书馆之异同。

《教育学系教授会启事》，《北京大学日刊》1925 年 5 月 26 日；
《鲍士伟昨夜在北大讲演》，《晨报》1925 年 5 月 27 日

6 月 23 日　高仁山刊载启事：要求修读"近代教育原理与实施"课程的同学归还因论文写作而借阅教育学系高仁山教授的参考书。

《高仁山启事》，《北京大学日刊》1925 年 6 月 23 日

6 月 30 日　研究所国学门委员会审批通过了本学年的研究生名单。其中两名学生研究主题与教育相关，他们是：(1) 杨廉，四川乐至人，哲学系四年级，研究题目为《先秦教育思想史》；(2) 卢逮曾，山东莱芜人，本校哲学系毕业，研究题目为《先秦教育思想史》。

《研究所国学[门]通告》，《北京大学日刊》1925 年 6 月 30 日

8 月 26 日　北大教员联名发布宣言，反对章士钊担任教育总长。其中教育系教员有徐炳昶、张颐、戴夏、谭熙鸿。

《反对章士钊的宣言》，
《北京大学史料》(第二卷)(下)，第 2997 页

9 月 24 日　注册部布告①:"哲学系一年级学生欧阳兰予转入教育系,但仍须考试第一学年所习科目。"

《注册部布告》,《北京大学日刊》1925 年 9 月 25 日

同日　北大学生王九思、李海楼、王少文、胡自益召集北大选修"教育哲学"的同学在红楼二层第一教室开会。

《北大红楼历史沿革考论》,第 153 页

10 月 21 日　北大教育系第一级级友会在红楼四层心理实验室开本年度第一次常会,报告上年会务,商订本年应行各事,改选职员。结果:胡勤业当选为书记,石廷瑜为会计。

《北大红楼历史沿革考论》,第 153 页;
《教一级友会通告》,《北京大学日刊》1925 年 10 月 28 日

10 月 26 日　北大公布《哲学系课程指导书》。规定:普通心理学(樊际昌)和教育学(高仁山)为哲学系的共同必修科目。

《哲学系课程指导书》(十四年至十五年度),《北京大学日刊》1925 年 10 月 26 日

10 月 30 日　教一级友会召开迎新大会,欢迎教育系一年级同学。

《教育系一年级同学诸君鉴》,《北京大学日刊》1925 年 10 月 27 日

10 月 31 日　北大教育研究会进行内部改组,由原来的研究股、调查股、庶事股,改组为总务股、研究股、调查股、介绍股、图书股五个部门,并面向全校征求会员。

《北大教育研究会简章》《教育研究会征求会员启》,
《北京大学日刊》1925 年 10 月 31 日

11 月 4 日　教育系一年级召开全体大会,讨论组织级友会及其他

---

① 布告发布时间以其落款为准,与刊布时间不一定一致。下同。

事项。参会人员有：丘汉兴、王国章、褚保权、谢祚莅、周遊、许延俊。

《教育系一年级全体同学公鉴》，《北京大学日刊》1925 年 11 月 4 日

11 月 9 日　教育系一九二九级友会①召开成立会。通过简章，选举职员，并协商联络感情事宜。结果：许延俊当选为文书，周遊为庶务，张利模为会计。

《教育系一九二九级友会启事》，《北京大学日刊》1925 年 11 月 14 日

11 月 12 日　北大教育研究会举行秋季大会，决议更名为"北大教育学会"。并进行改选，胡勤业、王九思、黄新运、马飞鹏当选为总务股干事；陈世棻、李巽言为研究股干事；杨廉、欧阳兰为介绍股干事；徐瑞禄、石廷瑜为图书股干事；张挹兰、明仲祺为出版股干事。

《教育研究会通告》，《北京大学日刊》1925 年 11 月 12 日；
《北大教育学会启事》，《北京大学日刊》1925 年 11 月 17 日

11 月 16 日　北大教育学会在红楼二层西首爱智学会召开第一次各股联席会，讨论本会一切进行事宜。

《北大教育学会启事》，《北京大学日刊》1925 年 11 月 16 日；
《北大红楼历史沿革考论》，第 155 页

11 月 26 日　北大教育学会召开第二次各股联席会，讨论如下事宜：（1）审定各股办事细则；（2）图书阅览室及办公室问题；（3）其有关会务进行之讨论。

《北大教育学会启事》，《北京大学日刊》1925 年 11 月 25 日

11 月 28 日　教育学会公布《教育学会研究股办事细则》。其规定：

研究股共设九个分组，分别为教育哲学组、教育行政组、教育

---

①　一九二九级友会指将于 1929 年毕业生组成的年级会。

219

制度组、教育心理组、学校训育组、教学法组、社会教育组、幼稚教育组、中国教育史组。该股依时酌开"分组会""联组会""公开会"，且每月须举行一次公开讲演会。

《教育学会研究股办事细则》，《北京大学日刊》1925 年 11 月 30 日

同日　教育学会研究股发布通告，"学会会员于一周内自愿择定所入之组，并签名加入"。

《教育学会研究股通告》，《北京大学日刊》1925 年 11 月 28 日

12 月 2 日　北大教育学会发布启事：

本会务诸待进行，需款孔急。兹订自本星期起征收会费（每人一元）。请会员诸君务查照下表赴第一院四层楼西首三十六号本会办公室向胡勤业、马飞鹏二君交纳为要。

胡勤业　星期二下午四时半至五时值日

马飞鹏　星期四下午四时半至五时值日

《北大教育学会启事》，《北京大学日刊》1925 年 12 月 2 日

12 月 3 日　张显烈写给教育学会幼稚教育研究组一封公开信。全文如下：

我亲爱的同志：

虽然我们还没有见过面；也许已经见过了，在分组会未经成立之前，谁能猜得定我们是同一分组的呢。不过，朋友，我们只要提起"幼稚教育"几个字，就觉得彼此之间先有一种说不出的灵感在心底里互相流通了。我现在趁还未讨论到论点及方法，愿意将这一篇意见贡献给诸位；固然像我的浅薄，就说出来也未必一定有甚么价值，但能够佐诸位参考上一些材料，我已是荣幸得很了。

我以为我们对于一种科学的研究：先须认清了对象，从对象中

先抽出一点，再将这一点，分作了几部分，依着进行上的步骤，同时并须顾虑到相联接的事实，等各部分全求出假定以后，再从对象中，抽出别一点，更照着上列的历程进行，这也许正可以满足我们要求的目的。我们对于这种研究，用问号表出来是：（一）对象是什么？（二）应先抽出那一点？（三）那一点应分做哪几部分？（四）每部分进行上的步骤怎样？朋友！我这种研究的态度，不知道真对吗？

▲幼稚教育的对象是什么　　幼稚教育，我以为是指一个孩子从堕地一直到六足岁的一段时间所受的教育而言。如果那时没有教育，或则授以不良的教育，好多的本能，即使终了他的一生，也许未必能够再会发生，或则简直没有法子改良。我们用不到说，幼稚教育是何等的重要，我们只要想到孩子们黑晶晶的眼睛，苹果般的脸孔，和玫瑰花蕊一样的小嘴；看他们的身子一天比一天长大，他们的心力又一天比一天发展，已足够我们的欢乐安慰了。

▲幼稚教育应先研究那一点　　孩子从生后到了六足岁，中间又可以分做两个时期：从生后到三足岁是第一时期；从三足岁到六足岁是第二时期。第一时期的教育是育婴房的教育，第二时期的教育是幼稚园教育。我们对于前者，除非自己的太太肚子里正怀着胎儿，否则只有跑到育婴堂里去研究。以眼前的中国家庭和育婴堂的情形立论，陈腐纷乱，那里有容我们研究的价值，所以对于这一点似不得不暂行从缓；虽然从别一面说，自然是更觉得紧要了。我们对于后者，固然不敢说怎样乐观，究竟师资、教材、教法、设备……较有系统，而且给我们较有参加的机会。朋友！我们为便利计，还是先研究幼稚园的教育罢！

▲幼稚园教育可分做几部　　幼稚园教育，也可和别种教育一

样,分做九部分:(1)教育宗旨　(2)教育制度　(3)课程组织(4)经费筹划　(5)教育行政　(6)设备　(7)教学法　(8)师资训练　(9)教育批评。每部分得以各个人的兴趣,及材料的利便做标准,先研究一部分,以后更及于别一部;可是并不一定须循着次序的。

　　▲每一部分进步的步骤怎样　我们从各部分中选定了一部,就可以请求导师给我们介绍关于这一部的重要书籍和参考,遇必要时,又得商知本股干事,和别组交换材料。如果我们这一部分的根底打定了,还须更注意实际的材料:或则联络调查股,或则请导师给我们做介绍,实际地去观察参与。一部分研究终了以后,摘录要点,或则提交公开会,或则在相当的出版物上发表。至于我们各个人对于某一部分特别感到兴趣,要想作为专门的研究,我个人的意思:以为只要认清了专门的目标,不妨采取经济的手段。

　　我这一篇意见,好像偏于个人的研究,关乎合作方面——譬如由组员或导师提出一个问题,大家合起来对于这一个问题去搜集材料,整理、分析、比较以至于假定;或则组员分部研究,过了一定的时间,各个人全提出报告来,经大众讨论、综合——实在太少。然而同志中一定还有人会想到会提出的。我? 我不是早已说过——只要能佐诸位参考上一些材料,已经是荣幸得很了。愿我们和孩子永永同在!

张显烈

一九二五,一二,三

张显烈:《给教育学会幼稚教育研究组一封公开的信》,

《北京大学日刊》1925 年 12 月 5 日、7 日

12 月 8 日　教育系一九二九级友会召开第一次月会,并邀请高仁

山教授莅临指导。

《教育系一九二九级友会启事》，《北京大学日刊》1925 年 12 月 5 日

同日 教育学会发布通告。图书阅览室现已开馆，其阅览时间公布如下："星期一下午四时半至六时；星期二下午二时半至五时；星期三下午二时半至四时半；星期四下午一时半至四时半；星期五下午三时半至六时；星期六下午四时半至六时半。"

《教育学会阅览室通告》，《北京大学日刊》1925 年 12 月 8 日

12 月 11 日 北大教育学会在红楼四层教育学会办公室召开各股联席会，讨论内容包括：（1）分组研究之进行；（2）导师之聘请；（3）审定未经联席会审定之各股办事细则；（4）临时事宜。

《北大教育学会启事》，《北京大学日刊》1925 年 12 月 9 日；
《北大红楼历史沿革考论》，第 157 页

12 月 14 日 北大教育学会召开全体大会，欢迎导师，并讨论如下事宜：（1）研究分组进行事宜；（2）调查分组进行事宜；（3）一切有关会务进行之讨论。

《北大教育学会紧急通告》，《北京大学日刊》1925 年 12 月 9 日

1926 年（民国十五年）

1 月 6 日 北大教育学会第一次公开讲演，邀请茅唐臣讲演《学校建筑与设备》。

《教育学会第一次公开讲演》，《北京大学日刊》1925 年 12 月 30 日

同日　图书馆收教育部通俗教育研究会赠书。所赠书籍与教育相关的包括:《通俗教育讲稿选录》第一、二辑,《通俗教育研究会》第二、三、四次报告,《社会的国民教育》,《通俗教育丛刊》第五辑至二十一辑。

《图书部登录课通告》,《北京大学日刊》1926 年 1 月 7 日

1 月 7 日　教育学会公布《教育学会分组研究规约》。其规定如下:

（1）教育学会的光荣,寄托在各位会员身上;各会员研究出来的成绩,就是学会的成绩;所以希望大家认真做工夫。（2）各组进行,全靠各组组员,这个规约只能作一个引子。（3）各组当第一次分组会时,请即互推干事一人,以后召集分组会及与导师或他组接洽,均干事任之。（4）第一次分组会时,先请组员各自报告对于此项研究之兴趣及希望(能一并报告自己的素养更好),次请导师导以研究的方针。（5）导师如指定图书,无论分读合读,均望组员认真读去。（6）为研究便利计,最好拟定问题。就问题去研究,亦有分工与合作两种办法。分工的办法,各人研究一问题,而互相触发者。合作的办法,多人研究一问题,而自不同的方面者。（7）分组会原定每周一次,但实际应何时开会,各组可自行取决。每次开会,导师到会与否,亦由组员与导师直接商订。（8）导师如作讲演式之指导,得欢迎旁听。

《教育学会分组研究规约》,《北京大学日刊》1926 年 1 月 7 日

同日　《日刊》公布《教育学会第一次分组会表》。地点均在第一院第六教室。

组目	导师	第一次分组会期	地点
教育心理	樊际昌	一月七日（星期四）晚七时起	
教育哲学	黄建中	一月八日（星期五）晚七时起	第一院 第六教室
教育制度	高仁山	十一日（星期一）晚七时起	
教学法			
幼稚教育	刘廷芳	十二日（星期二）晚七时起	

《教育学会第一次分组会表》，《北京大学日刊》1926 年 1 月 7 日

1 月 12 日　教育学会在第一院二层第六教室召开幼稚教育第一次分组会。会议主要内容为：

（1）导师刘廷芳给出关于研究幼稚教育的参考书：Kirkpatrick：*Fundamentals of Child study*. Preyer：*The Development of Intellect*. (New and revised edition) Stanley Hall：*Adolescence*. Norsworthy & Whitley：*The Psychology of Childhood*. Mangold：*Problems of Childhood*. (New edition) Montessori：*Montessori Method*. Ferman：*Health of School Children*. Terman：*The Intelligence of School Children*. Shinn：*Notes on the Development of a Child*. (University of California) Bruce：*Handicaps of Childhood*. (American Publishing Co.) Claparède：*Experimental Pedagogy and the Psychology of the Child*. Rusk：*Experimental Education*. Eleanor Hogan：*How to Feed Children*. Zeal：*Preschool Child*. Pedagogical Seminary（杂志）；（2）导师给出研究幼稚教育的方向：1）根据《心理》杂志一卷一号陈鹤琴的《研究儿童的知识之方法》，在各学校里做一次实验的功夫；2）利用新年，实地调查北京儿童玩具之种类、价值销路……3）调查八岁至十二岁儿童组织团体之性质、种类以及方法；4）对于儿童搜集物件事项之调查。

(搜罗纸烟画片等)(3)互推张雪门任本组干事,担任以后本组分组会之召集及与导师或他组接洽事宜。

《教育学会幼稚教育第一次分组会记事》,《北京大学日刊》1926 年 1 月 16 日;

《北大红楼历史沿革考论》,第 159 页

2 月 2 日　高仁山发布通知:"'教育学概论'论文题目已印就,望诸同学直接向讲义课领取。"

《高仁山启事》,《北京大学日刊》1926 年 2 月 4 日

4 月 1 日　注册部布告:"(1)教育系星期六上午十至十二之'教育哲学'两小时,本学期起改由陈宝锷先生讲授;(2)教育系'近代西洋小学教育史''西洋教育史''青年心理'三种功课,本学期由杨振声先生讲授。"

《注册部布告(二)》,《北京大学日刊》1926 年 4 月 2 日

4 月 3 日　注册部布告:"(1)教育系'教育社会学'及哲学系'社会问题'本学期均停课;(2)杨振声先生担任'近代西洋小学教育史'一课,本学期暂停,改在下学期讲授;(3)哲学系'英文哲学书选读(甲)',本学期起改由江绍原先生讲授。"

《注册部布告(一)》,《北京大学日刊》1926 年 4 月 3 日

4 月 24 日　图书部发布新到书籍通告,与教育相关的有:I. B. Saxby:*The Education of Behaviour*, 1924; Frank Watts:*Abnormal Psychology and its Educational Applications*, 1921。

《图书部通告》,《北京大学日刊》1926 年 4 月 24 日

4 月 30 日　杨荫庆带领中等教育班同学参观师大附中。

《中等教育班同学公鉴》,《北京大学日刊》1926 年 4 月 30 日

5 月 1 日　图书馆获陈宝锷惠赠图书,教育方面的有:Frank Pierrepont Graves：*Great Educators of Three Centuries：Their Work and Its Influence on Modern Education*；Paul Monroe：*A Brief Course in the History of Education*。

《图书部登录课通告》,《北京大学日刊》1926 年 5 月 1 日

5 月 7 日　杨荫庆带领中等教育班同学参观西什库第四中学。

《中等教育班同学公鉴》,《北京大学日刊》1926 年 5 月 7 日

5 月 14 日　杨荫庆带领中等教育班同学参观女附中及公立第三中学。

《中等教育班同学公鉴》,《北京大学日刊》1926 年 5 月 13 日

5 月 18 日　北大公布新修订的《国立北京大学入学考试规则》。

《国立北京大学入学考试规则(民国二十五年修正)》,

《北京大学日刊》1926 年 5 月 18 日

5 月 21 日　教育系一九二九级友会在第二院南楼东侧平民夜校阅览室开会。会议内容为："(1) 报告本会的经过,作为本学年的结束；(2) 彼此一年来艰辛的努力,可以得此机会互相倾谈。"

《教育系一九二九级友会启事》,《北京大学日刊》1926 年 5 月 21 日

5 月 26 日　戴夏发布启事："选习'教育行政''现代教育思潮'及'教育理想发展概观'三班同学公鉴:仆因事掣眷南旋,所有本届考试事宜由陈百年代理,希推定代表与陈先生接洽。"

《戴夏启事》,《北京大学日刊》1926 年 5 月 26 日

5 月 27 日　由北京大学教育系、中华教育改进社、京师学务局合办的北京暑期学校发布招生通告。该暑期学校分为特别组、甲组和乙组三组,特别组专为男女中小学教员研究教育问题而设；甲组专为男女中小学毕业生补习学课而设；乙组专为预备入中等学校之学生而设。

暑期学校定在北河沿北大第三院上课。

《北京大学教育系、中华教育改进社、京师学务局合组北京暑期学校招生》,

《北京大学日刊》1926年5月27日

6月1日　《晨报》报道,暑期学校最近已经开始招生。其课程安排如下:

特别组必修科目(每星期四小时):中学教学新方法撮要(中学教员必修),赵述庭担任;近代小学教学法进化史(小学教员必修),杨振声;现代学校行政问题,杨子馀;道尔顿制,高仁山。选修科目(每星期二小时):教育统计实用法,薛鸿志担任;中国教育行政问题,查良钊;现代教育哲学要领,邱椿;变态心理与教育,陈宝锷;实验心理与教育,樊际昌;学务调查,查良钊;儿童学之研究,凌冰。

公开演讲之演讲者为胡适、张伯苓、凌冰、叶企孙、陶孟和、梁漱溟、范源濂【廉】、李四光、马寅初、周鲠生、张彭春、陶知行、李顺卿、高一涵、王世杰等十五人。又社会科学之讲演,六星期每周两次每次两时。(1)《社会科学分类的研究》,讲者高仁山;(2)《社会科学发达的历史》,谢循初;(3)《社会科学与自然科学》,陈孺平;(4)《社会科学图书□参考》,钱端升;(5)《社会科学与社会调查》,李景汉;(6)《社会科学与社会运动》,陈翰笙。自然科学之讲演,六星期每星期两次每次两时,(1)物理,《相对论》,讲者叶企孙;(2)化学,《胶体化学》,薛燊之;(3)生物,《优生与遗传》,陈孺平;(4)地质,《中国地质之概况》,袁复礼;(5)数学,《数学发达史》,罗惠侨;(6)心理,《变态心理》,谢循初。

《大规模暑期学校 每周并有各科讲演》,《晨报》1926年6月1日

6月8日　关于暑期学校,《晨报》报道:

据暑期学校报名处消息,函索简章及报名者,除北京各中小学不计外,以天津保定等处各中学校为最多,奉天吉林两者次之,奉吉两省学生,因暑假考试,及道路稍远,不能遵期到校请求该校准予先行遵章报名缴费,俟本校考竣再来京上课者,已有多起。闻该校为教育普及起见,皆予复准。

《北京暑期学校颇发达 投考者不少》,《晨报》1926年6月8日

6月15日　教一级友会在北海濠濮间开会,会后摄影,借送本系本届毕业同学王(王九思)、胡(胡自益)二人。

《教一级友会开会通告》,《北京大学日刊》1926年6月20日

同日　教育系一九二九级级友会组织会员上午九时参观孔德学校,下午二时在北海公园举行本学年临别茶话会。

《教育系一九二九级级友会》,《北京大学日刊》1926年6月20日

6月21日　关于暑期学校,《晨报》报道:

闻甲组专为中学毕业生投考大学者,原定于六月十五日开课,嗣因各中等学校届时毕业考试,多未能完竣,纷纷要求缓期,已改于六月二十八日开课。其特别组专为中小学教员研究教育而设,各省中小学派来者甚多,闻京师公立小学共四十余校,第一次每校派教员二人以上,共计九十六人。

《暑期中要补习者请看》,《晨报》1926年6月21日

7月5日　暑期学校正式上课。胡适于下午四时至六时在北大三院大礼堂做题为《东西的文化》的讲演。

《胡适临别演讲》,《晨报》1926年7月5日

7月12日　马寅初受暑期学校的邀请,于下午四时在北大三院大

礼堂做题为《俄庚款问题》的讲演。

《马寅初今日讲演 题为俄庚款问题》,《晨报》1926 年 7 月 12 日

7 月 23 日　据《晨报》报道:

北京教育经费已积欠半年以上,公立中学时有索薪之举,影响于学生学业甚大。北大毕业生某某等前已联络同志,积资创办中学,如三楚适存等校是。近闻本届毕业生十余人,亦拟创办一明诚中学,取最新的教育方法和严格的管理主义,凡入校学生,均须住宿,以便训练,务使其成为健全公民。闻现已租定后门内后局大院二十二号为校舍,于七月十日起开始报名。

《北大毕业生创办明诚中学》,《晨报》1926 年 7 月 23 日

9 月 17 日　注册部布告:1926 年教育系准予毕业者为王九思、胡自益,未能毕业者为王少文。

9 月 27 日　图书馆获本届毕业生赠书,其中与教育相关的有: H. O. Rugg: *Statistical Methods Applied to Education*; E. A. Kirkpatrick: *Foundamentals of Child Study*; F. R. Clow: *Principles of Sociology with Educational Applications*。

《图书部登录课通告》,《北京大学日刊》1926 年 10 月 2 日

11 月 4 日　北大召开教务会议,讨论"外国语之教授问题"。会议议决:"教育系本科生第一外国语分普通性质和专门性质两种;至于第二外国语,教育学系的学生可以将其作为选修科目。"此外,会议也对第一外国语和第二外国语的修习要求做了相应规定。

《教务处布告》,《北京大学日刊》1926 年 12 月 18 日

11 月 18 日　校长布告:"教育学系教授只有二人,向例不必选举,

应请先到校之教授为主任。高宝寿教授应为教育学系教授会主任。"

《校长布告》,《北京大学日刊》1926 年 11 月 19 日

11 月 19 日 北大公布本届评议员选举结果：教育学系任教的陈大齐(26 票)、谭熙鸿(25 票)、樊际昌(22 票)、王星拱(16 票)与其他八位教授当选。

《校长布告》,《北京大学日刊》1926 年 11 月 20 日

同日 《日刊》介绍杨子馀的新著《教育宗旨论》。介绍文如下：

> 杨子馀先生为教育专家，在国立师大及北大讲授教育，历十余年，名誉素著，退迩咸知，近著《教育宗旨论》一书，议论正大，博采群说之长，归成持平之论；加之，文字通畅，印刷精美，实为研究教育者不可不读之书。现已出版，特为介绍。
>
> 代售处：商务印书馆，价目：实洋三角。

《介绍新著》,《北京大学日刊》1926 年 11 月 19 日

11 月 23 日 注册部布告："教育学系'教育行政'课程每周定为二小时，请查良钊担任，自下星期起，上课时间为星期二四时半至六时半。"

《注册部布告》,《北京大学日刊》1926 年 11 月 24 日

11 月 25 日 北大公布《教育系课程指导书》。

《教育系课程指导书》,《北京大学日刊》1926 年 11 月 25 日

12 月 2 日 教育阅览室发布通告："本阅览室所有图书现暂存放第一院第二阅览室，欲参看此项书籍者请至第二阅览室阅览可也。"

《教育阅览室通告》,《北京大学日刊》1926 年 12 月 2 日

12 月 4 日 教一级友会召开常会。议决："暂请陈世荣担任本会文书事务，黄新运担任本会会计事务，俟下次常会到会人多时，再行改

选或追认。"并通知:"(1)本会会费一元,即由黄新运开始收集;
(2)关于新年同乐会及欢迎教育系新同学事,由陈、黄与四年级及二
年级商酌筹备。"

《教一级友会通告》,《北京大学日刊》1926 年 12 月 6 日

12 月 9 日　教育系三年级级友会在红楼三层十二号教育系教授会
召开茶话会,欢迎为筹备五卅纪念事件被捕的本校对外代表明仲祺
出狱。

《北大红楼历史沿革考论》,第 165 页

同日　注册部布告:"准物理系毕业生黄佛、卜锡珺改入教育系二
年级肄业,英文系毕业生何联奎准转入教育系一年级肄业。"

《注册部布告》,《北京大学日刊》1926 年 12 月 10 日

12 月 30 日　教育系各年级发布启事:教育系各年级推举出席学生
会代表:四年级推举马复,三年级推举萧忠贞、段纯,二年级推举许延俊
为代表。

《教育系四年级启事》,《北京大学日刊》1927 年 1 月 3 日;
《教育系三年级启事》,《北京大学日刊》1927 年 1 月 4 日;
《教育系二年级启事》,《北京大学日刊》1927 年 1 月 4 日

1927 年（民国十六年）

1 月 1 日　教育系新年同乐会在第二院宴会厅举行,以欢迎一年
级新同学。

《教育系新年同乐会筹备会通告》,《北京大学日刊》1926 年 12 月 29 日

同日 教育系一九二九级级友会在二院平民学校阅览室开第二次月例会，并于下午二时起接续与四三两年级级友会在宴会厅合开同乐会，并欢迎一年级新同学。

《教育系一九二九级级友会启事》，《北京大学日刊》1926 年 12 月 29 日

1 月 12 日 陈宝锷发布启事："本定于下学期讲授（一）近代小学教育史；（二）生理卫生与教育（Physiology，Mental Hygiene and Education），但因时间有限择一于下学期讲授。"

《陈宝锷启事》，《北京大学日刊》1927 年 1 月 12 日

1 月 16 日 据《晨报》报道：

> 灯市口艺文中学，为实验道尔顿制成功之学校，于上月开成绩展览会后，颇有引起一般教育界之注意。闻北大教育系商请该校长高仁山在该校作长时间之参观后，并于上星期三约同该校职教员学生，作一次公开的讨论，凡关于道尔顿制之原理实施方法，以及平日经验，阅书报所发生之问题等，皆由提出切实讨论，互相解释，颇具研究之精神。继因时间不足，遂定下星期三再继续讨论，又闻该校于前日（十四日）下午四时，开家庭学校联合会，由该校校长职教员报告学生成绩、思想、行为与学校进【计】划。

《艺中举行家庭学校联合会并公开讨论道尔顿制》，《晨报》1927 年 1 月 16 日

2 月 23 日 杨荫庆发布启事："所授之'上古及中古教育史'，讲课期限延长约两星期。自 3 月 7 日起由高仁山接续讲授'近世教育史'，杨荫庆改授'中等教育史'。"

《杨荫庆启事》，《北京大学日刊》1927 年 2 月 24 日

3 月 30 日 注册部发布布告：张敬虞已来京，将于 4 月 7 日起讲授教育统计和养成师资问题课程。

4月7日　注册部布告:张敬虞开始来校授课,讲授"教育统计""养成师资问题"课程。

《注册部布告》,《北京大学日刊》1927 年 4 月 1 日

4月22日　北大一九二七年毕业同学录筹备会召开会议,讨论提前考试及同学录事宜。教育系代表马复参加了会议,并担任筹备会编辑股职员。

《一九二七年毕业同学录筹备会通告》,《北京大学日刊》1927 年 4 月 23 日

5月2日　美国哥伦比亚大学教授克伯屈(Kilpatrick)在第二院大礼堂讲演《现代教育方法之批评》。

《欲听克伯屈先生讲演者注意》,《北京大学日刊》1927 年 4 月 30 日

5月11日　据《晨报》报道:"北京大学教育系学校管理法班的学生,为实地参观中小学之管理法起见,特请该系教授杨子馀与京中著有成绩之中小学接洽,商定日期,前往参观。……定于十一日参观师大附中;十三日参观女师大附小;十六日参观崇实学校;十八日参观翊教女子中学。"

《北大生定期参观》,《晨报》1927 年 5 月 11 日

6月6日　北大公布《国立北京大学入学考试规则》(民国十六年修订)。

《国立北京大学入学考试规则》,《北京大学日刊》1927 年 6 月 6 日

8月31日　教育部制定并公布《国立京师大学校组织总纲》。章程规定:"国立京师大学校分设十一科部,其中包括师范部(就原有之法、医、农、工、师范五大学改组),修业年限为四年。"

《教育总长刘哲呈大元帅为拟具京师国立九校改组计划请鉴核示遵文》,
《北京大学史料》(第二卷)(上),第 13 页;《教育部令(第一三八号)》,
《北京大学史料》(第二卷)(下),第 85 页

8 月 北京大学与其他八所（北京师范大学、北京女子师范大学、北京女子大学、北京法政大学、北京工业大学、北京农业大学、北京医科大学、北京艺术专门学校）国立高校合并组成"国立京师大学校"，教育部部长刘哲兼校长。

《教育总长刘哲呈大元帅为拟具京师国立九校改组计划请鉴核示遵文》，

《北京大学史料》（第二卷）（上），第 13 页

9 月 16 日 《益世报》报道：

京师大学校预算今日已议定，大致文科为一万五千元、师范部为二万四（中小在外）、法科为一万六、理科为一万五、女一部为一万一，如无变化，日内当可以部令发表。该校已通知各校，嘱今后所收一切学费，应悉数存储，不得擅自动用。此外各科部开学牌示，也已挂出，俱为九月二十日。刘哲并拟俟各科部开学之后，即分期抽查一次。文科自胡仁源兼代文科学长后，内部布置已就绪。该科分五系，各系主任，除国文系已聘定孙雄，史学系已聘定陈汉章，教育系已聘定杨荫庆。此外外国文系主任罗昌，因公务繁巨，一时不能到校，由杨荫庆兼代，预科主任一席，该校当局，拟于樊际昌或黄国聪二人择一聘请。闻各主任正在进行编订课程，准备开学，但该科因班数裁减，故对于教员将大加裁汰。

《京大预算日内发表》，《益世报》1927 年 9 月 17 日

本年 教育学系本年度毕业学生 2 人。依据籍贯，来自河北和浙江各 1 人。

《国立北京大学本科毕业学生统计表（自前清光绪三十三年起至民国十八年止）》，

《北京大学卅一周年纪念刊》，第 34 页

1928 年（民国十七年）

7 月 19 日　国民政府改"国立京师大学校"为"国立中华大学"。

8 月 16 日　国民政府推行大学区制。大学委员会通过北平大学区施行办法。"中华大学"改名为"北平大学"，北京大学改为北平大学北大学院，李石曾为校长。

12 月 2 日　北大教育学会与幼稚教育研究会邀请曾秀香女士，在北大二院大讲堂做题为《爱的教育》的讲演。

《昨日北大教育会曾秀香女士讲爱的方针》，《京报》1928 年 12 月 3 日

本年　教育学系本年度毕业学生 9 人。依据籍贯，来自河北 3 人，山西 1 人，江西 2 人，湖北 1 人，湖南 1 人，四川 1 人。

《国立北京大学本科毕业学生统计表（自前清光绪三十三年起至民国十八年止）》，

《北京大学卅一周年纪念刊》，第 35 页

1929 年（民国十八年）

3 月 15 日　北大进行各系主任选举，陈大齐当选教育学系主任。

《本届各系主任姓名》（十八年三月十五日选举），《北京大学日刊》1929 年 4 月 16 日

4 月 9 日　《益世报》报道：

北大学院教育学系全体学生，拟于毕业后到日本参观考察，

以增长知识，而便借镜，曾向该院当局请求津贴旅费一节，业志前报。闻该院评议会，对于该生等游日壮举，极为嘉许，即开会定出旅费津贴之最高额，该生等认为所订津贴数目过少，特再呈评议会。并呈交所拟渡日参观旅程表，请求复议，措辞极为恳切。原呈云：

呈为呈请复议津贴参观事。窃生等前请资助赴日参观，蒙经钧会议决，每人资助不过四十元在案，是钧会已认教育实习之重要，生等请求为正当，然以四十元国币，前往日本，何异于挟山过海，是钧会既经许之，又复靳之矣。夫教育之应参观，与理化之应实验，同其重要，故理化各系，可不参观，而不可无实验，而教育系则可无实验，而不能不参观，慨本系成立之始，蔡蒋诸师，极为重视，附校久经订划，参观夙所倡导，乃至今日，率成画饼，且学校对于本系，虽无秦越之界，每现歧视之痕，历年以来，功课既不整齐，教授又复寥落，迨及今岁，全系之中，遂无一专任之教授，置生等于不顾，任光阴之虚度，钧会具筹划全校之重位，纵不以生等学业为可惜，独不为学校名誉计耶，是则亡羊补牢，犹为未晚，东隅虽失，桑榆可复，去年本系已有一班毕业，然当军阀负隅之时，战事方殷，无暇参观，今者国民革命，已统一海内，革新教育，世有公谕，日本教育制度，虽为中国袭用，然其详细情形，及其效法西洋之程度，尚鲜介绍，未见详论。生等感时势之需，谋切身之要，故必欲前往日本，稍事观摩，必期有所建树，庶无负于学校，☐。因是讨论再三一致议决，将此种种苦衷再呈钧会，务恳念其他各系不能与本系等量齐观，日本教育尚无正式之介绍，而学校对于本系过去殊多辜负，即望于此训政开始时期，稍有补救耳，故请钧会对于原案赐以修正，规定时期，指派教员，领导生等赴日参观，需费若干，实报实销。由学校负其全责，既可如生等之愿，又适符钧会承认参观重要之至意矣。谨呈。

《北大教四学生坚请赴日参观 呈请学校增加旅费》，《益世报》1929 年 4 月 9 日

4 月 14 日　北大教育学会开谈话会。《益世报》报道：

北平大学北大学院教育系全体同学组织之教育学会，自去年改组后，颇著成绩。该会定于昨日开全体会员大会，讨论一切进行事项。后因与该校学生团体旅行颐和园日期冲突，到会者不足法定人数，改为谈话会。谈话结果，定本月二十七日下午四时再开全体大会。

《北大教育学会昨日开谈话会》，《益世报》1929 年 4 月 15 日

4 月 22 日　北大教育系一年级级友会正式成立，该会以"研究教育学术及谋求本级利益"为宗旨。会上通过《简章》，选举职员。结果，张玉池、易楷当选为文书股委员；孙祺藩、刘显焜为交际股委员；韩友璋、刘树楠为事务股委员；张普仁、王之法为图书股委员。

《北大教育系一年级级友会启事》，《北京大学日刊》1929 年 4 月 25 日

同日　北大成立一九二九毕业同学录筹备会，由各系毕业生代表组成，设编印股、文牍股、会计股和交际股。教育系毕业生代表为吴汝雷。

《一九二九毕业同学录筹备会启事》，《北京大学日刊》1929 年 4 月 25 日

4 月 27 日　北大教育学会召开教育系全体同学会议，讨论一切事宜，并改选职员，修订简章。结果，黄继植、颜秀三当选为文书股委员；刘树楠当选为事务股委员；陈世莱、詹昭清、李中昊、孙祺藩当选为交际股委员。

《北大教育学会启事》，《北京大学日刊》1929 年 4 月 25 日、30 日；

《教育学会通告一》，《北京大学日刊》1929 年 5 月 10 日

5月8日 教育学会召开第一次职员大会，议决："（1）5月12日欢送毕业会员；（2）请朱经农、李建勋来会讲演；（3）凡本会会员十人以上欲用本会名义组织临时参观者，须先请文书股向本校接洽后再行决定。"

《北大教育学会通告二》，《北京大学日刊》1929年5月10日

5月11日 北大召开第四次教务会议，会议批准了"教育学系四年级学生希望提前出发赴日本旅行"的请求。

《教务处布告》，《北京大学史料》（第二卷）（中），第1302页

5月12日 教育学会在第一院三层教育系教授会会议室举行欢送会，欢送四年级同学。他们修业期满行将赴内地各处和日本实地考察。会议由颜秀三主持，并致欢送词，一二三年级同学均有演说。

《教育学会欢送本系毕业同学大会纪略》，《北京大学日刊》1929年5月14日

5月13日 朱经农受北大教育学会邀请，在二院大讲堂讲演。

《北大教育学会昨日欢送毕业会员今日请朱经农讲演》，《京报》1929年5月13日

5月14日 北大教育学会召开第二次职员会议。会议议决：

（1）按本会经济状况出下二种刊物：a.《年刊》；b.《同学录》；（2）呈请学校要求津贴；（3）发启示征文；（4）发表格纸，调查本系教授及同学姓名、籍贯等；（5）请求学校增设下列科目及参考书：a.科目为：中等教育原理及实施、师范教育原理及实施、小学教育原理及实施、农村教育、民众教育、社会教育；b.参考书为：1）Thorndike：*Educational Psychology*；2）Kilpatrick：*Foundations of Method*；3）Bagley and Keith：*An Introduction to Teaching*；4）Cubberley：*Public School Administration*；5）Cubberley：*The Principles & his School*；6）Parker：*Methods of Teaching in High Schools*；7）Strayer：*A Brief Course in the Teaching Process*；8）Foster：*Principles of Teaching in Secondary Education*；9）Colvin and Bagley：*Human Behavior*。前三部每部须买两本：E. L. Terman：*The Efficiency of Elementary School in China*；Bode：*Modern Educational Theories*；Butler：*The Meaning of Education*；Judd：*Scientific Study of Education*；McMurry：*Conflicting Principles in Teaching and Now to Adjust Them*；Kilpatrick：*Education for Changing Civilization*；Nearing：*Education in Soviet Russia*；Dewey：*The School and Society*；Dewey：*Democracy and Education*；Hollingworth：*Mental Growth and Decline*。《教育心理学》（陆志韦译）、《审判心理学大意》（[陈大齐译]）、《社会与教育》（陶孟和[著]）、《乡村教育》（喻谟烈编）、《教育哲学》（泰东图书馆）、中华书局教育小丛书、教育丛书（中华）、《中国农业教育问题》（[邹秉文编]）、《职业教育论》（[朱景宽译]）、《天才教育论》（[朱元善编]）、《露天学校》（黄光斗译）、《实验分团教授法》（[陈文钟编]）、《教授法原理》（蔡元培[译]）、《单级小学教授法》（邓度【庆】澜编）、《修学指导》（郑宗海[编]）、《学校与社会》（刘衡如译）、《德育原理》（元尚仁译）、《办学指南》（方蔚[编]）、《苏俄新教育》（[Scott Nearing 著，潘梓年译]，北新书局）、《民本主义与教育》（[J. Dewey 著，邹恩润译]，商务）、《教育之科学的研究》（[C. H. Judd 著，郑宗海译]，商务）、《教育方法原论》（[W. H. Kilpatrick 著，孟宪承等译]）、《乡村教育经验谈》（[张宗麟编]）、《学习心理》（[S. S. Colvin 著，黄公觉译]）、《设计组织小学课程论》（[F. G. Bonser 著，郑宗海等译]）、《公民教育》（[D. Snedden 著，陶履恭译]）、《教育上兴味与努力》（[J. Dewey 著，张裕卿、杨伟文译]）、《平民主义与教育》（[J. Dewey 著，常道直

译])、斯宾塞《教育论》([任鸿隽译])、《小学组织法》([沈雷渔编])、《教育丛书》(第一二三集)、《科学教授法原理》([G. R. Twiss 著，王琎译])、《教育丛著》(一百册)、《桑代克教育学》([桑代克著，陈兆蘅译])、亚当士《教育学说演进史》【《教育理论演进史》，*The Evolution of Educational Theories*】([J. Adams 著])、贾德《科学方法的教育研究》【《教育之科学的研究》】([C. H. Judd]著，郑宗海译])、勒士克《实验的教育》【《实验教学法》】([W. A. Lay 著])、《孟禄的中国教育讨论》([孟禄著]，中华)、《教育文存》(中华)、《比奈氏知【智】能发达诊断法》([樊炳清编]，中华)；(6) 请求学校于下学年添聘：李建勋、陆志韦、赵迺传【拽】、戴夏、孟宪承、廖世承、朱经农、郑宗海、张颐、王星拱、屠孝实、俞子夷、傅斯年、瞿世英、李蒸、艾伟、陈宝锷为教授。

《北大教育学会启事(五月十七日)》，《北京大学日刊》1929 年 5 月 17 日

5 月 17 日　北大教育学会年刊编辑部发布《征文启事》。

《北大教育学会年刊征文启事》，《北京大学日刊》1929 年 5 月 17 日

5 月 18 日　教育系教授会在第一院本系教授会召开茶话会，邀请周作人、张凤举给教育系四年级学生指导关于赴日考察应注意之事项。

《教育系四年级同学公鉴》，《北京大学日刊》1929 年 5 月 16 日

5 月 22 日　教育系赴日考察团出发。考察团由四年级毕业生周遊、黄镜、洪櫺、卜锡珺、谢卿尔、沈昌武、吴汝雷、石庭瑜、齐泮林等九人组成，团长为洪櫺。洪櫺中学时代在日本读书，日文日语均极熟练。考察团从天津转道乘船赴日，进行为期三周的教育参观考察。此前校评议会议决通过，给予每人不超过四十元津贴。6 月 3 日的《日刊》刊载了考察团纪实报道——《教四赴日考察通讯——第一

次自门司发》。

《教四赴日参观出发矣》,《北京大学日刊》1929年5月24日

5月27日　教育系赴日教育考察团抵达神户。其具体行程如下:

5月27日于神户考察华侨生活状况及其所办之同文学校、中华公学;28日前往东京,赴各处考察,其中29日参观帝国大学及文部省,30日参观东京高等师范、高师附中及东京市教育局,31日参观东京女子高等师范、女高附小、幼稚园及聋哑学校、盲学校,6月1日参观东京明治寻常小学校及朝日新闻社,3日参观府立第一高等学校及东京第五中学,4日参观东京府立女子师范及东京府立第一中学校,5日自由参观;6日抵达京都,其中,7日参观京都市厅教育部、府厅教育课及府立师范学校,8日参观日彰小学、京都帝国大学;10日赴奈良,参观奈良市厅教育部、奈良女子高等师范学校及其附属学校;11日前往大阪,参观市厅教育部、市立实业学校;12日到广岛,参观县厅学务课,13日参观高等工业学校、高等师范学校及其附属学校;14日赴福冈,15日参观县厅学务课、县立女高及帝国大学。

6月12日的《日刊》刊载了《教四赴日考察教育团第二次通讯》。

《教四赴日考察教育团第二次通讯》,《北京大学日刊》1929年6月12日;
《北大教育考察团 抵日后之考察日程》,《京报》1929年6月13日

5月　图书馆公布"新到杂志目录",与教育相关的有:《国立中央大学教育行政周刊》(第72—77期、第88期、第91期)、《教育杂志》(第21卷第1号、第2号)、《四川教育公报》(第1卷第10期、第2卷第1期)、《云南教育公报》(第4卷第3期)、《民众教育月刊》(第1卷第1、2期)、《察哈尔教育公报》(第1卷第1—5期)、《中华教育界》(第17卷第5、6期)、《湖南教育》(第1、2期、第5期)、《广西教育公

报》(第 2 卷第 10—11 期、第 3 卷第 1—3 期)、《中法教育界》(第 20、21 期)、《黑龙江通俗教育周报》(第 10 期)、《江西教育公报》(第 1 卷第 30—36 期、第 2 卷第 1—7 期)、《山西教育公报》(第 251、253—255、257—259 期、第 272 期)、《河南教育公报》(第 1 卷第 1—12 期)、《广西教育》(第 3、6、7、9 期)、*School and Society*（Vol. 27，No. 680、681)、《河北教育评论》(第 2 期)、《吉林教育公报》(第 1 期、第 2 期)、《辽宁教育月刊》(第 1 卷第 4 号)、《地方教育》(第 3 期)。

《图书部启事》，《北京大学日刊》1929 年 5 月 11 日、14 日、18 日、

21 日、23 日、29 日、31 日

6 月 1 日 教育学会召开第一次《年刊》全体筹备委员大会。会议决议："(1)通过《北大教育学会出版年刊计划案》。(2)《年刊》筹备委员会内设编辑、经理二部，编辑委员为陈东原、詹昭清、颜秀三，负责编撰及征稿事宜；经理委员为黄继植、孙祺潘【藩】、邹湘、张玉池，负责经济印刷发行等事项。"

《北大教育学会出版年刊计划》如下：

（一）本会拟出版北大教育年刊，每年发行一本，暑假前出版。一九二九夏出第一期。(二)出版《年刊》的旨趣：(1)表现北大教育系的精神；(2)发抒心得贡献教育界；(3)纪念每届毕业同学；(4)提高同学研究兴趣。(三)《年刊》文体，约为十类：(1)评论；(2)专著；(3)译述；(4)讲读；(5)研究；(6)报告；(7)教育文艺；(8)通信；(9)同学消息；(10)学会纪事。(四)年刊内容均以教育为限，约如：(1)教育哲学；(2)教育行政；(3)教育史；(4)教育心理；(5)学校教育；(6)社会教育；(7)教育问题：a.高等教育；b.中等教育；c.小学教育；d.职业教育；e.农村教育；f.女子教育；g.党化教育。(五)本刊稿件，以现在教授、从前

教授、毕业同学、现在同学之撰述,及来校讲演者讲稿等为主体,而每届毕业同学,于该届年刊,至少须每人一篇。(下略)

《教育学会年刊筹备委员会通告》,《北京大学日刊》1929 年 6 月 4 日

6 月 3 日　图书馆公布"新到杂志目录",与教育相关的有:《中华教育界》(第 17 卷[第]8 号)、《吉林省教育会月报》(第 1、2 期)。

《图书部启事》,《北京大学日刊》1929 年 6 月 6 日

6 月 4 日　图书馆公布"新到杂志目录",与教育相关的有:《教育杂志》(第 21 卷[第]3 号)、《教育周刊》(第 67、68 号)。

《图书部启事》,《北京大学日刊》1929 年 6 月 6 日

6 月 9 日　受北大教育学会邀请,傅斯年做题为《西欧大学中之文学教育》的讲演。

《公开讲演》,《北京大学日刊》1929 年 6 月 8 日

6 月 18 日　北大公布《国立北平大学北大学院入学考试规则》(民国十八年修订)。

《国立北平大学北大学院入学考试规则》,《北京大学日刊》1929 年 6 月 18 日

6 月 25 日　国民政府停止大学区制。

6 月 26 日　教育系四年级全体同学在第二院荷花池畔摄影纪念。

《教四同学公鉴》,《北京大学日刊》1929 年 6 月 25 日

7 月 3 日　北大各学系联席会向学生会提交《学校之教员及课程建议书》。其中教育学系提出:"教育学系下学期能添聘教授人选为:李建勋、陆志伟【韦】、赵迺传【抟】、戴夏、孟宪承、廖世承、朱经农、郑宗海、张颐、王星拱、屠孝实、俞子夷、傅斯年、瞿世英、李燕、艾伟、陈宝锷。"

《学生会通告》,《北京大学日刊》1929 年 7 月 5 日

7月26日 国民政府公布《大学组织法》，其规定：大学分文、理、法、教育、农、工、商、医各学院。

《国民政府令》，《国民政府公报》第227号，1929年7月27日

8月6日 北京大学恢复校名。

8月14日 教育部公布《大学规程》。第二章关于学系及课程规定指出，"大学教育学院，或独立学院教育科，分教育原理、教育心理、教育行政、教育方法及其他各学系。大学或独立学院之有文学院或文科而不设教育学院或教科者，得设教育学系于文学院或文科"。

《大学规程》，《教育部公报》第1卷第9期，1929年

9月23日 北大公布《国立北京大学教育系课程》（十八年至十九年度）。

《国立北京大学教育系课程》（十八年至十九年度），

《北京大学日刊》1929年9月23日

9月28日 注册部布告："徐炳庆函请复学应照准，并经教育系主任核定，准入教二肄业，但须以化学为辅科；程坤一函请复学应照准，并经教育系主任核定，准入教二肄业，但须以物理为辅科。"

《注册部布告》，《北京大学日刊》1929年10月1日

9月30日 北大学生会公布《发展北大计划大纲》。在完善北大组织上，研究院下设多个研究所，包括哲学教育研究所。并添设试验学校，"此专为教育系而设，由学校创办中小学校各一所，作该系实习之用"。

北大学生会文书股：《发展北大计划大纲》，北大学生会1929年版

10月3日 注册部布告："丁锡魁现经教育系主任核定，准入教二肄业，但须以数学为辅科；叶审之现经教育系主任核定，准入教二肄

业,但须以哲学为辅科;朱银山函请复学,应照准,仍入教二。"

《注册部布告》,《北京大学日刊》1929 年 10 月 4 日

10 月 9 日　教育系二年级级友会在教育系教授会举行秋季大会,改选职员并讨论一切会务。

《教育系二年级级友会通告》,《北京大学日刊》1929 年 10 月 8 日

10 月 12 日　教育系选举出席学生会代表。结果,教育系四年级为:李辛之(三票)当选、李荣荫(一票)候补;教育系三年级为:崔心素(四票)当选、颜长毓(三票)当选、邹湘(二票)候补;教育系二年级为:孙祺藩(五票)当选、刘显焜(两票)当选(备注:教育系二年级共二十六人,应选代表两人)。

《教育系二年级启事》,《北京大学日刊》1929 年 10 月 12 日;

《教三通告》,《北京大学日刊》1929 年 10 月 15 日;

《教育系四年级启事》,《北京大学日刊》1929 年 10 月 17 日

10 月 16 日　学生会召开第一次代表大会并选举职员。其中教育系学生李辛之当选为审计委员会委员;崔心素当选为执行委员会文书股副主任;颜长毓当选为执行委员会调查股委员;孙祺藩当选为执行委员会训练股副主任;刘显焜当选为调查股副主任。

《学生会通告》,《北京大学日刊》1929 年 10 月 18 日

10 月 19 日　北大教育学会在红楼三层楼教育系教授会开全体大会欢迎新同学,讨论一切会务、改选职员并修改简章。会议决定:

A. 职员方面:文书委员为颜秀三、张兰堂;出版委员为李辛之、邹湘;事务委员为刘树楠、张玉池;筹备试验小学起草委员为李辛之、余尊三、颜秀三、李荣荫、张书堂;交际委员为李荣荫、蒲敏政、刘显焜、余尊三。B. 会务方面:1)组织参观团;2)敦请教育专门家作系统讲演;3)请学校当局从速聘请教育主讲;4)组织

委员会筹备试验学校；5）请本系教授作读书指南（关于教育方面的）；6）请学校方面速编印本系课程指导书；7）请学校多购教育图书；8）恢复旧有平民夜校；9）催刘廷芳、戴夏两教授速来校授课；10）由出版部联络本校各系出版部共同组织一出版委员会。C. 修订简章。

22 日的《日刊》刊载了《北大教育学会简章》。

《北大教育学会通告》,《北京大学日刊》1929 年 10 月 22 日

10 月 21 日　图书馆公布"新到书籍目录",与教育相关的有：Li Chien-hsun：*Some Phases of Popular Control of Education in the United States*；Tidyman：*The Teaching of Spelling*。

《图书部新到书籍》,《北京大学日刊》1929 年 10 月 21 日

10 月 31 日　北大公布《国立北平大学北大学院十六年度得奖吉生表》,其中教育学系一年级学生孙祺藩名列其中。

《国立北平大学北大学院十六年度得奖吉生表》,《北京大学日刊》1929 年 10 月 31 日

本月　图书馆公布"新到杂志目录",与教育相关的有：*The Journal of Educational Psychology*（Vol. 20, No. 1, 2, 3, 4, 5）；*Journal of Educational Research*（Vol. 19, No. 1-5；Vol. 20, No. 1）；《教育杂志》（第 21 卷第 7 号、第 8 号）、*Education*（Vol. 50, No. 1）；*The Elementary School Journal*（Vol. 20, No. 5-10）；*School and Society*（Vol. 30, No. 767, 768）；*The Times Educational Supplement*（No. 748）；《中法教育界》（第 24、25、26 期）、《河北教育》（第 2 卷第 2、3 期）、《河北教育评论》（第 3 期）、《现代教育》（第 1 期）、《地方教育》（第 7 期）。

《图书部新到杂志》,《北京大学日刊》1929 年 10 月 9 日、25 日、26 日、28 日、31 日

11 月 10 日　受北大教育学会邀请,邱椿在第二院大讲堂做题为

《社会主义的教育》的讲演。11 月 23 日至 12 月 4 日的《日刊》连载了演讲稿。

《北大教育学会讲演改期通告》，《北京大学日刊》1929 年 11 月 8 日

11 月 11 日　《北大月刊》出版委员会召开第一次筹备会。会议由教育系学生李辛之担任主席，并选定李辛之、缪培基、林伯雅为起草委员。

《北大月刊出版委员会第一次筹备会通告》，《北京大学日刊》1929 年 11 月 14 日

同日　教育系一九三二级友会召开秋季大会并改选各股职员。结果：文书为周若度、章震南；交际为夏宗锦、韩玉波；事务为全国体、任傅鼎；图书为张舫、易楷。

《教育系一九三二级友会启事》，《北京大学日刊》1929 年 11 月 16 日

11 月 15 日　出版部公布北大出版的各学科讲义，与教育学科相关的有：《中国教育思想史》《德文教育选读》《英文教育选读》。

《出版部启事》，《北京大学日刊》1929 年 11 月 15 日

11 月 18 日　"北大月刊委员会"正式成立。会议由教育系学生李辛之担任主席并以最高票数当选编辑股职员。

《北大月刊委员会成立会通告》，《北京大学日刊》1929 年 11 月 21 日

11 月 21 日　北大教育学会推定起草委员起草了《国立北京大学教育系筹办附设实验学校计划大纲》。全文如下：

（一）筹办小学部计划大纲

（1）设立旨趣

A. 谋中国教育之根本革新：中国废科举设学校，迄今垂三十年，但过去一切教育之理想与制度，均非无目的抄袭舶来品。中国之教育失败多而成绩少，无需讳言。本校负有革新国家文化教

育之使命，则创设小学，树立楷模，以资本国小学之观摩，以谋国家教育根本之革新，诚属必要。

B. 适应本校目前之需要，本校设教育系，忽忽数年，设备陋简，成绩稀微。近世教育潮流所驱，莫不承认"教育即生活"一语为解释教育目标最正确之意义。故研究教育而徒事课堂听讲，或空探理论；使所学与实际分离，决难期有成绩。国内设备较良，成绩较优之师范学校（如前南京高师及北京高师）皆有附设中小学校，实有甚重要之意义。且近年来世界教育之理想与制度，瞬息万变，成效如何，端赖试验。故创设小学，以资师生之实验，尤为本校目前急切之需要也。

（2）学制与班数

1. 毕业年限定为六年。

2. 先设低年级两班，中年级两班，高年级以后添设。

（3）行政组织

A. 原则

1. 为使小学与本校行政发生密切的联络关系及培植团体精神起见，本校校长，教育系主任及小学教师均可参与行政事宜。

2. 每一行政单位之职权，须明白规定。

3. 全校行政组织，须保有统合之关系。

4. 为办理特种事件，得设特种委员会。

B. 组织

1. 实验小学主任由本校聘任委员会就教育系教授中聘请一人兼任。

2. 小学内设评议会，由小学主任，本校校长，教育系主任，及小学教师若干人组织之，小学主任为当然主席。

3. 小学设事务、教务、训育三部,每部设主任一人,由小学主任聘请小学教员兼任。组织系统表如下:

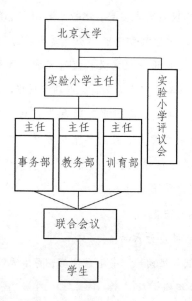

（4）课程

A. 选择教材标准:

1. 须代表现世生活上直接的需要及其兴趣。

2. 须顾及儿童个人之需要及其能量。

3. 须顾及社会生活上之相对的价值及学校设立之宗旨。

B. 教材之编定:

依上列标准及教育部所颁布课程标准另行规定之。

（5）设备

1. 参考现在一般小学之设备,于开办时购置之。

2. 以后视财力所及,以尽量求设备之完整为原则。

（6）经费

1. 本小学经费于制定预算后呈本校校长核准，由会计课按数拨给。

2. 开办费二千元，预算表另订之。

3. 经营费每月一千元，预算表另订之。

4. 临时建设及其他特别费用，临时订定预算。

（7）校址

孔德学校现在校址为本校所有，从前本校无所需用，故为该校借用。现本校已有需用，自应收回。进行办法由本校即日致函该校，交教育学会职员直接与之交涉。

（8）设备机关之成立

为使本计划早日实现起见，即日由校长派定本校教员二人，会同教育系主任，教育学会代表三人，组织小学筹备委员会，规划一切进行事宜。

（9）开办期限

暂定本学期筹备完毕，下学期正式开学。

附预算表：

北京大学筹办实验小学开办费预算表	
类别	数目
修理校舍	500
购置桌凳器具	800
图书仪器	400
杂支	300
总计	2000

国立北京大学附设实验小学每月经费预算表	
类别	数目
主任薪金(一人)	100
各部主任薪金(由教员兼任)	60
教员薪金(八人)	560
职员差役薪金	100
图书	80
文具杂支	100
总计	1000

《国立北京大学教育系筹办附设实验学校计划大纲》,

《北京大学日刊》1929 年 11 月 21 日

11 月 27 日 教育学会公布邱椿开设"中国教育思想史""唯物主义与教育""小学教育"和"英文教育学选读"的课程大纲。

《教育学会通告》,《北京大学日刊》1929 年 11 月 27 日

同日 教育系一九三三年级友会举行成立大会。会议内容包括:"(1)推举主席为余尊三;记录为冯莙周;(2)介绍会员;(3)讨论及决议案:1)通过简章;2)全体会员合影;3)于寒假前聚会一次;(4)选举职员:1)文书为滕大春、冯莙周;2)交际为余尊三、叶藩;3)事务为张书堂。"

《教育系一九三三年级友会成立大会》,《北京大学日刊》1929 年 11 月 30 日

12 月 5 日 注册部布告:"戴夏现已来校,所授教育系功课由下星期起开始讲授。"

《注册部布告》,《北京大学日刊》1929 年 12 月 5 日

同日 刘钧撰写了一篇《北大要办试验学校》文章。全文如下:

1. 试验学校与教育系

教育事业，固然不是"匠作行"和"机器制造业"，可以"不知所以然的去瞎摩仿，硬胡办。"但教育学，也不是可以关起堂门，高谈阔论，和"下帏读书，三年不窥园门"所能得到的学问。教育学固然不是没有生机的技术，（旧译工业 Technik）；然也不是专尚纯理不求实用的科学。

我们去研究教育，必须用科学的系统、客观和准确等方法；我们若去教学，又不能不用一种带有生机的技术，我叫他做教育的节奏 Pädagogischer Takt，（参看我的《师范学校的三大任务》，载在《师大新声》第一卷第四五六期）。只是决不能因此，就把教育当做技术，或是把它当做科学。人若把教育当做技术，我们固然是要反对。就是人肯把教育当做科学。我们也要"必领敬谢"的拒绝这顶高帽子。所以说，我们只承认有教育的技术（Pädagogische Technik），不承认有技术的教育学（Pädagogik als Technik oder Kunst）。我们只承认教育学中有科学的方法（Die wissenschaftliche Methode）。而不承认有所谓科学的教育学（Pädagogik als wissenschaft oder Erziehungswissenschaft）。那末，教育到底是什么呢？教育学到底是什么呢？我们干脆说：教育就是教育，教育学就是教育学。

前几年在德国，这个问题也曾哄动一时。可是这个问题在德国更难了。德国的学者，把学问分为四大类。就是：哲学（Philosophie），科学（Wissenschaft），技术（Technik），和美术（Die schöne Kunst）。把教育当做哲学和美术，当然相去太远，不伦不类。把教育当做技术吧。教育家和教育学者，又嫌有屈身分。把教育当做科学吧。一则因为科学家不肯承认。二则因为教育学实不能够切合科学所要求的条件。既不能如史学一样，确定为精神科学。又不能如物理学化学一样，确定为自然科学。赞成科学的教育学的人说:教育学至少也可以和心理学一样，成为科学。反对科学的教育学的人说:教育学根本同政治学一样，是永远不能成为科学的。正在这两不相干，胜负难分的时候，就由他们的领袖教育家克申什太奈(G. Kerschensteiner)说出了一个解决的法子。就是说，在哲学、科学、技术、美术四种学问之外，还有陶冶(Die Bildung)一门学问。而且陶冶是与人生和社会最关紧要的学问。所以说他在一九二六出版的一部大著作，差不多可以说是包括他的全幅教育意见的著作了。他不叫它做教育哲学，也不叫它做科学的教育学，而叫它做陶冶原理(Theorieder Bildung)。任凭说他这部书是用哲学的深思想，和科学的方法写出来的。自士赫歌(E. Spranger)把科学、技术和陶冶，相提并论。这个复杂的问题，就算完全解决了。我以为这个解决法子很好。比那些人牵强附会的，把教育学当做应用科学，聪明的多，非常的彻底。我在前边已说过了。教育就是教育，教育学就是教育学，也就是本着这种道理。

那末，我们的教育学是独立的了。但是他们研究科学的人，就有他们的实验室。学习技术的人，也有他们的工场，去练习。难道说我们学习教育的人，就不用实习的区域吗? 是的，我们一定要试验学校! 但凡可能，我们也必得办一个试验学校! 不然，我们的教育系，就不能算是完全无缺的。我们的教育学，也就无从研究起。因试验学校就是我们的实验室! 就是我们的工场!

2. 试验学校与文理科

我还觉得试验学校，不只是专对于教育系是有益的，而对于文理科的同学，也有好处。说到此处，我必得预先声明:我并不是把文理科，看做中等学校教员养成所。我确知道文理科的目的不在此。就是我们教育系的同学；我也不敢说他们将来必须当中学教员。他们也还有其他的目的所在。

不过我觉得在现在的中国，仿佛文理科的同学以当教员为唯一的出路。继续研究学问，中国既缺乏这种组织；在个人经济上，亦每无法可以支持下去。要是随便的去混事。又觉得有些不对。那末，当教员简直可以说是正当的出路了。要说起来这种情形，也不是在中国独有的。在欧各国的文理科毕业生，多半也是充任中学教员。自己继续研究的和充任大学教员的人，究占很少数。所以说我主张文理科同学，也应当在可能的范围内，求一点教育知识。如果将来不当教员呢，也不妨事。如果当了教员，就不至于生手生脚的。我想现在中国的中学办理不善，这未必不是中学教员在大学里没有得到相当训练的原故。至少也可以说是一部分的原因吧？如果我们有了试验学校。或者也许能够借此提起文理两科同学的教育兴趣。得到相当观摩和实习的机会。也是教育界的一大幸福！

3. 试验学校与中国教育

中国自兴学到了如今，已经办了多年学校了。但没有一种是确实试验过，得到相当的成绩，与中国情形相合，再去施行。多半是"随便抄来"冒然施用。那末，我们现在要办试验学校。就是想去给中国找一种适当的教育，去试验它在中国，是不是适于国情，是不是中国社会的需要？我想最好就是试办克申什太奈的工作学校（Die Arbeitsschule von Kerschensteiner）。因为这种教育是社会的，是平等的，正合于世界潮流；而且它的效用，能养成一切精神的和身体的职业预备的能耐，逻辑思想和良俗化（伦理性），正能补救中国社会的缺点。它的详细内容,大家都已知道了。(还可以参看我的德国的新教育曾载在《新晨报》)。而且这种教育;在德国和瑞士、瑞典等国,已经实行了。且得到了良好的结果。不过我们还要试验一下,在中国是否能行。也是小心的意思。但是我敢说一定可以成功。

4. 试验学校的两个大任务

那末,试验学校是应该办的。工作学校又可以作为我们试验的好对象。且不久就要提出评议会。如果通过,就要开办了。我想这是一定可以通过的。因为它是教育系极需要的设备。我已看见了诸位同学和诸位教员,都有了相当的热诚。我们现在就把它作为一定要办的。可是有两点必须注意:第一,试验学校是同学的试验场所。必得名副其实的,供同学的实习。别让它陷于旧辙。名为附属学校。实与本校实验无关。即偶然能让同学少加参观。偶作一两次练习。这也是其他学校可能代表的事情。又何必特别附设学校呢? 第二,试验学校虽是学习教育的人的实验场所。但是还得照顾到该校学生的发达,试验学校与实验室究不相同。万不可把儿童当做实验室的小动物。随便的去牺牲。我们一定得办到儿童和家长,不觉得自己或是让他的子弟,住在试验学校,乃是住在模范学校,才算相宜!

这两点,我叫它做试验学校的两大任务。应当如何去调和? 应当如何去努力? 全看我们的计划和实行!

十八年十二月五号　海蓬刘钧

刘钧:《北大要办试验学校》,《北京大学日刊》1929 年 12 月 20 日、23 日

12 月 15 日　受教育学会与政治学会邀请,王之相在第二院讲堂做题为《革命后的俄国》的讲演。1930 年 1 月 15 日和 16 日的《日刊》刊

载了讲演稿。

《政治学会、教育学会联合启事》,《北京大学日刊》1929 年 12 月 11 日

本年　教育学系本年度毕业学生 13 人。依据籍贯,来自河北 3 人,浙江 1 人,安徽 1 人,江西 2 人,湖南 3 人,四川 2 人,台湾 1 人。

《国立北京大学本科毕业学生统计表》(自前清光绪三十三年起至民国十八年止),

《北京大学卅一周年纪念刊》,第 36 页

1930 年（民国十九年）

1 月 4 日　出版部公布本学期印刷所出版的讲义,与教育学科相关的有:《中国教育思想史》《唯物主义与教育》《教授法原理》。

《出版部调查印刷所本学期工作报告》(12 月 30 日),

《北京大学日刊》1930 年 1 月 4 日

1 月 6 日　教育学会在第一院第十教室举行全体职员会议,会议决议如下:

（1）童先生[①]新婚事,用本会名义送画屏一副,喜联一对,并派全体职员往贺;（2）请戴主任(戴夏)添聘教授,并增加学务调查、各国教育制度、乡村教育、教育公文程式等课程;（3）戴先生正在收集本系各教授图书单,以便购办,同学中有对于本系需备书籍者,请再开单于最短期内交来本会。

《北大教育学会通告》,《北京大学日刊》1930 年 1 月 8 日

---

① 童先生应为童德禧。

1 月 9 日　教育学会提议"设实验学校，要求开办费二千元，每月常费一千元"。今日北大评议会议决："按照目下每月预算无款可拨，俟呈请教育部增加经费后再议。"

《本校布告》，《北京大学日刊》1930 年 1 月 11 日

1 月 12 日　教育学会一九三三年级友会在第一院三层楼东首教育学会召开本级友会聚乐大会。

《教育系一九三三年级友会通告》，《北京大学日刊》1930 年 1 月 10 日

1 月 21 日　图书馆公布"新到杂志目录"，与教育相关的有：《山西教育周刊》(Vol. 2，No. 33)、《中国大学周刊》(Vol. 1，No. 1，2)、《安徽教育行政周刊》(Vol. 2，No. 30)、《地方教育》(No. 8)、《吉林教育公报》(No. 19，20，21，22，23，24，28)、《河北省教育公报》(No. 2，3，4，5)。

《图书部新到杂志如下》，《北京大学日刊》1930 年 1 月 21 日

1 月　图书馆公布"新到书籍目录"，与教育相关的有：B. D. Wood：*Measurement in Higher Education* (2 Vols)；V. E. Dickson：*Mental Tests and the Classroom Teacher*；I. Babbitt：*Literature and the American College*。

《图书部新到书籍》，《北京大学日刊》1930 年 1 月 16 日、23 日

2 月 19 日　图书馆公布"新到书籍目录"，与教育相关的是《三民主义教育原理》。

《图书部新到书籍》，《北京大学日刊》1930 年 2 月 19 日

3 月 14 日　教育系在第一院第三层楼教育系教授会开全体大会。

《北大教育学会通告》，《北京大学日刊》1930 年 3 月 11 日

3 月 18 日　教育学会在第一院召开本届第二次全体大会，会议由颜秀三主持，由张玉池记录。讨论事项如下：

（1）实验小学问题；（2）教育系阅览室问题；（3）参考书问

题；(4) 小友周刊问题：当日选举出颜秀三、张普仁、张玉池、易楷、滕大春为小友周刊编辑委员；(5) 实验室问题；(6) 西洋哲学史问题；(7) 讲演问题：议决敦请教育专家赵元任、韩定生、傅斯年、李蒸、汤茂如……诸先生讲演，每两周举行一次；(8) 管理法及伦理学讲义问题；(10) 附中问题之议决：a. 仍由实验小学筹备员负责筹备；b. 向评议会贡献意见请予援助；c. 由文书股发表宣言，但会员中如有关于此项文字宣传作品，亦可汇交文书股代为发表。

《北大教育学会本届第二次全体大会》，《北京大学日刊》1930 年 3 月 20 日

4 月 17 日　北大学生月刊委员会召开第六次常务会议。会议首先由教育学系学生李辛之报告了与陈大齐(代校长)接洽的经过。其次，推举了李辛之、赵启雍负责起草发刊词，并通过了月刊委员会教员顾问名单，其中有教育系教员张颐、戴夏、李建勋、邱椿、陈大齐、樊际昌、徐炳昶、傅铜。

《北大学生月刊委员会通告》，《北京大学日刊》1930 年 4 月 19 日

4 月 22 日　教育系四年级学生赴日参观团八人与经济系参观团六人乘平津快车出发。教育系参观团指导员为戴夏，团员有王德崇、黄继植、黄佛、李荣荫、詹昭清、秦槐士、李辛之。7 月 1 日的《北大学生》刊载了参观团撰写的《参观日本教育报告》。报告分上、下篇，上篇为《参观日记》，下篇为《日本教育一瞥》。下篇又分五部，内容为：(1) 日本之教育目的；(2) 日本之教育制度；(3) 日本之学校教育(幼稚教育、初等教育、中等教育、师范教育、高等教育、特殊教育)；(4) 日本之社会教育；(5) 综合与批评。

《通信》，《北京大学日刊》1930 年 5 月 10 日；

国立北京大学教育系赴日参观团：《参观日本教育报告》，

《北大学生》第 1 卷第 2 期，第 60—202 页

4 月 24 日　教育学会在第一院三层召开全体大会,解决一切重要问题。

《北大教育学会通告》,《北京大学日刊》1930 年 4 月 22 日

本月　图书馆公布"新到杂志目录",与教育相关的有: *School and Society*(Vol. 30, No. 776, 778-780, 781); *The Elementry School Journal* (Vol. 30, No. 3); *The Times Educational Supplement* (No. 760-763);《教育》(Vol. 21, No. 10, 12)、《教育杂志》(Vol. 21, No. 11, 12; Vol. 31, No. 11)、《民众教育月刊》(Vol. 2, No. 1)、《山西教育公报》(No. 284-285, 287-288, 28 □-290)、《地方教育》(No. 13)、《教育月刊》(No. 2, 3, 5)、《河北教育公报》(Vol. 2, No. 13; Vol. 3, No. 1, 3)、《吉林教育公报》(No. 12, 37-3 ☑, 43, 44)、《教育学报》(No. 1)、《中法教育界》(No. 2 ☑-30, 97)、《福建教育周刊》(No. 5 ☑)、《安徽教育行政周刊》(Vol. 2, No. 43-44)、《辽宁教育月刊》(Vol. 1, No. 11, 12)、《教育与民族》(Vol. 1, No. 6)、《察哈尔教育公报》(No. 17-18)、《陕西教育周刊》(Vol. 3, No. 2)、《中华教育界》(Vol. 17, No. 11, 12)、《湖南教育》(No. 4, 14)、《青岛教育》(Vol. 1, No. 3)、《河南教育》(Vol. 2, No. 12)、《中国学生》(Vol. 1, No. 11)、《安徽教育》(Vol. 1, No. 4)。

《图书部新到杂志》,《北京大学日刊》1930 年 4 月 7 日、16 日、
18 日、21 日、23—26 日、28—29 日

5 月 5 日　图书馆公布"新到杂志目录",与教育相关的是《山西教育公报》(No. 10)。

《图书部新到杂志》,《北京大学日刊》1930 年 5 月 5 日

5 月 28 日　图书馆公布"新到书籍目录",与教育相关有: W. R. Smith: *An Introduction to Educational Sociology*; A.［J.］Inglis: *Principles of Secondary Education*; E. L. Thorndike: *Education*; D. Starch: *Education-*

al Psychology；F. P. Graves：*Great Educators of Three Centuries*；J. A. Stevenson：*The Project Method of Teaching*；E. P. Cubberley：*Public School Administration*；N. M. Butler：*The Meaning of Education*；I. E. Miller：*Education for the Needs of Life*；S. C. Parker：*Methods of Teaching in High Schools*。

《图书部新到书籍》,《北京大学日刊》1930 年 5 月 28 日

5 月 30 日　北大公布新修订的《国立北京大学入学考试规则》。

《国立北京大学入学考试规则》,《北京大学日刊》1930 年 5 月 30 日

6 月 1 日　《北大学生》(*The Student Monthly of Peking National University*)创刊号出版。本刊由北大学生月刊委员会编辑,编辑主任为教育系学生李辛之。该刊主要刊载本校师生的学术论著和译述,其中以政治、经济、文、史、哲、教育、社会学等为重点,兼有数学、理化及地质学等方面的著作。

《北大学生》第 1 卷第 1 期, 1930 年 6 月 1 日

6 月 3 日　北平师范大学副校长李蒸受北大邀请,做题为《全国教育会议》的讲演。

《李蒸昨讲演全国教育会议:北京大学昨开讲演大会》,《京报》1930 年 6 月 4 日

6 月 8 日　教育系在第一院三层教育系教授会开会欢送四年级毕业同学,并讨论本系下期之一切进行事宜。

《教育系文书股通告》,《北京大学日刊》1930 年 6 月 7 日；

《北大教育系欢送毕业同学昨开全体大会》,《京报》1930 年 6 月 9 日

6 月 28 日　图书馆公布"新到书籍目录",与教育相关的有：University of the State of New York：*Report on Higher Education in the State of New York for the School Year Ending July 31*；G. D. Strayer：*A Brief Course* *in the Teaching Process*；E. N. Henderson：*A Text-Book in the Principles of Education*；J. Dewey：*Democracy and Education*；S. C. Parker：*General Methods of Teaching in Elementary Schools*；E. P. Cubberley：*State and County Educational Reorganization*；E. P. Cubberley：*The History of Education*；E. P. Cubberley：*Readings in the History of Education*；P. Monroe：*A Brief Course in the History of Education*；P. Monroe：*A Text-Book in the History of Education*。

《图书部新到书籍》,《北京大学日刊》1930 年 6 月 28 日

7 月 25 日　北大公布本届招考本科新生录取名单,其中教育学系录取何寿昌、孙长元二名。且本次招生按照名额进行,学生进校后不能转系。

《国立北京大学布告》,《北京大学日刊》1930 年 7 月 26 日

7 月 26 日　《京报》报道:

北大民众夜校虽在经费支绌之中,而应兴应创之工作,均次第举行。前后招收新生百余人,新旧生已达三百二十余人。除原设八班外,今学年另新添设师范班,教员多系北大教育系高材生,一般学生闻风前来投报者,络绎不绝。

《北大民众夜校添设师范班》,《京报》1930 年 7 月 26 日

8 月 9 日　图书馆公布"新到杂志目录",与教育相关的有:《安徽教育行政周刊》(第 90—98 期)、《山西教育公报》(第 195 期)、《山东教育行政周报》(第 87、88、90、94 期)、《察哈尔教育公报》(第 21、22 期)、《安徽教育》(第 1 卷,第 7、8 期)、《吉林教育公报》(第 52、53、54、55、58、59 期)、《湖南教育》(第 19 期)、《教育与民众》(第 1 卷第 9 号)。

《图书部启事》,《北京大学日刊》1930 年 8 月 9 日

9 月 6 日 图书馆公布"新到书籍目录",与教育相关的有：C. M. Mason：*An Essay Towards a Philosophy Education*；H. H. Foster：*Principles of Teaching in Secondary Education*；G. H. Betts：*Social Principles of Education*；J. Dewey：*School of Tomorrow*；C. H. Judd：*Introduction to the Scientific Study of Education*. F. W. Johnson：*Administration and Supervision of the High School*；L. V. Koos：*The American Secondary School*；S. C. Parker：*Methods of Teaching in High Schools*；S. C. Parker：*General Methods of Teaching in Elementary Schools，including the Kindergarten*；S. C. Parker：*Types of Elementary Teaching and Learning，including Practical Technique and Scientific Evidence*；C. H. Judd：*Philosophy of Secondary Education*；E. W. Adamson：*The School，The Child and The Teacher*；T. P. Nunn：*Education：Its Data and First Principles*。

《图书部新到书籍》,《北京大学日刊》1930 年 9 月 6 日

9 月 26 日 教务处公布各系旁听生名单。其中教育学系准许旁听者为姜蕴粹、孙乃莲二人,但需考试通过,方可旁听。最终姜蕴粹通过考试,准许为旁听生。

《教务处布告(一)》,《北京大学日刊》1930 年 9 月 27 日；

《教务处布告(一)》,《北京大学日刊》1930 年 10 月 14 日

10 月 7 日 北大召开第十六次教务会议。会议就"预科甲、乙两部各系学生毕业后转入其他部各系的办法"进行了讨论。议决如下："须考试各该部主要科目,及格后,始准转入。但甲部各系毕业生转入教育、哲学、心理三系者得免试。"

《教务处布告》,《北京大学日刊》1930 年 10 月 8 日

10 月 13 日 《日刊》刊载《北大附设民众夜校简章》。该《简章》规定："师范班的必修科目包括教育学、教育心理、教学法、教育测验

及统计、小学教育、乡村教育、教学实习等。"

《北大附设民众夜校简章》,《北京大学日刊》1930 年 10 月 13 日

10 月 21 日　北大公布《教育学系本学年课程表》(十九年至二十年度)。

《教育学系本学年课程表》(十九年至二十年度),

《北京大学日刊》1930 年 10 月 21 日

10 月 25 日　图书馆公布"新到杂志目录",与教育相关的有:《教育要义》、《山西教育公报》(第 197、199 期)、《吉林教育公报》(第 60—63 期)、《河北教育公报》(第 9—12 期)、《辽宁教育公报》(第 11、12、18 期)、《湖北教育公报》(第 1 卷第 1—5 期)、《教育月刊》(第 10 期)、《山东教育行政周报》(第 100 期)、《察哈尔教育公报》(第 26 期)、《教育季刊》(第 1 卷第 2 号)、《民众教育月刊》(第 2 卷第 10 期)。

《图书部启事》,《北京大学日刊》1930 年 10 月 25 日

10 月 26 日　教育学会召开第一次全体大会。会议由张兰堂主持,颜秀三记录,会议决议如下:

（1）图书阅览室案。决议:a.组织图书委员会,由大会票选滕大春、孙祺藩、邹湘、张兰堂、王冠英、张玉池、余尊三七人,候补委员为易楷、蒲敏政、张普仁;b.图书名单交图书委员会审查。（2）试验小学交职员会办理。（3）西洋哲学史案暂缓公布。（4）增加中等教育课程,于必要时可聘杨子馀担任。（5）关于讲义案:a.补充旧欠讲义;b.本年讲义务求完整。（6）本会委员改选如下:文书为张兰堂、张玉池;事务为何寿昌、张普仁;出版为滕大春、易楷;交际为蒲敏政、孙祺藩、叶藩、史凯元。

《北大教育学会第一次全体大会》,《北京大学日刊》1930 年 10 月 31 日

10 月 28 日　教育系全体同学在第一院三层教育系教授会召开全体大会，欢迎新同学，改选职员，并讨论图书阅览室、图书管理等问题。

《教育学会通告》，《北京大学日刊》1930 年 10 月 27 日；

《北大教育学会昨欢迎新同学》，《京报》1930 年 10 月 29 日

10 月　图书馆公布"新到书籍目录"，与教育相关的有：John A. H. Keith & W. C. Bagley：*An Introduction to Teaching*；W. H. Kilpatrick：*Education for a Changing Civilization*；B. H. Bode：*Modern Educational Theories*；W. Goodsell：*The Education of Woman*；H. H. Horne：*The Philosophy of Education*；W. H. Kilpatrick：*Source book in the Philosophy of Education*；W. A. Mccall：*How to Experiment in Education*；W. L. Uhl：Secondary School Curricula；C. A. Mcmurry：*Teaching by Projects*；F. G. Bonser：*The Elementary School Curriculum*；E. Collings：*An Experiment with a Project Curriculum*；W. W. Charters：*Curriculum Construction*；S. S. Colvin：*An Introduction to High School Teaching*；B. H. Bode：*Fundamentals of Education*。

《专件》，《北京大学日刊》1930 年 10 月 28 日；

《图书部新到书籍》，《北京大学日刊》1930 年 10 月 31 日

11 月 1 日　图书馆公布"新到书籍目录"，与教育相关的有：W. H. Kilpatrick：*Education for a Changing Civilization*；F. P. Graves：*A History of Education Before the Middle Age*；E. H. Reisner：*Nationalism and Education Since 1789*；E. H. Reisner：*Historical Foundations of Modern Education*；A. I. Gates：*Psychology for Students of Education*；W. A. Mccall：*How to Measure in Education*；R. L. Finney：*A Sociological Philosophy of Education*。

《图书部新到书籍》，《北京大学日刊》1930 年 11 月 1 日

11 月 6 日 图书馆公布"新到书籍目录",与教育相关的有:E. P. Cubberley: *Rural Life and Education*; W. L. Uhl: *Principles of Secondary Education*; J. Eaynes: Education in the Secondary School; F. N. Freeman: *Experimental Education*; F. M. Mcmurry: *How to Study and Teaching How to Study*; C. A. Mcmurry: *Conflicting Principles in Teaching and How to Adjust Them*; Chapman & Counts: *Principles of Education*; E. P. Cubberley: *Readings in the History of Education*; J. J. Findlay: *The Foundations of Education*; J. J. Findlay: *The Foundations of Practice of Education*; E. L. Thorndike: *Educational Psychology*; P. Monroe: *A Cyclopedia of Education*, Vol. 1-2, 3-4, 5; T. H. Briggs: *The Junior High School*; Freeland & Hall: *Teaching in the Intermediate Grades*; J. F. Bobbitt: *The Curriculum*; J. F. Bobbitt, *How to Make a Curriculum*; E. P. Cubberley: *The Principles and His School*; H. O. Rugg: *Statistical Methods Applied to Education*; L. V. Koos: *Trends in American Secondary Education*; J. J. Rousseau: *Emile*; or *Education*。

《图书部新到书籍》,《北京大学日刊》1930 年 11 月 6 日、24 日

11 月 7 日 北京大学校新学生会从各班选出代表六十四人,其中包括教育系一年级史凯元,二年级余尊三,三年级孙其藩、易楷。学生会准备开代表大会,推选南下挽蔡(元培)总代表二人。

《北大各班代表选出六十四人 将开代表大会推总代表》,
《北京大学史料》(第二卷)(下),第 2452 页

11 月 8 日 教育系四年级同学参观外交部街大同中学以备实习。

《教育系四年级同学均鉴》,《北京大学日刊》1930 年 11 月 8 日

11 月 10 日 注册部布告:"教育系现添设'中等教育原理'一课,每周二小时,由余景陶讲授。"

《注册部布告》,《北京大学日刊》1930 年 11 月 10 日

同日 邹湘、王友凡、李中昊、颜秀三、江锐、孟际丰发起成立教育系四年级级友会。关于发起缘由,《启事》写道:"我们感觉到研究教育科学和从事教育事业的人,都需要充分的共同努力与合作;而且我们现时的实习和明春的赴日参观等事,非常重要,尤需有一定之组织;同时我们想念到明年夏季,心地里又涌现着多少离情别绪,很想能够借此多有些团聚和亲密的机会。"

《发起教育系四年级级友会启事》,《北京大学日刊》1930 年 11 月 11 日

11 月 13 日 为联络感情和研究教育,教育系一九三一级级友会正式成立。17 日的《日刊》刊载该会简章。

《北大教育系一九三一级级友会通告》,《北京大学日刊》1930 年 11 月 17 日

11 月 21 日 北大教育学会召开第一次职员会。会议由张玉池主持,孙祺藩记录。会议记录如下:

(1) 文书股提出本会图书委员会简章。议决:修正通过。(2)西洋哲学史案。议决:a.因选习人数太多,请学校另分一班;b.请发给讲义。(3)三年级参观案。议决:援他系旧例,请学校发给参观车费。(4)本会委员张兰堂因事离平案。议决:暂由候补委员余尊三代理。

当日的《日刊》刊载了《北大教育学会图书委员会简章》。

《北大教育学会通告》,《北京大学日刊》1930 年 11 月 26 日

12 月 2 日 注册部布告:"教育系添设'唯物史观与教育'一课,每周三小时,请王少文先生担任,由下星期开始授课。"

《注册部布告》,《北京大学日刊》1930 年 12 月 3 日

12 月 4 日 北大学生月刊委员会召开大会,修改简章,改选职员,并规定第三期月刊在明年 2 月 2 日出版。各部职员名单如下:(1)编

辑部:缪玉源(主任)、林伯雅、徐万均、王国铨、胡伯素；(2)校对部:
滕大春(主任)、王凤振、娄幻；(3)财务部:孙丕显(主任)、郝景盛、
赵金科；(4)发行部:易楷(主任)、张明示、李旭威。

《北大学生月刊将继续出版》,《北京大学史料》(第二卷)(下),

第 2725—2726 页

12 月 14 日　北大教育学会召开第二次执行委员会。会议由张玉
池主持,余尊三记录。会议内容包括:"(1)追认欢迎朱经农先生回
校；(2)组织教育系读书会；(3)援史学会、国文学会例,请学校按月
给津贴；(4)召集教育学会临时全体大会。"

《北大教育学会第二次执行委员会》,《北京大学日刊》1930 年 12 月 16 日

12 月 15 日　图书馆公布"新到书籍目录",与教育相关的有:Biz-
zell:*Present day Tendencies in Education*；E. L. Thorndike:*Adult Learning*；
J. H. Coursault:*The Principles of Education*；R. Pintour:*Educational Psy-
chology*；Stearns & ect:*The Education of the Modern boy*；F. W. Roman:
The New Education in Europe；A. Good:*Sociology and Education*。

《图书部新到书籍》,《北京大学日刊》1930 年 12 月 15 日

12 月 18 日　北大教育学会召开临时全体大会。会议讨论:
(1)试办试验小学案；(2)发展阅览室案；(3)修改简章案；(4)其
他事宜。

《北大教育学会通告》,《北京大学日刊》1930 年 12 月 16 日

12 月 30 日　图书馆公布"新到书籍目录",与教育相关的有:R.
L. Poole:*Illustrations of the History of Medieval Thought and Learning*；F.
Fröbel:*The Education of Man*；G. S. Hall:*Educational Problems*, Vol. 1, 2；
J. Dewey:*The School and Society*；P. W. L. Cox:*Curriculum Adjustment in the*

Secondary School；E. K. Strong：*Introductory Psychology for Teachers*；C. H. Haskins：*The Rise of Universities*；E. L. Thorndike：*The Principles of Teaching*；W. C. Bagley：*Determinism in Education*；S. Nearing：*Education in Soviet Russia*。

《图书部新到书籍》，《北京大学日刊》1930 年 12 月 30 日

1931 年（民国二十年）

1 月 25 日　北大教育学会在第一院教育系阅览室开全体大会，讨论各项重要问题。

《北大教育学会通告》，《北京大学日刊》1931 年 1 月 21 日

2 月 11 日　注册部布告："（1）教育系现添设'中学教授【学】法''最近美国教育'两种功课，每周各三小时，由杨廉负责授课，下星期起开始上课。（2）教育系教员李蒸因事不能到校授课，所授课程'乡村教育'，现请余景陶担任。"

《注册部布告》，《北京大学日刊》1931 年 2 月 12 日

2 月 13 日　北大一九三一级毕业同学录筹备委员会召开第一次会议，教育系出席代表为王怀璟、江锐。

《北大一九三一级毕业同学录筹备委员会通告》，《北京大学日刊》1931 年 2 月 17 日

2 月 16 日　《日刊》刊载杨廉所授"中学教学法"和"最近美国教育"的课程指导书。

《教育系中学教学法指导书》；

《最近美国教育纲要指导书》，《北京大学日刊》1931 年 2 月 16 日

3月7日　教育系一九三一级级友会在教育系阅览室开全体大会，讨论关于参观教育及其他重要问题。

《教育系一九三一级级友会通告》，《北京大学日刊》1931年3月6日

3月9日　北大布告:"教育系主任开票结果:共计收到选票四张。戴夏二票(当选)，童德禧一票，陶履恭一票。"

《国立北京大学布告》，《北京大学日刊》1931年3月10日

3月18日　教育系四年级级友会召开第三次会议。会议由江锐主持，孟际礼记录。会议记录如下:

（1）实习参观如何报告案。决议:由个人分别报告;（2）"实习"一科改为参观报告案。决议:由文书股备函本系主任。（3）对于本届毕业同学录个人小传态度案。决议:一面由出席代表由筹备会提出反对，一面由文书股登《日刊》反对。（4）毕业同学录教育系全体同学合影案。决议:由本班代表向教育学会提出。（5）本班全体同学、教师聚餐及合影案。决议:1)聚餐合影同时举行;2)时间定于3月23日(星期一)下午三时;3)聚餐地点在西长安街忠信堂;4)同学于聚餐时须带洋一元;5)凡参加合影者每人可得合影一张。（6）文书江锐因事辞职案。决议:照准，另推王怀璟接允。（7）出外参观问题。决议:1)名义:北大教育参观团;2)参观地点:南京、镇江、苏州、无锡、上海、杭州、青岛、济南;3)启程时间:四月中间;4)参观期间:至多不得过一个月;5)筹备参观前一切事宜，推张兰堂、邹湘二人办理。

《教育系四年级级友会第三次会纪录》，《北京大学日刊》1931年3月20日

3月21日　蒋梦麟受北平师范大学教育学会邀请，做题为《研究教育几个要点》的讲演。

《蒋梦麟明日在师范大学讲演》，《北平晨报》1931年3月20日

3月26日 北大召开第五次评议会，会议记录如下：

（一）校长提出拟遵照《大学组织法》及《大学规程》，改定本校组织及办法案。议决：（1）本校各项组织及各项办法自本年七月一日起，遵照《大学组织法》及《大学规程》改定，自四月一日起开始筹备；（2）本校评议会决议案除与《大学组织法》及《大学规程》抵触者外，在校务会议尚未议决变更以前继续有效；（3）在本年六月三十日以前本校组织及办法仍照旧有规程及惯例进行。（二）校长提出已准出发参观各系四年级学生，请酌加考察补助费案。议决：（1）学生旅费维持十八年三月三十一日案。即学生参观考察请求学校补助经费议案的议决：1）限于物理、化学、生物、教育、史学、经济六系，各以四年级学生为限；2）参观处所各以与所习科目有直接关系为限；3）地点只限于国内，但本城概不给费；4）学校仅津贴轮船、火车三等票价之半数，食宿费等每人每天不得超一元；5）每人每次津贴总数不得过四十元；6）参观考察之地点及时期须由学校规定。（2）导师旅费实支实销，由学校直接致送。（3）学生有不参加者，不得支旅费。（三）（略）。（四）校长提出任职五年以上教授请假休息间之俸给应否加以限制案。议决：凡任职五年以上请假休息之教授，如在外另任有职务者，停止支薪，其请假在此次会议之前者，薪俸送至本年三月三十一日止。（下略）

《校长布告》，《北京大学日刊》1931年3月28日

3月 杨廉撰写了《编辑教育年鉴的缘起》。全文如下：

教育年鉴的工作；一方在汇述过去时间本国教育上的进展，以便研究将来应循的途径；一方在介绍国外教育状况和趋势，以

备改进本国教育时的参考。为什么中国现在需用这种年鉴呢？因为研究教育的学者常感到教育行政机关系统报告之缺乏，觉得中国人研究中国教育比较研究外国教育难得多。办理教育的人，或仅任局部工作，不能周知本国教育的全体，或偏在一隅，所见所闻感到只窥一斑之憾。即主持教育全局的人，处地较便，收集材料较易，若无专家整理于先，万绪千端，也很难自信足以了解中国教育。此外如政治家及社会上热心的人，离开教育稍远，了解中国教育尤难。

至于外国教育，在近数十年间，影响中国甚大。教育思想、教育方法、教育制度曾经逐渐介绍到中国来。现在国外研究教育的学者，视从前更为踊跃，新思想，新方法，继续不绝地日有所获，即教育制度因社会及时代之推进，亦随之常常改变，前日所输入者一转瞬间便为陈迹。我们若不继续研究介绍，即不免有教育落后之识。故为研究教育学理，为实际改革教育的参考，对于国际的教育状况及趋势不能不继续有系统的刊布。

可是将本国教育状况汇述起来的，在前只有申报馆出版之《最近中国之五十年》其中有几篇谈到中国的教育；在后只有中华教育改进社出版之几种小册子。《最近中国之五十年》出版以后，学者很是称便。中华教育改进社出版之小册子可惜是用英文写的，便于外人探讨，而不便于国人应用。此后连这样的出版物也莫有了。关于国际教育的介绍在各种教育刊物上常有零碎的文章发表，惜乎不完不备，而且缺乏系统。最近曾有一二学者努力于比较教育的著述。无奈教育是常常变动不居的东西，一本比较教育的著作，初版未曾售完，改版已觉必要了。故自主持中央教育行政的人至地方上的区教育委员，自大学里的教育教授至热心教育的人们无不渴想每年有一种专刊出来，把本国、外国的教育分门别类源源本本叙述出来，以资参考。不但中国人有这种渴望，就是外国的政治家、教育家和热心中国文化的人们谈到中国教育的时候也感到中国材料之不够。有一次杨廉与顾树森两人偶然谈到这个问题，便有发起编辑《教育年鉴》之意，后来与朱经农、陈石珍、赵述庭、彭百川复谈到这个问题，众意佥同，认为要举。因此朱、陈、赵、彭、杨五人（顾树森因病未到）正式会谈了一次，决定举行编辑《教育年鉴》种种方法。其中，提到(1)年鉴定名为《教育年鉴》；(2)内容分国内、国外两部分。1)国外部分的文章及作者为：《美国教育》（杨廉）、《英国教育》（赵述庭）、《法国教育》（邰爽秋）、《德国教育》（彭百川）、《意大利教育》（常道直）、《俄国教育》（朱经农）、《日本教育》（顾树森）、《世界教育思潮》（孟宪承）、《导言》（杨廉）。2)国内部分的文章及作者为：《教育行政》（陈石珍）、《高等教育》（蒋梦麟或欧元怀）、《中等教育》（赵述庭）、《初等教育》（吴研因）、《华侨教育》（吴研因）、《蒙藏教育》（顾树森）、《职业教育》（顾树森）、《师范教育》（程其保）、《社会教育》（彭百川）、《卫生教育》（袁敦礼）、《图书馆教育》（王云五）、《中国之新教育运动》（常道直）、《导言》（杨廉）。

杨廉：《编辑教育年鉴的缘起》，《北京大学日刊》1931 年 3 月 21 日、23 日

4 月 2 日　教育系四年级同学在二院大学会议室开会，蒋梦麟校长出席并报告参观时应行注意之事项。

《北大教育系参观团通告》，《北京大学日刊》1931 年 4 月 2 日

4 月 12 日　教育系全体同学在第二院宴会厅开会欢送本系四年级

毕业生,并在二院摄影纪念。

《教育系全体同学公鉴》,《北京大学日刊》1931年4月10日

4月21日　教育系四年级同学组成的教育参观团出发赴南京、苏州、无锡、上海、杭州等地参观,返平时顺道参观济南、青岛,时间大约五周。费用除学校津贴外,每人至少必筹大洋五十元。5月12日的《日刊》刊载《北大教育参观团通信第一次》。

《教四同学公鉴》,《北京大学日刊》1931年3月26日

同日　《日刊》刊载《杨廉启事》。全文如下:

选修最近美国教育、中学教学法诸同学均鉴:

廉奉学校之命,率教四同学南下参观,来往约需四周。两种功课从本月二十一日起暂行停授。所缺功课,回校后再行补上。惟此次出发,事出意外,致未能将功课事先计划,俾可早日结束。回校之后去暑期极近,恐纵努力加快,势亦不易讲完。有误未出发诸君学业,心中万分不安。惟盼在停课期中将下列指定教材仔细研究一遍,不但将来补授容易,即使补授不完,诸君自得亦已不少矣。

(1)关于中学教学法者:H. R. Douglass:*Modern Methods in High School Teaching*;第八、第九章:社会化教学法;第十章:问题教学法;第十一章:设计教学法;第十二章:考试记分;第十三章:成绩测验;第十四章:笔试。如无上书,而能找其他谈"教学法"书,择其与上述题目有关者,读之亦可。

(2)关于最近美国教育者:1. E. P. Cubberley:*State School Administration*;第十四章:成人教育;第十五章:职业教育;第二十二至二十五章:三十与教师;第十九至二十章:建筑与卫生;第十六至十

八章：教育经费；第二十七、二十八章：私立教育机关。2. I. L. Kandel：*Twenty-five Years of American Education*. 第十三章：妇女教育。

《杨廉启事》，《北京大学日刊》1931 年 4 月 21 日

同日 注册部布告：

教育学系四年级学生赴江南旅行，业经请定杨廉先生担任指导。所有杨先生本学期所担任之中学教授法及美国教育二种功课，应俟其回校后再行继续讲授。惟本学期为时无多，上开二项功课内容势难讲授完毕。兹经教育学系教授会议定办法如下：(1) 对于三年级以下之学生，俟下学年第一学期由杨先生再行补授；(2) 对于四年级学生，由杨先生指定参考书自行阅读。

二十年四月二十一日

《注册部布告》，《北京大学日刊》1931 年 4 月 22 日

4 月 23 日 北大教育参观团抵达南京。杨廉所计划的行程包括：

24 日参观中央大学实验学校、中央大学、中央研究院、中央研究院自然博物馆、教育部、考试院并访陈大齐；25 日参观南京女子中学、南京女中实验小学、江苏教育馆、南京市教育局；26 日观明孝陵、谒中山陵、登清凉山、望莫愁湖；27 日参观金陵大学、中央大学农学院、铁道部、中央党部、中央广播无线台、游玄武湖、五洲公园。

5 月 12 日和 14 日的《日刊》刊载了教育参观团给蒋梦麟校长、戴夏主任等人的信函。

北大教育参观团：《北大教育参观团通信第一次》，《北京大学日刊》1931 年 5 月 12 日；

北大教育参观团：《北大教育参观团通信第二次》，《北京大学日刊》1931 年 5 月 14 日

4 月 28 日 北大教育参观团赴中央研究院拜访蔡元培。蔡元培做

了二十分钟的讲话。大意为大学教育系与师范大学,意义及任务,均有不同,诸生行将出校,毕业后,又有三条出路:1)家庭有资供给,出洋固然很好;2)服务社会也不要忘了上进,须继续用功;3)如谋事不成,亦不可过于焦虑,须安心忍气,仍然研究考察,方不致落伍。

《北大教育参观团离京赴镇》,《北京大学史料》(第二卷)(下),第 2336 页;

北大教育参观团:《北大教育参观团通信第一次》,《北京大学日刊》1931 年 5 月 12 日

6 月 3 日　北大公布新修订的《国立北京大学入学考试规则》。

《国立北京大学入学考试规则》,《北京大学日刊》1931 年 6 月 3 日

6 月 9 日　《日刊》刊载教育系教员杨廉所授科目"中国教学法""最近美国教育"的学期论文题目。

1. 中国教学法学期论文题目:

(1)中国现在中学教学法之批评(须要具体的,分析的陈述)。

(2)怎样应用社会化教学法,举二种科目为例。

(3)怎样实施问题教学法,试举一种科目为例,用问题教学法来:a. 组织教材;b. 指定功课;c. 上课。

(4)任择一种现行中学教科书,详细评其得失,应评论之范围至少包括:a. 教材之选择;b. 教材之组织;c. 参考书之列示;d. 研究问题之提出;e. 教法之提示。

说明:1)每篇至少二千字;2)引用书报,无论中外,须指出页数、书名、著者、版本;3)6 月 20 号以前交卷于注册部;4)平日上课过少者,照章不与试。如有择题作文者,等于自动研究。

2. 最近美国教育学期论文题目:

(1)美国中学教育之演进。参考书:1)A. J. Inglis, *Principles of Secondary Education*. pp. 161-201;2)P. Monroe, *Principles of Sec-*

ondary Education. pp. 16-69；3）L. V. Koos，*the American Secondary School.* pp. 1-47；4）W. L. Uhl，*Principles of Secondary Education.* pp. 1-149；5）A. A. Douglass，*Secondary Education.* pp. 3-30；6）W. S. Monroe & O. F. Weber，*The high School.* pp. 22-63。

（2）美国最近的大教育家。J. Dewey，P. Monroe，E. L. Thorndike（此题可分作，任做一位教育家即可）参考书：1）E. W. Knight，*Education in the United States.* pp. 521-541. A. 关于 E. L. Thorndike 的看 *Teachers College Record.* Vol. XXIV，No. 3（Way，1923）B. 关于 J. Dewey 的看商务出版之《教育大辞书》上，pp. 502-504；C. 关于 P. Monroe 的看 I. L. Kandel 编的 *Twenty-five Years of American Education*，*Introduction.* Paul Monroe，*An Appreciation.* Irz H. Snzzall.

（3）美国州教育行政之组织。参考书：1）E. P. Cubberley，*State School Administration.* pp. 270-360；2）Clapp，Chase，Merriman，*Introduction to Education.* pp. 155-195.

（4）美国之职业教育。参考书：I. L. Kandel，*Educational Yearbook.* 1928，pp. 395-451.

（5）美国之教学方法。参考书：I. L. Kandel，*Educational Yearbook.* 1924，pp. 557-595.

（6）美国初等小学之课程。参考书：I. L. Kandel，*Educational Yearbook.* 1925，pp. 535-568.

说明：1）每人各作一题，二人合作者无效；2）限六月二十号以前交卷到注册部；3）按照学校规定，平日上课太少者不得与考。如有选做者，等于自动研究，与考试无关；4）引用参考书籍，无论中外，务须注明页数、书名、著者，以便复按；5）参考书为学校图书馆无者,教者可以暂借一星期;6)希望择题不必雷同,免参考书不够,已选定者可在题下注明自己的名字;7)亦可自择题目,但须先得教者之同意;8)最低限度两千字。

杨廉:《中国教学法学期论文题目》、《最近美国教育学期论文题目》,

《北京大学日刊》1931 年 6 月 9 日

6 月 12 日　《日刊》刊载一九三一级毕业同学录筹备委员会获捐款名单。其中教育系教员捐款的是:"戴夏(8 元)、刘钧(5 元)、马师儒(5 元)、李建勋(5 元)、杨廉(5 元)、韩定生(5 元)、孙国华(5 元)、刘吴卓生(5 元)、萧恩承(5 元)、童德禧(5 元)、刘廷芳(5 元)、邱大年(5 元)、袁同礼(3 元)、余景陶(3 元)。"

《一九三一级毕业同学录筹备委员会通告》,《北京大学日刊》1931 年 6 月 12 日

6 月 14 日　教育学会召集紧急职员会,讨论下年关于本系一切重要事宜。

《教育学会紧急通告》,《北京大学日刊》1931 年 6 月 13 日

8 月 25 日　北大召开行政会议,议决实行《国立北京大学行政组织系统草案》。《草案》规定:北大设文理法学院,教育学系归属文学院。

《国立北京大学行政组织系统草案》,《北京大学日刊》1931 年 8 月 29 日

9 月 4 日　注册部布告:"心理系学生王焕勋函请转入教育系肄业,应照准入教二。"

《注册部布告》,《北京大学日刊》1931 年 9 月 5 日

9 月 14 日　北大公布《北大教育系二十年度课程》。

《北大教育系二十年度课程》,《北京大学日刊》1931 年 9 月 14 日

9 月 16 日　教育系教授会召开会议,决议如下:

（1）三年级辅科学分减为三十学分。但欲得合格教师证书者仍须照已定标准办理。（2）本系新定基础必修学程，三年级以上学生不受拘束。（3）三年级以上学生得备至二十四学分。（4）旧科目与新科目性质相同者，得有相等之效力，如中学教育原理与中学教育，学校管理法与学校行政……（5）规定辅系必修科目及选修科目，包括（甲）政治经济组；（乙）哲学心理组；（丙）英文组；（丁）数学组；（戊）史地组；（己）国文组。

《教育系教授会启事》，《北京大学日刊》1931 年 9 月 17 日；

《教育系布告》，《北京大学日刊》1931 年 11 月 2 日

9 月 17 日　注册部布告："马飞鹏准仍入教育系四年级肄业。"

《注册部布告》，《北京大学日刊》1931 年 9 月 18 日

9 月 18 日　北大教育系某教授与《京报》记者谈北大教育系最近情形。他说：

北大自蒋校长回校后，举凡课程内容、行政系统、变更甚大，尤以教育系变动最多。以教学法一项而论，按之新教学法原理，纯讲演式之教学法，效力殊鲜。故该系今后于讲演以外，对于学生自动研究，特别注重。考查成绩，除采月考、期考方法外，并限令学生，于一定期限内，必须作读书报告一次，以考查其平时自动研究之心得。

《北大教育系 变更教学法 注重自动研究》，《京报》1931 年 9 月 18 日

9 月 26 日　教育系布告：

本系全体同学分为四组，由戴夏、杨亮功、吴俊升、杨廉四位教授分别任指导。凡同学等个人读书、治学诸问题，均可向个人所属之指导教授请教。

指导教授 ＼ 年级	1	2	3	4
戴夏	叶显相、唐景崧、邓治民	王国香、孙长元、龙程铨、王焕勋	冯苐周、李凤枝、王培祚	刘显焜、任傅鼎、叶审之、王兰生、张普仁
杨亮功	王春祥、刘文秀、胡振继	何炳烈、史凯元、金岭峙、何寿昌	余尊三、莫国康、龚瑞霖、张书堂	张玉池、朱世兰、孙祺藩、程坤一、周若度、章震南
吴俊升	岳永孝、苏世铎、刘坤	吴建屏、胡孝澜、王焕斗、李廷栋、王光汉	李文澜、李玉堂、苑守智、叶藩	张舫、刘树楠、马正源、王之法、易楷、曾祥宽
杨廉	李允薰、李树声、郭世璋	张功莪、张甲洲、李福瀚、崔铭淇、彭庆和	邓炤、李绍孟、段振纲、滕大春	陈秉公、夏宗锦、韩友璋、丁锡魁、王汝森、全国体

《教育系布告》，《北京大学日刊》1931 年 9 月 26 日

10 月 3 日　教育系布告："为增加同学学习'幼稚教育'起见，凡曾习过'普通心理'课程，及现在正习'儿童心理'课程之人，均可选习刘吴卓生的'幼稚教育'课程。"

《教育系布告》，《北京大学日刊》1931 年 10 月 5 日

10 月 5 日　注册组布告："本年度各系报名旁听生，业经本校审查资格完竣。教育学系准予免考旁听者为杨荣贞、张致祥、李永文、杜生芳、夏涤环；准予受试旁听者为卓慈利、卜宪魁。"

《注册组布告（一）》，《北京大学日刊》1931 年 10 月 6 日

10 月 7 日　教务处布告："杜宏远、朱庭翊、王斌应考教育英文阅

读，后得入教育系；刘培栽应考教育英文阅读及国文，后得入教育系一年级。"注册部布告："经过考试，最终杜宏远准转入教育系二年级肄业，以数学为辅系；朱庭翊准转入教育系二年级肄业，以哲学为辅系。课程完全照本年度新章办理。"

《教务处布告（一）》，《北京大学日刊》1931 年 10 月 9 日；

《注册部布告》，《北京大学日刊》1931 年 10 月 23 日

10 月 14 日 图书馆公布截至九月三十一日的"新书目录"，其中与教育相关的有：John Dewey：*The Sources of a Science of Education*. 1929；H. L. Smith：*Tests and Measurements*. c1928；P. M. Symonds：*Measurement in Secondary Education*. 1930；Carleton［Wolsey］Washburne：*Better Schools*. 1929；J. L. Horn：*The Education of Exceptional Children*. c1924；G. E. Freeland：*Modern Elementary School Practice*. 1924；J. L. Horn：*Principles of Elementary Education*. 1929。

A Classified List of New Books（September 31ˢᵗ），《北京大学日刊》1931 年 10 月 14 日

10 月 19 日 北大第四次教务会议议决《东北大学失学学生①来本校寄读办法》。各系能容纳人数由各系主任酌定后，提出教务会议公决。

《国立北京大学布告（三）》，《北京大学日刊》1931 年 10 月 20 日

10 月 21 日 北大召开第五次教务会议。会议议决通过各系可容纳东北大学学生最高人数：其中教育系可容纳的最高人数为：一年级 2 人，二年级 3 人，三年级 3 人，四年级 4 人。

《国立北京大学布告》，《北京大学日刊》1931 年 10 月 22 日

---

① 东北大学成立于 1923 年。1931 年秋，九一八事变爆发，东北大学办学受到严重影响，大部分师生抵京。

同日 北大图书馆公布"英文新书",其中与教育相关的有:J. H. Coursault: *The Principles of Education.* '20. c. 2;H. M. Johnson: *Children in the Nursery School.* c1928;L. A. Headley: *How to Study in College.* c1926。

A Classified List of New Books,《北京大学日刊》1931 年 10 月 21 日

10 月 22 日 教育系选举出席学生会代表。教育系四年级选举结果为:易楷(九票)当选、张玉池(八票)当选、周若度、孙祺藩各四票,为候补;三年级为:滕大春(十票)当选、王培祚(一票)候补;二年级为:何寿昌(七票)当选、金岭峙(五票)候补、龙程铨、孙长元、史凯元各一票;一年级为李树声当选。

《教育系四年级启事》,《北京大学日刊》1931 年 10 月 23 日;《教育学系三年级启事》,
《北京大学日刊》1931 年 10 月 22 日;《教育系二年级启事》,《北京大学日刊》
1931 年 10 月 22 日;《学生会通告》,《北京大学日刊》1931 年 10 月 23 日

同日 北大图书馆公布"英文新书",其中与教育相关的有:Caroline Pratt: *Experimental Practice in the City and Country School.* c1924;M. E. Pennell: *How to Teach Reading.* c1924。

A Classified List of New Books,《北京大学日刊》1931 年 10 月 26 日

10 月 31 日 北大图书馆公布"英文新书",其中与教育相关的有:W. H. Pyle: *Psychology Principles Applied to Teaching.* 1924;E. P. Cubberley: *State School Administration.* c1927。

A Classified List of New Books,《北京大学日刊》1931 年 11 月 3 日

11 月 1 日 教育学会在文学院教育系阅览室开常年大会,欢迎新同学并改选职员。会议由滕大春任主席,余尊三记录。会议记录如下:

(1)修改简章。甲. 本系教师为本学会正式会员,议决通过;

乙.将过去"出版股"改为"出版委员会",设委员五人,管理本会出版事件及参加北大月刊委员会工作。(2)今后工作讨论。甲.每二周开教育问题讨论大会(暂定名称)一次,议决通过;乙.充实阅览室问题。议决:由新执行委员会向图书馆交涉,将过去教育阅览室书籍交向在教育阅览陈列,以便同学阅览,并常督促图书馆添购教育书籍。(3)改选职员。结果为:1)文书股:余尊三(十四票)当选委员、全国体(十票)当选委员、滕大春(九票)候补、韩友璋(六票)候补;2)交际股:孙祺藩(三票)委员签定、叶藩(二票)当选委员、金岭峙(三票)当选委员、李树声(一票)委员签定;3)出版股:滕大春(十八票)、杨廉(十六票)、吴俊升(十三票)、杨亮功(十四票)、戴夏(十二票),均当选为委员;王培祚、孙长亢、刘树楠、张玉池、王国香均六票,为候补;4)事务股:史凯元(九票)当选委员、周若度(六票)委员签定、刘树楠(六票)候补签定。

3 日的《日刊》刊载《北大教育学会简章》。

《教育学会通告》,《北京大学日刊》1931 年 10 月 31 日;

《教育学会本年常年大会》,《北京大学日刊》1931 年 11 月 3 日

11 月 2 日　教育系布告:"本系各年级学生务于本星期(十一月二日至七日)内赴教育系阅览室填写个人每星期内之空余时间,以便指导教授招请谈话为要。"

《教育系布告》,《北京大学日刊》1931 年 11 月 2 日

同日　教育系公布以"国文"为辅科之必修、选修科目:

1. 必修科(共国文系单位十五,合本系学分三十)。(1)中国文学声韵概要(四);(2)中国诗名著选(三);(3)中国文名著选(三);(4)中国文学史概要(三);(5)文学概论(二)。2. 选修科

（至少应选国文系八单位，合本系十六学分）。（1）古籍校读法
（二）；（2）经学史（二）；（3）国学要籍解题（二）；（4）修辞学
（二）；（5）近代散文（二）；（6）中国文字及训诂（三）；（7）中国
古代文法研究（二）。

《教育系布告》，《北京大学日刊》1931 年 11 月 2 日

11 月 4 日　教育系布告："汤茂如受教育系聘请在文学院第二十
一教室讲演《乡村教育》。且自即日起，每周一、三、五晚 7∶00—9∶00
讲演，每周一、三午后 5∶00—6∶00 讨论。参加讨论者算一学分，只听
讲演者不计学分。"

《教育系布告》，《北京大学日刊》1931 年 11 月 4 日

11 月 5 日　教育学会召开第一次执行委员会。会议议决：

1. 每两周召集一次"教育问题讨论会"。a. 由下礼拜起；b. 每
次暂定礼拜六下午。2. 教育问题讨论会第一次暂划为两部：a. 报
告。甲. 由杨廉、戴夏、吴俊升三人中互推一人报告；乙. 报告内容
由报告之人定之。b. 讨论。甲. 注重讨论最近教育实际问题；乙.
第一次讨论题目为《北平最近学潮问题》；丙. 本次题目公推余尊三
负责收集材料，本会同学随意收集材料。3. 关于本系图书议决案。
a. 由交际股负责向图书馆交涉收回。4. 关于出版事务议决案。a. 由
文书股、出版股各推举一人，参加北大学生月刊委员会。

《教育学会第一次执行委员会会议记录》，《北京大学日刊》1931 年 11 月 9 日

11 月 11 日　教育学会召开第二次执行委员会。会议由余尊三
任主席，滕大春记录。会议通过《出版委员会工作大纲》。具体内
容为：

1. 组织。（1）本会之组织如图：

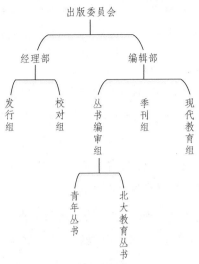

（2）本会得就教育学会会员中聘请若干人，分任一切工作。

2. 工作。（1）会刊。甲.半月刊——即日出版。1）本会为商榷中国教育之理论与实施起见，暂发行一种刊物，定名为《现代教育》。2）每月出版两期。3）内容为 a.短评；b.研究；c.书报介绍；d.两周内教育界大事述要；得视材料之多寡增减之。4）每期约一万字左右，为便于保存起见，订为小册。如材料丰富，得随时增加篇幅。5）每期零售二分，外加邮费，全年共二十册，连邮费五角。乙.季刊——出版日期及办法，容后再定。（2）丛书。甲.教育丛书。1）教育学会编辑一种教育丛书，名曰"北大教育丛书"。2）凡本会会员之专门译著，经丛书编审委员会审查合格者，得列入本丛书。3）丛书编审委员会由本会聘请教育学会会员若干人组织之，于必要时，得请会外专家参加。4）本丛书由本会接洽书局印行，让与版权或抽收版税，由著者自愿。5）丛书稿费收入，应提出百分之三,作为本会基金;其抽收版税者,照每册定价之六倍,一次缴纳。乙.青年丛书——除名称而外,余均与教育丛书同。

《北大教育学会第二次执行委员会》,《北京大学日刊》1931 年 11 月 14 日

11 月 13 日　教育系布告:

本系同学以各教授原定课外在校指导时间多与其他功课冲突不便,请益为此,特商各教授酌增数小时。兹宣布如下:

戴　夏先生　　星期一下午五点至六点

杨亮功先生　　星期五下午五点至六点

吴俊升先生　　星期五下午五点至六点

杨　廉先生　　星期三、四下午五点至六点

《教育系布告》,《北京大学日刊》1931 年 11 月 13 日

11 月 21 日　北大图书馆公布"新到英文图书目录",与教育相关的有: I. L. Kandel: *Twenty-five Years of American Education.* 1924; P. R. Cole: *A History of Educational Thought.* 1931; A. A. Douglass: *Secondary Education.* 1927。

A Classified List of New Books,《北京大学日刊》1931 年 11 月 24 日

11 月 23 日　教育学会通告:照第一次教育问题讨论会,决议下次会议讨论题目:"1. 中国教育计划:包括(1) 社会教育;(2) 小学教育;(3) 中学教育;(4) 高等教育;(5) 职业教育。2. 今后中国学生应取态度。"

《教育学会通告》,《北京大学日刊》1931 年 11 月 26 日

12 月 5 日　北大图书馆公布"新到英文图书目录",与教育相关的有: John Dewey, *Democracy and Education.* 1924, c. 3; C. C. Crawford, *The Technique of Research in Education.* 1928; Paul Monroe, *A Brief Course in the History of Education.* 1915; Paul Monroe, *A Text-book in the History of*

Education. 1919。

A Classified List of New Books，《北京大学日刊》1931 年 12 月 8 日

12 月 14 日 北大图书馆公布"新到书籍目录"，与教育相关的有：唐钺、朱经农、高觉敷编：《教育大辞书》，民国十九年七月，商务印书馆初版本；教育部编：《全国社会教育概况》（民国十七年八月至十八年七月），中华书局初版本民国二十年八月；庄俞、贺圣鼐编：《最近三十五年之中国教育》，民国二十年九月商务印书馆初版本。

《图书馆新到书籍》，《北京大学日刊》1931 年 12 月 14 日

12 月 29 日 韩友璋、朱世兰、张玉池代教育系杨亮功教授发布启事：

选习"教育指导"课程的同学：1. 关于本科目参考书籍为：a. Nutt：*Supervision of Introduction*；b. Ager：*Organization of Supervision*；c. 程湘帆：《教学指导》。2. Ager：*Organization of Supervision* 书已为某同学借去，望借者阅后交教育系教授室听差，以便同学轮流参考。

《教育系同学注意》，《北京大学日刊》1931 年 12 月 31 日

1932 年（民国二十一年）

2 月 24 日 《益世报》报道：

北大校长蒋梦麟及教育系杨廉，鉴于年来中等学生程度不齐，有志升学者，常致失意。特于昨年秋间，创办景山补习学校，附设

北大一院。全校学生达二百余人,开办以来,成绩颇佳。闻本学期新生报名定于二月二十六日开始,旧生同日一起报到。三月二日开学。又该校收费甚廉,对东北学生,且定有优待办法。

《蒋梦麟暂留沪 北大附设景山补习学校定三月二日开学》,

《益世报》1932年2月24日

3月4日 教育系布告:

本系兹聘请齐鲁大学校长朱经农先生担任讲演"中国教育问题"科内之"义务教育问题"。朱先生定于下星期一至星期五每晚七时至九时在文学院第十五教室上课。本系未选"中国教育问题"之学生及外系学生愿听讲者务于星期一(七日)上午十二点以前赴教育系阅览室签名为要。

《教育系布告》,《北京大学日刊》1932年3月4日

3月11日 教育系布告:"本系学生,凡选习'中国教育问题'而欲得学分者,均须于每个讲演终了后将笔记缴教授会以备核阅为要。"

《教育系布告》,《北京大学日刊》1932年3月17日

3月19日 教育系布告:"本学期吴俊升先生所授'小学教育'自下星期三(廿三日)起始聘授;"道德教育"自下星期五(廿五日)起始聘授。"

《教育系布告》,《北京大学日刊》1932年3月21日

3月21日 教育系布告:"比较教育(英日教育部分)先授'英国教育',由萧恩承先生担任。自本星期开始,俟英国部分授完后,再由吴家镗【镇】先生授"日本教育"。"

《教育系布告》,《北京大学日刊》1932年3月24日

4月26日 教育系布告:

蒋校长所担任"中国教育问题"科内之"高等教育问题"定于下星期二、四(二十六、二十八日)晚七时半在第二院大礼堂讲演。凡选习此科之学生,务希准时出席听讲为要。本系未选习此科者及外系学生亦可参加。

《教育系布告》,《北京大学日刊》1932 年 4 月 21 日

5 月 13 日 教育系四年级学生二十余人组成教育参观团,由本系教授杨亮功领导,离开北平赴华北各埠参观。预定先至天津,再赴济南、开封、太原等处,参观时间为期两星期。

《北大教育参观团明日离平赴津、济、汴、并各地参观》,

《北京大学史料》(第二卷)(中),第 1221 页

5 月 14 日 北大向北平地方法院致函,希望保释本校教育系旁听生李永久。函中表示:"李永久之前被公安局误捕,后转送法院拘押数月尚未开释。该生素日安分守己,绝无轨外行动,希望能够尽快释放,以免旷废学业。"

《国立北京大学函请保释学生》,《北京大学史料》(第二卷)(上),第 805 页

5 月 20 日 教育系布告:"本系曾发给四年级学生'介绍职业调查表'一纸,现查尚有数人未填写送回,即希准于下星期六(二十八日)以前填好送交教授会,以便结束办理介绍手续为要。"

《教育系布告》,《北京大学日刊》1932 年 5 月 23 日

5 月 21 日 教育系本届毕业生到汴垣参观。《平西报》报道:"北京大学教育系本届毕业生十人前往河南参观。计程昨日可抵汴垣。该校特电豫教育厅及河南大学。原电如下:(上略)敝校教育系四年级学生十人,二十一日到汴垣参观。拟借住贵校。务恳俯允。并盼指导一切为感。北京大学叩。"

《北大学生赴豫参观 今日可抵汴垣》,《平西报》1932 年 5 月 22 日

5 月 25 日　北大公布新修订的《国立北京大学入学考试简章》。

《国立北京大学布告》,《北京大学日刊》1932 年 5 月 25 日

6 月 8 日　教育系布告:"凡参加天津市教育调查者,请于本星期五(十日)下午二时半以前齐赴东铁匠胡同师大女附小实习测验为要。"

《教育系布告》,《北京大学日刊》1932 年 6 月 8 日

同日　图书馆发布鸣谢赠书启事,其中有北平市教育局赠《教育行政周报》(19、20、21、22、23 期)。

《图书馆启事(鸣谢)》(续),《北京大学日刊》1932 年 6 月 8 日

6 月 11 日　北大公布《国立北京大学研究院规程(草案)》,以便下次校务会议时提出讨论。《草案》规定:"本院分立三部:第一部为自然科学部;第二部为文史部,包括史学、文字学、文学、哲学、教育学各门的高深研究;第三部为社会科学部。"

《校务会议诸先生公鉴》,《北京大学日刊》1932 年 6 月 11 日

6 月 14 日　教育系布告:"天津市教育调查完毕后,整理工作需要人帮助。凡本系同学曾经选习'教育行政''教育测验'等科,对于此问题有兴趣,而暑中能留平者,均可参加工作,以增加实际经验。欲加入者,请于本星期六(十八日)以前赴教育[系]阅览室签名为要。"

《教育系布告》,《北京大学日刊》1932 年 6 月 15 日

6 月 16 日　北大公布《国立北京大学组织大纲》,其中规定教育学系与哲学系、中国文学系、外国文学系、史学系同属文学院。《大纲》于 7 月 1 日起正式实行。

《国立北京大学布告》,《北京大学日刊》1932 年 6 月 18 日

8月4日 北大公布本年在北平招考文、理、法三院各系二三年级转学生。布告写道：

转入文学院教育学系二年级，应试之基本科目为：教育概论（或教育原理）、教育社会学、教育史、普通教学法、教育心理，于上列科目中任择一种应试。转入三年级，应试之基本科目为：教育概论（或教育原理）、教育社会学、教育史、普通教学法、教育心理，于上列科目中任择二种应试。

《国立北京大学布告》，《北京大学日刊》1932年8月5日

9月23日 北大公布本届招考转学新生录取名单。其中教育系三年级录取名单为：杨荣贞、莫国康、孙凤鸣、尚士毅、刘国芳、国培之、王先进；教育系二年级录取名单为：李宇柱、王金镕、马汝邻、廖鸿恩。

《国立北京大学布告》，《北京大学周刊》1932年9月24日

9月27日 据《北平晨报》，北京大学公布本学期所聘定之各系主任及教授、讲师。教育学系聘定的主任为胡适；教授为杨亮功、吴俊生【升】、萧恩承、杨廉。

《北大昨发表 各系主任及教授讲师》，《北平晨报》1932年9月27日

9月30日 文学院布告：

本院一年级共同必修科之"哲学概论"，每周二小时，每星期三下午二至四时，地址在第二院大礼堂。其目的在使学者略知东西洋哲学之概念及其所研究之问题，与各派各家对于各问题之见解。该科之内容节目及担任教员等项，刊表如下：

（甲）

序号	内容节目	担任教员	日期
1	引论	张颐	9.28
2	印度哲学	汤用彤	10.5
3	印度哲学	汤用彤	10.12
4	印度佛教哲学	汤用彤	10.19
5	印度外道哲学	许地山	10.26
6	中国哲学	胡适	11.2
7	中国古代哲学	李证刚	11.9
8	中国佛教哲学	李证刚	11.16
9	中国宋元明哲学	马叙伦	11.23
10	西洋哲学	张颐	11.3
11	逻辑	金岳霖	12.7
12	认识论	金岳霖	12.14
13	形而上学	贺麟	12.21
14	伦理学	贺麟	12.28

（乙）参考书:《印度哲学概论》(梁漱溟著)、《佛教哲学》(张绂译)、《中国哲学史大纲》(胡适著)、《中国哲学史》(冯友兰著)、《哲学概论》(陈大齐著)、《西洋哲学史》(瞿世英译)。

《文学院布告》,《北京大学周刊》1932 年 10 月 8 日

1933 年（民国二十二年）

2 月 10 日　文学院布告：

本院一年级第二学期共同必修科之"科学概论"，自本月十五日开始讲授。时间仍定为每星期三下午二点至四点；教室仍为第二院大礼堂。今将已定之讲题、讲授日期及讲演者列后：

序号	讲题	讲演者	时间
1	科学方法引论	胡适	2.15
2	数学方法	Sperner／江泽涵	2.22
3	物理学方法	萨本栋／王守竞(？)	3.1
4	化学方法	曾兆抡	3.8
5	生物与生理学方法	林可胜	3.15
6	心理学方法	汪敬熙	3.22

（其余讲演待规定后当续行宣布）

《文学院布告》，《北京大学周刊》1933 年 2 月 11 日

3 月 18 日　文学院布告："本院一年级共同必修科之"科学概论"第五讲，本请定林可胜担任讲'生物与生理学方法'，现因林先生忙于救护工作，故下星期三(22 日)之讲演，改请汪敬熙提前讲'心理学方法'，第六讲请丁文江讲'地质学方法论'。"

《文学院布告》，《北京大学周刊》1933 年 3 月 18 日

4 月 28 日　教育系参观团致函蒋梦麟校长，讲述其近期行程。具

体内容如下:

　　梦麟校长钧鉴:

　　　　生等于二十五日启程,当晚抵津,时已中夜,适蒙扶轮中学校陈校长派人在车站相迎,遂赴扶校借宿一宵。翌晨九时半搭津浦车南下,晚九时半至济南,又承教育厅杨科长莅站迎侯,多感方便,即于狂风怒号之中,前至省立民众教育馆休息。今晨八时赖科长又来招待,并代为说明济南教育情形,帮同决定参观日程。当即商得于今日上午参观第一实小、第一职业学校及第一乡师,午后参观第二实小、第二职业学校;明日参观民众教育馆、图书馆、齐鲁大学、广智院、体育场及中小学校。旋于八时半出发,由赖科长陪至一实,参观至二时之久。又至第一职校,参观二时许。已至中午,遂行午餐。餐毕即去第一乡师,昨年毕业同学朱世澜及孙祺藩两君在此服务,倍承招待,欢愉之至:参观一时余即去二职参观。以时间过晚,二实小遂未克前往。参观毕,又偕赖科长及朱、孙两同学至趵突泉一游,晚间复蒙朱、孙及赵稚为三同学邀至宴宾楼用餐。赵同学系前年史学系卒业者。是夕杨科长来,乃偕董民众教育馆长至民众电影院,备知民众教育进行之情况,至十时始返。大约明日各处毕,即可搭晚九时车去京。以生等在济一日参观所得,觉山东政治近年来较为稳定,教界服务人员又同具极积极之精神,是以各种教育咸有蒸蒸日上之情势。其中生产教育及民众教育似尤多发展之希望。倘继续努力进行,前途诚多乐观也。谨此,敬祝

　　健康

　　　　　　　　　　　　教育系参观团咨　四月二十八日。

　　各处参观详情,容返校后再为报告。

　　　　　　　《教育系参观团致校长函》,《北京大学周刊》1933 年 5 月 6 日

6月11日　文学院院长胡适离平赴美，出席 8 月 14 日在美国举行的第五次太平洋学术讨论会，并在芝加哥大学做主题为《最近三百年来孔子主义的变迁》的演讲。

《胡适昨离平赴美出席太平洋学术讨论会》，《北京大学史料》（第二卷）（下），

第 2309 页

7月1日　北大公布新修订的《国立北京大学入学考试简章》。

《国立北京大学入学考试简章》，《北京大学周刊》1933 年 7 月 1 日

8月30日　《北平晨报》报道："北大严厉整饬校纪，各学院缺课超过三分之一的学生一律不得参与学年考试。其中，教育系不得参与学年考试的有一年级一名，二年级三名，三年级三名，四年级五名。"

《北大严厉整饬校纪 缺课过多概予留级》，《北平晨报》1933 年 8 月 30 日

10月7日　北大布告："蒋梦麟校长兼教育系主任当选校务会议当然会员。"

《国立北京大学布告》，《北京大学史料》（第二卷）（上），第 205 页

10月13日　北大召开第一次校务会议，议决通过了考试委员会提出的"请决定心理教育哲学三系，是否许可文理法三院学生自由选入"提案，并指出"文法两院学生只许选入理学院心理系；理学院学生只许选入文学院之教哲二系"。

《国立北京大学布告》，《北京大学周刊》1933 年 10 月 17 日

11月17日　北大各学系学会代表召开北大学生会筹备会，筹商组织学生会事。到会代表三十人，其中教育学会到会代表有潘成义、郭世璋、周仲甫、闫顾行；潘成义被教育学会选派为筹备会之职员。

《北大学生会今晚筹备会》《北大学生会筹备会昨成立 决定选举各班代表方法》，

《北京大学史料》（第二卷）（下），第 2470 页

1934 年（民国二十三年）

2 月 24 日　图书馆公布"西文新书"，与教育相关的有：Sir John Adams：*The Evolution of Educational Theory*. 1928；Paul Monroe ed. ：*Principles of Secondary Education*. 1923。

《西文新书》，《北京大学周刊·图书馆副刊》1934 年 2 月 24 日

2 月　图书馆公布"中文新书"和"西文新书"，与教育相关的有：《小学普通教学法》（谢恩皋编）、《小学教学法通论》（赵廷为编）、《小学教学漫谈》（俞子美【夷】撰）、《小学教育》（程其保编）、《比较教育》（常导之编）、《比较教育》（陈作梁撰）、《中国教育史大纲》（王凤喈撰）、《中国教育建设方针》（舒新城编）、《中华民国之教育》（舒新城、孙承光编）、《幼稚教育概论》（张宗麟撰）、《幼稚园课程研究》（唐毅译）、《西洋教育史》（杨廉撰）、《西洋教育史》（冯品兰撰）、《西洋教育小史》（王海初撰）、《西洋教育思想史》（瞿世英编）、《全国社会教育概况》（教育部编）、《全国中等教育概况》（教育部编）、《各科教学法》（范寿康编）、《低能教育》（华林一撰）、《改造中的欧美教育》（任白涛辑译）。

《中文新书》，《北京大学周刊·图书馆副刊》1934 年 2 月 3 日、10 日、17 日、24 日

3 月 9 日　《北平晨报》报道："北大勒令本年度第一学期未参加全部课程期考及上学期不及格学分达二分之一以上之文理法学院各系学生休学。其中，教育学系勒令休学的学生有王焕勋、彭庆和、苏世锋、邓治民、杨润甲。"

《北大课业处公布 休学生七十五名》，《北平晨报》1934 年 3 月 9 日

3 月 21 日　北大召开教务会议，决定自 1934—1935 年度第一学期起，录取至文理两学院的学生，入学后可以选择进入文学院哲学系或教育系；文学院录取的新生可以在入学后选择进入理学院心理系。

《北大昨开教务会议决定招生新办法》，《北京大学史料》（第二卷）（中），第 858 页

3 月 31 日　图书馆公布"西文新书"，与教育相关的有：W. W. Biddle：*Propaganda and Education*. 1932；Dorothy Bildersee：*Teaching the Primary Grades*. c1932；S. E. Davis：*Technique of Teaching*. 1927；R. W. Emerson：*Education：An Essay and other Selections*. c1909；S. Gray and Ruth Munroe：*The Reading Interests and Habits of Adults*. 1930；L. S. Hollingworth：*Gifted Children*. 1929；H. A. Hollister：*High School Administration*. 1909；H. H. Horne：*The Democratic Philosophy of Education*. 1933；Yoshi. Kasuya：*A Comparative Study of the Secondary Education of Girls in England，Germany and the United States*. 1933；*National Society for the Study of Education*. Yearbooks. 1916-32。

《西文新书》，《北京大学周刊·图书馆副刊》1934 年 3 月 31 日

3 月　图书馆公布"中文新书"，与教育相关的有：《定县贫民教育视察记》（姜书阁撰）、《定县贫民教育考察记》（毛应章撰）、《浙江教育史略》（孙荫侯撰）。

《中文新书》，《北京大学周刊·图书馆副刊》1934 年 3 月 3 日、17 日

4 月 24 日　教育系参观团致函蒋梦麟校长，讲述其近期行程。具体内容如下：

梦麟校长钧鉴：

敬启者生等二十一日由平启程，前日上午安抵济南，寓山东省立民众教育馆，食宿均称方便。计已参观处所有教育厅、济南

高中、男师、女师、第一乡村师范、第一实验小学等。何教育厅长
及吾教育系毕业同学孙祺藩、滕大春二君备加招待,现已定明日
南下,行止如何,容再奉闻。

　　钧座也草此敬请

道安

教育系参观团谨上　四月廿四日

《教育系参观团致校长函》,《北京大学周刊》1934 年 4 月 28 日

4 月 28 日　图书馆公布"中文新书",与教育相关的是《二十年度
全国高等教育统计》(教育部编)。

《中文新书》,《北京大学周刊·图书馆副刊》1934 年 4 月 28 日

4 月　图书馆公布"西文新书",与教育相关的有:J. E. Adams and
W. S. Taylor:*An Introduction to Education and the Teaching Process*. 1933;
Sir John Adams:*Modern Developments in Educational Practice*. 2nd ed. 1933;
F. G. Bonser:*Life Needs and Education*. 1932;J. M. Brewer:*Education as
Guidance*. 1932;E. E. Brown:*The Making of Our Middle Schools*. 3rd ed.
1928;S. J. Adams:*Educational Movements and Methods*:*with an Introduc-
tion*. 1924;O. D. Evans:*Educational Opportunities for Young Workers*. 1926;
F. P. Graves:*The Administration of American Education*. 1932;N. A. Hans:
The Principles of Educational Policy. 2nd ed. , rev. 1933;W. H. Kilpatrick
ed. :*The Educational Frontier*. c1933;J. A. Kinneman:*Society and Educa-
tion*. 1932;D. H. Kulp:*Educational Sociology*. 1932;Joseph Lee:*Play in
Education*. 1933. S. H. Rowe:*Habit-formation and the Science of Teaching*.
1916;Alice Woods:*Educational Experiments in England*. 1920;Thomas Al-
exander & Beryl Parker:*The New Education in the German Republic*. c1929;
P. A. Barnett, ed. :*Teaching and Organization*. 1919;N. H. Dearborn:*An*

Introduction to Teaching. 1925；E. G. Payne ed.：*Readings in Educational Sociology*. 1932；J. J. Rousseau：*Rousseau on Education*；ed. by R. L. Archer. 1928。

《西文新书》，《北京大学周刊·图书馆副刊》1934 年 4 月 14 日、28 日

5 月 7 日　教育系参观团致函蒋梦麟校长。全文如下：

梦麟校长钧鉴：

　　敬启者在洛时会上函。

　　钧座谅邀收阅生等在南京勾留六日，经无锡、苏州共停四日。昨来上海，寓上海中学，一切安适，祈勿垂注，拟十一日去杭，在杭小住四五日，即乘车北上，以后行止，容再奉。

　　闻肃此敬请

　　公安

教育系参观团敬启　五月七日

《教育系参观团致校长函》，《北京大学周刊》1934 年 5 月 12 日

5 月 16 日　教育系教育调查班参观本市汇文、慕贞两中学。

《北大生物学会明日出开讲演》，《北京大学史料》(第二卷)(中)，第 1696 页

5 月 18 日　据《北平晨报》，北大课业长樊际昌表示："下学年心理系将裁并，所有该系课程，除将不适合整理课程新标准者裁减外，其余课程并入哲学、教育两系授课，将心理系名义取消。"

《北大心理学系 下年度起裁》，《北平晨报》1934 年 5 月 18 日

5 月 19 日　教育部颁布《大学研究院暂行组织规程》。《规程》规定："研究院分文、理、法、教育、农、工、商、医各研究所，称文科研究所、理科研究所、法科研究所、教育研究所、农科研究所、工科研究所、医科研究所。凡具备三研究所以上者，始得称研究院。"

《大学研究院暂行组织规程》，《中央周报》第 313 期，1934 年 6 月 4 日

5 月 24 日　《北平晨报》报道："北大学生毕业试验定于下月十四日开始，考期定八日，由校长、院长、课业主任、各系教授为校内委员，每系聘定校外委员一人。"其中，教育系聘定李建勋。

《国立四大学毕业试验 校外委员均聘定》，《北平晨报》1934 年 5 月 24 日

5 月　图书馆公布"中文新书"，与教育相关的有：《地方教育行政》（邵鸣九编）、《城市教育行政及其问题》（夏承枫译）。

《中文新书》，《北京大学周刊·图书馆副刊》1934 年 5 月 20 日、26 日

同月　图书馆公布"西文新书"，与教育相关的有：I. L. Kandel：*Comparative Education.* c1933；E. P. Kimball：*Sociology and Education.* 1932；Joseph Landon：*Principles and Practice of Teaching and Class Management.* 11th ed. 1930；J. A. Green：*The Educational Ideas of Pestalozzi.* 1914；I . L. Kandel：*Comparative Education.* c1933；E. P. Kimball：*Sociology and Education.* 1932；Joseph Landon：*The Principles and Practice of Teaching and Class Management.* 1930；C. H. Peake：*Nationalism and Education in Modern China.* 1932；M. J. Stormzand：*Progressive Method of Teaching.* c1927；W. W. Charters：*Curriculum Construction.* 1929；John Locke：*The Educational Writings of John Locke.* ed. by J. W. Adamson. 1922；H. T. Mark：*Modern Views on Education.* 1914；W. S. Monroe & Ruth Streitz：*Directing Learning in the Elementary School.* c1932；James Welton：*Psychology of Education.* 1923。

《西文新书》，《北京大学周刊·图书馆副刊》1934 年 5 月 19 日、20 日、26 日

6 月 14 日　北大举行学年考试，其中学生平日对某项课程缺课三分之一以上，即不得参与该项课程之学期考试。文学院教育系扣考二人，四年级和三年级各一人。

《北大学年考试应扣考学生统计 文理法三院共四十五人》，

《北京大学史料》（第二卷）（中），第 1017 页

6 月 图书馆公布"中文新书",与教育相关的有:《新中华教育史》(孟宪承撰)、《新中华民众教育》(甘豫源撰)、《中国现代教育史》(周予同撰)、《中国教育之经济观》(古楳撰)。

《中文新书》,《北京大学周刊·图书馆副刊》1934 年 6 月 9 日、30 日

同月 图书馆公布"西文新书",与教育相关的有:H. R. Douglass:*Organization and Administration of Secondary Schools*. c1932;F. W. A. Fröbel:*Fröbel's Chief Writings on Education*, rendered into English by S. S. F. Fletcher and J. Welton. 1932;W. S. Monroe:*Educational Tests and Measurements*, assisted by J. C. De Voss, F. J. Kelly Rev and enl. Ed. c1924;E. G. Payne:*Principles of Educational Sociology*;J. L. Hughes:*Fröbel's Educational Laws for All Teachers*. c1897;Institute for Education by radio:*Education on the Air*, ed. by J. H. MacLatchy. 1932。

《西文新书》,《北京大学周刊·图书馆副刊》1934 年 6 月 9 日、23 日、30 日

同月 北大公布新修订的《国立北京大学转学规程》。

《国立大学转学规程》,《北京大学史料》(第二卷)(中),第 933、935 页

7 月 7 日 图书馆公布"西文新书",与教育相关的有:Alfred Adler:*The Education of Children*;tr. by Eleanore and Friedrich Jensen. c1930;Kate Gordon:*Educational Psychology*. 1917。

《西文新书》,《北京大学周刊·图书馆副刊》1934 年 7 月 7 日

7 月 17 日 据《北平晨报》,北大公布文理法三学院各系应受军事看护训练女生名单,其中,教育系四年级 3 人,三年级 2 人。

《北大应受军训女生各院统计共计 47 人》,《北平晨报》1934 年 7 月 18 日

7 月 北大公布下年度各系教授名单。教育系主任为吴俊升,教员为:尚仲衣、潘渊、邸【邱】大年、樊际昌、陈雪屏、叶审之(助教)。

《北大下年度各系教授名单》,《北京大学史料》(第二卷)(中),第 1455 页

同月　图书馆公布"中文新书",与教育相关的有:《江苏教育概览》(江苏教育厅编)、《全国社会教育概况》(教育部编)、《全国初等教育概况》(教育部编)、《全国中等教育概况》(教育部编)、《河南教育最近概况》(河南教育厅编)、《南洋实业科学教育考察记》(黎国昌编)、《南洋华侨学校之调查与统计》(钱鹤编)、《南洋荷属东印度之教育制度》(刘士木译)。

《中文新书》,《北京大学周刊·图书馆副刊》1934年7月7日、14日、28日

8月10日　北大举行本年度各系新生和二三年级转学生招生考试(北平考场)。其中,考试分三天(10日—12日)进行。投考教育学系的转学生考试时间及科目为:

10日下午2—4时:教二三年级均考"教育概论";4—6时:教三年级考"教育统计学";

11日下午2—4时:教三年级考"教育史";

12日上午8—10时:教三年级考"教育心理学";10—12时:教二三年级均考"英文教育论文翻译"。

(注:教二年级指转学生投考教育学系二年级,教三年级指转学生投考教育学系三年级)。

《国立四大学新生考试　北大平大明日开始》,《北平晨报》1934年8月9日

8月18日　北大公布本届北平招考新生录取名单,文学院教育系录取的转学生:二年级为魏泽馨、曹鹏祥,三年级为边振方。

《国立北京大学布告》,《北京大学史料》(第二卷)(中),第1578页

9月22日　文学院布告:

教育系"教469-70现代心理学",授课时间定于每星期二下午三至五时,地址在第二院大礼堂。自本月二十五日起,开始上

课。凡文理法各学院各年级学生均可听讲。如欲作为正式学分者，须经系主任许可，由系主任通知注册组加入选课单。各专题担任教员略有更动，兹重新宣布如下：

序号	题目	教员	时数
1	现代心理学的趋势	樊际昌	四小时
2	心理学的实验方法	周先庚	四小时
3	智慧与个性差别	王徵葵	六小时
4	学习	陈雪屏	六小时
5	本能的行为与情绪的行为	孙国华	六小时
6	知觉	朱希亮	四小时
7	语言与思想	叶麟	四小时
8	人格	王徵葵	四小时
9	变态心理与精神卫生	樊际昌	六小时
10	心理学与社会科学	程克敬	六小时
11	职业心理与工业心理	周先庚	八小时
12	论心理学与日常生活的关系	樊际昌	二小时

《文学院布告》，《北京大学周刊》1934 年 9 月 22 日

10 月 6 日 图书馆公布"中文新书"，与教育相关的是《近代教育学说》（马复、李溶同译）。

《中文新书》，《北京大学周刊·图书馆副刊》1934 年 10 月 6 日

10 月 9 日 丹麦民众教育专家贝尔斯在北大讲演《目前高等民众教育问题及其工作》。

《丹麦专家将到北大讲演》，《北京大学史料》（第二卷）（下），第 2317 页

10 月 12 日 文学院公布本院各系教授课外指导时间表，其中教育系为：

姓名	时间	地点
吴俊升	星期一 下午一时至二时	教育系教授会
	星期二 上午九时至十时	同上
	星期四 下午二时至三时	同上
	星期六 上午九时至十时	同上
尚仲衣	星期二 下午三时至四时	同上
	星期五 下午四时至五时	同上
潘渊	星期五 下午二时至四时	同上
樊际昌	另行宣布	
陈雪屏	星期三 上午十时至十二时	第二院心理实验室

《文学院各系教授课外指导时间表》，《北京大学周刊》1934 年 10 月 13 日

10 月 13 日 《北京大学周刊》（以下简称《周刊》）刊载《北大教育学会简章》。具体内容为：

一、定名。本会定名为北大教育学会。

二、宗旨。本会以研究教育学术，促进教育事业为宗旨。

三、组织。本会由本校教育系全体教师助教及同学组织之，设下列职员处理会务，由全体大会选举之，任期为一学年。

甲.文书委员二人。管理本会一切文书事宜，并召集开会。

乙.事务委员二人。管理本会一切庶务会计事宜。

丙.交际委员四人。管理对内对外一切交际事宜。

丁.出版委员七人。管理编辑出版一切事宜。

戊.民教股委员三人。设计及管理民校一切事宜。

四、工作。暂定下列两种工作：

甲．研究及讨论教育学理与实际问题；

乙．敦请名人演讲。

五、开会。分常会、临时会及职员会三种，开会时主席临时推定。

甲．常会，一学期一次，开学后两星期内举行之。

乙．临时会，职员认为必要时或由会员三分之一提议，得临时召集之。

丙．职员会，每月召集一次。

六、会址。暂设文学院内。

七、附则。本简章得由大会随时修改之。

《北大教育学会简章》，《北京大学周刊》1934 年 10 月 13 日

同日 图书馆公布"西文新书"，与教育相关的有：J. W. Adamson：*A Short History of Education*. 1930；Aristotle：*Aristotle on Education*，*being Extracts from the Ethics and Politics*. 1928；E. P. Cubberley：*Public School Administration*. c1929；A. S. Jensen：*The Rural Schools of Norway*. c1928；James Mill：*James and John Stuart Mill on Education*. 1931；J. H. Newman：*Select Discourses from the Idea of a University*. 1931；F. F. Powers & W. I. Uhl：*Psychological Principles of Education*. c1933；Herbert Spencer：*Herbert Spencer on Education*. 1932。

《西文新书》，《北京大学周刊·图书馆副刊》1934 年 10 月 13 日

10 月 20 日 教育系布告："本系所设'中国教育问题'一学程，系请专家合讲。兹请胡适之于 10 月 23 日、25 日下午五时至六时半，在第二院大礼堂讲演《国语教育问题》。凡选修本学程之学生，均须按时上课。本系或他系学生未选修者，亦可旁听。"

《教育系布告》，《北京大学周刊》1934 年 10 月 20 日

10 月 23 日　教育系布告："王徵葵在北大第二院大礼堂，作题为《个别差异与智［慧］测验》的讲演，此为'现代心理学'第三次演讲。"

《教育系布告》，《北京大学周刊》1934 年 10 月 20 日

10 月 27 日　教育系布告："《中国教育问题》第二讲，请蒋梦麟主讲。讲题为《中国教育的几个问题》；讲演时间为 11 月 6 日、13 日、20 日，下午五时至六时，讲演地点为第一院二二七号教室。凡选修'中国教育问题'者须出席听讲；未选修者亦可旁听。"

《教育学系布告》，《北京大学周刊》1934 年 10 月 27 日

11 月 14 日　北大第三十二次教务会议通过应得助学金各生姓名及助学金额。其中教育系获得者为："刘文秀（100 元）、刘铮（80元）、唐景崧（160 元）、马汝邻（100 元）、缪振鹏（100 元）、刘济勋（80 元）。"

《国立北京大学布告》，《北京大学周刊》1934 年 11 月 17 日

11 月 24 日　图书馆公布"西文新书"，与教育相关的有：Carter Alexander：*Educational Research*. 3rd ed., enl. and rev. 1931；Carter Alexander ed.：*Education Finance Studies*. 1931；Brooklyn Conference on Adult Education：*The Making of Adult Minds in a Metropolitan Area*. 1931；S. E. Davis：*Teaching the Elementary Curriculum*. 1933；N. L. Engelhardt & F. Engelhardt：*Planning School Building Programs*. 1930；B. Y. Landis & J. D Willard：*Rural Adult Education*. 1933；National Advisory Council on Radio in Education：*Radio and Education*；ed. by Levering Tyson 1933；I. K. Sadiq：*Modern Persia and her Educational System*. 1931；C. O. Thompson：*The Extension Program of the University of Chicago*. c1933。

《西文新书》，《北京大学周刊·图书馆副刊》1934 年 11 月 24 日

11 月 27 日　杨振声在第一院二二七号教室讲演《小学国语教科书问题》，此为"中国教育问题"第三讲。

《教育系布告》，《北京大学周刊》1934 年 11 月 24 日

12 月 19 日　蒋梦麟校长代表我国出席在菲律宾大学召开的东亚教育会议。会议期间，他与刘湛恩分别讲演了《高等教育制度》和《中国高等教育之趋势》。大会闭幕后即参观该地之农村及教育情形。

《蒋梦麟明晨可到平 在沪谈菲岛会议经过》，《北平晨报》1935 年 1 月 12 日

12 月 18 日　受教育学会邀请，教育界名人张怀在北大一院做题为《人类和平与教育》的讲演。

《北大教育学会昨请张怀讲演》，《北平晨报》1934 年 12 月 19 日

12 月　图书馆公布"西文新书"，与教育相关的有：H. H. Abelson：*Art of Educational Research*. 1933；J. C. Almack, ed.：*Modern School Administration*. c1933；E. J. Brown：*Everyday Problems in Classroom Management*. c1933；W. B. Curry：*The School and a Changing Civilization*. 1934；H. H. Horne：*This New Education*. c1931；W. H. Kilpatrick：*Source Book in the Philosophy of Education*. 1934；W. C. Trow, ed.：*Character Education in Soviet Russia*. 1934；T. E. Blewitt, ed.：*The Modern Schools Handbook*. 1934；J. S. Butterweck, J. C. Seegers & E. J. Brown：*An Orientation Course in Education*. c1933；G. S. Counts：*School and Society in Chicago*. c1928；N. A. Hans：*History of Russian Educational Policy*（1701-1917）. 1931；N. A. Hans & S. Hessen：*Educational Policy in Soviet Russia*. 1930；Ruth Kotinsky：*Adult Education and the Social Scene*. 1933；Louis-René de Caradeuc de La Chalotais：*Essay on National Education*. 1934；P. C. Lal：*Reconstruction and Education in Rural India*. 1932；A. V. Murray：*The School in the*

Bush. 1929; W. C. Reavis and others: *The Elementary School*. 1932; A. H. Robson: *The Education of Children Engaged in Industry in England, 1833-1876*. 1931; B. A. W. Russel: *On Education*. 1930; H. H. Underwood: *Modern Education in Korea*. 1926。

《西文新书》,《北京大学周刊·图书馆副刊》1934 年 12 月 8 日、29 日

1935 年（民国二十四年）

1 月　应教育系吴俊升主任之邀, 杨廉讲演《中国教育问题》。

《听杨廉先生演讲后想到几个值得注意的教育问题》,《北平晨报》1935 年 1 月 10 日

2 月 5 日　教育部通令各大学教育院系及研究教育社团详细研究"学校减少假期缩短学年"。

《教部通令所属研究 减少假期缩短学年案》,《京报》1935 年 2 月 6 日

2 月 9 日　图书馆公布"中文新书", 与教育有关的有:《天津市小学教育之研究》(北平师大研究所编)、《江浙两省各县地方教育经费的调查和比较》(杜佐周、杨思杰撰)。

《中文新书》,《北京大学周刊·图书馆副刊》1935 年 2 月 9 日

2 月 16 日　北大公布本年度文、理、法三学院各系名誉教授名单, 其中教育系名誉教授为林可胜、汪敬熙。

《北大明日开课 名誉教授名单昨公布》,《北京大学史料》(第二卷)(上), 第 457 页

同日　图书馆公布"西文新书", 与教育有关的有: W. D. Hambly: *Origins of Education Among Primitive Peoples*. 1926; A. F. Boje & others, ed.：*Education in Denmark*. 1932；Marius Hansome：*World Workers' Educational Movements*. 1931；H. A. Wyndham：*Native Education*. 1933。

《西文新书》，《北京大学周刊·图书馆副刊》1935 年 2 月 16 日

2 月 21 日　《北平晨报》报道："北大本学期学生注册已于 2 月 16 日截止，18 日起各年级课程开始讲授。因学校厉行严肃管理，学生缺课者极少。教育系邱椿教授因在欧洲考查教育，本学期中不克来校，所授'中国教育史'及'现代教育思潮'，由余景陶教授继续讲授。"

《北大厉行严肃管理 开课即实行点名 军训加紧 教授略有更动》，
《北平晨报》1935 年 2 月 21 日

2 月 25 日　《北平晨报》报道：

北京大学研究院文法二研究所，研究生初试已于上学期举行完毕，参加考试者计研究生七名。该二研究所，原有研究生二十余名，因院章规定，参加初试者，必须在本院有二学年以上，未经间断之研究，研究报告已缴进八个以上，而经教授会议审定认为合格者，始能核准。是以本次请求参加考试者，虽有十余人之多，但经审查与规定资格符合者，仅有七人。……研究院助学金由暂行章程规定，每研究生每学年助给三百二十元，分四次发给，每次八十元，凡研究生初试成绩在七十五分以上者皆可照章请求，再由院务会议审定。

《院务会本周举行 研究生四人初试优良 获得请求助学金资格》，
《北平晨报》1935 年 2 月 25 日

2 月 27 日　据《京报》报道，教育系召开系务会议就"教育部令：要求各大学研究缩短学校假期"进行讨论。会议议决："由各教授根据自己所学之专门方面提出意见，交送系主任汇总后即送课业处，并转呈

教育部核查定夺。"

《北京大学最近状况》,《京报》1935 年 2 月 27 日

2 月 28 日　北大召开第三次校务会议。会议议决:"教育部颁发《专科以上学生出外实习及参观旅行原则》,由课业长(樊际昌)会同经济、地质、生物、物理、化学、教育、史学七系拟定办法。"

《北大昨举行校务会议决定议案五项》,《北平晨报》1935 年 3 月 1 日

3 月 18 日　北大教育学系提交《"减少假期缩短学年案"研究报告书》。据 19 日《北平晨报》,立法院院长孙科提出减少假期缩短学年问题,已引起教育界深切之注意。平津院校教联会,为此问题曾函请北平各大学,对此问题加以研究,以便汇集意见,呈报教育部,北大教育系接到该项通函后,由该系主任吴俊升两次招集本系各教员,征集对此问题之主张。18 日吴主任已将搜集所得各方意见,加以整理,就假期之功用、中西学校假期之比较、假期功用在教育效率上之效果等各点,编就长万余言之意见书,对减少假期问题颇有发挥,并附以该校之建议。23 日《周刊》刊载报告全文。兹录如下:

　　一、缘起

　　中国国民党中央执行委员会第四届第五次全体会议中,孙委员科等五人提出"减少假期缩短学年"一案。提案主文为:"各级学校每年放暑假三十日,年假三日,国庆纪念假一日,每两星期放假一日,其余各日不得放假停课,而大学及高中修业年限比现行者各缩短一年。"并附具理由四项,办法七项。该案当经决议,交中央政治会议核议。中央政治会议复转行政院,行政院又转令教育部核议具复。教育部为集思广益起见,复交由各大学教育院系及研究教育社团详细研究。本系同人奉到学校方面转发原案各件,当经将本案内容从各方面加以研究考虑,兹将所得结

果分别报告如次。

二、假期之性质及功用

欲明假期之应否减少学年之可否缩短，应先明假期之性质如何，功用如何。考假期之来源已久。就我国而论，《礼记·学记篇》已载："君子之于学也，藏焉，修焉，息焉，游焉，夫然后安其学而亲其师。"言藏修而及息游，盖谓休息当与学习相间；而游息有假，自不言而喻。《论语》载，孔门弟子言志，孔子独许曾点，亦可见假日游息，在教育上有重要之意义。迨后无论公私学校，遇佳时令节，莫不有假。严寒盛暑，亦给假休息。至清季采取欧西学校制度，始采西洋之休假制度而有星期假，及春、暑、寒三假，及节日例假等之规定。考西洋学校假期之设，亦重在调息身心。柏拉图即尝谓："上帝怜吾人类生而须受劳苦，选定神圣节日，俾人得有休息与劳作相间。"（Laios II 653）此殆为西洋一切休假之最初起源。迨后社会生活日渐繁杂，学校应其需要，遂累增其假期。由中西现行之各种假期言之，其设置不外受四种因素之决定：（一）宗教节期；（二）历史上大事之纪念；（三）气候状况；（四）职业需要。属于宗教节期者为星期日、圣诞节、圣米加勒节、圣灵降临节等。在吾国则星期日有假，其他宗教之节期无假。纪念历史上大事之假日，在西洋各国，日期各不相同，在我国则有一致之纪念假七日，此种假期各有其历史的、社会的意义。因气候变迁而设之假期，则为中外所共有之春、暑、寒三假。此三种假皆有卫生上之需要。近有许多人类学上之研究，显示夏季为儿童与青年生长速率增加之时。夫儿童与青年最主要之事为成长与发育。夏季规定长时期之暑假，除因气候不宜于作业外，更有生理与卫生上之需要也。至于春假之设，亦不徒为游春之便。Schuyten 与 Lobsien 研究儿童全年中肌肉能力与心理能力之变迁升降，制成曲线。尝谓通常春季有假，对于学童实有卫生之利益。至于严寒有假，其气候上及卫生上之必需，更为了然。因职业上之需要而设之假期，如西洋各国乡村学校之农事假。中国古制亦称："穉锄已藏，祈乐已入，岁事已毕，余子皆入学……至冬至四十五日始出学，传农事。"今则割稻、割麦及采茶例有假，均职业上之需要也。从以上之分析，可见各种假期性质各殊，均各有其功用，非玩时愒日，优游岁月之可比也。

三、中西学校假期长短之比较

假期之性质与功用既明，请更进而以中国学校假期，与欧美学校假期相比较，以视其长短如何。

先言春假。此种假期约与欧、美各国之复活节前后之假期相当。我国现行规程所定各级学校春假自四月一日起至四月七日止，计共七日。其为期较之欧、美学校所定为短。兹举数校为例。如牛津大学自三月十七日起，至四月二十七日止。伦敦大学(皇家学院)自三月二十六日起，至四月二十八日止。耶尔大学自三月二十四日起，至四月九日止。柏林大学自三月一日至四月十五日。法国大学春假期在复活节先后计十日。至于中学之春假期，英国中学自一星期至三星期不等。德国之普鲁士及北方诸联邦各中学之春假期为二周。法国中学之春假则与大学同。

次言暑假。依我国现行规程，暑假期限，专科以上学校为七十日，中等学校为五十六日，小学为五十日，与欧、美同级学校相较，均未见其长。就专科以上学校论，试一考查欧西大学所定暑假日期，率不止七十日。例如牛津大学暑假自六月二十三日始，至十月十三日止。伦敦大学自七月二日起至九月三十日止。柏林大学自八月一日起至十一月三十日止。耶尔大学自六月十四日起至八月二十四日止。哈佛大学自六月二十二日起至九月二十二日止。哥伦比亚大学自五月底起至九月底止。巴黎大学自七月十四日起至十一月一日止。至于中小学之暑假期，就美国言，城市学校之课业，悉于五月或六月结束，至九月始开学，假期至少在两月以上。法国与德国南部中小学之暑假，亦有两月。至于德国北部暑假只四周，英国中学暑假约六七星期，则以天气较冷，需要放假之日期较短也。

再次言寒假。吾国之寒假性质，均略相当欧美之耶诞及新年假。依我国现行规程，寒假日期各级学校一律定为十四日。考欧西专科以上学校所定寒假期限多在二周以上。例如牛津大学起十二月九日，迄一月十九日。伦敦大学（皇家学院）起十二月十八日，迄一月十三日。爱丁堡大学起十二月二十一日，迄一月十三日，假期均在二十日以上。至于中学在英国则于耶诞节放假三星期，德国则因南北气候不同，有放假一星期者，有放假二星期者。在英、德小学寒假期限大抵与中学相同。

以上就中外共有之春、暑、寒三假约略比较，已可见我国假期并不过长。至于星期假，虽起源于宗教，但在中国已浸失原义而成为休沐假。不仅学校有此假，即其他行政及重要工商机关亦均有此假。此种假期若与西洋各国相较，亦有显著之差别。西洋各国中如美国，除星期日外，星期六亦多有假。德国小学星期三、六日下午有假。在法国则除星期日外，星期四日复有假，（限于小学）原意本为儿童在家庭或教会受宗教教育，在事实上，于是日受宗教教育者绝少，亦等于休假。是美、德、法等国，于每年五十二日星期假外，又有五十二日之假，事实上不啻每星期休假两次也。

至于纪念日假,各国所定全国的或地方的纪念日,大致均较我国所定日数为多。盖各国均利用此等纪念日为激发民族精神与乡土情绪之机会,甚至不惜恢复已废多年之令节,使社会民众多得一共同欢忻鼓舞之机会,决不以此种休假之间断日常工作为病也。此外犹有特殊情形可述者,即在西洋有若干国家,例假如适逢星期,且有补假之制度。如三日中前后两日均为例假,则中间一日,亦特别给假一日,盖亦使人有尽情游乐之机会,而我国则无此规定也。

就以上中外假期之比较,可得一概括之结论,即我国一切假期,大致均较西洋各国为短。此种事实,实为研究缩短假期问题者所应考虑者也。

四、减少假期缩短学年案之精神

假期之性质及功用既如上述,我国假期又较各国为短,似乎不生减少假期之问题矣。但我国社会各项情形与各国不同,固未可与各国一概而论。如果减少假期,在我国确有需要,自亦不能全凭援引国外之例,迳加否认。查孙委员科等五人原提案所具理由,虽有四项,但归纳言之,其主要理由惟一,即在中国危急存亡之秋,社会经济凋敝之时,应减少假期,缩短学年,以节省公私经济是也。此项理由诚属重大,亦为原案精神之所在。过去办理教育,只知因袭他人,少从中国社会着眼,实为通病。此案能从社会经济之远大着眼,以衡量现行之教育制度,其精神实可钦佩。惟于此有二先决问题:(一)此种经济上之考虑,是否可以超过假期功用上及教育效率上之一切考虑?[(二)]假设经济上之考虑超于一切,此种缩短学年办法,在经济上,究竟所获几何?所得是否可偿所失?以下就此二问题分别加以考虑。

五、假期功用上及教育效率上之考虑

依吾人之研究结果，假期如果减少，学年如果缩短，则不免以下之种种弊失。

（一）如上所述，假期之功用，首在调息身心。如果缩短假期，则突然增加学生之工作时间，在健康上是否可保无损？原提案人于此固未尝有何确切证明。若骤然实行，实乃一种冒险之尝试。且就一般状况而论，教育之功能，实在于辅导行为，发展健全个性，使青年能适应社会生活。欲实现此种功用，首宜谋身体之充分发育，否则不论天赋如何优越，均无由表现；次则须讲求精神卫生，庶几在其成长以后，可得愉快顺适之生活。至如知识技艺之灌注，似尚属次要问题。身体发育之基本原则有二：一为各部之活动，应力求平衡发达；二为活动之范围，应随发育之自然趋势，循序渐进。现行之中小学所设科目过多，上课时间过长，与此两项原则已不免抵触之处。所赖以调剂者，惟有较长之假期，可以活泼身心，恢复疲劳，促进生长。今如缩短假期，或则增加教材分量，或则以三年或五年之日力，学习四年或六年之课程，自不免于加重学生之负担，足以阻碍青年活力之发展。其结果必致在上课时间心力不能专注，往往沉溺于幻想冥索，而平时心理状态，又常在紧张之中，终则精神之平衡，亦将为之破坏。流弊所及，将不堪设想。中国当兹危急存亡之秋，增进青年之健康，实为当务之急。今日之国家，凡思以教育完成复兴之使命者，无不注意及此。如德意诸邦，对于智、德、体三育注重之程度，皆一反传统之次第，而改为体、德、智三育，我国应知效法，不应因求缩短学年而妨及青年之健康也。

其次教师之健康，亦为应考虑之一点。假期减少，即教师之工作时间加多。教师乃心力兼劳之职业，在一切之职业中，殆为最应多与以休息之机会者。如减少假期，增加其工作，使之终日劳精疲神而不能得充分之休息，必致损及健康。或谓工商界及行政界皆未有此长假，何以独优于教师？不知工商及行政人员，或则偏于劳力，或则偏于劳心，心力并劳如教师者甚少；且当其执业之时，往往中间有自然之休息，必时时继续集中注意如教师之所为者亦鲜。此中甘苦惟有讲坛经验者始能言之。固不能轻与他业相提并论也。且在事实上各业中患肺痨病者，即以教师业为最多，即此一端，已可见教师之需要多量休息。原案主张减少假期，其足以损害教师之健康亦甚显明也。

（二）就教育效率上考虑，减少假期，缩短学年，亦有可虑者数事。

甲. 学校教育无论在理论上，或在实施上，只是教育之一部而非其整体。因之，学校之主要职能，在于将学生从社会实际生活中所获得之经验，加以指导，组织与整理。各种假期，可使学生离开学校之狭小范围，接触实际生活，实为教育之原始材料（经验）之源泉。今若将假期减少，殆无异于削减其与社会生活实际接触之机会。徒然对于儿童及青年施行空泛形式之训练，及知识之灌输，而不使之接触社会以吸收生活经验，学校教育将失其凭借而无由施展其指导青年之作用。更就社会需要方面而论，今日吾国所期望于青年者惟在其能于修学期间熟谙社会情形而能于毕业后回到民间，深入社会，贡其所学于一切落后之农村。若将学校之假期尽量缩短，置学生之全部生活于一狭隘的环境中，使其由小学而中学而大学之十五六年长时期中绝少与一般社会及其乡土相接近，此种训练所产生之人才，充其量不过为一书痴，对于乡土既无热忱，对于民间实际情形复无深切之了解，何能望其能回到农村，深入实际社会成为一健全国家服务人员？故此种促成青年遗弃乡土，背离社会之教育，实非任何社会所需要，尤非中国落后之农业社会所应有。

乙. 教学之进行，应与儿童与青年身心发达之程序相应合。在身心发达何种阶段中，应授以何种之科目，何种之教材，其间有合理之顺序，任意提前或移后，必多所扞格。在中国古时，早有"欲速则不达"之训。现时教育心理学发达，于此原则，盖多实证。今如减少假期以缩短学年，则事实上有一部分教材必须提早教学，对于学生身心发达之状况，必多不相适应，而教学之效率，自不免因而减低。

丙. 就工作能率方面而论，同一工作继续过久，便易发生疲劳，而疲劳最足以减低工作能率，此为周知之事实。体力之疲劳，固因休息而得消除，但精神上之疲劳，则需转变活动方面，始得休息。倘在疲劳发生之后，仍迫令工作，不特进步毫无，对于所习发生单调厌倦之感，且能损及健康。学校中之工作，大抵偏于精神活动方面。星期日及春、寒、暑三假，可使学生活动另趋新途，正所以保持求学时期，十余年继续不断之工作能率，且使身体不致受其损伤也。即如美国之福特工厂，工人每星期仅工作五日，而生产量反较其他各厂为独高。可见工作时间、工作之长短与能率之关系如何。兼之根据教育心理之研究，得知学习系循消极加速率而进行，故欲求学习之猛进，宜将工作分散为数期，绝对不宜集中。分期工作较集中工作，效率为大。以上所举事实，均经实验证明。今如缩短假期，增加工作时间，并集中工作于较短之年期以内，与上述之工作定律正相违悖，学习之效率，必因而减低矣。

且此同一原理可同样适用于教师之工作方面。教师工作之效率,亦将因减少假期,缩短学年而减少也。

丁.原案之见解,不免视受教育及入学上课为一事,故以为减少假期,增加上课时间,即可缩短学年,提早毕业。其实教育之意义,决非如此狭隘,决不限于师生口耳授受之间。学生在假期中生活,即同时在受教育,不过是一种不同性质之教育耳。此种教育,甚至可说犹胜于课室内之教育。今如减少假期,缩短学年,虽上课时间与原制所定时间相等,但在学生受教育之总分量中,尚缺少重要之一部分,是缩短学年,不免降低毕业之标准也。

戊.各级学校之教师,在上课时期,因从事教学与预备教课,暨尽其他因地位上身分上所不能免之职务,终日劳劳,实少暇晷以图进修。方今科学日在进步,教材日新月异。关于教学之方法,亦日在前进中。教师在平时既无充分时间以收集教材研究新学理,常借较长之假期以为此等工作。(此在专科以上学校之教师为尤然)今如减少假期,较长之假期,只存暑假三十日,则各级学校之教师,日惟裨贩其所旧习之知识,无时间从事研究,无时间以阅览新书籍及新出版之杂志,则故步自封,学识落伍,领导诱掖后进之责任,实不能胜任;国家教育前途,学术前途将受莫大之损失。欧美大学教授之职务一在教导,一在研究。后者实较前者为重。中国过去大学教授之工作,就一般言,只为教导之工作。近年始略变更,趋于研究。其为研究工作,大率利用较长之假期。以斯时无教学上之拘束能自由研究所喜之问题也。今如减少假期,是剥夺其专心研究之机会,于国家学术上之损失将甚大。次则各级学校学生,亦需要较长之假期,以资温故知新。现在中小学课程繁重,天资较高之学生对于日课固能应付裕如。资质稍劣者，即觉分量太重，不免顾此失彼。学年学期考试，率有数门学科不及格。此等学生，幸有较长较多之假期得利用以从事补习。一面资质优良，无需补习之学生自可利用此时期，以阅读性近各门学科之参考书。至于大学学生，在上课时因选科不少，每日除上课整理笔记外，实少时间以阅读指定之参考书，更无余暇作专门问题之研究。于是对于所学各科，只能明了大意，未能深入，自不能感到何种特别兴趣。此种缺陷能略图补救者，厥为较长之假期。学生在假期中得对于所习各科作进一步之探讨，对于特感兴趣之问题，能专心研究，以谋深入。此层对于造就人才，关系甚大，为吾人所不能忽视者。否则减少假期缩短学年，学生只能忙于应付日课，对于学问无从容涵濡浸渍之功，所得者，将仅为课本讲义之糟粕，与造就人才之原意，适相违反耳。

从以上各方面之考虑，可见减少假期，缩短学年，不特妨碍学生与教师身心之健康，且足减低教育之效率。吾人其愿为节省经济之故而牺牲师生健康与教育效率乎？抑将尊重师生健康与教育效率而忽略经济之考虑也？是在当局之权衡轻重矣。

六、经济上之考虑

更有进者：吾人如果从经济方面考虑本案，则减少假期，缩短学年，果能如原提案人所估计者之能节省巨款以纾公私之困乎？又未必尽然也。请陈其故。

（一）原案顾及国家经费之节省，及学校家庭负担之减轻，在今日经济困难之社会中，此实为应有之考虑。但所云大学缩短为三年，可节省国家经费四分之一，中学缩短为五年，可节省六分之一，似乎尚有考虑余地。因原案所计及者仅只学年之减少，至于课程方面，大学三年中，中学五年所授之功课之分量，依原案估计较现制有增无减,如此则图书、仪器、课内课外之一切用品用具(如化学药品、物理用品、纸张、文具、讲义用费、水、电、煤、炭、灯火及其他各种消耗品)以及兼任教员之薪给(普通皆以十个月或以实授钟点致酬),校工工资(通例皆以十二个月计算)等项,均无由而较现行年限中之费用,再为减少。所可节省者,仅只职员俸给、专任教员薪修【俸】、建筑费等数端而已。

更有进者,如假期一经减少,学年一经缩短,按照上面之计算,大学现在所用于第四年之经费及中学用于第六年之经费中之不能节省之部分,势必分别提前于大学前三年,中学前五年中应用。至于小学每年既增加一百二十六日之活动(此为原案之主张),当然其经费亦须相应增加。换言之,实现此案时,原有教育经费必须大量增加。在目前,我国国家及地方经费支绌,各项费用之分配,已感捉襟见肘,顿将未来之负担,提前应付,解决之法,只有出之于中央及地方举行公债之一途。就公债而论,其票面利息,投资利息等等极为繁重。由此重叠利率中所遭受之损失,恐非大学中学预期节省之有限经费所能从而补偿。

再就学生家庭负担而言,若缩短其修业年限而增加其上课时间,大学学生必需于三年中,中学学生必需于五年中,购备现行年限所用之一切课本、参考书册及一切教育用品。更因假期之缩短,在校之日数增多,其所需膳宿及其他一切杂费,亦将因之而增加。就目前我国国民经济之枯竭情状观之,欲供应此项超出预算之费用,亦势必出于借贷之一途。而在今日之农村,借贷利息,尤为繁重。学生家庭所蒙高利贷之损失,恐亦非其预拟节省者,所可弥补。

由此二种情形推测之,原案所云,节省国家经费,减轻学生家庭负担一节,究竟真能节省与减轻几何,实属莫大之疑问也。

（二）减少假期与缩短学年，纵令能节省有经费，但所节省者仅为有形之金钱。若因此而妨害师生健康，降低教育品质，所损失者亦为无形之金钱也。国家造就人才，一小学生年费近十元，一中学生年费[近]百元，一大学生年费近千元，所费至巨。若因工作过重损其健康，或不幸竟至夭折，不能尽其能力以报社会国家，则此种无形金钱之损失，可以数计乎？国家造就师资，一小学教师费近五六百元，一中学教师，费近四五千元，一大学教师费巨万，如因工作过度而损其健康，或则教学减少效率，或则须提早退休，或则竟不幸因积劳而殉职，则公家之损失，又可以金钱计乎？至于因缩短学年，对于学生学业，欲其急就成章，则清末民初各种速成学校之前车可鉴。社会公私所蒙之损失，亦非金钱所可计也。

（三）依原案办法，因缩短学年之故，中学毕业生每年将增加现数六分之一，大学毕业生每年将增加四分之一。中国现当知识阶级失业恐慌之时期，原有每年毕业生尚无法消纳，今后又额外增加，多造人才而投闲置散，就公私两方而言，均是一种浪费，固不得谓为合乎经济原则也。今欧美国家如英、美、法、奥、瑞典等，方思借延长学年以减少失业，我国又何能提议缩短学年以增加失业也？

根据以上种种考虑，若从广义之经济原则着想，则减少假期与缩短学年之办法，经济乎？抑不经济乎？固未易言也。

七、结论

以上之研究，阐明假期之性质与功用，复以吾国假期与他国相较，未见其过长。减少假期与缩短学年一案，就学生与教师之健康及教育之效率上考虑，复觉其多所窒碍；从经济方面考虑，又未见其如何确合经济之原则。于此吾人似可得一结论：即依吾人之意见,减少假期与缩短学年一案,至少在未能确证其办法优于现制以前,实不能加以采纳施行也。

附　建议

吾人对于减少假期缩短学年案之研究,既得结论,认为未可轻易实行。但吾人对于现行制度,亦认为未尽善美,对于原提案人之批评,颇表同情。兹复就管见所及,建议应行改进之处,备采择焉。

(一)现行休假制度,对于学生假中生活缺乏适当之指导,其结果或不免使学生习于懒散颓废之生活。为救济此项缺点,学校对于学生假中生活,应于事先与以严密之指导,庶几假期之功用,始可充分表现。

(二)学生应充分利用假期,使学生接触实际生活。如参观旅行,参加社会服务诸事,均应规定为假中作业之重要部分。学生在开学时且须缴阅作业报告。

(三)省市教育行政机关,或社会教育机关,宜利用假期,实行青年训练,锻炼其体魄,砥砺其德行。

(四)依现行规程,寒、暑假起讫日期,全国一律。我国幅员广大,各地之气候不同,对于寒、暑假之需要,自然各异。吾国此种划一规定之办法,实有变更之必要。大学校宜由大学校长,中小学宜由学校所在地之省市教育当局,依当地之气候,规定寒暑假起讫之日期,呈准教育部施行。

(五)除有特别情形经教育部核准外,各学校不得任意延长假期。

《研究"减少假期缩短学年案"报告书》,《北京大学周刊》1935年3月23日

3月21日 《北平晨报》报道:

教部通令各校毕业生旅行参观，非经教部核定，认为必要时，学校不得给予津贴。北大本年应举行旅行参观者，计有生物、地质、化学、物理、经济、教育、历史等七系。前已由课业长樊际昌会同各该系主任，拟定旅行参观细则，呈报教部备案。细则规定上述系旅行因性质不同共分三类：（一）地质系、生物系为一类，旅行目的纯为考查自然状况及收集标本。（二）教育系、经济系属于一类，主要目的为调查各地教育状况及经济情形、人民生活概况等。（三）历史、物理及化学系属于一类，完全以参观为目的。

《北大毕业生旅行细则已呈教部备案 内分为三类》，

《北平晨报》1935 年 3 月 21 日

3 月 22 日　《北平晨报》报道：

因北大所拟旅行细则尚未经教部批回，最短期内或不易有具体计划。教育系四年级学生以该年级同学名义，发起旅行组织。因同学等对东南各都市教育状况，急欲一睹，是以规定旅程，为沿津浦路南下，以杭州为终点，参观沿线各地教育实况。并在红楼张贴布告，同学愿参加者，须往该系阅览室签名。

《北大教育系学生将赴杭参观教育》，《北平晨报》1935 年 3 月 23 日

3 月 23 日　图书馆公布"中文新书"，与教育相关的有：《现代教育方法》（舒新城撰）、《教育部视察专员视察各省市教育报告汇编》、《教育学原理》（熊子容译述）。

《中文新书》，《北京大学周刊·图书馆副刊》1935 年 3 月 23 日

3 月 25 日　教育学系邀请中华平民教育促进会总干事晏阳初在二院做题为《中国农村教育与农村建设问题》的讲演。

《校闻摘要》，《北大校友》1935 年 4 月 1 日，第 2 页

3月27日　教育系选修"幼稚教育"课程学生，由刘吴卓生领导，赴美国学校参观。

《北大教育系学生将赴杭参观教育》，《北平晨报》1935年3月23日

3月　图书馆公布"西文新书"，与教育相关的有：William Boyd & M. M. Mackenzie, ed.：*Towards a New Education*. 1930；H. L. Hollingworth：*Educational Psychology*. c1933；*Year Book of Education*. 1932-34。

《西文新书》，《北京大学周刊·图书馆副刊》1935年3月16日、30日

4月6日　《周刊》刊载《国立北京大学研究报告》，其中包括教育学系各教授研究状况。具体内容如下：

A. 吴俊升教授(兼主任)：

平日研究以教育之哲学的基础为主题。已成著作，已刊者有 *La Doctrine Pédagogigue de John Dewey*(Les Presses Modernes, Paris, 1931)一种；正在商务印书馆印刷中者，有《教育哲学大纲》一种；初稿已成，尚未为定者，有《德育原理》一种，已由商务印书馆约定为小学教育丛书。

译述方面：巴黎大学教授，法国国家学会会员，拉郎德(Andre Lalande)所著之《实践道德述要》*Precis Raisonne de Morale Pratique* 已经译为中文，现正在中华书局印刷中。杜威教授(John Dewey)所著之 *How We Think* 增订本，亦正在着手翻译中。其他零篇论文，散见《教育杂志》及《大公报》，不备列。

B. 樊际昌教授(兼课业长)

本年除担任本校课业处事务及授课外，现正研究"情绪反应的测量及一种测量皮肤反应仪器的装置"。

C. 潘渊教授

一、对于"各种心像表现之繁度"一题，已在本校及平大女子

文理学院做实验二十九种，略得成绩，表示各种心像在百分中之分配惟性性质，属于初步。拟更制精密实验，邀集多数被试人试验，以求得可靠之成绩。

二、自去年起，搜集材料开始编著《教育心理学》一书，全书计划分：(1) 教育心理学史略；(2) 教育心理学之范围；(3) 数种基本事实；(4) 人类之天赋：反射运动；(5) 人类之天赋：本能；(6) 遗传与后天获得性能否遗传之问题；(7) 品性；(8) 气质；(9) 注意与兴趣；(10) 游戏；(11) 记忆与遗忘；(12) 智慧与智慧测验；(13) 个别差异；(14) 学习之意义与方法；(15) 学习律；(16) 经济的学习法与学习曲线；(17) 学习效力之迁移与妨碍。各章现材料大体均已搜齐、已编就，由本校讲义股印刷者计有首列五章，凡六万余言。预计本年暑假前全书可以编就。

三、拟编《教育心理学实验》一书，以备教授教育心理时实验之用。预计每周实验一次，全书拟选实验三十余种，以供一学年之用。现已编成实验一十三种。（上二、三两种系著作）

以前著作与译件目录

1. The Relation of Feeling and Conation with Special Reference to the Hedonic and Hormic Theories; a thesis approved for the degree of doctrine of philosophy in the University of London in 1930.

2. 对于我国教育宗旨之意见（单篇论文）；

3. 英国教育参观报告书（同上）；

4. 参观比法瑞士奥德各国心理教育报告（同上）；

5. 学与术（同上）；

6. 公债论；

（以上编著）

7. 史托邦著《自然教育学》;

8. 《戏剧发达史》(帛兰头尔著);

9. 华特著《戏剧概论》;

10. 论大学扩张制(单篇论文);

11. 论纽约州图书馆学校(同上);

12. 哀利司著《露天学校》;

(以上系译述,均已一部分或全部发表)

13. 寇拂斯著《游戏教育》;

14. 高顿著《世界旗章图考》;

15. 美国图书馆事业之活动;

16. 图书馆管理法;

17. 浮吉尔的《牧歌》;

18. 齐阿克利的《斯牧歌》;

(以上自13至18各译稿均未付印)

19. 教育心理学史略(单篇论文);

20. 情绪与意志之关系(特指动原学说与快乐学说而言);

21. 对于中学会考应修正之数点(同上);

22. 心身关系问题(同上)

(以上四篇系去年在《大公报·明日之教育》发表)

《国立北京大学研究报告》,《北京大学周刊》1935年4月6日

4月10日　教育系同学组织青龙桥旅行团。今晨出发,路费每人预缴五角。当日即返回。

《北大南口旅行团今日出发》,《北平晨报》1935年4月10日

4月13日　图书馆公布"中文新书",与教育相关的有:《广州市中上学校概况》(邱国钧编)、《广西省初等教育概况》(广西省政府教

育厅编）。

《中文新书》，《北京大学周刊·图书馆副刊》1935 年 4 月 13 日

4 月 16 日　《北平晨报》报道："教育系四年级学生今日出发，沿津浦线南下参观。前因诸事未能筹备就绪，又值春假，一时未能成行。该级同学以学期将逾大半，毕业考试不久将临，不于此时举行参观，恐再行迁延。该系尚仲衣教授随行指导，参观期定半月。"

《北大教育系四年级生昨日南下参观》，《北平晨报》1935 年 4 月 17 日

4 月 20 日　图书馆公布"西文新书"，与教育相关的有：E. J. S. Lay, ed.：*Macmillan's Teaching in Practice*. 1933；C. C. Peters：*Objectives and Procedures in Civic Education*. 1930；Carter Alexander：*School Statistics and Publicity*. c1919；A. S. Barr：*An Introduction to the Scientific Study of Classroom Supervision*. c1931；J. L. Childs：*Education and the Philosophy of Experimentalism*. c1931；J. M. Fletcher：*Psychology in Education*. c1934；Amélie Hamaide：*The Decroly Class*. 1927；C. C. Peters：*Foundations of Educational Sociology*. 1932；S. L. Pressey：*Psychology and the New Education*. c1933；Mandel Sherman：*Mental Hygiene and Education*. 1934；C. W. St. John：*Educational Achievement in Relation to Intelligence*. 1930；C. W. Washburne：*New Schools in the Old World*. 1926。

《西文新书》，《北京大学周刊·图书馆副刊》1935 年 4 月 20 日

4 月 24 日　教育系四年级选修"幼稚教育"课程的学生，由刘吴卓生率领，赴香山慈幼院参观。

《北大教育系学生明日参观慈幼院》，《北京大学史料》（第二卷）（中），第 1226 页

5 月 1 日　为了"维持风化"的关系，北平市当局决定取缔私中男女合校，教育界、舆论界对此问题颇为关注。《北平晨报》编者特别拜

访各教育名流,请教各大学教育学者们的意见。北大教育系主任吴俊升教授对分校办法原则上认为可行。他指出:

> 当今最理想之教育效果,为适于学生个性之训练。仅就男生而言,任何一青年与其他一青年,个性之间差异极大。在目下之教育状况下,从事实上尚难做到,以个人为单位之个别施教,但已公认此为最上之目标,且一般教育趋势,亦趋此途径。同为男生,尚须注意其个性间之差别。男女学生,其间个性之差异当更大,同校受教育,除非经济条件不容许,实非必要之教育制也。不过就事实而言,或亦不能无例外,北平市地区广大,仅就城内而言,人口分散度已甚大。昨记者有以本市实际状况征求本人之意见者,以为在交通较僻之地,原无女校,只利用男校招收女生,增加女生之求学机会。若在此情形下,限制其收女生,则此部女生必将失学,似此应如何补救。本人认为事实上之问题,非对实际状况,有切实之了解不易发表意见。本人对本市中学实际材料,知道较少,此问题不愿以空谈解答。不过即以各国之限制男女同校而论,亦不无例外,要须看事实之需要如何。

《吴俊升:最理想教育个别施教　合校当否是事实问题》,《北平晨报》1935年5月1日

同日　《北平晨报》报道:"北大教育系四年级生参观团抵达无锡。在该地参观民众教育实施情形,并作短期实习。此后自无锡或将至浙省视察,预计五月中旬返平。之后拟将对本市国立、公立、私立及教会设立各中小学校,分别参观。因时间关系,教学实习恐将不拟实行。"

《北大教育系参观团现已抵无锡　参观民众教育》,《北平晨报》1935年5月1日

5月2日　教育系普通教学法班学生,由潘渊教授率领,参观南长街艺文中学。

《北大教育系生　今日参观艺文》,《北平晨报》1935年5月2日

5月6日 《北平晨报》报道：

教育系四年级学生尚有一部分因事实限制，未能随尚仲衣教授南下参观。该系主任吴俊升因感于参观实习为教育系学生毕业以前必应参加之作业，不仅借以充实本身实际经验，更可借接近实践，为将来服务社会之准备。特召集该部分学生商讨参观本市各教育机关计划。具体行程为：5月6日，吴俊升率领参观市社会局及市立师范；8日，潘企莘率领参观汇文中学；10日，吴俊升率领参观市立职业学校、民众教育馆、聋哑学校；13日，潘企莘率领参观师范大学附属中学及附小；15日，潘企莘率领参观贝满女中。

《北大教育系定期参观本市教育机关》，《北平晨报》1935年5月4日

5月11日 图书馆公布"西文新书"，与教育相关的是 R. D. Charques：*Soviet Education*. 1932。

《西文新书》，《北京大学周刊·图书馆副刊》1935年5月11日

5月23日 教育部公布《学位分级细则》，其中文科、理科、法科、教育科、农科、工科、商科、医科均分为学士、硕士、博士三级。

《学位分级细则》，《教育公报》第7卷第21、22期，1935年6月2日

5月24日 外国语文学系举办英语讲演竞赛会预赛，参加者除英文系学生外，有教育系学生。预赛结果教育系学生严依【倚】云、陈传方、廖实中分获一、二、三名。因考期已届，决赛无时间筹办，因此以预赛前三名为优胜者，由校长蒋梦麟、文学院长胡适捐赠奖金以为鼓励。

《北大英语讲演竞赛发奖》，《北平晨报》1935年6月10日

5月29日 应教育系邀请，香港大学文学院长兼教育系主任富斯德（Foster）做题为《英国人之特性与思想》的公开讲演。此外，其将专为教育系学生做关于英国教育各问题的讲演，共四次。5月31日讲演

《英国之民众学校》(*Public School*)；6月3日讲演《牛津与剑桥》；6月5日讲演《英国学制系统》；6月7日讲演《英国教育之实验【用】趋势》。

《今日请富斯德教授讲演》，《北平晨报》1935年5月29日

5月　图书馆公布"中文新书"，与教育相关的有：《教育测验》(陈选善撰)、《过渡时代之思想与教育》(蒋梦麟撰)、《全国社会教育概况统计》(教育部社会教育司编)。

《中文新书》，《北京大学周刊·图书馆副刊》1935年5月18日、25日

6月3日　北大公布学年考试日程。北大文理法学院各系一年级学生第一外国语考试定于6月10日举行，第一外国语考试委员会除由课业长樊际昌担任委员长外，其余委员分别由文学院长胡适、法学院长周炳琳及各系主任担任。并定于今明两日举行第一次会议，讨论命题及考试各项事宜。

《各系学生修习外国语规则》已拟公布。兹录如下：

（一）各系学生入学后，应继续修习其已习之第一外国语一年，至学年终了时，除各班例应举行学期考试外，须受第一外国语考试，不及格得于第二学年终了时补考，仍不及格者，其第二年及以后各年学分均由学校保留，俟其补考第一外国语及格后，始作为有效。

（二）第一外国语考试内容如下：(甲)选外国文五百字以上译成中文，以测验其读书能力；(乙)选本国文二百五十字以上，译成外国文，或作文一篇，以测验其作文能力。以上两项皆以与每系学习学科有关之材料为范围。

（三）上项考试由"第一外国语考试委员会"主持，每系学生受考试时，考试员中须有本系主任或其代表教授参加。

（四）外国语文学系学生，皆须学第二外国语，为其必修副科

之一。第二外国语须自第一年起继续四年，四年之中应有二十二学分及格，其各年分配(略)。外国语文学系学生有第二外国语程度特别优良者，得于第一学年或第二学年中陈请本系主任给予特别考试，并依考试成绩酌减其应习之第二外国语学分。

（五）外国语文学系以外各系学生，其第二外国语之必修或选修及其分量。由各系分别规定。

（六）本规则经教务会议通过后施行。

《北大学年考试日程昨已公布》，《北平晨报》1935 年 6 月 4 日

同日 北大公布至迟二十四年度开始应复学者名单。其中教育学系有：王兰生（教三）、何炳烈（教四）。

《休学学生请复学者》，《北平晨报》1935 年 6 月 4 日

7 月 3 日 据《北平晨报》，北大开审查会核定本届各系应行毕业及不能毕业学生之人数。其中教育系已准毕业者 28 人，不准毕业者 2 人。

《北大本届毕业生昨经审查委员审核决定》，《北平晨报》1935 年 7 月 4 日

7 月 18 日 北大一九三四年度毕业生 270 人，教育学系准予毕业者为唐景崧等 25 人。

《北大廿三年度毕业生名单公布》，《北平晨报》1935 年 7 月 18 日

7 月 北大公布《国立北京大学研究院招考章程》。《章程》规定："本年文科研究所招考中国文学及史学二部研究生。史学部'中国思想史'领域设有'中国教育思想制度史'方向，导师为教育学系教员邱椿；此外，在史学部的考试科目中，设'教育原理'一科，供拟专习中国教育史者选考。"

《国立北京大学研究院招考章程》，《北京大学史料》（第二卷）（中），第 1346—1349 页

8 月 9 日 北大举行新生考试。10 日《北平晨报》报道："北大新生

考试今日为第二日，上午各年级英文，下午文学院一年级生中外史地，理学院一年级生化学，转学生各学系加试专门科目。"转学生加试的教育原理试题如下："一、述课程之社会的意义；二、设计教学法之利弊如何？三、实用主义（Pragmatism）对于教育学说之影响如何？四、就中国现状观察，中国教育应注重何种目标？"

《北大新生考试第二日情形》，《北平晨报》1935 年 8 月 10 日

8 月 10 日　图书馆公布"西文新书"，与教育相关的是 *National Society for the Study of Education*. Yearbooks，1933。

《西文新书》，《北京大学周刊·图书馆副刊》1935 年 8 月 10 日

8 月 21 日　北大公布本届招考各系转学生录取名单，其中教育系三年级 1 名，为王成瑜。

《转学生榜示》，《北平晨报》1935 年 8 月 22 日

8 月　图书馆公布"中文新书"，与教育相关的有：《现代教育思潮》（高卓撰）、《中华民国二十年度全国中等教育统计》（教育部普通教育司编）、《河南教育专款纪实》（河南教育款产管理处编）。

《中文新书》，《北京大学周刊·图书馆副刊》1935 年 8 月 3 日、31 日

9 月 2 日　北大举行学期补考。据 29 日《北平晨报》，"北大二十三年度第二学期季考补考定于九月二、三、四日举行。凡上学期考试不及格学生，成绩在四十分以上者，及因事请假，获得允准未参加季考者，均得参加是项补考"。教育学系第一日考试科目如下："教育名著选读、学习心理、基本英文、变态心理、幼稚教育、教育行政、各国教育制度、教育概论、实验心理学。"

《北大学期补考下月二日起举行 注册组昨公布考试日程》，

《北平晨报》1935 年 8 月 29 日

9月9日 北大开学。《北平晨报》报道："今日为北大二十四年度开学之期,新生选课及旧生注册亦皆自是日开始。文学院因课程不同,各学系选课时间分别规定。"教育学系选课时间为:"11、12两日上午10—12时,13日下午3—5时,14日上午10—12时,下午3—5时。"

《北大昨日开学 援往年旧例不举行仪式 文法院选课时间昨公布》,

《北平晨报》1935年9月10日

9月10日 北大开始审查新生选系标准。据《北平晨报》:

> 北大一年级生入学考试时其试验课目仅分院别不分系别,凡同学院之各系,其应考课目完全相同,报名时已报主修学系者,同时须报第二志愿学系,入学考试录取后,由各学系审查各学课考试成绩,适合于规定标准,始得入所报学系选习课程,如不合格须入成绩标准适合之第二志愿系。

《北大昨开始审查新生选系标准》,《北平晨报》1935年9月11日

9月14日 北大注册组已核查各院系复学生,教育学系准予复学名单为一年级学生于德祥,复学仍入一年级。

《北大复学生核定公布》,《北平晨报》1935年9月15日

9月17日 北大举行考试委员会会议,决定有10人可以免旁听生考试。其中教育学系2人,为傅亮、金文煜。

《北大昨开考委会 通过免试旁听生十名》,《北平晨报》1935年9月18日

9月18日 北大公布本年度所聘各系讲师及助教名单。教育学系所聘讲师为倪亮、刘吴卓生、王西徵、余景陶,助教为杨荣贞。

《北大本年度讲师助教名单公布》,《北平晨报》1935年9月19日

9月20日 据《北平晨报》,北大本年度理、文、法三院除一年级外皆有增设新课程。教育系心理组增设心理卫生(樊际昌)、情绪心理

(潘渊)课程。

《北大本年度各院系增设课程》,《北平晨报》1935 年 9 月 20 日

9 月 27 日　北大举行蒙藏试读生口试,报考者 11 人,口试及格者 7 人。被录取试读生中有教育学系的董浩。

《北大蒙藏试读生口试昨举行》,《北平晨报》1935 年 9 月 28 日

9 月 28 日　北大本年度本科新旧生注册选课完毕。全校各年级新旧生共 954 人,文学院教育学系 65 人。

《北大学生新统计 全校共九百五十四名》,《北平晨报》1935 年 9 月 30 日

10 月 9 日　为增进教学效率,提高研究兴趣,教育系幼稚教育班教授刘吴卓生每学期带领学生参观本市公私立各学校。唯外人所设之各学校尚多未往参观。今该班学生参观美国学校,该校为外国学校之一,其一切设施多可供观摩者。

《北大教育系幼教班组织学生参观各校》,《北京大学史料》(第二卷)(中),第 1227 页

10 月 18 日　经北大教务会议开会通过,本年度教育学系应得助学金学生共 6 人,分别是:边振方(100 元)、葛惠芳(80 元)、李景安(100 元)、叶佩华(80 元)、魏泽馨(80 元)、刘济勋(80 元)。

《国立北京大学布告》,《北京大学周刊》1935 年 10 月 19 日

同日　北大公布成绩优良(总均分在 80 分以上)而未获得助学金学生的姓名以示嘉奖和鼓励。其中有教育学系的学生曹延亭、严倚云。

《国立北京大学布告》,《北京大学周刊》1935 年 10 月 19 日

10 月 30 日　教育学系"幼稚教育"全班学生由刘吴卓生教授率领,前往东城大鹁鸪市博士幼稚园参观。

《幼教班定期参观》,《北平晨报》1935 年 10 月 24 日

10 月 31 日　教育学系公布经系教授会核定的本系四年级学生论

文题目：

学生姓名	论文题目	导师
边振方	中国农村生产教育之理论与实施	邱大年
龙程铨 苏世铎	合译 Hambly：*Origins of Education Among Primitive Peoples*	吴俊升
傅永泰	分习与全习的比较研究——用修正的帕斯坦氏法	樊逵羽、陈雪屏
于卓	译 John L. Childs：*Education and the Philosophy of Experimentalism*	邱大年、吴俊升
周树楷	义务教育经费问题之研究	尚仲衣
胡祖征	初级小学自然科教材的研究	尚仲衣
殷石麟	近二十年之蒙古教育	邱大年
曹延亭	中国文盲问题之数量的研究	尚仲衣、吴俊升
李景安	Porteus 的迷津量表在学习中所表现的难易程度	陈雪屏、樊逵羽
梁国弼	初级中学课程编订之研究	潘企莘
牛九霄	中学数学课程之研究	潘企莘
张占魁	小学生道德判断的研究	吴俊升、陈雪屏
周仲甫	中学会考问题之研究	潘企莘
丁敬贞	初级小学美术教材的研究	尚仲衣

《教育学系布告》，《北京大学周刊》1935 年 11 月 2 日

同日 北大决定实行分组导师制，教育学系先试行。《北平晨报》报道：

北京大学近年以来对于物质、精神双方建设皆有长足进展，而对师生间之感情融洽接近，尤尽力谋完善。……为谋有多方面指导

同学修学及生活上进步起见，拟将各系学生，按人数分为若干组，聘请各系教授分别负责指导，每教授负责一组，每指导期以一学年为限，一学年后再将各组重行区分，指导教授亦轮流担任，如此不仅师生间感情可谋接近，学业之熏陶，更易收效。同学间亦可增多联络之机会。本年教育学系现已实行，其他各系亦将逐渐采用。

经教育学系教授会议议决，本系学生学业及生活指导事宜采取分组办法，由本系教授分任各组导师。

《周刊》刊载其分组情况如下：

组别	导师	学生
第一组	邱大年	边振方、龙程铨、魏泽馨、叶佩华、吴澈、夏元勋、窦同贵、常丕烈、董浩、于德祥、陈熙昌
第二组	吴俊升	苏世铎、傅永泰、朱清澜、曹鹏翔、赵效清、胡祥云、孟宪德、梁梦麟、冯辉珍、李恒耀、杨炳延
第三组	潘企莘	于卓、周树楷、李凤翱、王良池、马联第、陈传方、马伯龙、陈士骏、李尔重、周树人、杨培根
第四组	樊逵羽	胡祖征、殷石麟、曹延亭、吴锡涛、葛慧芳、秦本立、卢荻、宋尔廉、张天璞、于经海、王俊升
第五组	陈雪屏	李景安、梁国弼、牛九霄、刘济勋、阎顾行、梁发叶、严倚云、王文光、许德富、孙谛知、王习之
第六组	尚仲衣	周仲甫、张占魁、丁敬贞、王成瑜、刘秉槌、廖实中、李滨孙、陈化权、刘盈、致玉汝、李忠和

《北大各系学生将由教授分组指导　教育学系现已实行》，《北平晨报》1935 年 11 月 4 日；

《教育学系布告》，《北京大学周刊》1935 年 11 月 2 日

11 月 13 日　受北大教育学会邀请，教育系教授邱椿讲演《德意志之青年训练》。14 日的《北平晨报》刊载了演讲稿。

《邱大年昨讲演〈德意志之青年训练〉》，《北平晨报》1935 年 11 月 14 日

11 月 29 日 教育系举行第一次师生讨论会，讨论"儿童管理问题的研究"。讨论会的目的在于使本系学生对研究儿童教育有兴趣，通过师生讨论会、座谈会等形式，以相互交换意见，促进教育学术发展。

《北大教育系组织师生讨论会》，《北平晨报》1935 年 11 月 29 日

11 月 30 日 上海中学校长郑西谷率领江苏省中等学校校长华北教育考察团一行 9 人至北大参观。该团由教育学系主任吴俊升亲自招待，并陪同在北大一院、新图书馆、地质馆、学生宿舍及二院心理实验室等处参观。

《江苏省中学校长教育考察团昨到北大参观》，《北京大学史料》(第二卷)(下)，
第 2322 页

12 月 4 日 北大教育系幼稚教育班全体学生由刘吴卓生率领，参观燕京、清华两大学。

《幼稚教育班定期参观》，《北平晨报》1935 年 11 月 30 日

12 月 7 日 北京大学学生自治会因种种原因，陷于停顿状态，各执委相继毕业离校，无人负责。鉴于国难日亟，华北时局千钧一发之际，为谋全校合舟共济，实有重新成立学生会之必要。北大学生会新执委各班代表人数已定，教育学系为八人。

《北大学生会新执委后天选出 各班代表人数已规定》，《北平晨报》1935 年 12 月 7 日

12 月 9 日 受北大教育学会邀请，中央大学教授、著名心理学家吴南轩在北大做题为《精神卫生》的讲演。10 日的《北平晨报》刊载了讲演大意。

《吴南轩昨在北大讲演"精神卫生"》，《北平晨报》1935 年 12 月 10 日

12 月 23 日 北大学生会学术股在二院数学楼教室举行第四次学术讲演，由教育系教授邱椿讲演《中国教育与中国国民之改造》。24 日

《北平晨报》刊载了讲演稿。

《邱大年昨在北大讲演 国民性之改造》,《北平晨报》1935 年 12 月 24 日

1936 年（民国二十五年）

1 月 4 日　图书馆公布"中文新书",与教育相关的有:《教育原理》(查浦曼、孔次合著,赵演译)、《教育之基本原理》(桑戴克、盖茨合著,宋桂煌译)、《教育社会学》(雷通群著)、《教育统计》(山东省政府教育厅编)、《教育与学校行政原理》(杜佐周著)、《教育视察报告》(广西省政府教育厅导学室编)、《科学教授法原理》(推士著,王珊译)。

《中文新书》,《北京大学周刊·图书馆副刊》1936 年 1 月 4 日

1 月 18 日　图书馆公布"西文新书",与教育相关的有: N. Catty: *The Theory and Practice of Education*. 1934; E. P. Cubberley: *Public Education in the United States*. Rev. and enl. ed. c1934; I. L. Kandel: *The Outlook in Education*. 1933; D. B. Leary: *Educational Psychology*. 1934; R. Pintner and others: *Outline of Educational Psychology*. 1934; M. M. Thompson: *The Educational Philosophy of Giovanni Gentile*. c1934。

《西文新书》,《北京大学周刊·图书馆副刊》1936 年 1 月 18 日

2 月　图书馆公布"中文新书",与教育相关的有:《苏俄的教育》(蔡葵士〔英〕著,张迪虚译)、《改造小学国语课程第三期方案》(李廉方撰)、《心理与教育统计法》(葛雷德〔美〕著,朱君毅译)、《江苏教育概览》(江苏教育厅编审室编)。

《中文新书》,《北京大学周刊·图书馆副刊》1936 年 2 月 15 日、22 日

同月　图书馆公布"西文新书"，与教育相关的有：P. A. Lascaris：
L'éducation Esthétique de L'enfant. 1928；P. E. Appell：*Éducation et Enseignement.* 1922；W. C. Bagley：*Education and Emergent Man.* 1934；J. P. Gotteland：*L'éducation Intégrale*，*Physique*，*Intellectulle et Morale.* 1928；International bureau of education，Geneva. *Annuaire International de L'éducation et de L'éducation et de L'enseignement.* 1933-35；W. B. Pitkin & others：*Learning How to Learn.* c1935；L. Poincaré：*Éducation*，*Science*，*Patrie.* 1926。

《西文新书》，《北京大学周刊·图书馆副刊》1936 年 2 月 22 日、29 日

3 月　图书馆公布"中文新书"，与教育相关的有：《民国廿二年度上学期广西省教育概况统计》(广西省政府教育厅编)、《小学各科教学法讲演录》(福建教育厅编辑委员会编)、《全国社会教育概况统计》(教育部社会教育司编)、《公民教育》(麦理安〔美〕著，黄嘉德译)、《广西省教育概况统计》(广西省政府教育厅编)、《全国高等教育统计》(教育部编)、《安徽整理地方教育行政会议录》(安徽省整理地方教育行政会编)。

《中文新书》，《北京大学周刊·图书馆副刊》1936 年 3 月 7 日、14 日、21 日、28 日

同月　图书馆公布"西文新书"，与教育相关的有：T. M. Gilland：*The Origin and Development of the Power and Duties of the City-school Superintendent.* c1935；*National Education Association of the United States*，*Dept. of Superintendence. Yearbook.* 1924-33. 10v；V. Neyrinck：*L'éducation au jardin d'enfants.* 1932；M. Doherty & J. H. MacLatchy：*Bibliography of Educational and Psychological Tests and Measurements.* 1934；*Education Index*，*January 1929-June 1935.* 1932-1935. 2v. ；California University：*Abstracts of Doctors' Theses in Education at the University of California*，*1898 to March.*

1933；G. S. Counts and others：*The Social Foundations of Education.* c1934；
C. Woody：*New Problems in Elementary-school Instruction.* c1932。

《西文新书》，《北京大学周刊·图书馆副刊》1936 年 3 月 7 日、14 日

4 月 8 日　教育系学生由北平出发，赴定县实验教育署参观，以作课外参考。并拟参观保定各校。其经费来源有三种办法："(1)由教育学会津贴三十元；(2)向各教授募捐；(3)凡参加者每人收费三元。"

《北大教育系将赴定县参观》，《北京大学史料》(第二卷)(中)，第 1228 页

4 月 29 日　教育系学生由刘吴卓生带领，赴香山参观慈幼院，并作春季旅行。

《北大教育系今日参观慈幼院》，《北京大学史料》(第二卷)(中)，第 1228 页

4 月　图书馆公布"中文新书"，与教育相关的有：《山东省各县地方民国廿四年度教育费预算》(山东省政府教育厅编)、《新兴的世界教育思潮》(雷通群著)、《教育杂志索引》(吴保障等编)、《最近日人研究中国学术之一斑》(王古鲁编)、《地方教育行政》(曾毅夫编)、《日本教育行政通论》(高田休广等(日)著，马宗荣译)、《幼稚园的卫生教育》(周尚编)。

《中文新书》，《北京大学周刊·图书馆副刊》1936 年 4 月 18 日、25 日

5 月 2 日　图书馆公布"西文新书"，与教育相关的有：R. L. Finney & L. D. Zeleny：*An Introduction to Educational Sociology.* c1934；International Bureau of Education, Geneva：*La Formation Professionnelle du Personnel Enseignant Primaire.* 1935；International Bureau of Education, Geneva：*La Formation Professionnelle du Personnel Enseignant Secondare.* 1935。

《西文新书》，《北京大学周刊·图书馆副刊》1936 年 5 月 2 日

5 月 28 日　教育系学生赴市立师范参观上课情形及教学方法。

《教育系今日参市立师范》，《北京大学史料》(第二卷)(中)，第 1229 页

5 月 图书馆公布新书，与教育相关的有：《乡村师范教育实习指导》（郑之纲编）、《我的教育思想》（庄泽宣著）、《东洋诸民族ノ智能ニ關スル比较研究》（田中宽一〔日〕撰）。

《中文新书》，《北京大学周刊·图书馆副刊》1936 年 5 月 9 日、16 日

6 月 27 日 图书馆公布"西文新书"，与教育相关的有：F. Peterson：*Creative Re-education*. 1936；R. B. Raup：*Education and Organized Interests in America*. c1936。

《西文新书》，《北京大学周刊·图书馆副刊》1936 年 6 月 27 日

6 月 图书馆公布"中文新书"，与教育相关的有：《群众心理学》（高觉敷编）、《各国教育的哲学背景》（萨德刺〔英〕等著，陈礼江等译）、《中小学训育问题》（周天冲著）、《幼稚园教材研究》（张雪门著）、《小学低年级综合课程论》（李廉方著）、《复式教学法》（祝志学编）、《小学国语科教学法》（沈荣龄著）、《英语教学法》（张士一著）、《历史教学法》（胡哲敷著）、《地理教学法》（葛绥成编）、《职业教育通论》（庄泽宣编著）、《职业指导》（潘文安著）、《职业指导论文集》（何清儒编）、《日本之职业教育》（潘文安编）、《中国古代教育思潮》（王一鸿著）、《孟子教育学说》（余家菊著）、《荀子教育学说》（余家菊著）、《教育科学之资源》（杜威〔美〕著，邱瑾璋译）、《初级教育心理学》（艾伟编）、《教育心理学》（陈礼江编）、《中国书院制度》（盛朗西编）、《比较教育》（钟鲁斋著）、《中国教育史要》（余家菊著）、《日本现代教育概论》（吴自强编）、《欧美学校教育发达史》（河部重孝〔日〕著，廖英华译）、《中国科举时代之教育》（陈东原著）、《乡村师范学校课程标准》（教育部颁行）、《简易乡村师范学校课程标准》（教育部颁行）、《二年制幼稚师范科课程标准》（教育部颁行）、《三年制幼稚师范科课程标准》（教育部颁行）、《小学算术之研究》（俞子夷著）、《校长和小学》

（王素意著）、《全国中等学校校名地址一览表》（教育部编）、《生产教育之理论与实际》（江金沙著）、《民众教育》（陈礼江编著）、《教育哲学》（范锜编著）、《教育心理》（沈有乾编）、《中国教育史略》（徐式圭著）、《地方教育行政》（邵鸣九编）、《苏俄之教育》（尼林〔美〕著，许崇清译）、《中国古代教育》（陈东原著）、《各国学制概要》（庄泽宣著）、《小学课程概论》（程湘帆著）、《乡村小学视导法》（盛振声编）、《农村复兴与乡教运动》（金轮海编）、《中学行政概论》（黄式金等编）、《大学教育》（孟宪承著）、《教育之根本原理》（桑戴克〔美〕等著，王丐萍译）、《西洋教育思想史》（蒋径三编）、《教育与群治》（罗素〔英〕著，赵演译）、《近代西洋教育发达史》（利塞纳著，陈明志译）、《苏联的科学与教育》（平克维支〔俄〕著）、《中国学校制度》（周予同著）、《中学物理学设备标准》（教育部编）、《中学化学设备标准》（教育部编）、《教学概论》（巴格利〔美〕等著，林笃信译）、《小学珠算教学法》（张匡编）、《职业指导与职工选择》（黄君强编译）、《都市教育纲要》（孙逸园编）。

　　《中文新书》，《北京大学周刊·图书馆副刊》1936 年 6 月 6 日、13 日、20 日、27 日

7 月 18 日　图书馆公布"西文新书"，与教育相关的有：A. Flexner：*Universities：American，English，German.* 1930；L. Forster：*English Ideals in Education for Chinese Students.* 1936；H. Rashdall：*Universities of Europe in the Middle Ages.* 1936. 3v。

　　《西文新书》，《北京大学周刊·图书馆副刊》1936 年 7 月 18 日

7 月 29 日　北大公布《国立北京大学各学系转学生入学试验科目时间表》，其中，转入教育学系二年级的考试科目及时间如下：

　　8 月 2 日：国文 上午八时至十一时；

　　　　　　　普通心理学 下午一时至三时；

　　　　　　　教育原理 下午三时半至五时半。

8月3日:英文 上午八时至十一时;

英文教育论文翻译 下午二时至四时。

《国立北京大学布告》,《北京大学周刊》1936年8月1日

7月 图书馆公布"中文新书",与教育相关的有:《杜威教育哲学》(杜威〔美〕讲,郭智方等记)、《先秦教育思潮》(张望骞编著)、《教育政策原理》(汉士著,陈汝衡译)、《教育心理学》(潘菽等编)、《教育概论》(罗廷光编)、《学校之建筑与设备》(李清悚著)、《劳作教育》(小西重直〔日〕著,张国安译)、《道尔顿制教育》(巴克赫斯特〔美〕著,曾作忠等译)、《小学工用艺术科教学法》(何明伦著)、《小学美术教育》(俞寄凡编)、《音乐教授法》(陈仲子编著)、《日本教育史》(小原国芳〔日〕著,吴家镇等译)、《苏俄新教育史》(顾树森编)、《中国教育行政大纲》(张季信编)、《学制》(邱椿著)、《学校各科视察之研究》(邵九鸣著)、《训育论》(李相勖著)、《学校卫生行政》(程瀚章编)、《小学公民训练概论》(范公任编)、《小学地理科教学法》(刘虎如编)、《孟氏幼稚教育法》(孟丹尼〔法〕著,雷群译)、《小学教育的理论与实际》(曹刍编)、《小学教师》(黄玉树编)、《小学校长与教师》(刘百川编)、《乡村学校行政与辅导》(鲍锐斯〔美〕著,李之鹏译)、《乡村教学经验谭》(毕德蔓〔美〕著,赵叔愚译)、《中国生产教育问题》(中国教育学会生产教育委员会著)、《职业指导之原则与实施》(葛恒〔美〕著,潘文安译)、《丹麦的民众学校与农村》(贝脱勒〔丹麦〕著,孟宪承译)、《玩具教育》(王国元编)、《小学公民训练的理论与实际》(张耿西等编)、《小学公民训练之理论与实际》(沈子善编)、《西洋教育思想发达史》(科尔著,于熙俭译)、《教育心理学》(黄觉民编)、《民众教育理论的基础》(王衍孔著)。

《中文新书》,《北京大学周刊·图书馆副刊》1936年7月4日、11日、18日

8 月　图书馆公布"中文新书",与教育相关的有:《中国教育史》(陈青之著)、《玩具与教育》(俞寄凡编)。

《中文新书》,《北京大学周刊·图书馆副刊》1936 年 8 月 1 日

10 月 7 日　教育学系教员刘吴卓生带领幼稚教育班全体学生,前往东华门参观孔德学校幼稚园。

《北大梁士诒助学金择优录取两名》,《北京大学史料》(第二卷)(上),第 647 页

10 月 9 日　教育学系公布本系教授课外指导时间:

教授	时间	地点
吴俊升	星期二 上午九时至十时	教育系教授会
	星期三 下午四时至五时	
	星期五 上午九时至十时	
	星期六 上午十时至十一时	
樊逵羽	星期二 上午十一时至十二时	心理实验室
	星期四 上午十时至十二时	
	星期六 上午十一时至十二时	
陈雪屏	星期二 上午十时至十二时	心理实验室
	星期四 上午十时至十二时	
邱大年	星期二 上午九时至十时	教育系教授会
	星期四 上午九时至十时	
	星期五 上午十一时至十二时	
潘企莘	星期一 上午十时至十一时	教育系教授会
	星期三 上午十时至十二时	

《教育学系布告》,《北京大学周刊》1936 年 10 月 10 日

10 月 15 日　北大召开第 41 次教务会议,议决通过本年度应得助

学金及免费生姓名。教育学系应得助学金学生共 5 人，分别是：刘济勋（100 元）、曹鹏翔（100 元）、魏泽馨（100 元）、葛惠芳（80 元）、严倚云（80 元）；免费生共 4 人，分别是：孟宪德、叶佩华、朱清澜、赵效清。

《国立北京大学布告》，《北京大学周刊》1936 年 10 月 17 日

10 月 21 日 北大布告："北大学生自治会行将依法选举，各系学生填写完选票后需交由本系教授会负责人汇收，文学院教育学系教授会负责人为杨荣贞。"

《国立北京大学布告》，《北京大学史料》（第二卷）（中），第 2483 页

10 月 图书馆公布"中文新书"，与教育相关的有：《二十二年度全国高等教育统计》（教育部统计室编）、《两性与青年》（〔英国〕司托浦司著，余家菊译）、《中华民国廿一年度全国中等教育统计》（教育部编）、《定县农民教育》（汤茂如著）。

《中文新书》，《北京大学周刊·图书馆副刊》1936 年 10 月 10 日、17 日、24 日

同月 图书馆公布"西文新书"，与教育相关的有：H. W. Degouy：*Trois éducatrices Modernes*. 1934；C. R. Griffith：*An Introduction to Educational Psychology*. 1935；R. Vauquelin：*Les Aptitudes Fonctionnelles et L'éducation*. 1933；H. Wright, ed.：*University Studies*. Cambridge, 1933。

《西文新书》，《北京大学周刊·图书馆副刊》1936 年 10 月 10 日、17 日、24 日

11 月 7 日 图书馆公布"中文新书"，与教育相关的有：《中国教育之改进》（国联教育考察团著，国立编译馆译）、《英国教育要览》（余家菊著）、《教育法令汇编第一辑》（教育部参事处编）、《全国专科以上学校新生考选状况：民国廿四年度》（教育部统计室编）、《新小学教材和教学法》（俞子夷、朱晸旸合编）、《全国职业学校概况》（中华职业教育社编）。

《中文新书》，《北京大学周刊·图书馆副刊》1936 年 11 月 7 日

11 月 11 日　北大公布学生自治会各学系各年级代表候选人名单，其中教育系候选人如下：一年级为钱新哲、常振誉、萧原【厚】德；二年级为于经海、许德富；三年级为陈传方、卢荻；四年级为刘济勋。

《国立北京大学布告》，《北京大学史料》（第二卷）（下），第 2484—2485 页

11 月 14 日　教育学系公布本系四年级学生毕业论文及其导师，具体内容如下：

学生	论文题目	导师
王良池	中国学制系统所受外国影响之研究	潘渊、邱椿、吴俊升
王成瑜	北平市教会中学训育方法之研究	潘渊
朱清澜	山东省教育经费问题之研究	邱椿
李凤翱	中国现阶段所急需之公民训练及其实施	邱椿、樊际昌
曹鹏翔	白格荣（Bagley）的教育学说	樊际昌、吴俊升、邱椿
葛惠芳	中学国文教材的选择与编配	潘渊、缪金源
叶佩华	小学算术教学法之研究	樊际昌、陈雪屏
刘济勋	现代东亚殖民地教育之经济观	邱椿、吴俊升
阎顾行	九一八后东北的教育	邱椿、潘渊、吴俊升
魏泽馨	Rousseau、Pestallossi、Fröbel 和 Dewey 四氏儿童训练学说之比较研究	陈雪屏、邱椿

《教育学系布告》，《北京大学周刊》1936 年 11 月 14 日

11 月 21 日　图书馆公布"西文新书"，与教育相关的有：J. K. Hart：*An Social Interpretation of Education.* c1929；O. Rank：*Modern Education.* tr. from the Germany by M. E. Moxon. 1932；D. S. Snedden：*School Educations.* 1930；D. S. Snedden：*Towards Better Educations.* 1931；T. Wilhelm and G. Gräfe：*German Education Today.* 1936。

《西文新书》，《北京大学周刊·图书馆副刊》1936 年 11 月 21 日

11 月 23 日　北大公布学生自治会代表选举结果。其中教育学系当选的代表有：萧厚德(一年级)、于经海(二年级)、陈传方(三年级)和刘济勋(四年级)。

《国立北京大学布告》,《北京大学史料》(第二卷)(下)，第 2489 页

11 月 30 日　北大发布学生自治会补选当选代表名单，其中有教育系一年级的常振誉和钱新哲。

《国立北京大学布告》,《北京大学史料》(第二卷)(下)，第 2490 页

12 月 12 日　图书馆公布"西文新书"，与教育相关的是 P. Sandiford, ed. : *Comparative Education*, *Studies of the Educational Systems of Six Modern Nations by H. W. Foght and others.* 1929。

《西文新书》,《北京大学周刊·图书馆副刊》1936 年 12 月 12 日

同日　《周刊》刊载《教育系同学冬季运动会成绩表》，具体如下：

项目	第一名	第二名	第三名	第四名	成绩
女子五十米	陈文联	刘盈	严绮【倚】云		十秒
男子百米	于经海	郭松懋	吴澂	钱新哲	十四秒
二百米	于经海	钱新哲	王俊升	郭松懋	二十九秒一
四百米	钱新哲	王俊升	郭松懋	高学成	一分七秒八
跳　远	于经海	吴澂	卢荻	阎顾行	四米一七
跳　高	王念慈	宋尔廉			四尺十寸
铁　球	宋尔廉	高景成	陈传方	吴澂	九米三五
铁　饼	宋尔廉	王念慈	王文光	钱新哲	二十米九十
标　枪	梁发叶	钱新哲	王文光	宋尔廉	三十米九十
三级跳	王俊升	刘德武	王念慈	高景成 于经海	十米
女子垒球	孟庆禄	陈文联	刘盈	严倚云	

团体总分

第一名	第二名	第三名	第四名
一年级	三年级	二年级	四年级
五十一分	三十九分	三十一分	一分

个人总分

第一名	第二名	第三名
于经海	钱新哲 宋尔廉	王俊升 王念慈
十六分	十三分	十分

拔河赛二三年级优胜。

《教育系同学冬季运动会成绩表》,《北京大学周刊》1936年12月12日

12月　图书馆公布"中文新书",与教育相关的有:《各国教育的哲学背景》(陈礼江等译)、《教育心理学新编》(滕大春编)、《短期小学教员须知》(滕大春、刘真合编)、《育儿心理学》(吴廉铭译)、《教育概论》(吴俊升、王西徵合编)、《教育心理辨歧》(波特著,孟宪承、张楷合译)、《教育心理学论丛》(艾伟著)、《中国教育史》(陈东原著)、《民众教育馆实施法》(林宗礼著)、《怎样作父母》(迈尔士〔美〕著,章衣萍、秦仲实同译)。

《中文新书》,《北京大学周刊·图书馆副刊》1936年12月12日、26日

本年　《北大迎新特刊》刊载文章介绍北大文学院,其对教育系的介绍如下:

> 教育系,主任是吴俊升先生。我们这位婆婆,当然是法国的PH.D.,但所研究的东西却是典型的美国教育学,为了对于杜威氏之湛深的研究,所以造成了一个极肯刻苦用功,极肯负责任的人。有人说他器量太小,也许是吧,我不大清楚。

这系的功课，包括教育史、教育行政、教育哲学、幼稚、小学、中学及师范教育等。此外尚附有心理组，包有教育心理、学习心理等课程。

大嫂：《文学院概况》，《北京大学史料》（第二卷）（中），第 1701—1702 页

1937 年（民国二十六年）

1 月 18 日 教育系主任吴俊升离开北平，休假赴欧美考察教育。主任职务暂由邱椿代理。

《北大教育系主任由邱椿暂行代理吴俊升定明日离平》，

《北京大学史料》（第二卷）（下），第 2306—2307 页

2 月 27 日 图书馆公布"中西文新书"，与教育相关的有：《各国教育制度及概况》（孙百刚编）；A. N. Whitehead：*The Aims of Education and Other Essays*. 1936。

《中文新书》《西文新书》，《北京大学周刊·图书馆副刊》1937 年 2 月 27 日

3 月 8 日 北大公布本年度学生自治会各系各班代表候选人名单。其中教育系候选人如下：一年级为王念慈、谷国瑞、李其泰、萧厚德；二年级为郅玉汝、许德富；三年级为王文光；四年级为刘济勋。

《北大学生会代表候选人名单昨已发表文理法三院共一一七人》，

《京报》1937 年 3 月 9 日

3 月 15 日 北大新生入学考试委员会开会，议决本年新生招考办法、考试科目、报名日期等事宜。

《北大本年度新生仍在平沪汉三处招考》，《京报》1937 年 3 月 16 日

3月　图书馆公布"中文新书",与教育相关的有:《英语教学法》(张士一讲)、《梅县学校年鉴》(梅县教育局编)、《西北教育考察报告书》(国立暨南大学西北教育考察团编)、《中华民国二十二年度全国中等教育统计》(教育部统计室编)。

《中文新书》,《北京大学周刊·图书馆副刊》1937 年 3 月 6 日、27 日

4月9日　北大教育系创立教育陈列室。为向各方征集与教育有关之书物,特致函各处文化机关。《华北日报》所刊载原函及征集书物办法如下:

(一)原函:敬启者,敝系现创立一教育陈列室,征求一切与现行教育史有关之照片、挂图、刊物、教本、教材等,借备参考,并资宣扬。素仰贵处推进文化,提倡教育,刊行有关教育之种种图书刊物,内容精彩,敬乞检赐敝系一份,以资陈列,而广宣传。耑此奉恳,至祈察照,并希赐复是幸。此上。敬请公安。

(二)征集办法:(1)将书物陈列敝系教育陈列室,供众参观;(2)特制纸牌,详列赠送人及赠送品名目,张悬室内,以资永久纪念;(3)在敝校校刊登鸣谢启事;(4)俟征集书物已有相当结果,即将所有品目,汇印成册,分赠赠送人及其他与敝校有关系之机关团体,以备考察。

《北大教育系创办教育陈列室》,《华北日报》1937 年 4 月 10 日

5月10日　教育系中学教育班由潘企莘率领参观市内各著名中学,以为研究学问之借镜。具体行程为:10 日参观师范大学附属中学南校;17 日参观市立第四中学(西什库)及师范大学附属中学北校(丰盛胡同);24 日参观私立汇文中学(东城船板胡同)及慕贞女子中学(孝顺胡同)。

《北大教育系中学教育班参观日程规定》,《北京大学史料》(第二卷)(中),

第 1230 页

5月16日 北大学生自治会发起扩大"募捐救灾"运动。将全市分为东、南、西、北、中五区，由各系分赴各区发起街头募捐。其中，教育系和数学系共同负责南区。

《北大学生救灾运动 全市分五区扩大募捐》，《北京大学史料》(第二卷)(下)，

第2512页

5月22日 据《周刊》，在北大第一届春季运动大会田径赛中，教育系获优胜者如下：王念兹【慈】，跳高第六名；于经海，跳远第四名；梁发叶，标枪第五名；孟庆禄，女子垒球掷远第三名；于经海，二百公尺跑第四名；马伯龙，三千公尺跑第六名。本次田径赛，教育系各项总分13分，在各系中名列第五。

《北京大学第一届春季运动大会田径赛记录表》《北京大学第一届春季运动会田径赛系

际对抗记分表》，《北京大学周刊》1937年5月22日

5月31日 《国立北京大学、国立清华大学联合招收一年级新生详细办法》公布。经北大、清华两校考委会联席会审议决定，本年度试办联合招考一年级新生。报考文学院教育学系必考科目为：1. 党义及公民；2. 国文；3. 英文；4. 代数几何、平面三角；5. 本国历史地理。选考科目为：1. 高中代数、平面解析几何；2. 高中物理学；3. 高中化学；4. 高中生物学；5. 世界历史地理；考生从以上选考科目中任选两门，但其中一门必须是高中物理学，或高中化学，或高中生物学。所有考试科目除英文外，考题均用中文(专门名词附注英文)，考生作答可以用中文或英文。

《北大清华联合招生 详细办法公布》，《北京大学史料》(第二卷)(中)，

第841—842页

5月 图书馆公布"西文新书"，与教育相关的有：E. A. Loftus：*Education and the Citizen*. 1935；*Year Book of Education*. 1937；W. C. Bagley & M. E. Macdonald：*Standard Practices in Teachings*. 1934；J. Castiello：A *Human Psychology of Education*. 1936；N. B. Cuff：*Educational Psychology*. 1936；C. E. Skinner, ed.：*Educational Psychology*. 1936；J. B. Stroud：*Educational Psychology*. 1935。

《西文新书》,《北京大学周刊·图书馆副刊》1937 年 5 月 1 日、8 日、22 日

同月　图书馆公布"中文新书",与教育相关的有:《实际单级教学》(安徽省立安庆龙门小学编)、《修学指导》(郑宗海编)、《第二次订正比纳西蒙测验说明书》(陆志韦、吴天敏合著)、《普及教育:初编》、《普及教育:续编》、《普及教育:三编》(陶行知著)、《生活的书》(汪达之著)、《幼稚园小学课程标准》(教育部编)、《小学自然教学做》(郑先文著)、《幼稚园组织法》(张雪门编)、《晓庄幼稚教育》(孙铭勋、戴自俺著)、《新幼稚教育》(张雪门著)、《幼稚园生活进程》(戴自俺著)、《乡村教育实际问题(上编)》(潘一尘著)、《一个南方的普及教育运动》(潘一尘编)。

《中文新书》,《北京大学周刊·图书馆副刊》1937 年 5 月 15 日、29 日

6 月 12 日　北大一九三七级毕业同学录筹备委员会在《周刊》鸣谢本校教职员对刊行本届毕业同学录的捐助。其中,教育系参与捐助的教职员有邱大年、陈雪屏、潘企莘、吴俊升、倪朗若、刘吴卓生、王西徵。

《北大一九三七级毕业同学录筹备会》,《北京大学周刊》1937 年 6 月 12 日

6 月 13 日　孟禄抵达北平,蒋梦麟、李蒸、陆志韦、胡适等到站欢迎。孟禄明日在北大做讲演。

《孟禄今日到平 明日在北大讲演》,《北京大学史料》(第二卷)(下), 第 2320 页

6 月　图书馆公布"中文新书",与教育相关的有:《教学做合一讨

论集》(陶行知编著)、《生活教育论集》(生活教育社编)、《训育研究》(徐庭达著)、《国难教育面面观》(胡立民、邢舜田合编)。

《中文新书》,《北京大学周刊·图书馆副刊》1937 年 6 月 5 日、12 日、19 日、26 日

同月 图书馆公布"西文新书",与教育相关的有：C. V. Good and Others：*The Methodology of Educational Research*. c1936；J. F. Webb：*A Study of the Business Administration of Teachers Colleges*. 1935；D. L. Simon：*Turnover Among Teachers in the Smaller Secondary Schools of Indiana*. 1935；Association of Assistant Mistress in Secondary Schools：*Memorandum on Physical Education in Girls' Secondary Schools*. 1936。

《西文新书》,《北京大学周刊·图书馆副刊》1937 年 6 月 5 日、12 日、26 日

7 月 3 日 北大发布《研究院研究生招考办法》(1937—1938 年度)。其中,文科研究所史学部考试科目有"教育原理"一科,供拟专习中国教育史者选考;文科研究所史学部研究方向有"中国教育思想制度史",由教育学系教员邱椿担任导师。

《北大研究院招考办法公布》,《北京大学史料》(第二卷)(中),第 845—846 页;

《北大研究院招考办法公布》,《京报》1937 年 7 月 4 日

7 月 7 日 卢沟桥事变爆发,中国全民族抗战开始。

8 月 28 日 教育部高等教育司分别致函北大、清华、南开三校。称："奉部长密谕:指定张委员伯苓、梅委员贻琦、蒋委员梦麟为长沙临时大学筹备委员会常务委员,杨委员振声为长沙临时大学筹备委员会秘书主任"。筹委会委员另有湖南省教育厅厅长朱经农和湖南大学校长皮宗石,主席由教育部部长王世杰担任。每校还增派代表一人,北大为胡适(未到任)、清华为顾毓琇、南开为何廉。

《大事记》,西南联合大学北京校友会:《国立西南联合大学校史》,

北京大学出版社 2006 年版,第 365—366 页

9月8日　教育部高等教育司致函长沙临时大学关于选送教授支援边远事宜。其中,四川大学教育哲学拟延聘北京大学邱椿教授。

《教育部函长沙临时大学关于选送教授支援边远事》,王学珍、郭建荣主编:
《北京大学史料》(第三卷),北京大学出版社2000年版,第19页

9月13日　长沙临大筹委会进行第一次会议,商议校舍及经费问题。常委分工:蒋梦麟负责总务,梅贻琦负责教务,张伯苓负责建筑设备。

《大事记》,《国立西南联合大学校史》,第366页。

10月2日　长沙临时大学常务委员会召开第四次会议。会议通过:"(1)临时大学借读生简章九条。(2)课程委员会拟定临时大学所设学系。其中,文科设中国文学系、外国语文系、历史社会系、哲学心理教育系。(3)课程委员会提议临时大学暂不设研究院课程。"

《第四次会议》,北京大学、清华大学、南开大学、云南师范大学编:
《国立西南联合大学史料》(第二卷),云南教育出版社1998年版,第6—7页

10月4日　长沙临时大学常务委员会召开第五次会议。会议记录如下:"(1)各学系负责人员应如何推定案。议决:推定各学系教授会主席一人。其中,哲学心理教育系为冯友兰。(2)关于各学系编制课程、分配工作及筹划设备应确定负责人员以利进行案。"议决:"由各系教授会主席负责进行。"

《第五次会议》,《国立西南联合大学史料》(第二卷),第8—9页

10月　经长沙临时大学常委会决定,奉部电定200 000元为本校开办费。用途分配如下:(1)建筑费23 000余元;(2)设备费124 000元;(3)购置费49 000余元;(4)营缮费3000元。其中,哲学心理教育系图书购置费共计3000元。

《长沙临时大学开办费分配简明计划》,《北京大学史料》(第三卷),第42—43页

11月1日 由北大、清华和南开三校联合组成的国立长沙临时大学开始上课。

1938 年（民国二十七年）

1月19日 长沙临时大学商承教育当局迁往昆明。

王学珍等主编：《北京大学纪事(1898—1997)》，北京大学出版社1998年版，第246页

1月28日 刘崇鋐、蒋梦麟等45位教授致函临时大学，请求将学校拟津贴各教授旅费65元，全部捐与学校，补助寒苦学生旅费。捐款名单中教育系教授有：莫泮芹、樊际昌、陈雪屏、邱椿。

《刘崇鋐等45位教授捐款补助寒苦学生旅费信》，《北京大学史料》(第三卷)，第50页

4月2日 奉教育部电令：改组国立长沙临时大学为国立西南联合大学。

《国立西南联合大学大事记》，《国立西南联合大学史料》(第一卷)，第297页

5月1日 蒙自分校校务委员会成立，推定樊际昌为主席。

《西南联大关于聘樊际昌为蒙自分校校务委员会主席的决议》，《国立西南联合大学史料》(第四卷)，第11页

5月24日 西南联大布告："文学院院长胡适未到校前，请冯友兰代理；哲学心理教育系主席冯友兰辞职，请汤用彤为哲学心理教育系主席。"

《西南联大关于杨振声等人任职的布告》，《国立西南联合大学史料》(第四卷)，第11页

7 月 29 日　西南联大召开第 82 次常务委员会议。议决:"本校遵照部令,改文学院哲学心理教育系为哲学心理系。"

《第八十二次会议》,《国立西南联合大学史料》(第二卷),第 62—63 页

8 月 4 日　西南联大召开第 83 次常务委员会议。议决:"(1) 本校自下学年起遵照部令增设师范学院。并将文学院哲学心理教育系之教育部分并入该院为教育系。(2) 遵照部颁师范学院规程第十九条,选荐黄钰生、吴俊升两先生为本校师范学院院长,呈请部择定一人聘任。(3) 请黄钰生编制师范学院经费概算。"

《第八十三次会议》,《国立西南联合大学史料》(第二卷),第 63—64 页

8 月 16 日　西南联大召开第 85 次常务委员会议。议决:"遵照教育部渝删电令,聘黄钰生为本校师范学院院长。并请积极筹备。"

《第八十五次会议》,《国立西南联合大学史料》(第二卷),第 65 页

8 月 20 日　奉教育部令,西南联大将云南大学教育系并入本校师范学院。按师范学院规程编造经费概算,规定该院学生本年度暂定 400 人。

《北京大学纪事》,第 252 页

10 月 3 日　西南联大召开第 88 次常务委员会议。议决:"(1) 聘请邱椿为师范学院教育学系主席。(2) 黄钰生来函:因奉命筹备师范学院请辞原建设长职务,应照准。"

《第八十八次会议》,《国立西南联合大学史料》(第二卷),第 68 页

10 月 11 日　西南联大召开第 90 次常务委员会议。议决:"聘请徐述先(即徐继祖)为本校师范学院教育系教授。"

《第九十次会议》,《国立西南联合大学史料》(第二卷),第 69 页

10 月 18 日　西南联大召开第 91 次常务委员会议。议决:"(1) 文

学院院长胡适未能到校，请冯友兰为本校文学院院长。（2）潘光旦来函请准辞本校教务长职及注册组主任兼职，应照准。请樊际昌为本校教务长。（3）邱椿来函请辞教育学系主席职，应复函慰留。"

《第九十一次会议》，《国立西南联合大学史料》（第二卷），第70—71页

10月20日 越南海防华侨初级中学校长致函西南联大，为便于教员进修起见，拟于小学部内择教员之优良者，咨送入国内大学肄业，请求联大赐予便利，即由学校及领事出示证明后，免考插入西南联大教育系一年级，希望西南联大给予协助。西南联大复函表示同意，并指出，"查贵校小学部教员愿来本校肄业，准收作旁听生，惟须先行缴纳证件，俟审查合格后，方可入学。至应缴费用，除学费免收外，应缴制服费十六元，理工预偿费五元"。

《越南海防华侨初中函西南联大请派员作旁听生》，《北京大学史料》（第三卷），

第280—281页

12月21日 西南联大召开第98次常务委员会议。议决："自本学年起，本校常务委员会主席任期定为一年，由清华、北大、南开三校校长按年轮值。本学年本会主席应请由梅贻琦先生担任。"

《第九十八次会议》，《国立西南联合大学史料》（第二卷），第79页

本年 国立各院校颁布招生简章。西南联大师范学院教育学系招生，修业年限为5年，投考学生报名需符合简章要求。师范学院教育学系考试科目，笔试应试科目为第一组。内容是："一、公民，二、国文，三、英文，四、本国史地，五、外国史地，六、数学丙（代数、平面几何、三角），七、物理、化学、生物三科中任选一门。"投考师范学院者于笔试后加口试，入学录取后除免收学费外，并供给膳宿。

《二十七年度国立各院校统一招生简章》，《国立西南联合大学史料》（第三卷），

第50—56页

1939 年（民国二十八年）

1月10日　西南联大召开第 100 次常务委员会议。议决通过《师范学院学生领受膳食津贴之原则及办法》。《办法》规定：

> 师范学院学生膳食费，由学校给予津贴，每人每月以国币七元为限；……此项津贴，不将现款发给个人为原则；此项津贴，大部分用作本院学生之膳费，凡因请假或改假而不参加团体之伙食者，其所省之经费，亦不发给原人；本院学生之伙食，以学生在本院指导下自行办理为原则；津贴项下结余扫数充公积金，不得摊分现款。

《第一〇〇次会议》,《国立西南联合大学史料》(第二卷), 第 83 页；

《国立西南联合大学师范学院学生领受膳食津贴之原则及办法》,

《国立西南联合大学史料》(第五卷), 第 617 页

1月31日　西南联大召开第 102 次常务委员会议。决议:"推派查良钊前往参加中央新设之党政干部训练班；聘罗廷光为师范学院公民训育系主席；聘李景羲为事务组副主任；查良钊辞防空委员会召集人职，聘李继侗为该会召集人。"

《第一〇二次会议》,《国立西南联合大学史料》(第二卷), 第 85 页

3月14日　西南联大召开第 104 次常务委员会议。议决:

（1）聘陈友松为师范学院公民训育系兼教育学系教授，自二月份起聘，月薪三百贰拾元，暂由北京大学支取。（2）本校教育学系主席邱椿请假，应照准。教育系主席在邱先生回校以前请陈

雪屏先生暂行代理。(3)修正通过本大学教授校外兼课规则六条:(一)本校教授在其他大学兼课,应先取得本校及有关院系之同意;(二)本校教授在外兼课,以 4 小时为限;(三)本校教授在外兼课时,其所授课程,以在本校现授者为限;(四)本校教授在外兼课所得报酬,应由所兼之学校发交本校,另由本校致送车马费,其数目最多以四十元为限;(五)本校教授在他校兼课,以昆明市范围为限;(六)本校教授资格以下教师,不得在外兼课。

《第一○四次会议》,《国立西南联合大学史料》(第二卷),第87页;

《国立西南联合大学教授校外兼课规则》,《国立西南联合大学史料》(第四卷),

第 422 页

6 月 13 日 西南联大召开第 110 次常务委员会议。议决:"本大学各学系教授会主席,自下学年起一律改称为系主任。关于系中设备及课程之支配,均请由各系主任负责主持。"

《第一一○次会议》,《国立西南联合大学史料》(第二卷),第95页

6 月 27 日 西南联大召开第 111 次常务委员会议。议决:"聘请孟宪承为师范学院教育学系教授,月薪四百元,自下学年起聘。"

《第一一一次会议》,《国立西南联合大学史料》(第二卷),第96页

7 月 18 日 西南联大常委会发布通知:"师范学院院长黄钰生请假,所有院务由查良钊暂行代理。"

《西南联大常委会关于查良钊暂代师范学院院务的通知》,

《国立西南联合大学史料》(第四卷),第 19 页

8 月 15 日 西南联大召开第 116 次常务委员会议。议决:"本校师范学院八、九两月份学生膳食米贴,应准酌为增加。但其所增加之数,每月不得超过叁元。"

《第一一六次会议》,《国立西南联合大学史料》(第二卷),第 103 页

9 月 12 日　西南联大召开第 119 次常务委员会议。议决:"聘刘盈为本校师范学院教育学系助教,月薪捌拾元。"

《第一一九次会议》,《国立西南联合大学史料》(第二卷),第 107 页

9 月 26 日　西南联大召开第 121 次常务委员会议。议决:"本委员会主席本学年仍请由梅贻琦先生担任。"

《第一二一次会议》,《国立西南联合大学史料》(第二卷),第 109 页

10 月 3 日　西南联大召开第 122 次常务委员会议。议决:"(1)准照师范学院所拟关于该院英文程度低劣学生补救办法两条,修正通过。(2)聘喻兆明为本校师范学院教育学系讲师,讲授职业教育,每周二小时。(3)聘刘振汉为本校教育学系音乐教员,并负责指导本校全体学生歌咏团事宜,月薪壹百捌拾元。"

《第一二二次会议》,《国立西南联合大学史料》(第二卷),第 110 页

10 月 17 日　西南联大召开第 123 次常务委员会议。议决:"(1)聘田培林为本校师范学院教育系讲师,每周任课三小时,月薪六十元,自十月份起支。(2)聘翁同文为本校师范学院教育学系助教,月薪八十元,自十月份起支。"

《第一二三次会议》,《国立西南联合大学史料》(第二卷),第 113 页

11 月 14 日　西南联大召开第 126 次常务委员会议。议决:"师范学院黄院长(即黄钰生)来函,请就师范学院学生膳食津贴三万元预算中,移拨贰千五百元为昆中北院之修缮费用,应照准。"

《第一二六次会议》,《国立西南联合大学史料》(第二卷),第 116 页

1940 年（民国二十九年）

2 月　西南联大批准借调罗廷光、陈友松到中山大学师范研究所，主讲教育行政及训育课程，每两星期一次，唯不担任名义，旅费由研究所支给。

《中山大学师范研究所借调罗廷光、陈友松函》，

《国立西南联合大学史料》（第四卷），第 409—410 页

3 月 19 日　师范学院教育学系起草《师范研究所教育门计划书》，准备在本年秋设置师范研究所教育门，招收学制二年之教育及心理学硕士研究生。

《北京大学纪事》，第 264 页

3 月 26 日　西南联大召开第 139 次常务委员会议。议决："聘王维诚为本校文学院哲学系暨师范学院教育学系副教授，月薪二百四十元，自本年三月份起薪。"

《第一三九次会议》，《国立西南联合大学史料》（第二卷），第 132 页

4 月 17 日　西南联大召开第 140 次常务委员会议。议决：

本校训导长查良钊、师范学院院长黄钰生来函，为奉部令赴渝参加第二届高级师范教育会议，拟于本月廿三日启程前往，预计五月十日左右可返昆明。在此离职期间，训导长职务请樊际昌兼代；师范学院主任导师职务请许浈阳代理；师范学院院长职务请陈雪屏代理。应照准。

《第一四〇次会议》，《国立西南联合大学史料》（第二卷），第 132 页

5 月 28 日　西南联大召开第 144 次常务委员会议。报告事项："黄院长报告上月赴渝出席第二届高级师范教育会议情形。"

《第一四四次会议》,《国立西南联合大学史料》(第二卷), 第 137 页

7 月 10 日　西南联大召开第 148 次常务委员会议。议决："聘请黄钰生、冯友兰、吴有训、查良钊、陈雪屏诸先生为本校师范学院附设学校筹备委员会委员。并请黄钰生为召集人。"

《第一四八次会议》,《国立西南联合大学史料》(第二卷), 第 143 页

7 月 31 日　西南联大召开第 150 次常务委员会议。议决："(1) 通过本校师范学院附设学校筹备委员会所拟办理附校要点九条及该校本年度概算。(2) 聘请本校师范学院院长黄钰生兼任本大学师范学院附设学校主任。(3) 聘请田培林先生为师范学院教育学系教授，月薪三八〇元。"

《第一五〇次会议》,《国立西南联合大学史料》(第二卷), 第 145 页

8 月 21 日　西南联大召开第 152 次常务委员会议。议决："聘请孟宪德为公民训育系助教，郅玉汝为教育系助教，月薪各壹百元。"

《第一五二次会议》,《国立西南联合大学史料》(第二卷), 第 147—148 页

8 月 28 日　西南联大召开第 153 次常务委员会议。议决："师范学院教育系学生李良庄等七人呈请援例免费在师院膳食，姑予照准。"

《第一五三次会议》,《国立西南联合大学史料》(第二卷), 第 149 页

9 月 11 日　西南联大召开第 155 次常务委员会议。议决：聘请陈雪屏为本校师范学院教育系主任。

《第一五五次会议》,《国立西南联合大学史料》(第二卷), 第 151 页

10 月 2 日　西南联大召开第 157 次常务委员会议。议决：

（1）樊际昌、黄钰生赴川境勘察校舍，教务长职务请潘光旦暂代，师范学院院长职务请陈雪屏暂代，附设学校主任职务请许浈阳暂代。（2）聘喻兆明为本校师范学院教育系讲师，每周任课两小时，月薪肆拾元。（3）聘卢濬为本校师范学院教育系助教，月薪壹百元。（4）本校师范学院教育系助教严倚云调往本校师范学院附设学校任职，其八、九两个月薪金应由附设学校发给。助教名义仍予保留。

《第一五七次会议》，《国立西南联合大学史料》（第二卷），第153—154页

10月13日　师范学院（昆华中学旧址）被炸。

10月30日　西南联大召开第159次常务委员会议。议决："本大学各院系除工学院因一时不易疏散暂留原址上课外，其他各院系应即就晋宁、澄江等地疏散。理学院及师范学院之一部分可迁往晋宁上课；文学院、法学院及师范学院之一部分迁往澄江上课。"

《第一五九次会议》，《国立西南联合大学史料》（第二卷），第156页

本年　西南联大公布《二十九年度招收转学生简章》。其中师范学院教育学系招收二三年级及新制四年级转学生，转学生报名需符合简章要求，转学考试科目的普通科目为国文和英文，基本科目为：二年级考教育概论和普通心理，三年级考教育概论和教育心理，新制四年级考教育概论、西洋教育史和教育心理。

《国立西南联合大学二十九年度招收转学生简章》，《国立西南联合大学史料》（第三卷），

第68—70页

1941 年（民国三十年）

2 月 12 日　西南联大召开第 169 次常务委员会议。议决："本大学训导长兼师范学院主任导师查良钊因公赴渝并转叙永分校，在离校期间，训导长职务请教育学系主任陈雪屏代理；主任导师职务请代理理化系主任许浈阳代理。"

《第一六九次会议》，《国立西南联合大学史料》（第二卷），第 167 页

3 月 7 日　西南联大召开第 170 次常务委员会议。议决："聘请陶光为本大学师范学院史地学系教员，并在史地工作室担任周秦以前关于上古史及教育史资料文献之笺注工作，月薪壹百伍拾元，自三月份起支。"

《第一七〇次会议》，《国立西南联合大学史料》（第二卷），第 168 页

3 月 19 日　西南联大发放"教职员空袭受损救济费"，其中教育系主任陈雪屏 300 元、助教翁同文 200 元。

《西南联大教职员空袭受损救济费核发数》，《国立西南联合大学史料》（第四卷），第 526 页

7 月 2 日　西南联大召开第 182 次常务委员会议。议决："聘请胡毅为本大学师范学院教育学系教授，月薪肆百元，自下学年起。聘请王纯修为本大学师范学院教育学系副教授，月薪叁百贰拾元，自下学年起。"

《第一八二次会议》，《国立西南联合大学史料》（第二卷），第 183 页

7 月 16 日　西南联大召开第 183 次常务委员会议。议决：

（1）云南省教育厅来函拟就此次本省第十七届中学学生毕业会考结果，选拔成绩较优学生六十名免试升入本大学师范学院各学系肄业。可照贵州省教育厅报送免试学生入师范学院例办理。惟滇省各中等学校师资尤感缺乏，每系科准以四名为限，入学后不得转入其他院系。（2）云南省教育厅来函，拟请本大学师范学院于三十学年度第一学期起开办在学二年实习一年之师范专修科，招收滇籍高中毕业生一百五十名。原则上本大学可予赞同。惟先需呈请教育部核准，并核拨加班及设备等经费。又将来成立后，其在学学生之公费待遇，概须比照本大学师范学院师范生公费待遇。此项公费所需经费应由云南省教育厅全部负担，划拨本校发给。

《第一八三次会议》,《国立西南联合大学史料》(第二卷)，第 184—185 页

8 月 27 日　西南联大召开第 187 次常务委员会议。议决："（1）聘请徐继祖为本大学师范学院教育学系教授，月薪三百七十元，自本学年起。（2）聘李廷揆为教育学系助教，月薪壹百元，自本学年起。（3）聘李楚安为教育学系助教，在师范学院院长室办事，月薪壹百元，自本学年起。"

《第一八七次会议》,《国立西南联合大学史料》(第二卷)，第 192 页

9 月　西南联大召开第 46 次聘任委员会会议。议决："通过教育系聘请卢濬为教员提案，月薪壹百玖拾元。"

《聘任委员会会议记录》,《国立西南联合大学史料》(第四卷)，第 394 页

10 月 15 日　西南联大召开第 193 次常务委员会议。议决："聘王

家璋为本大学师范学院教育学系助教，兼任该院专修科教务员工作，月薪壹百元，自九月份起，由该院专修科经费项下支付。"

《第一九三次会议》，《国立西南联合大学史料》(第二卷)，第202页

1942 年（民国三十一年）

1 月 14 日　西南联大召开第 204 次常务委员会议。议决通过《西南联大教师薪俸等级》。具体规定如下："（一）助教薪俸由 100 元起至 200 元止；（二）教员薪俸由 140 元起至 240 元止；（三）专任讲师薪俸由 180 元起至 300 元止；（四）副教授薪俸由 240 元起至 400 元止。（五）教授薪俸由 300 元起至 600 元止。"

《西南联大教师薪俸等级》，《国立西南联合大学史料》(第四卷)，第484页

3 月 18 日　西南联大召开第 209 次常务委员会议。议决："本大学师范学院教育学系主任暨兼代公民训育系主任陈雪屏来函，拟请准两系学生提前离校，即以服务成绩代替实习成绩，应准由师范学院参酌该院各学系情形拟定办法，暂行试办。"

《第二〇九次会议》，《国立西南联合大学史料》(第二卷)，第224页

9 月 16 日　西南联大召开第 232 次常务委员会议。议决：

（1）本大学师范学院学生中途欲转入本校其他院系者，须于学年始业前，向师范学院院长及原系主任陈明理由，经准许后，复经所欲转入之学系主任及教务长核准后方为有效。但由各方报送入学非经本大学考试录取之师范学生，概不得请求转入其他院系。

（2）聘陈熙昌为本大学师范学院教育学系助教，月薪壹百贰拾元，自本学年起。

《第二三二次会议》，《国立西南联合大学史料》（第二卷），第251页

10月7日　西南联大召开第235次常务委员会议。议决："聘请萧厚德为本大学师范学院教育学系助教，月薪壹百元，自十月份起。"

《第二三五次会议》，《国立西南联合大学史料》（第二卷），第254页

12月16日　西南联大召开第244次常务委员会议。议决："聘请汪懋祖为本大学师范学院教育学系教授，月薪肆百柒拾元，自十二月份起。"

《第二四四次会议》，《国立西南联合大学史料》（第二卷），第265页

1943年（民国三十二年）

7月1日　西南联大召开第265次常务委员会议。议决："黄钰生因事赴渝函请准假，并请准予离校期内所有师范学院院长职务，请由陈雪屏暂行代理；附校主任职务，请由查良钊暂行代理。应均照准。"

《第二六五次会议》，《国立西南联合大学史料》（第二卷），第289页

7月14日　西南联大向教育部呈交《校教职员编制表》，其中教育学系教授、副教授、讲师人数为6人，助教人数为3人。

《呈教育部本校教职员编制表》，《国立西南联合大学史料》（第四卷），第365页

7月22日　西南联大召开第268次常务委员会议。议决："聘请魏泽馨为本大学师范学院教育学系教员，月薪由本大学附校支给；聘张文洸为本大学师范学院教育学系助教，月薪壹百元。"

《第二六八次会议》，《国立西南联合大学史料》（第二卷），第294页

8月19日　西南联大召开第271次常务委员会议。议决："聘宋宝光为本大学师范学院教育学系助教，月薪壹百元。"

《第二七一次会议》，《国立西南联合大学史料》（第二卷），第299页

10月13日　西南联大召开第276次常务委员会议。议决："陈雪屏因事赴渝函请准假一月，并请准于离校期内，所有师范学院教育学系主任职务由汪懋祖暂行代理，党义教学委员会主席职务由贺麟暂行代理，奖学金委员会主席职务由杨石暂行代理，应均照准。"

《第二七六次会议》，《国立西南联合大学史料》（第二卷），第308页

10月27日　西南联大召开第278次常务委员会议。议决："本大学师范学院院长黄钰生因伤不能视事，应给假三星期以资疗养，所有师范学院院长职务，由许浈阳暂行兼代。"

《第二七八次会议》，《国立西南联合大学史料》（第二卷），第310页

1944 年（民国三十三年）

7月26日　西南联大召开第306次常务委员会议。议决："旧教师下年度各加薪10元；旧教职员除教授、副教授已于上年加薪二成者

外，均加薪二成，但学术研究费均即一律改发六成；新聘教职员薪额均照'加二成'标准改订之。"

《西南联大教职员薪俸及校发学术研究费调整办法》，

《国立西南联合大学史料》（第四卷），第485页

8月9日　西南联大公布《改订教职员俸给标准》。新标准如下表所示：

	起薪额	最高额
教授	430	600
副教授	290	450
专任讲师	210	320
教员	140	240
助教	120	200

国内大学毕业助教；助教三年，可升教员；国内研究院毕业得有硕士学位者，为教员；教员三年得升专任讲师；讲师三年得升副教授；副教授三年得升教授。

《西南联大改订教职员俸给标准》，《国立西南联合大学史料》（第四卷），

第485页

9月13日　西南联大召开第310次常务委员会议。议决："（1）本大学师范学院黄院长为该院教育学系暨公民训育学系主任陈雪屏因事赴渝，关于该两系主任职务拟请由陈友松暂行代理，应照准。（2）聘请卢濬为本大学师范学院教育学系教员，月薪壹百玖拾元，在该院晋修班任职，自本学年起。"

《第三一〇次会议》，《国立西南联合大学史料》（第二卷），第348—349页

11月25日　西南联大公布获研究补助费教授名单，包括教育学

系查良钊、黄钰生等教授给予研究补助费一万元。

《西南联大获得研究补助费教授名单》,《国立西南联合大学史料》(第四卷),

第 535 页

1945 年（民国三十四年）

1 月 10 日　西南联大召开第 322 次常务委员会议。议决:"本大学文学院院长冯友兰因母病返河南原籍省视,在请假期间文学院院长职务,请汤用彤代理。"

《第三二二次会议》,《国立西南联合大学史料》(第二卷), 第 363 页

2 月 27 日　西南联大召开第 327 次常务委员会议。议决:"师范学院黄院长来函请准该院教育学系教授汪懋祖自本学期起销假,应照准。"

《第三二七次会议》,《国立西南联合大学史料》(第二卷), 第 369 页

4 月 19 日　西南联大召开第 331 次常务委员会议。议决:"本大学师范学院黄院长为该院教育学系主任陈雪屏因公赴渝请给假一月,并请陈先生离职期内,所有该院教育学系主任职务,准由陈友松暂行代理,应均照准。"

《第三三一次会议》,《国立西南联合大学史料》(第二卷), 第 374 页

4 月　据《国立西南联合大学三十四年四月份俸薪表》,教育学系各位教员实支金额为:"陈雪屏(教授兼主任)542.5 元、樊际昌(教授)542.5 元、查良钊(教授)542.5 元、陈友松(教授)475.3 元、徐继祖(教

授)464.1 元、卢濬(教员)187.3 元、陈熙昌(助教)160.7 元、李廷揆
(助教)146.5 元、萧厚德(助教)138.3 元、张文洗(助教)128.5 元。"

《国立西南联合大学三十四年四月份俸薪表》,《国立西南联合大学史料》(第四卷),
第 508 页

6 月 20 日 西南联大召开第 336 次常务委员会议。议决:"黄钰生
因事赴渝,函请自六月十五日起准假三星期,并请准在离校期内,所有
师范学院院长职务由陈雪屏暂行代理,附中主任职务由魏泽馨暂行代
理,附小职务由沈劲冬暂行代理,应均照准。"

《第三三六次会议》,《国立西南联合大学史料》(第二卷),第 380 页

7 月 19 日 西南联大召开第 339 次常务委员会议。议决:"本校同
意师范学院续办中学教员晋修班一年。"

《第三三九次会议》,《国立西南联合大学史料》(第二卷),第 384 页

8 月 23 日 西南联大召开第 343 次常务委员会议。议决:"升聘严倚
云为本大学师范学院教育学系专任讲师,月薪贰百贰拾元,自本学年起。"

《第三四三次会议》,《国立西南联合大学史料》(第二卷),第 388 页

8 月 29 日 北大文学院召开三十四年度第二次谈话会。会议
议决:

(1)文学院设置下列各学系:哲学系、中国语文学系、东方语
文学系、西方语文学系、史学系、考古学系、教育学系。(2)各学
系教员名额规定如下:1)教授,每系五人至六人,但中国语文学
系、西方语文学系得增至九人;2)助教,每系一人;3)其他教员,
视学科课程情形临时聘定。(3)设备费。……教育学系:书籍,美
金 4000 元;期刊,美金 2000 元;仪器,美金 3000 元。

《国立北京大学文学院三十四年度第二次谈话会》,《北京大学史料》(第三卷),
第 298—299 页

9 月 4 日　国民政府令:"国立北京大学校长蒋梦麟呈请辞职,准免本职,任命胡适为国立北京大学校长。胡适未到任前,由傅斯年代理。"

《西南联合大学大事记》,《北京大学史料》(第三卷),第 557 页

9 月 13 日　西南联大召开第 346 次常务委员会会议。议决:"本大学师范学院院长黄钰生因公定日内赴渝,请准假三个月,并请在准假离校期内,所有师范学院院长职务由陈雪屏暂行兼代,附属中学职务由魏泽馨暂行兼代,附属小学职务由沈劲冬暂行代理,应均照准。"

《第三四六次会议》,《国立西南联合大学史料》(第二卷),第 393—394 页

9 月 24 日　西南联大召开第 347 次常务委员会会议。议决:"陈雪屏因公离校,代理师范学院院长职务请查良钊暂行兼代,教育学系主任职务请陈友松暂行代理,其三民主义教学委员会主席职务,应改请贺麟担任。"

《第三四七次会议》,《国立西南联合大学史料》(第二卷),第 394—395 页

10 月 19 日　蒋梦麟致函国立西南联合大学:"梦麟业已辞去国立北京大学校长职务,国立西南联合大学常务委员兼职,自应一并解除。"

《蒋梦麟辞职信》,《北京大学史料》(第三卷),第 112 页

1946 年(民国三十五年)

5 月 4 日　西南联合大学举行结业典礼,宣布西南联大正式结束。

6 月 15 日　教育部发布训令:

业经决定将西南联大师范学院自本年八月起在昆明独立设置，改称国立昆明师范学院。任命查良钊为国立昆明师范学院院长。科系设国文、英语、史地、数学、理化、教育、博物、体育学系及附属中学。联大师范学院所有校舍、校具、图书仪器及其他校产，学生成绩及有关文卷拨该院使用。原有教职员、学生由该院接收，继续办理。该院本年八至十二月份，经常费核定壹仟万元，就国立西南联合大学预算内划拨。

《教育部关于西南联大师院独立设置给西南联大的训令》，

《国立西南联合大学史料》(第一卷)，第280—281页

6月26日　西南联大召开第380次常务委员会会议。议决："关于本大学师范学院独立设置事，应即设置一委员会商讨并协助各项应行事宜，并聘请黄钰生、查良钊、沈履、潘光旦、贺麟、孙云铸、雷海宗、冯文潜诸先生为该委员会委员，即请黄钰生先生为该委员会主席。"

《第三八〇次会议》，《国立西南联合大学史料》(第二卷)，第447页

7月　西南联大常委会致函三校《关于联大结束后三校与昆明师范学院合作办法》：

敬启者：查本大学奉令结束。本大学师范学院并奉教育部令，自三十五年八月起独立设置，改称国立昆明师范学院。兹经该学院负责人与本大学磋商，今后与贵大学等三校教学合作办法八项。查本大学本为贵大学等三校联合组织而成，该学院前身又为本大学之一部分，将来三校迁离昆明后，该学院师资方面确感缺乏，须赖三校量予协助。用将上项暂拟合作办法由该学院及本大学分别呈部备案，兹分别抄送三校，以资参考。

《西南联大常委会关于联大结束后三校与昆明师范学院合作办法函》，

《国立西南联合大学史料》(第一卷)，第281页

同月　胡适到任北京大学校长。

10 月 10 日　复员后的北京大学正式开学。

10 月 28 日　北大召开第 19 次会议行政会议。议决："教育系聘李仲三、管玉珊两先生为副教授。"

《第十九次会议记录》，北京大学档案，BD1946049

12 月 23 日　北大召开第 27 次行政会议。议决："教育系二年级借读生戴鸿博在校外行为越轨，应停止其借读，并函知其原校(四川大学)开除学籍。"

《第二十七次会议记录》，北京大学档案，BD1946049

本年　西南联大留滇教职员名单，其中教育学系有：倪中方(教授)、徐继祖(教授)、卢濬(教员)。

《国立西南联合大学(不在三校)籍在滇省之教职员名单(1946 年)》，
《国立西南联合大学史料》(第四卷)，第 355 页

同年　三校颁布《北京、清华、南开三大学三十五年度联合招考一年级新生简章》。北大文学院教育学系招生。

《北京、清华、南开三大学三十五年度联合招考一年级新生简章》，
《国立西南联合大学史料》(第三卷)，第 93—96 页

1947 年（民国三十六年）

2 月 8 日　教育部部长朱家骅回复北京大学关于各院系设置问题。函电指出：

（一）文学院应以中国语文学系为主，亦即全校之重心。该学

院各系排列次序应为：（1）中国语文学系；（2）历史学系；（3）哲学系；（4）教育学系；（5）东方语文学系；（6）西方语文学系。东方语文学习应注重藏文、蒙文、满文、日文、韩文、土耳其文、阿拉伯文、梵文、印度斯坦文、波斯文。西方语文学系应注重法文、意大利文、西班牙文、葡萄牙文、希腊文、拉丁文，又英文、德文该校早有专系，且均有基础，仍以单独设置为宜。俄文亦至为重要，并应筹设专系，注意训练通晓俄国语文人才，对于苏联史地及文物制度等亦当注意，俾可同时达成培养使领人员之使命。（下略）

北京大学档案，BD1947435

4月28日　北大教授会通过《国立北京大学组织大纲》。《大纲》规定："本大学现设理、文、法、医、农、工六学院，其中文学院下设哲学系、史学系、中国语文学系、东方语文学系、西方语文学系、教育学系。"

《国立北京大学组织大纲》，王学珍、郭建荣主编：《北京大学史料》（第四卷），
北京大学出版社2000年版，第3页

6月　北大公布《国立北京大学三十六年度招考研究生简章》。规定：

本年度在北平、上海、武汉、广州各地招考第一年研究生，男女兼收。招考分为文理法科研究所，文科研究所下设哲学部、史学部、中国语文学部、东方语文学部、西方语文学部、教育学部。报考教育学部需考试科目为：（1）国文；（2）英文；（3）教育哲学；（4）教育史；（5）教育心理。

《国立北京大学三十六年度招考研究生简章》，北京大学档案，BD1947458

同月　北大公布1947年度（下学期）院长及各系主任名单：文学院院长朱光潜（代）；教育学系主任陈雪屏（樊际昌［代］）。

《北京大学纪事》，第352页

同月　北大公布文科研究所下设哲学部、史学部、教育学部、中国语文学部、西方语文学部，分别由汤用彤、郑天挺、陈雪屏、胡适、朱光潜任或代任部主任。

《北京大学纪事》，第364页

7月25日　教育系为人民教育家陶行知逝世周年举行纪念会。请邱椿、许德珩等教授讲演，并举行陶氏作品及生平教育事业照片展览，内容有教育论文、诗歌创作介绍，育才学校生活和成绩介绍，陶氏传记图片、遗作等。

《陶行知逝世周年 北大教育系开会纪念》，《人民日报》1947年8月31日

8月　图书馆公布"新编中文书目"，与教育相关的有《教育哲学大意》(波特〔美〕著，孟宪承译)、《过渡时代之思想与教育》(蒋梦麟著)、《大学杂景》(社会与教育社编)。

《图书馆新编中文书目》，《国立北京大学周刊》1947年9月21日

9月1日　北大召开第48次行政会议。议决："教育系聘请曾性初先生(160)为助教，赫宝源先生(220)为讲员。"

《第四十八次会议记录》，北京大学档案，BD1947001

9月30日　教育学系全体学生致函胡适校长。全文如下：

适之校长：

　　我们教育系全体学生因目睹本系系务的紊乱和空虚，谨以极诚恳的心情和严谨的态度，向您提供几点建议。我们之所以要这样作，一方面是为了爱护学校，一方面也为了要顾全我们自身的学业；同时更觉得我们所提供的意见是简单而合理的。我们诚恳地请您特别加以考虑，并予以采纳，更希望在最短期内能够实现。下面就是我们的意见：

一、立即聘定能孚众望肯负专责的系主任。现在陈雪屏先生已离校出任青年部长，以致系内事务极为紊乱。必修选修朝令夕改，课程冲突无法解决，同学选课也无人指导。这种种情形都是由于缺乏实在的系主任来负责，而代理系主任又摸不着头绪，不肯负责的原因。同时我们鉴于过去陈雪屏先生因身兼数职，对于系务多所忽略，所以今后系主任的聘定应请多加考虑，以能孚众望有学术地位且能负专责的为原则。

二、增聘教授。现在本系教授只有四位，去年陈雪屏先生便承认非增聘教授不可，今年反而减少了几位讲师和助教，以致许多课程如教育心理、发展心理、人格心理、社会学等都还未开班。另一些课程如教育概论也因为教授不适当，同学并不能得到帮助。还有些课程排上教授名字，实际上并没有这个人（如张孟休先生之心理学）。这一类情形使我们痛心，所以请您立即增聘几位优良教授。

三、立即订购本系应有的图书杂志。复员以来，各系新书杂志均已陆续运购来平，唯有教育系一本新书也没有，甚至主要参考书直到今年上课时还无法解决。这一点是不应该有的事情，请您赶快设法。

四、立即恢复心理实验室。心理学为本系重要课程，然而许多实验无法教学，长此下去，有碍学业。

五、按照部规，教育系学生为当然师范生待遇，然而本校教育系同学一直只以普通公费生待遇。最近又说部令取消教育系公费，这一点影响同学极大，且对于未来教育前途也极有关系。本年度几十个新同学和转系同学必将因此失学，因为他们在投考时是有明文规定本系全公费的。盼您关心同学，向教部据理力争，使同学能安心向学。

　　以上使【是】我们关于系务的几点意见,盼您给我们具体的答复。

　　前几天本系同学力易周和其他本校二同学先后被当局拘捕了,我们都非常哀痛,请您赶速设法营救他们,免得他们无故吃苦,我们也难安心求学了。这是非常重要的事,我们特别在这里提出。

　　敬祝

教绥

教育系全体学生谨陈

九月三十日

《北大教育系全体学生致胡适之校长信》,《北京大学史料》(第四卷),

第612—613页

9月　北大文学院教育学系录取本科一年级新生27人。其中,6人来自北平区;1人来自天津区;9人来自上海区;5人来自武汉区;3人来自南京区;2人来自重庆区;1人来自沈阳区。北大文科研究所教育学部共录取2人,均来自北平区。

《国立北京大学九区录取各院系新生人数统计表》,《北京大学史料》(第四卷),

第291、293页

10月6日　北大召开第51次行政会议。议决:"(1)请樊际昌、周炳林、朱光潜等十二先生为大一课业委员会委员,樊际昌先生兼主任;(2)教育学系曾主办之实验学校不准借用本校校舍;(3)教育系聘袁同礼先生为教授(兼任讲师待遇)。"

《第五十一次会议记录》,北京大学档案,BD1947001

10月14日　北大秘书处制文、理、法、农四学院兼任讲师名单。

其中教育学系兼任讲师名单如下表所示：

教育学系兼任讲师名单								
姓名	担任课程	时数			学分数	担任学期	原职机关	原职名义	附注
		讲演	实习	计薪					
史国雅	课程论	2		2	二	全	师院	兼课教授	
周先庚	教育及心理测验	3		3	三	全	清华	教授	
温广汉	社会学	3		3	三	全	师院	训导长	
葛泽	教育心理	3		3	三	全	同	教授	
鲁世英	普通教学法	2		2	二	全	同	教授	
孙国华	发展心理[学]	4		4	四	下	清华	教授	
张舜举	教育名著选读	2		2	一	全	山西大学	教授	一学分照两小时计薪事学系有信来
唐钺	社会心理学变态心理学	2		2	三	上下	清华	教授	见学系通知发聘信

《秘书处致出纳组》，《北京大学史料》（第四卷），第 184 页

11 月 26 日　教育、史学、经济、西语、中文等五系系会联名致函校长，对孟宪功、李恭贻二同学被警备司令部逮捕至今不移送法院一事，要求胡适向政府交涉。

《北京大学纪事》，第 360 页

11 月 28 日　《周刊》刊载教育系部分学生毕业论文题目。

三十五年度		
姓名	论文题目	指导教授
李德一	三十五年度三大学联合招生入学试题之分析	陈友松
余雪涛	同上	陈友松

续 表

姓名	论文题目	指导教授
林毓杉	同上	陈友松
许开德	同上	陈友松
钱惠濂	同上	陈友松

三十六年度		
姓名	论文题目	指导教授
张明浚	知行的关系与教育	邱椿
李恒耀	教师之待遇问题	陈友松
刘助民	我国中等教育今后应走的方向	陈友松
禄厚坤	女子教育	陈友松
俞琨	我国现行中等学制与心理的适应问题	陈友松
力易周	政府教育文化预算之分析	陈友松
鲍汉琳	有效修学发【法】	陈友松
王文光	国民教育之经费研究	陈友松
计思忠	孔子的教育学说	邱椿

《国立北京大学周刊》1947 年 11 月 28 日

11 月 图书馆公布"新编中文书目",与教育相关的有:《教育概论》(吴俊升、王西徵合编)、《中国古代教育思潮》(王一鸿著)、《我的教育思想》(庄泽宣著)、《中华书局图书馆基本教育图书教具展览目录》(中华书局图书馆编)、《教育心理学大观》(艾伟著)、《南溪书院志》(重修)(刘鸿略〔清〕等纂修)、《中国教育辞典》(余家菊等编)、《教育研究法》(朱智贤著)、《中国现代教育史》(周予同著)、《近代中国教育史料》(舒新城编)。

《图书馆新编中文书目》,《国立北京大学周刊》1947 年 12 月 28 日

12 月 8 日　北大召开第 56 次行政会议。议决："教育系聘孙国华先生(600 元)为教授。"

《第五十六次会议记录》，北京大学档案，BD1947001

12 月 20 日　国立北京大学出版部廉价抛售存书。与教育相关的有：John Dewey：*Democracy and Education*(1915)；Edward L. Thorndike & Arthur I. Gates：*Elementary Principles of Education*；William H. Kilpatrick etc.：*The Educational Frontier*；Herbert S. Jennings etc.：*Suggestions of Modern Science Concerning Education* (1917)。

《国立北京大学出版部廉价抛售存书书目》，《国立北京大学周刊》1948 年 3 月 14 日

12 月 29 日　北大召开第 57 次行政会议议决："教育系聘施宝贞先生为助理。"

《第五十七次会议记录》，北京大学档案，BD1947001

12 月 30 日　北大向教育部填报学校概况。其中，文学院院长由朱光潜代理，教育学系系主任为樊际昌(9 月 20 日前为陈雪屏)。

《北京大学纪事》，第 362 页

1948 年（民国三十七年）

1 月 11 日　教育部备案，照准北大研究所计划设置 15 科，分别为：物理、化学、地质、动物、植物、数学、哲学、史学(分史学与考古学)、中国语文学(分语言文字及文学)、东方语文学(分梵文与阿拉伯文)、西方语文学(内设英国文学)、教育、法律、政治、经济等。

《北京大学纪事》，第 365 页

1月12日　国民政府公布《大学法》。规定:大学分文、理、法、医、农、工、商等学院。师范学院应由国家单独设立,但国立大学得附设之。本法施行前已设立之教育学院,得继续办理。

《大学法》,《教育部公报》第20卷第1期,1948年1月31日

3月5日　北大教育系同学三十人举行"当前的教育危机及其出路"讨论会。据《经世日报》报道:

讨论的题目:(一)当前教育危机是什么?(A)各级学校经费极端缺乏(如北大每月经费不够水电费三分之一),教职员待遇太低,生活困难,学费高,家长难担负,大批学生失学(北平中学生有三分之一以上失学),在校学生伙食恶劣,营养不良,患病(特别是肺病)比例极大。(B)外力干涉校政,教师教学研究不能自由,学生课外活动受压制,另一方面是教科书都是部颁的,思想受统制。(C)教育与生活脱节,与社会脱节,只重知识的填塞,学非所用,教育无整个计划,各级学校不衔接,课程重复繁重,学校行政官僚化、商业化,经济不公开,教学法☐用填鸭式,考试多以复述为标准,正常的儿童读物缺乏。(D)学生程度低落,身心不能正常发展,大部[分]没有健康的生活态度,师资大量缺乏,程度也较低落,师生间只是一种授受知识的关系,训教分离。(二)造成教育危机的因素:(A)造成教育危机的因素是政治因素。(B)政府集中力量打内战,教育经费只占百分之三,学校没有钱,教职工生活难过,这就是失学普遍的主因。(C)政府对教育文化的统制政策,教育制度本身不合理,国民经济[濒]于崩溃,社会风气低下。(三)如何挽救?要大家团结互助,去争取。(A)教育经费不能低于总预算百分之十五。(B)提高教职工的待遇,配给实物。(C)公立学校增加公费名额,私立学校增加奖学金。

（D）公立学校增加经常费，私立学校增加补助费。（E）改善教育制度，保证教育独立，维护教育尊严。

《北大教育系讨论 教育危机及其出路》，《经世日报》1948 年 3 月 7 日

5 月 31 日　北大召开第 62 次行政会议。议决："教育学系聘请吴俊升、罗廷光两先生为教授。"

《第六十二次会议记录》，北京大学档案，BD19481498

8 月 28 日　北大三十七年度（1948 年）招录新生总计 440 人，得奖学金者 88 人。其中，教育学系录取新生 23 人，得奖学金者 4 人，分别为：汪金波（北平区）、周升业（南京区）、岳凤麟（上海区）、李舜农（武汉区）。

《国立北京大学通告（一）》，《北京大学史料》（第四卷），第 281—286 页；
《北京大学纪事》，第 383 页

12 月 25 日　教育部颁布《师范学院规程》。

《教育部关于修正师范学院规程及废止改进师范学院办法的训令》，
北京大学档案，BD1949070

本年　北大半月刊社编《北大 1946—48》出版。其中刊载文学院教育系的介绍，全文如下：

提起教育系，校外人也许不大注意，可是在校内，有工作的地方就有教育系的同学。目前教育系有一百多人，虽然分住在四院、沙滩两处，同学间的感情并未因此而削弱，有什么工作，只要系会或级会一发动，马上便有过半数的同学来参加，这情形是常使其他各系羡慕的。

教育系为什么能这样活跃呢？第一，因为它有自己的学习团体——新教育社，这是在陶行知先生感召下产生的。第二，它有自己的工作中心——实验学校，而最重要的则是由于每一位同学

对教育的目的有充分的了解,他们知道教育的对象应该是人民,教育的内容应该是生活,他们知道,不仅是教育别人,并且也教育自己。

自从樊际昌先生主持系务以来,教育系似乎一直在"为培养理论上和行政上的领导人材"(樊先生语)努力着的,这首先表现在提高"英文"程度上。同时为了充实本系课程,准备自下学期起减少或取消辅系的学分(虽然辅系成立才一年)。目前教育系教授中,邱椿先生是教授教育理论的。孙国华先生的教育心理和发展心理很受同学欢迎,他的特色不仅在有独到的见解,而且随时告诉科学的方法和它的实际应用。陈友松先生以博大见称,他教的是教育行政和比较教育,是教育界的红人。此外还有齐泮林先生和樊际昌先生,齐先生是统计专家,樊先生教社会心理和变态心理。在心理学的实验方面也还算有一点设备,有一门实验心理学。系里有它自己的图书馆,杂志书籍最近充实了很多,据说下学期还要来两位权威教授,我们且看樊先生的努力吧。

教育系的先生和学生感情相当好,除了樊先生因为太忙,其余的先生时常有同学去拜访聊天,聊的范围很广,自生活态度以至国家大事无所不包,态度是坦白诚恳的。

教育系日在壮大,"明年的教育系"如何呢?大家都这末想"一定是一个生活的大单元,工作、学习和游玩都会打成一片,做到教育不外生活,生活便是教育"。

北京大学学生自治会北大半月刊社编:《北大(1946—48)》,

北京大学学生自治会北大半月刊社1948年版,第21页

1949 年（民国三十八年）

4 月中旬　文教接管委员会教育部部长张宗麟与北大教育系教师们举行座谈会，讨论教育系课程改革问题。

董渭川：《教育系课程改订的经过与意义》，《中华教育界》第 28 卷第 12 期，

1949 年 12 月 15 日

4 月 23 日　在师大乐育堂举行教育系课程问题座谈会。《人民日报》报道："在大学改革事业中，负有为新民主主义国家培养新师资任务之大学教育系，尤须首先改造，以奠立新中国所需的教育基础。文教会及各大学教育系师生均有此种认识，因而有举行大学教育系课程问题座谈会之议。"华北人民政府教育部部长晁哲甫、副部长孙文淑，文管会的张宗麟，北大教育系的张天麟、邱椿、陈友松、汤茂如以及辅仁教育系、清华心理系、燕京教育系、师大教育系、师大附中校长郝人初、上海沪江大学教育系、香港道德学院教育系的教授共五十多人参加了座谈会。会议议决"推选常务委员九人组成委员会，专门研究本问题。该委员会由华大、师大、北大、燕京、辅仁五大学教育系主任及华北人民政府教育部、文管会教育部、北平人民政府教育局与民主人士代表各一人构成"。

董渭川：《教育系课程改订的经过与意义》，《中华教育界》第 28 卷第 12 期，

1949 年 12 月 15 日；《平市各大学教育系　座谈课程问题》，

《人民日报》1949 年 4 月 26 日

6月1日　华北人民政府颁布《华北高等教育委员会组织规程》。为统一实施高等教育方针、计划,指导学术改进及图书文物之管理,决定设立华北高等教育委员会。任命董必武为华北高等教育委员会主任委员,张奚若、周扬为副主任委员;董必武、张奚若、周扬、马叙伦、李达、许德珩、钱俊瑞、曾昭抡、吴晗等9人为华北高等教育委员会常务委员;郭沫若、吴玉章、徐特立、马寅初、黄炎培、范文澜、成仿吾、邓初民、张志让、汤用彤、梁希、郑振铎、钱端升、蓝公武、杨秀峰、叶企孙、陈岱孙、陆志韦、张东荪、雷洁琼、黎锦熙、徐悲鸿、李宗恩、严济慈、裴文中、晁哲甫、于力、刘鼎、乐天宇、恽子强、胡锡奎、周泽昭、沈体兰、黄松龄、张宗麟、张子丹、张国藩、邓拓、俞大绂、冯乃超为华北高等教育委员会委员;张宗麟为该会秘书长。

《统一实施高等教育方针 华北高等教委会成立 董必武张奚若周扬分任正副主委》,

《人民日报》1949年6月3日

6月8日　华北高等教育委员会召开首次常务委员会议。出席常委董必武、张奚若、周扬、马叙伦、许德珩、曾昭抡、李达、吴晗及秘书长张宗麟等。会中决定:

(一)成立华北国立大学招生委员会。原则上规定统一领导、分别招生,自愿联合招生者亦可。责成招生委员会拟订具体办法。(二)为加强平津各大学本届毕业生政治教育及便于统一分配工作,决定成立平津各大学毕业生暑期学习团。(三)为研讨有关私立各大学问题,决定设立私立大学研究委员会,并推定马叙伦、张志让、陆志韦等九人组成。(四)为研讨文、法、教育学院学制课程改革事宜,决定组织历史、哲学、文学、法律、政治、经济、教育等七组分别进行,并推定范文澜,艾思奇、周扬、何思敬、钱端升、李达、张宗麟七人为以上各组召集人。(五)筹组文物保管委员会推定专人负责进行。

《华北高等教育委员会 常委决议五项工作 统一招生及研讨改革学制等》，
《人民日报》1949年6月9日

6月27日 华北高等教育委员会发布高教秘字第234号训令：

经本会常务委员会第二次会议决定，取消南开哲教系，北大教育系，清华法律系、人类学系，……北大教育系三年级生提前毕业，二年级以下转系……取消各系教授之工作，在征得本人同意后尽各校先分配，亦得由高教会分配……。以上调整各院系各校应立即着手准备，自下学期起实行。

中央档案馆：《共和国雏形——华北人民政府》，西苑出版社1999年版，第420页

7月4日 北大校务委员会召开第八次会议。汤用彤主席报告华北高等教育委员会对于本校院系调整之指示。议决："遵照高教会指示，本年停止招生。"自此北大教育系停止招生。

《国立北京大学校务委员会第八次会议纪录》，北京大学档案，BD2011949028

（编撰者：蔡磊砢　曹玲）

附　录

国立北京大学学则（1936）

（二十一年十二月十五日公布，二十五年十月九日修正）

第一章　修业年限、学分、毕业及学位

第一条　修业年限

（一）本校本科各系学生修业年限，定为四学年。

（二）每学年上课至少须在二十八个星期以上，如不满此数，无论由于任何原因，均须补足。

第二条　学分

（一）凡需课外自习之课目，以每周上课一小时满一学期者为一学分，实习及无需课外自习之课目，以二小时为一学分。

（二）本校学生至少须修满一百三十二学分，方可毕业；第一、二两年，每学期选习学分总数，至少须习满十六学分，至多不得超过二十学分（但法律学系得选习至二十二学分）；第三、四两年，每学期至少须习满十四学分，至多不得超过十八学分。

第三条　毕业及学位

（一）凡在本校修业期满学生之成绩，由教务会议审查认为合格者，准予毕业。

（二）本校毕业生得称学士。

第二章　入学及转学

第四条　入学考试

（一）新生入学，皆须受入学考试；入学考试规程①另定之。

第五条　转学生

（一）本校各系遇有缺额时，得收纳转学生；转学规程②另定之。

第三章　纳费

第六条　学费及体育费

（一）本校学生每学期须于注册前缴纳学费十元，体育费一元。

第四章　注册及选课

第七条　注册

（一）入学及转学之新生，先至注册组报到，填写保证书及志愿书，并领取缴费通知单。

（二）凭注册组发给之缴费通知单，赴会计组缴纳入学各项费用。

（三）凭缴费收据，到注册组注册，并领取选课单。

（四）选课单经本系主任签字盖章后，到注册组换取入学证。

（五）凭入学证至本校图书馆领取借书证。

（六）凭入学证至讲义股领取讲义。

---

① 《国立北京大学入学考试简章》见附一。
② 《国立北京大学转学规程》见附二。

（七）旧生除无庸填写保证书及志愿书外，其余办法，均与新生同（但如本校认为原保证书丧失效力时，得令该生另觅保证人，重填保证书）。

（八）每学期之选课单，由注册组签发。

（九）科目选定后，须由系主任签字盖章。

（十）学生如欲更改所选定之科目，须经系主任签字，并须于选课截止后一星期内行之，过期不准改选。

（十一）凡两学期连续之课程，有下列情形之一者，至第二学期不能继续选习该种课程：

　　（甲）第一学期成绩不及四十分者。

　　（乙）第一学期因缺席过三分之一而扣考者。（参看第八条第七项及第九条第四项）

第五章　成绩考查

第八条　成绩考查

（一）成绩考查，分为平时成绩及学期成绩二种。

（二）平时成绩考查之方法，得由各系教授会酌量施行临时试验，或审查论文、听讲笔录、读书札记，及练习实验等成绩。

（三）论文、笔录、札记等，须于教员规定期间内交到，过期概不评阅给分。

（四）学期成绩考查，须在教室举行。

（五）凡四年级生在毕业前，如经该系教授会认为应作毕业论文者，应于毕业考试前交到该项论文，经审查合格后，方能毕业。

（六）各项成绩均以六十分为及格。

（七）学生平时上课缺席至五分之一以上者，扣其该科成绩百分之五；至四分之一以上者，扣百分之十；至三分之一以上者，不得参与学期考试。

（八）两学期成绩有一学期及格，一学期不及格或扣考者，其平均成绩不及格时，以全年成绩不及格论。（参看第九条第一项及第四项）

（九）举行考试时，须由担任教员亲自到场监试。

第九条　补考及升级

（一）凡必修科目不及格者须重修，本系所规定之必修科目由两门不及格者应留级。继续留级两次者，应予退学。

（二）学生因不得已事故（如疾病、亲丧等），不获参与学期试验者，须向课业处请假，并缴医生证明书，或其他证件，经核准后，方能补考。

（三）补考于每学期开始前举行。

（四）凡每学年选习之学分有二分之一不及格或因旷课过三分之一而扣考满本学年全部学分二分之一者，应予退学。

（五）凡每一学期之学分，有二分之一以上未考而休学者，复学后仍入原年级。

第六章　转系、休学、复学、退学及惩戒

第十条　转院及转系

（一）理学院新生不得请求转入文法学院；文法学院新生不得请求转入理学院。（转学考试录取之新生亦同）。

（二）凡文法学院二年级以上学生请求转入理学院者，应考数学及理

化；理学院二年级以上学生请求转入文法学院者，应考国文、外国文及史地；考试及格后，转入各院系之一年级。

（三）转院考试于学年开始时举行之。

（四）凡文法学院二年级以上学生请求互转，及同院之各系二年级以上学生请求转系者，由注册组将各该生成绩，送与转入各系主任审查，经核准后，方能转系。

（五）凡转系学生，由转入各系系主任规定其应入之年级，及补修科目；其补修科目，不得过三门。

（六）凡欲转院之学生，须于每学年开学前一星期以内，向注册组主任申请。

（七）凡本校毕业生，欲更入其他院系作正式学生者，得依转学规程办理。

第十一条　休学

（一）学生自请休学，须向注册组主任陈明理由，经核准后，方为有效。

（二）未曾自请休学之学生，在注册期间未来注册者，即由课业处于注册截止以后，令其休学。

（三）学生患病，于短期间内不能痊愈，经校医认为有碍公共卫生或不能继续求学者，由课业处令其休学。

（四）如第一学期不及格，或扣考之学分达二分之一以上，或有本系必修科目两门以上不及格或扣考者，至第二学期，应令其休学。（参看第八条第七项，与第九条第一项及第四项）

（五）学生休学，不能继续逾二学年。（但于第二学期休学者，得于次年或再次年之第二学期复学）

第十二条　复学

（一）凡呈请或被令休学未逾二学年者，得呈请复学。

（二）复学前须由本人正式具函向注册组主任声请，经核准后办理。

（三）呈请复学，须于每学期开始前举行之。

（四）休学逾期之学生，欲再入学者，得按照转学规程办理。

第十三条　退学

（一）凡有下列各项之一者，即令其退学：

（1）入学后查出冒名顶替或所缴毕业证书不实者。

（2）休学期满尚未到校者。

（3）成绩不及格如第九条第一项及第四项所规定者。

（二）学生中途自请退学，或被令退学者，所缴各费，概不退还。

第十四条　惩戒

（一）凡学生有品行不端，败坏纪律，或损害校誉之行为，视其情节之轻重，得由校长酌予记过，或由校长提出校务会议议决，开除其学籍。

（二）凡曾经记过一次之学生，由注册组扣其全年总成绩五分，并取消其在该年内得助学金之权利，记过满三次者，开除其学籍。

（三）凡开除学籍之学生，其所缴各费，概不退还。

第七章　附则

第十五条　旁听生

（一）本校各学系有缺额时，得收旁听生，旁听生规程①另定之。

---

① 《国立北京大学旁听生规程》见附三。

第十六条

（一）本学则有未尽事宜，得随时由校长提出校务会议修正之。

（二）本学则自公布之日施行。

附二十四年三月二日第三十三次教务会议对学则第十一条第五项之解释：

凡休学已满二年者，复学之年度内如再休学，作为休学逾期论。其休学在二年以内，曾经复学而无成绩者，作为继续休学论。

国立北京大学课业处编：《国立北京大学学则》，北京大学出版组 1936 年版

附一：国立北京大学入学考试简章

（民国二十五年三月修正）

（二十五年度适用）

（一）本校本年招考理文法三院各系一年级学生。

理学院设数学、物理学、化学、地质学、生物学五系；文学院设哲学、史学、中国文学、外国语文学、教育学五系；法学院设法律学、政治学、经济学三系；各系均四年毕业，毕业后得称学士。

（二）本校本年在北平、上海、武昌三处同时招考一次。

投考资格：

（三）投考者须有下列资格之一：

A. 公立或经立案之私立高级中学毕业者；

B. 公立或经立案之私立六年制师范学校或高级中学师范科毕业者（惟以得有服务教育事业一年以上之证明者为限）。

投考时 A、B 两项均须呈验毕业证书。

（四）各院考试科目如下：（各科合计共一千分）

A. 理学院：

1. 国文（二〇〇分）；

2. 英文（三〇〇分）；

3. 数学：代数、几何、平面三角、平面解析几何（三〇〇分）；

4. 物理、化学、生物（任择两门，各一〇〇分）；（二〇〇分）

B. 文法学院：

1. 国文（三〇〇分）；

2. 英文（四〇〇分）；

3. 数学：代数、几何、平面三角（一五〇分）；

4. 史地（一五〇分）；

（五）报名日期及手续：

A. 报名日期：北平、上海、武昌均自七月二十日（星期一）起至七月二十五日（星期六）止。

时间：每日上午九时起至十二时止；下午二时起至五时止，过期概不补报。

B. 报名手续：

1. 填写报考履历片。（该片由报名处发给）

2. 按照本简章第三条规定，呈缴证书，请审查；审查后，由该处在证书背面盖戳发还。

3. 呈缴不贴于硬纸上之二寸半身像片二张。（其中一张之背面应写明姓名、籍贯、年龄三项）。

4. 呈缴已填就之报名履历片，换取准考证，考时即凭准考证入场。

投考应注意各点：

1. 报名者必须当时呈验证书，所有声请①先准报名，随后补验证书等情事，概不通融。

2. 报名时，如有持五年前毕业证书者，须特别审查。

3. 本年应毕业尚未领到证书者，得由该生现在学校加盖有校印之正式证明函件证明之。

4. 去年毕业学生，持该校去年所给毕业证明函件及今年补给之毕业证明函件，均无效。

5. 一切私人函件证明资格，请准报名，均无效。

6. 取录后如发现有伪造证书者，得随时取消其资格；所交学费概不退还。

7. 应考生各科成绩有一部分特优者，本校得录取为试读生，试读期限为一年，一年后如各科成绩及格，即改为正式生，否则令其退学。

8. 录取试读生，其入学手续及呈缴各费均与一年级新生同（见下）。

9. 报名时所填姓名籍贯及年龄，如经考取入学后，不得请求更改。

---

① 声请：申请，申述请求。

（六）考试日期:北平、上海、武昌均定八月二、三、四三天,其科目时间及试场之分配临时宣布。

（七）报名及考试地点:北平在本校第二院;上海在交通大学;武昌在武汉大学旧校舍。

（八）考试结果:北平除由本校布告外,并在本校《周刊》宣布;上海在《申报》宣布;武昌在《武汉日报》宣布。

入学须知:

（九）考取新生(一年级生及转学生)至迟须于九月四日(星期五)以前亲到本校注册组报到,呈缴入学志愿书、保证书、履历片(以上各种表格于考取后另函附上)及二寸半身像片八张(二年级转学生七张,三年级转学生六张)逾期不到者,本校得取消其入学资格。

（十）学费每年国币二十元,分两期,于每学期开学前缴纳。

第一期　自九月至一月,十元。

第二期　自二月至六月,十元。

（十一）体育费每学期国币一元,理学院学生仪器保证金每学期五元。

（十二）新生入学前应缴纳清制服费国币二十二元。(冬季约十四元,夏季约六元,白被单一条约二元)

（十三）本校宿舍有空额时,新生得依学校规定办法,请求递补入宿。

国立北京大学课业处编:《国立北京大学学则》,北京大学出版组 1936 年版

附二：国立北京大学转学规程

（民国二十三年十二月修正）

（一）本校各系遇有缺额时，得收纳转学生。

（二）凡国内外公立或私立大学本科肄业生或毕业生得请求转入本校肄业（私立大学以曾在教育部立案者为限）。

（三）凡请求转学各生，应于报名转学时，缴验：（1）中学毕业证书；（2）大学本科修业或毕业证书；（3）大学本科修业成绩表（以上三项不全者不得报名）。

（四）报名时所缴之中学毕业证书、大学本科修业或毕业证书，经审查后发还；惟所缴本科修业成绩表，则由本校保存，无论考取与否，概不发还。

（五）转学试验科目如下：1. 国文，2. 英文，3. 转入各系之基本科目如下：

A. 理学院（略）

B. 文学院：

哲学系（略）

史学系（略）

中国文学系（略）

教育学系

转入二年级应试之基本科目：

1. 教育概论，2. 普通心理学，3. 英文教育论文翻译

转入三年级应试之基本科目：

1. 教育原理，2. 教育统计学，3. 教育史，4. 教育心理学，5. 英文教育论文翻译

C. 法学院(略)

国立北京大学课业处编:《国立北京大学学则》(叁版),

北京大学出版组 1934 年版

附三:国立北京大学旁听生规程

(二十五年九月十七日修正)

(一)各学系有缺额时,得收旁听生。

(二)有下列资格之一者,得请求为本校旁听生:

　　甲. 中等以上学校毕业,曾服务两年,有志深造者。

　　乙. 现任中等学校教师,有志深造者。

　　丙. 其他大学毕业生,对于本校所设学科有特别兴趣者。

　　丁. 对于某种学科研究有素,并有著作,经考试委员会审查认为
　　合格者。

　　以上须呈缴证件或论著。

(三)旁听生得依其志愿,于各系中选习功课。但每周至多不得过二十
　　小时。

(四)旁听生入学前,须呈缴证件(如现有职业者亦须注明),填具愿
　　书,附加相当之保证书,并最近二寸半身相片二张,经本校审查
　　或考试认为确有听讲学力者,方准入学。入学时应按照所选功课
　　缴纳学费,领取旁听证,方准听讲。

(五)旁听生不得改为正科生。

（六）旁听生按所习学科，每学分每学期应缴学费一元，实验功课，允许旁听生参加与否及缴费办法另定之。

（七）旁听生平时对内对外，均应称"北京大学旁听生"，不得通称"北京大学学生"，并不得呈请学校咨请本省给予津贴。

（八）旁听生下学年(二十六年度)报名期限，自九月六日起至七日止。

（九）所有本校学生应守之规则，旁听生在校时均应遵守。

国立北京大学课业处编：《国立北京大学学则》，北京大学出版组 1936 年版

附四：国立北京大学入学试验试题（教育学）

教育原理

一、述课程之社会的意义。

二、设计教学法之利弊如何？

三、实用主义(Pragmatism)对于教育学说之影响如何？

四、就中国现状观察，中国教育应注重何项目标？

教育统计学

1. 求下列材料之算术平均数与中数

分数	人数
50—54.99	1
65—59.99	0
50—64.99	4

续　表

分数	人数
65—69.99	6
80—74.99	9
75—79.99	24
80—84.99	10
75—89.99	3
90—94.99	2
95—99.99	1
N = 60	

2. 在教育统计应用上,算术平均数与中数各有何优点缺点?

3. 用 Spearman 之等级差异法(Method of Rank Differences)和 Pearson 之乘积率法(Product-Moment Method)求下列材料之相关量。

学生号次	X 项分数	Y 项分数
A	60	60
B	61	65
C	62	75
D	63	75
E	64	70
F	64	68
G	65	80
H	66	90
I	67	70
J	80	85

教育心理学

一、遗传与环境为决定一般行为之基本因素，但在生物学中遗传论派与环境论派之纷争，由来已久，各执一说，孰是孰非，难于判分。试就教育学之立场，对于二者影响行为之效果，作一比较的估价。

二、试说明学习曲线之特点。

三、情绪行为之雏形及其转变与纠正之历程为如何？

四、学习之工作与时间如得适当分配，可以增进能率。试根据实验结果，对于分配之条件详为阐明。

英文教育论文翻译

详译下列一段为中文：

The aim of schooling is always educative, but the practice often is not. By the educative we mean having experiences through which we learn to act, think, or feel in ways that are better than the ways we would act, think, or feel without the experiences. No experience is educative unless we behave in such way desirably different as a result of it. The most highly educative experience also develop tendencies to engage in further similar experiences and reveal new possibilities for large activity. They lead on by arousing interests, providing the means, and stimulating desires to reach higher levels of activity by which even greater satisfactions may be realized. Educative activities in history and citizenship make children want more of such activities; in music make them want more music; in good literature make them want more literature, and so on.

《国立北京大学入学试验试题》，北京大学档案，BD135008－1

（整理者：蔡磊砢）

教育学系相关规则[*]

教育学系课程说明
（1924—1925 年度）

一、本系课程分主科、辅科两种。主科为专攻教育学之学生而设，辅科为专攻他种科学而欲兼修教育学之学生而设。

二、本系学生，除以教育学为主科外，应选修另一种科学为辅科。主科须习满四十四单位以上，辅科须习满二十单位以上，共计六十四单位，方得毕业。外国语单位另行规定。

三、主科课程分必修科目与选修科目两种。

甲．必修科目（数字表示单位）

教育哲学	二	西洋哲学史	三
伦理学	二	社会学	三
心理学	三	普通教学法	三
学校管理	二	科学概论	二
中国哲学史	二	教育学	二
心理学	二	教育行政	二
教育与儿童心理学	二	论理学	二
教育测验及统计	二	教育史	四

---

* 本部分从北京大学 1924—1936 年间各年度的《教育学系课程指导书》或《教育学系课程一览》中选摘了部分与课程相关的重要规则，以期反映教育学系人才培养的目标及其培养方式。因一些年度内容变化不大，因此仅列举了 1924—1925 年度、1926—1927 年度、1932—1933 年度和 1934—1935 年度的相关规则。

乙. 选修科目：

教育社会学　　　　教育思潮　　　　各种教育问题

各科教学法　　　　比较教育　　　　外国文哲学选读

教育统计　　　　　组织课程

专家或专集之研究等选修科目随时由教授会议决设置。

四、本系学生应选下列功课之一种为辅科①，其必修科目由相关各系教授会规定。如所规定之必修科目不及二十单位时，应选非必修科目以补足二十单位。

（a）数学　（b）物理　（c）化学　（d）地质　（e）国文

（f）一种外国文学(以英法德日四文为限)　　（g）史学

（h）法政经济

五、辅科之选择，与预科毕业生升入本科选系时所受之限制同。

六、在各系毕业后，再转入教育学系者，得免习辅科。其年限依转系规则之规定。

七、以教育学为辅科之学生应习满本系功课二十单位，其必修科目如下：

教育学　　　　二　　　教育史　　　二　　　论理学　　　二

伦理学　　　　二　　　社会学　　　二　　　心理学　　　三

教育心理学　　二　　　普通教学法　二　　　学校管理　　二

上列科目中，如有已在主科中习过者，应另选他课以补足单位。

《教育学系课程指导书》(民国十三至十四年度)，

《北京大学日刊》1924 年 9 月 20 日

---

① 在 1925—1926 年度《教育学系课程指导书》中辅科的学科增加了生物学和哲学。其规定："本系学生可选下列功课作为辅科：(a) 数学，(b) 物理，(c) 化学，(d) 地质，(e) 生物学，(f) 国文，(g) 一种外国文学(以英法德日四文为限)，(h) 哲学，(i) 史学，(j) 法政经济。"据《国立北京大学教育学系课程指导书》(十四年至十五年)，北京大学 1925 年版。

教育学系课程说明

（1926—1927 年度）

一、本系课程分主科、辅科两种。主科为专攻教育学之学生而设，辅科为专攻他种科学而欲兼修教育学之学生而设。

二、在本系习主科之学生，须习满本系必修科目三十四单位，本系选修科目二十单位以上，或其有他系选修科目十单位以上，共六十四单位，并作毕业论文一篇，方得毕业。（外国语单位另行规定。）

三、在本系习主科之学生，如欲在其他各系选修科目十单位以上时，均须先得本教授会之许可。

四、本系主科课程，分必修科目与选修科目两种。

甲.必修科目：（数字表示单位）

教育学概论	二	中国哲学史	三
教育史	三	西洋哲学史	三
教育心理学	三	普通心理学	三
普通教学法	二	科学概论	二
教育统计学	二	学校管理法	二
实验教育	三	儿童心理学	二
教育哲学	二	教育行政	二

乙.选修科目：

学校卫生	变态心理学
近代西洋小学教育史	近代西洋中等教育史
各国教育制度	近代教育原理与实施
师资问题	各科教学法
外国文教育选读	现代教育哲学问题

其余各种教育问题、专集之研究等等随时由教授会议决设置。

五、在本系习辅科之学生，须习下列二十单位：

教育学概论	二	普通心理学	三
教育心理学	二	儿童心理学	二
普通教学法	二	教育行政	二
组织课程	二	学校管理法	二
教育史	三		

六、在本系习辅科之学生除习上列二十单位外，其余必修或选修之单位，外国语单位及毕业论文等均由该生所专攻科学之学系教授会规定。

《教育系课程指导书》（民国十五年至十六年），《北京大学日刊》1926 年 11 月 25 日

教育学系课程指导书

（1932—1933 年度）

一、本系目的

本教育学系设立之目的有三：1. 造就中等学校教师；2. 养成教育行政人材；3. 培育钻研教育学术之学者。

本系课程本此目的而计划。各生入学之前，须先自决定为何种目的而来，既来之后，须始终本诸已定之目的，选修应选之科目。方不致茫无归宿，白费光阴。

二、文凭、证书、毕业年限及学分

A. 本学系遵照部令修业最低时限，定为四年八学期。最少修满一百三十二学分者，始得毕业，得称文学士。其分配如下：

1. 文学院共同必修二十学分；2. 基础必修学程最少十二学分；

3. 本系必修学程四十学分;4. 本系选修学程最少十八学分;

5. 辅科必修学程最少三十学分;6. 辅科选修学程最少十二学分

B. 满足上述一百三十二学分之要求,而其辅科学程之性质,合于中学校必修学程之性质,并能提出论文一篇(其性质须与辅科学程教学有关)。经本系及有关辅科教授会议之联席会议审查及格,校务会议及校长之核准,得于文学士之外,给予《中学某科目合格教师证书》。

他系学生于修习其本系规定学分而外,兼习教育学系下列科目,满三十二学分,并提出论文一篇(其性质与其专修学科教学有关),经本系教授会议审查及格,校务会议及校长之核准,亦得给予《中学某科目合格教师证书》。

1. 教育概论	四学分
2. 教育哲学	四学分
3. 教育心理	四学分
4. 教育史	四学分
5. 中学教育原理	三学分
6. 中学教学法	四学分
7. 中学行政	三学分
8. 课程组织	三学分
9. 教学指导	三学分

C. 本系学生满足一百三十二学分之要求,其本系学程(选修及必修)合于下列之规定:

1. 于本系必修学程中曾学

a. 教育概论	四学分
b. 教育哲学	四学分

　　　　c. 西洋教育史　　　　　　　四学分

　　　　d. 教育心理　　　　　　　　四学分

　　　　e. 教育统计　　　　　　　　三学分

　　　　f. 教育社会学　　　　　　　四学分

　　　　g. 教学法（中学或小学均可）四学分

　　　　h. 教育行政　　　　　　　　四学分

　　　　i. 参观及实习　　　　　　　二学分

　　2. 于本系选修学程中曾学

　　　　a. 比较教育　　　　　　　　四学分

　　　　b. 教育调查　　　　　　　　六学分

　　　　c. 教学指导　　　　　　　　三学分

　　　　d. 课程组织　　　　　　　　三学分

　　　　e. 中学教育原理　　　　　　三学分

　　　　f. 中学行政　　　　　　　　三学分

　　　　g. 小学教育　　　　　　　　四学分

　　　　h. 教育测验　　　　　　　　三学分

　　如能提出论文一篇（关于教育行政者），经本系教授会之审查及格，校务会议及校长之核准，得于文学士之外，给予《教育行政人员合格证书》。

　　三、学分计算法

　　本学系学程以每周上课一小时、自修满二小时一学期者为一学分，参观及实习每二小时为一学分。

　　四、以教育为主系之学程及学分

　　1. 基础必修学程（学程由他系设置，学分亦由他系规定）

　　　此种学程须在第二学年前习毕。

　　　　a. 普通心理学

　　　　b. 于下列各科目中任选二种

　　　　　　(1) 生物学, (2) 社会学, (3) 论理学, (4) 伦理学

　　2. 本系必修学程及学分

　　　　a. 英文教育名著选读(1) 及(2)　　　　各四学分

　　　　b. 教育概论　　　　　　　　　　　　四学分

　　　　c. 西洋教育史　　　　　　　　　　　八学分

　　　　d. 教育统计　　　　　　　　　　　　三学分

　　　　e. 教育哲学　　　　　　　　　　　　四学分

　　　　f. 教育心理(须先学普通心理学)　　　四学分

　　　　g. 教育社会学　　　　　　　　　　　四学分

　　　　h. 教育行政　　　　　　　　　　　　四学分

　　　　i. 教学法(须先学教育心理)　　　　　四学分

五、辅系学程及学分

　　A. 本系学生必须于下列各项中任择一项为辅系:

　　　　1. 国文　2. 外国语文　3. 数学　4. 理化①

　　　　5. 生物地质②　6. 史地　7. 政治经济　8. 哲学心理③

　　B. 辅系之学程及学分由本系与各相关系会同定之。

　　C. 在本校他系毕业后再入教育系, 或在其他大学非教育系毕

　　　　业转入本校本系者, 均得免学辅科。

————————

① 　选择理化为辅系的学生须在物理和化学两科目分别修满一定学分。具体科目见 D 之
　　第 4 部分。
② 　选择生物地质为辅系的学生须在生物和地质两科目分别修满一定学分。具体科目见
　　D 之第 5 部分。
③ 　虽然本年度确立政治经济和哲学心理作为教育学辅系, 但其所应选科目未确定。

D. 辅系科目已决定者如下：

1. 国文

    a. 必修科（共国文系三十学分）

中国声韵学概要	四学分
中国文字学概要	四学分
中国诗名著选	四学分
中国文名著选	四学分
中国文学史概要	六学分
文学概论	四学分
中国文法研究	四学分

    b. 选修科（至少应选国文系十六学分）

校勘学	四学分
经学史	四学分
国学要籍解题及其实习	六学分
中国修辞学研究	四学分
中国近代散文	四学分
中国文字及训诂	六学分

2. 英文

（A）（B）（C）三项中各选一科目，共计不得超过三种科目：

（A）（1）基本英文 B	八学分
（2）散文（不限定选习人数）	六学分
（B）（1）戏剧	四学分
（2）小说	四学分

（3）戏剧		四学分
（4）诗		四学分
（5）莎氏比亚①初步		四学分
（6）英国文学史略		六学分

（每项科目，选习者不得超过四人）

（C）（1）近代诗		四学分
（2）培根论文		四学分
（3）浪漫诗人		四学分
（4）巴利		四学分

（每项科目，选习者不得超过四人）

3. 数学

初等数学复习	六学分
初等微积分	十学分
高等微积分	十学分
方程式论	四学分

以上必修

微分方程式	四学分
立体解析几何	四学分
函论【数】通论	四学分
无穷级数	三学分

以上选修

---

① 今译莎士比亚。

4. 物理

普通物理及实习	十一学分
初等微积分	十学分
电磁学	六学分
理论力学	六学分

以上必修

初等光学	二学分
应用电学及实习	九学分
热力学	四学分

以上选修

化学

普通化学及实习	六学分
定性分析及实习	五学分
定量分析及实习	十三学分
初等有机化学	六学分

以上必修

有机化学实习	六学分
生物化学及实习	七学分

以上选修

5. 生物

普通动物	六学分
普通植物	六学分
无脊椎动物	十学分
植物形态	十学分

以上必修

比较解剖	十学分
植物分类	十学分

以上选修

地质

普通地质学	六学分
普通地质学实习	三学分
普通矿物学	六学分
普通矿物学实习	三学分
地史学	四学分
地史学实习	三学分
矿物光学及岩石	四学分
矿物光学及岩石实习	三学分
地质构造	二学分
地质构造实习	二学分

以上必修科任选三十学分

矿床学	六学分
矿床学实习	二学分
脊椎动物化石及新生代地质	四学分
脊椎动物化石及新生代地质实习	二学分
普通古生物学	四学分
普通古生物学实习	三学分
中国地层学(I)	四学分
中国地层学(II)	四学分

以上任选十二学分为选修

6. 史地

史学研究法	一学分
秦汉史	三学分（本年停）
隋唐五代史	三学分（本年停）
辽金元史	三学分
西洋上古史	四学分
文艺复兴与宗教改革	三学分
西洋近百年史	三学分
中国上古史	三学分
魏晋南北朝史	三学分（本年停）
宋史	三学分
明清史	四学分
西洋中古史	四学分（本年停）
西洋十七八世纪史	三学分
以上各科任选三十学分为必修	
考古学与人类学导论	二学分
金石学	四学分
中国近三百年学术史	三学分
中国政治思想史	三学分
中国法制史	三学分
中国雕板史	二学分（本年停）
中亚民族史	三学分
西洋经济史	二学分
满洲开国史	四学分

日本史	三学分
尚书研究(2)	二学分
西洋史籍举要	二学分(本年停)
地图学	三学分
中国哲学史	三学分
古历学	二学分
古地理学	二学分
中国社会史	三学分
青年心理学	三学分

以上选修

六、他系学生在本系自由选习之办法

A. 本系必修科目可以自由选习。

B. 本系选修科目除已有注明预修者外,选习时应先得担任该科教师之允许。

C. 有志选习教育学程时,最好先将本人目的、兴趣、时间与教育系教授面谈,作成有系统、有目的之选习计划,方裨实用。

七、选修手续及限制

A. 本系学生,每学期所习本系及外系学程之学分第一二年不得超过二十学分,不得少于十八学分。第三四年不得超过十八学分,不得少于十五学分。

B. 本系各专任教授,均任学生顾问之责,本系学生均经分布,各有顾问,以备一般修学及选课之指导。以教育为辅科之学生亦同。在选课时务须先同各自顾问详细商定,经顾问允可，始能确定。

C. 凡学本系学程，必须有计划的选读，不可漫无目的，尤应于必修科以外，确立修学中心。庶可学有专攻。

八、本系各学程作业概要

A. 本系各学程作业大体如下：

1. 讲授　自学校开课之日起，一周内为各生退课及重选之期，不算缺席。自此以后，至本学程授完之日止，均应正式计算出席与缺席之次数。

2. 平日报告　本系各学程中均由教师指定必作之笔述报告。

3. 月考　本系各学程一学期内至少考三次，其方法由各教师自定之。

4. 学期考　各学程于学期终了时均举行学期考试。

《国立北京大学文学院课程一览》(民国二十一年八月至二十二年七月适用)，

北京大学 1932 年版

教育学系课程指导书
（1934—1935 年度）

一、本系目的(同前)

二、文凭、证书、毕业年限及学分

A. 本系修业最低时限，定为四年。四年修满一百三十二学分，成绩及格者得毕业文凭，并得称文学士。其学分之分配如下：

1. 文学院共同必修学程二十二学分；2. 基础必修学程最少八学分；3. 本系必修学程五十一学分；4. 本系选修学程最少十五学分；5. 辅系必修学程最少三十学分；6. 辅系选修学程最少六学分；

B. 凡修满上述一百三十二学分，而其辅系学程之性质，合于中等学校必修学程之性质，并能提出论文一篇（其性质须与辅系学程教学有关），经本系教授会议审查及格者，得于毕业证书外给《××辅系证明书》。

C. 他系学生于修习其本系规定学分而外，兼习教育学系下列学程，并提出论文一篇（其性质与其专修学科教学有关），经本系教授会议审查及格者，亦得给予《教育辅系证明书》。

1. 教育概论	四学分		5. 中学教育	四学分
2. 教育哲学	四学分		6. 教学法	四学分
3. 教育心理	三学分		7. 课程编制	三学分
4. 教育史	六学分		8. 教学指导	二学分

三、教育主系必修学程及学分

1. 文学院共同必修学程

基本英文　　　六学分

中国通史　　　八学分

西洋通史　　　八学分

2. 基础必修学程（学程由他系设置，学分亦由他系规定）下列各科目中任择二种：

（1）生物学，（2）社会学，（3）哲学概论，（4）论理学，（5）伦理学

3. 本系必修学程①

　　a. 普通心理学　　　　　　　　四学分

　　b. 英文教育名著选读(1)及(2)　各四学分

　　c. 教育概论　　　　　　　　　四学分

　　d. 教育史　　　　　　　　　　六学分

　　e. 教育统计学　　　　　　　　三学分

　　f. 教育哲学　　　　　　　　　四学分

　　g. 教育心理学及实验　　　　　三学分

　　h. 学习心理学及实验　　　　　三学分

　　I. 教育社会学　　　　　　　　四学分

　　J. 教育行政　　　　　　　　　四学分

　　K. 教学法　　　　　　　　　　四学分

　　L. 实验心理学　　　　　　　　四学分

四、辅系学程及学分

　A. 本系学生必须于下列各项中任择一项为辅系：

　　1. 国文　2. 英文　3. 数学　4. 物理　5. 化学　6. 生物

　　7. 地质　8. 史地　9. 政法经济　10. 哲学心理

　B. 辅系之学程及学分，由本系与各相关系会同定之。

　C. 在本校他系毕业后再入教育系，或在其他大学非教育系毕业转入本校本系者，均得免学辅系学程。

---

① 1935—1936 年度教育学系的必修课程增加了论文撰著和教育参观及实习，并删减了教育社会学，必修课的总学分保持不变。据《国立北京大学文学院课程一览》(民国二十四年至二十五年度)，北京大学 1935 年版。

D. 辅系学程①:

(前略)

9. 政治经济

　　a. 必修学程(至少应修三十学分)

政治学原理	六学分
经济学概论	六学分
宪法	六学分
民法概论	六学分
社会学	六学分
财政学	六学分
市政原理及市行政	六学分
中国社会史	六学分
近代经济史	四学分

　　b. 选修学程

西洋近代政治思想史	六学分
经济学说史	六学分
国际公法	六学分
中国外交史	四学分
农业经济	四学分

10. 哲学心理

　　a. 必修学程

儿童心理学	三学分

---

① 本年度辅系学程与1932—1933年度相比,因各系课程设置的变化,国文、英文、史地选定科目和学分均有所变动,数学、物理、化学、生物、地质则无变化。

社会心理学	二学分
变态心理学	二学分
情绪心理与教育	二学分
哲学概论（甲）	四学分
逻辑	三学分
伦理学	三学分
西洋哲学史	六学分
中国哲学史	六学分

b. 选修学程

现代心理学	四学分
应用心理学	六学分
形而上学	四学分
认识论	二学分
哲学问题	三学分

五、他系学生在本系选习学程之办法（同前）

六、选修手续及限制①

　　A. 本系学生，每学期所习本系及他系学程之学分第一二年每
　　　学期不得超过二十学分，不得少于十八学分。第三四年不
　　　得超过十八学分，不得少于十五学分。

----

① 《教育学系课程一览》（1935—1936 年度）对选课应注意事项做了更为详细的规定，
其内容如下："第一学年应注意文学院共同必修学程及本系基础必修学程，作为专习
教育之准备。第二三学年应将辅系规定学程修完，并注意本系学程之普泛的学习。
第四学年应就教育学之一部门加以深刻之研究即在此一部门内，选择专题撰作论
文。"据《国立北京大学文学院课程一览》（民国二十四年至二十五年度），北京大学
1935 年版。

B. 凡学本系学程, 必须有计划的选读, 不可漫无目的, 尤应于必修科以外, 确立修学中心, 庶可学有专攻。

七、本系各学程作业概要

本系各学程作业大体如下:

1. 听讲 (略)

2. 平日报告 (略)

3. 考试 本系各学程一学期内至少考二次。第一次考试在学期中间举行; 第二次考试于学期终了时举行, 作为学期考试。

《国立北京大学文学院课程一览》(民国二十三年至二十四年度),

北京大学 1934 年版

(整理者:蔡磊砢)

课程大纲[*]

教育学概论[①]（高仁山）

一、总论

甲.教育在文化上的地位，乙.教育原理及教育实施历来的进化，丙.教育学的范围及其解释。

二、教育学的内容

甲.教育哲学，乙.教育科学，丙.教育史，丁.教育行政，戊.教育方法。

三、教育学上的实习

甲.观察，乙.实习，丙.调查，丁.评论。

教育概论[②]

本学程之目的在使学生：（1）明了教育之基本理论；（2）认识教

[*]　本部分课程大纲综合各年度教育学系的课程指导书和课程一览整理而成，课程顺序参照《国立北京大学文学院课程一览》（民国二十五年至二十六年度）（北京大学 1936 年版），各门课程大纲所据史料以脚注形式标注。

[①]　据《教育学系课程指导书》（民国十三年至十四年度），《北京大学日刊》1924 年 9 月 27 日。

[②]　据《国立北京大学文学院课程一览》（民国二十三年至二十四年度），北京大学 1934 年版。

育业务之梗概；(3) 探究教育在社会文化上之作用。

一、教育理论之部：

(1) 教育之本质及其社会机能

(2) 教育之起源及原始时代之教育

(3) 教育之演变及发展

(4) 教育与生物科学

(5) 教育与社会科学

二、教育事务之部：

(1) 教学方法

(2) 课程

(3) 初等教育

(4) 中等教育

(5) 高等教育

(6) 社会教育

(7) 教育的方法论

教本：

(1) E. L. Thorndike & A. L. Gates：*Elementary Principles of Education*

主要参考书①：

(1) J. C. Chapman & G. S. Counts：*Principles of Education*

(2) W. D. Hambly：*Origins of Education among Primitive Peoples*

---

① 根据其他年度课程指导书，曾被列入参考书的还有庄泽宣的《新中华教育概论》；范寿康《教育概论》；O. W. Caldwell, C. E. Skinner & J. W. Tietz：*Biological Foundations of Education*. Ginn(1931)；J. S. Butterweck & J. C. Seegers：*An Orientation Course in Education* (1933)。

（3）F. L. Clapp, W. J. Chase & C. Merriman：*Introduction to Education*

（4）庄泽宣:《教育概论》（中华大学高师适用本）

普通教学法[①]（高仁山）

一、总论

甲.普通教育方法的范围, 乙.教育方法与目的, 丙.教育方法与教材。

二、注意与兴趣在方法上的位置

三、习惯与记忆

四、理想与实际生活

五、时间经济与能力经济

六、自习能力之养成

七、教育的选择与学习的能力问题

八、学习的程序

九、成绩的考查与测量

十、课程的组织与教员的计划

普通教学法

一、目的:

本学程之目的, 在对于教学法作一概括之研究, 凡教学所资之心

[①] 据《教育学系课程指导书》（民国十三年至十四年度）,《北京大学日刊》1924 年 9 月 27 日。

理基础、教学原则、学习方法、教学方法等，均择要介绍讨论，俾学者能得一明晰之概念，并能实际应用。教学方法，除讲授及讨论外，并领导学者至优良中小学参观授课情形。

二、纲要：

（一）绪论

（二）教学法之意义

（三）教学宗旨

（四）个性差异

（五）注意与兴趣对于教学之应用

（六）教学之重要原则

（七）教学之段阶

（八）学习方法

（九）教学方法

（十）教材组织

（十一）教学效果之估计

三、参考书①：

（一）G. D. Strayer & N. Norsworthy：*How to Teach*

（二）G. D. Strayer：*A Brief Course in the Teaching Process*

（三）M. J. Stormzand：*Progressive Methods of Teaching*

（四）H. L. Morrison：*The Practice of Teaching in the Secondary School*. University of Chicago Press（是书要义由胡毅氏译成，中文名《中学教学法原理》）

（五）张怀《中学普通教学法》

---

① 曾被列入参考书的还有程其保著《中学教学法之研究》。

（六）罗廷光《普通教学法》

（七）俞子夷译《普通教学法》

教学法①（潘渊）

一、目的：

本学程之目的，在对于教学法作一概括之研究，凡与本题有关之各种资料均择要介绍讨论，俾学生能得一明晰之观念，并能实际应用，教学方法除讲授及讨论外，并领导学生至优良中小学参观授课情形。

二、纲要：

（1）教学法之意义；（2）教育宗旨；（3）人类之天赋；（4）个性差异与心智发展；（5）注意与兴趣对于数学法之应用；（6）教学之重要原则；（7）教学法之段阶；（8）教学之形式：（子）直观法，（丑）示范法，（寅）讲演法，（卯）问答法，（辰）讨论法，（巳）练习法，（午）实验法，（未）观察法，（申）研究法，（酉）欣赏法；（9）新教学法：（a）道尔[顿]制 Dalton Plan，（b）设计教学法 Project Method，（c）葛雷制 Gary System，（d）蒙台梭利教学法 Montessori Method，（e）德可乐利[制] Decroly System，（f）勃拉顿新学校制 The Platoon School，（g）布帛罗制 Pueblo Plan，（h）柏特维亚制 Batavia Plan，（i）依利萨伯斯制 Elizabeth Plan，（j）剑桥制 Cambridge Plan，（k）游戏教学法 The Play Way，（l）教学的演剧法 The Dramatic Method of Teaching，（m）设问法 Problem Method，（n）台尔克罗茨制 Palocros System，（o）休利斯的克方法 Heuristic

---

① 据《国立北京大学教育学系课程指导书》（民国二十二年八月至二十三年七月适用），北京大学1933年版。

Method，（p）监修学习制，（q）教学做合一法；（10）教学单位；（11）心理分析术与数学法；（12）教材选择与课程组织；（13）教室与实验室之管理；（14）德育；（15）教学效果之估计。

主要参考书：

1. G. D. Strayer & N. Norsworthy：*How to Teach*

2. G. D. Strayer：*A Brief Course in the Teaching Process*

3. J. Adams：*Modern Developments in Educational Practice*

4. J. Adams：*Educational Movements and Methods*

5. W. C. Bagley & A. H. Keith：*An Introduction to Teaching*（中文译本名《教学概论》，由商务印书馆出版）

6. C. A. McMurry：*Teaching by Projects*. Macmillan，N. Y.（中文译本由商务馆出版）

7. H. Parkhurst：*Education on the Dalton Plan*. Dutton，N. Y.，1925（中文译本由商务馆出版）

教育统计学初步①（刘廷芳）

一、目的：使学教育学及学心理学的学生能了解统计学上浅显之手续与实验计算的关系，并能在应用上实用它。

二、范围：仅讨论统计学的初步，最浅显的、最合教育学及心理学者日常计算之用的方法及原理，求合最低度的必需。凡高深的公式证述，来年另设高等统计法研究之。

---

① 据《国立北京大学教育学系课程指导书》（十四年至十五年度），北京大学1925年版。

三、选课资格：

1. 本课力求浅易明白，算学程度只须学过中学算术及代数便够了。

2. 去年学测量者，当选此课，因去年测量班未授统计方法。

3. 今年不授教育测验，凡明年要习教育测验者，本年当选此课以作准备。

4. 凡欲研究实验心理及实验教育者，宜选此课。

5. 凡习教育及心理方法论者，当选此课。

四、习此课的条件：

1. 不得随便请假；因请假了很不容易补所缺的功课，不补，则不能了解后来的功课。

2. 每星期所派定的实习，必须按期做好交卷，不得堆积。

3. 平时成绩积分抵全年成绩四分之三，平时成绩不佳者，虽大考分数高，亦不得及格。

五、课程大纲（此系暂定，教授时，随时增删，修订。）

1. 统计学在教育学及心理学上的用处

2. 材料搜集法

3. 材料表集法

4. 材料图示法

5. 统计法

A 概论

B 次数分配表的制造与用处

C 直行的图格论

D 次数分配多边图

E 直线方程关系论

F 非直线关系论

G 多边图的修匀

H 图格表示法

I 经过圆点的直线方程

J 直线方程的总公式

K 数学的平均

L 中数

M 众数

N 差异量数

O 二十五分数

P 平方差论

Q 百分点等集数

R 二项式展放

S 机率论

T 次数面的积量

U 嬗变法

V 机误论

W 相关度数

X 相关函数及消长方程式

Y 毕尔逊相关函数计算法

Z 等级的相关度

教育统计学

一、目的:本学程在使学者了解教育统计学之普通原理与应用,演讲与课外练习并重。

二、纲要：

1. 绪论

2. 教育统计资料的搜集

3. 资料的分组与表列

4. 集中量数

5. 离中量数

6. 百分量数

7. 团体比较

8. 相关量数

9. 常态曲线及其应用

10. 图示法

三、参考书：

1. H. O. Rugg：*Statistical Methods Applied to Education*：*A Textbook for Students of Education in the Quantitative Study of School Problems*

2. L. L. Thurstone：*The Fundamentals of Statistics*（商务，朱译本）

3. A. Joulin：*Cours de Statistique Générale et Appliquée*

教育哲学[①]（张颐）

一、教育之意义

二、教育之目的

三、教育之方法

[①]　据《教育学系课程指导书》（民国十三年至十四年度），《北京大学日刊》1924 年 9 月 27 日。

四、教育之内容

五、各科学之相对的价值

教科书:

J. Dewey: *Democracy and Education*

参考书:

Plato: *Republic*

J. J. Rousseau: *Emile*

J. F. Herbart: *The Science of Education*

F. Fröbel: *Education of Man*

　　　　　Education by Development

P. Natorp: *Philosophie, Pädagogik, Politik*

G. Grunwald: *Philosophische Pädagogik*

课作:教科书,参考书,讲演,作文,试验。

教育哲学①(黄建中)

一、教育之意义,二、教育之目的,三、教育之方法,四、教育之内容,五、各科学之相对的价值。

教科书:

J. Dewey: *Democracy and Education*

参考书:

Plato: *Republic*

J. J. Rousseau: *Emile*

---

① 据《国立北京大学教育学系课程指导书》(十四年至十五年),北京大学 1925 年版。

J. F. Herbart：*The Science of Education*

F. Fröbel：*Education of Man*

Education by Development

H. Spencer：*Essays on Education*

P. Natorp：*Philosophie，Pädagogik，Politik*

G. Grunwald：*Philosophische Pädagogik*

T. P. Nunn：*Education：Its Data and First Principles*

课作：教科书，参考书，讲演，作文，试验。

教育哲学[①]（吴俊升）

一、目的：本学程之目的在阐明教育之哲学的基础，使学者对于整个的教育历程，得一综合的见解，以为批评教育的理论与实施之标准。

二、纲要：

上篇：绪论

1. 哲学之对象及其性质；2. 哲学与教育之关系；3. 教育哲学之意义及其研究之方法

中篇：教育哲学之根本问题

1. 心灵论与教育；2. 知识论与教育；3. 道德哲学与教育；4. 社会哲学与教育

下篇：各派教育哲学之体系

1. 自然主义派；2. 理想主义派；3. 实用主义派；4. 中国教育哲

①　据《国立北京大学文学院课程一览》（民国二十二年至二十三年度），北京大学 1933 年版。

学之体系

三、作业分配：三小时演讲；一小时研究报告及讨论。

四、参考书①随时指定

教育行政②（戴夏）

一、绪论

1. 教育行政在教育学上之位置及教育的意义，2. 教育行政之必要及其效用。

二、教育行政及其法令

1. 行政及行政法，2. 教育行政及教育行政法，3. 教育行政法内容之分类，4. 教育行政法之沿革及其趋势。

三、管理教育机关之系统

1. 教育行政机关之官治的及自治的组织，2. 德国之独裁的中央集权制，3. 法国之合议的中央集权制，4. 英国之独裁的地方分权制，5. 美国之合议的地方分权制，6. 中国之教育行政制度。

四、设施教育机关之组织

1. 学校之种类及其系统，2. 德国之学校行政，3. 法国之学校行政，4. 英国之学校行政，5. 美国之学校行政，6. 中国之学校行政。

五、教育行政上重要之事项

1. 义务教育，2. 学校卫生，3. 儿童养护。

---

① 曾列为教育哲学的参考书还有：1. 吴俊升著：《教育哲学大纲》（商务）；2. J. Dewey：*Democracy and Education*；3. J. Adam：*The Evolution of Educational Theory*；4. B. H. Bode：*Conflicting Psychologies of learning*；5. R. R. Rusk：*The Philosophical Bases of Education*。

② 据《国立北京大学教育学系课程指导书》（十四年至十五年），北京大学1925年版。

教育行政①

本学程之目的：在使学生明了教育行政上各种重要问题之原理与实施，俾服务时得有正确之指归与灵活之技术。

内容：

（一）教育行政系统

（二）学制系统

（三）教育经费

（四）教育员工

（五）建筑与设备

（六）视导制度

（七）教育法规

（八）教育公文程式

（九）实际应用之教育统计、报告及图示方法。

主要参考资料：

（一）G. D. Strayer, N. L. Englhardt & Others：*Problems in Educational Administration*

（二）E. P. Cubberley：*Public School Administration：A Statement of the Fundamental Principles Underlying the Organization and Administration of Public Education*

（三）W. C. Brinton：*Graphic Methods for Presenting Facts*

---

① 据《国立北京大学文学院课程一览》（民国二十四年至二十五年度），北京大学 1935 年版。

教育理想发展概观①

一、绪论: 1. 教育与社会, 2. 世界与教育理想。

二、原型社会及其教育

三、上古阶级社会诸民族之教育: 1. 美洲埃及犹太及印度, 2. 希腊与罗马。

四、欧洲中世时代之阶级社会与基督教教育: 1. 纯宗教主义之教育, 2. 文艺复兴与人文主义之教育, 3. 宗教改革及教育。

五、专制主义之社会与自然主义之教育: 1. 专制主义之社会状况, 2. 自然主义科学之勃兴, 3. 自然主义之教育说, 4. 自然主义教育之影响。

六、自由主义之社会与新人文主义之教育学说: 1. 社会与思想之变动, 2. 学制论之诸家学说, 3. 文艺的、理性的及社会的新人文主义之教育学说。

七、余论(将来教育之推测)

中国教育史②

本学科略述中国历代教育思想与制度之发展,说明文化嬗变与教育发展之关联,指出社会制度之教育的功能,与教育在社会上发生之影响,并陈述我国今日教育问题之历史的背景。

---

① 据《国立北京大学教育学系课程指导书》(十四年至十五年),北京大学 1925 年版。
② 据《国立北京大学文学院课程一览》(民国二十四年至二十五年度),北京大学 1935 年版。

西洋教育史

本学程陈述西洋教育制度与理论之发展，上自希腊，下迄现代，注重其社会背景与其对于现代教育问题之关联。课务包含讲演、讨论、画图、作报告等。

教本：E. P. Cubberley：*The History of Education：Educational Practice and Progress Considered as a Phase of the Development and Spread of Western Civilization*

西洋教育史[①]（萧恩承）

（1）西洋文化之起源

（2）希腊教育

（3）罗马教育

（4）中世时代之教育

（5）文艺复兴时代之教育

（6）宗教改革时代之教育

（7）第十七八世纪之教育

（8）第十九世纪之教育

（9）现代教育之趋势

主要参考书：

---

① 据《国立北京大学教育学系课程指导书》（民国二十二年八月至二十三年七月适用），北京大学 1933 年版。

1. P. Monroe：*A Text-book in the History of Education*
2. E. P. Cubberley：*The History of Education：Educational Practice and Progress Considered as a Phase of the Development and Spread of Western Civilization*

各国教育制度（高仁山）[①]

一、总论：

甲.各国教育制度上历史的根源，乙.各国风俗人情、国民性等等与教育发生的关系，丙.各国政法、经济、宗教、社会各方面与教育发生的关系，丁.最近哲学科学在教育上发生的影响。

二、教育制度：

甲.立法与行政，乙.中央与地方权限之分配，丙.年限之分配，丁.课程上之区别，戊.教员的养成与待遇。

三、各国教育制度上之比较点：

甲.各国教育上设备的比较，

乙.各国教育上成绩的比较，

丙.各国教育上进步的趋向。

各国教育制度

取客观的态度，采有系统的方法，研究比较各国教育制度，尤注意

---

① 据《教育学系课程指导书》(民国十三年至十四年度)，《北京大学日刊》1924 年 9 月 27 日。

英国教育制度中个人主义之表现，美国教育之民主精神，德国教育之注重公民训练，法国教育之中央集权制度，以及俄意等国之新改革。第一学期先授英国、德国、法国三部分，第二学期授俄国、美国、意国三部分。

一、英国之部 一学期一学分　潘　渊

（一）纲要：

1. 绪论

2. 教育行政组成

3. 初等教育

4. 中等教育

5. 高等教育

6. 师范教育

7. 社会教育

8. 新教育运动

（二）参考书：

1. F. W. Roman：*The New Education in Europe*：*An Account of Recent Fundamental Changes in the Educational Philosophy of Great Britain*，*France and Germany*

2. C. Norwood：*The English Educational System*

3. I. L. Kandel：*Comparative Education*

4. Fleure：*Interrelationships between the University and Secondary and Technical Schools*

5. Board of Education：*Education in* 1933：*Elementary School System*

6. 钟鲁齐：《比较教育》第三章

7. 余家菊：《英国教育徹【概】览》

8. 常导之：《德法英美四国教育概观》第 31—71 页

二、法国之部 一学期一［学］分　吴俊升

（一）纲要：

1. 法国教育之背景

2. 教育行政组成

3. 初等教育

4. 中等教育

5. 高等教育

6. 师范教育

7. 职业教育

8. 目前教育问题

（二）参考书：

1. C. Richard：*L'enseignement en France*

2. J. Soleil：*Le livre des instituteurs：traité complet des devoirs et des droits des membres de l'enseignement：administration，législation et jurisprudence de l'enseignement primaire public et privé à tous les degrés*

3. I. L. Kandel：*Comparative Education*

三、德国之部 一学期一学分　潘　渊

（一）纲要：

1. 绪论

2. 教育行政组织

3. 初等教育

4. 中等教育

5. 高等教育

6. 师范教育与职业教育

7. 社会教育

8. 德国教育之趋势

（二）参考书：

1. I. L. Kandel：*Comparative Education*（1933）

2. I. L. Kandel：*Educational Yearbook*：1932. pp. 201-262

3. T. Alexander & B. Parker：*The New Education in the German Republic*（1929）

4. F. W. Roman：*The New Education in Europe：An Account of Recent Fundamental Changes in the Educational Philosophy of Great Britain，France and Germany*（1930）

5. P. Sandiford：*Comparative Education*（1927）

6. 常导之：《德国教育制度》（南京钟山书局）

7. 张安国译：《德国新兴教育》（商务）

8. 钟鲁齐：《比较教育》第七章（商务）

四、苏俄之部（第二学期起）一学期一学分　　邱　椿

（一）本学科略述苏俄教育之社会背景、目标、行政、学制、初等教育、中等教育、高等教育、职业教育、青年训练等。

（二）参考书：

I. L. Kendal：*Comparative Education*

A. P. Pinkevich：*The New Education in the Soviet Republic*

A. P. Pinkevich：*Science and Education in the USSR*

T. Woody：*New Minds：New Man? The Emergence of the Soviet Citizen*

五、美国之部（第二学期起纲要临时宣布）一学期一学分

六、意国之部（第二学期起纲要临时宣布）一学期一学分

比较教育①（吴俊升 吴家镇）

取客观的态度，采有系统的方法，研究比较欧美各国之教育制度，尤注重英国教育制度中个人主义之表现，美国教育之民主精神，德国教育专制性的中央集权，与其战后之改革，法国教育之民治中央集权制度，及苏俄新教育之设施。本学期专授法、比、日本三部。

法国之部

（一）法国教育史略：（子）法国革命前之教育；（丑）革命时期与十九世纪之教育；（寅）第三共和建立后之教育。

（二）法国教育之现状：（子）教育行政组织；（丑）初等教育；（寅）中等教育；（卯）高等教育；（辰）师范教育；（巳）职业教育；（午）社会补习教育；（未）考试制度；（申）目前之教育问题。

（三）现代法国教育学说：（子）皮奈西蒙之智慧测验法；（丑）涂尔干社会学派之教育学说；（寅）变态心理学之贡献；（卯）新教育运动；（辰）教育研究机关及主要教育书报。

比国之部

（一）比国教育之演进；（二）比国教育行政之组织；（三）初等教育；（四）中等教育；（五）高等教育；（六）师范教育；（七）职业教育；（八）社会补习教育；（九）比国对于新教育之贡献。

日本之部

（一）日本之国情；（二）过去之日本教育；（三）日本教育行政机

---

① 据《国立北京大学教育学系课程指导书》（民国二十一年八月至二十二年七月适用），北京大学 1932 年版。

关；（四）日本之教育思想；（五）日本之学校教育；（六）日本之社会教育；（七）日本之各种教育政策；（八）日本之殖民教育。

比较教育^①（萧恩承　潘渊）

取客观的态度，采有系统的方法，研究比较各国教育制度，尤注意英国教育制度中个人主义之表现，美国教育之民主精神，德国教育之注重公民训练，法国教育之中央集权制度，以及苏俄新教育之设施。本学期专授英、美、俄三部。

一、英国之部(潘渊)

1. 绪论(述英国教育史略，与国民性等)；2. 教育行政组织(中央与地方等)；3. 初等教育(课程组织等)；4. 中等教育(旧有之公立中学与新设之中学等)；5. 专门技术教育(演进及类别等)；6. 大学教育(述牛津、剑桥旧大学，伦敦及各地方新大学，苏格兰、埃尔兰各大学之概况等)；7. 师范教育(中学与小学教师之训练)；8. 社会教育(述成人补习教育、游戏场、博物院、图书馆等)；9. 特殊教育(聋哑教育、露天教育等)；10. 新教育运动(试验学校，鼓吹新教育之杂志，及会社等)。

附录学术会社及研究教育之重要书报杂志。

参考书：

1. F. W. Roman：*The New Education in Europe*：*An Account of Recent Fundamental Changes in the Educational Philosophy of Great Britain*，*France*

---

① 据《国立北京大学教育学系课程指导书》（民国二十二年八月至二十三年七月适用），北京大学 1933 年版。

and Germany（是书有中文译本，由商务馆出版）

2. P. Sandiford：*Comparative Education*

3. C. Jackson：*Outlines of Education in England*

4. G. Balfour：*The Educational Systems of Great Britain and Ireland*

5. I. L. Kandel：*Elementary Education in England with Special Reference to London，Liverpool，and Manchester*

6. W. G. Sleight：*The Organization and Curricula of schools*

7. L. G. E. Jones：*The Training of Teachers in England and Wales*

8. A. Woods：*Educational Experiments in England*

9. London County Council：*The London Education Service*

二、美国之部（尚仲衣）

关于美国教育的讨论，以1. 教育行政系统；2. 初等教育；3. 中等教育；4. 高等教育；5. 师范教育为主要纲目。目的在探究美国教育之实际状况，其历史上的演进以及其在美国社会上的意义与价值。

三、俄国之部（萧恩承）

1. 历史之背景；2. 旧俄时代的教育状况；3. 苏联之教育目的及方针；4. 苏联之教育制度；5. 苏联一般之教育；6. 苏联特殊之教育。

主要参考书：

1. S. Nearing：*Education in Soviet Russia.*

2. L. L. W. Wilson：*The New School of New Russia*

教育名著选读^①（1）&（2）

一、目的：

本学程之目的在于（一）使学生熟识教育学之基本英文名词；（二）帮助学生直接阅读教育名著之英文本；（三）使学生练习作提要或翻译以求深刻之了解。

二、作业：

分讲授，生字练习，翻译练习，提要练习各项。

三、读本^②：

教育名著选读（1）用J. Dewey：*How We Think*（New Edition）. 1933

教育名著选读（2）用W. H. Kilpatrick：*The Educational Frontier*（edit）. 1934

论文撰著

四年级学生于学年开始之四星期以内，应各就其兴趣所近，选择专门研究题目，认识本系教授受其指导，撰著论文，于学年完结前送交本系，经系教授会议审查及格，始得毕业。

---

① 下文中的课程大纲，除特殊标注外，均出自《国立北京大学文学院课程一览》（民国二十五年至二十六年度），北京大学 1936 年版。

② 教育名著选读在不同年度所选用的读本不同。曾使用的读本还有 H. S. Jennings, J. B. Watson, A. Meyer & W. I. Thomas：*Suggestions of Modern Science Concerning Education*. Bode：*Fundamentals of Education*。

图书利用法[①]

讲授中西参考书之利用,借以知治学方法之初步。(第一学期,中文参考书。第二学期,西文参考书。)

幼稚教育[②]

一、目的:使学生了解幼稚教育之起源,目的与价值

二、方法:

(1) 授课原理;(2) 实习表演;(3) 参观报告。

主要参考书:

F. Fröbel：*The Pédagogics of the Kindergarten*

F. Fröbel：*The Education of Man*

N. Atwood：*Theory and Practical of the Kindergarten*

Garrison：*Permanent Play Materials for Young Children*

成人教育[③]（傅葆琛）

本学科目的在使学生明了成人教育之重要,以及各国成人教育运动之实况。内容分 1. 成人教育之起源; 2. 成人教育之基本观念;

---

① 据《国立北京大学教育学系课程指导书》(十四年至十五年),北京大学 1925 年版。

② 据《国立北京大学教育学系课程指导书》(民国二十一年八月至二十二年七月适用),
　北京大学 1932 年版。

③ 据《国立北京大学教育学系课程指导书》(民国二十一年八月至二十二年七月适用),
　北京大学 1932 年版。

3. 成人教育之各家学说；4. 各国成人教育运动之概况；5. 中国成人教育之过去与现在。

主要参考书：

1. Freeman：*Adult Education and Society*

2. N. Peffer：*New School for Older Students*

3. J. W. Hudson：*The History of Adult Education*

4. H. F. Cook & E. M. Walker：*Adult Elementary Education*

5.《成人教育通论》(江苏省立教育出版社)

6. 电宾南著:《成人教育丛论》(江苏省立教育出版社)

7.《各国成人教育概况》第一二辑(江苏省立教育出版社)

8. 教育丛著第六十六种《成人教育》(商务印书馆出版)

小学教育①

本学程之目的在使学生明了小学教育之原理，实施及其社会机能，俾服务时得有正确之指归，其内容包含下列各单元：

（一）小学教育之理论与根据

（二）小学教育之史的叙述

（三）小学教育之内容：

　　（1）小学课程与教学方法

　　（2）小学组织与行政

　　（3）小学成绩考察

---

① 据《国立北京大学文学院课程一览》(民国二十三年至二十四年度)，北京大学 1934 年版。

　　(4) 小学纪录与报告

(四) 小学教育问题之检讨

(五) 小学教育之改造

主要参考书①:

(一) C. Birchenough:*History of Elementary Education in England and Wales from* 1800 *to the Present Day*

(二) R. H. Reisner:*The Evolution of the Common School*

(三) S. C. Parker:*History of Modern Elementary Education*

中学教育

　　一、目的:本学程之目的在使学生明了中学教育之发展、功用、课程行政组织等, 使学生对于中等教育之原理, 能得一明晰之概念, 他日从事中学教育时, 亦得有正确之理想标准。

　　二、纲要:

　　1. 我国中学教育之沿革

　　2. 各国中学教育之概况

　　3. 中学教育之目的与功用

　　4. 中学与小学之关系

　　5. 中学与大学之关系

---

① 被列入参考书的还有: S. C. Parker:*Types of Elementary Teaching and Learning:Including Practical Technique and Scientific Evidence*; S. C. Parker:*General Methods of Teaching in Elementary Schools*; W. H. Kilpatrick:*Foundation of Method*; H. Rugg & A. Shumaker:*Child-Centered Schools:An Appraisal of the New Education*; L. M. Terman:*The Hygiene of the School Child*; J. L. Horn:*The American Elementary School:A Study in Fundamental Principles*; 程其保《小学教育》; 杜佐周《小学行政》; 杜佐周《小学教育问题》等。

6. 中学学生生理心理之情形及个性差异

7. 中学之学科与课程

8. 中学之学级编制

9. 成绩考查法

10. 中学之办事系统、设备及经济

11. 中学之校长与教师

12. 中学生之课外活动

13. 中学之训育

14. 中学生之自治问题

三、参考书

1. T. H. Briggs：*Secondary Education*

2. A. J. Inglis：*Principles of Secondary Education*

3. A. A. Douglass：*Secondary Education*

4. P. Monroe：*Principles of Secondary Education*

中等教育问题[①]

1. 中等教育之意义及其范围

2. 中等教育之宗旨

3. 中等教育之功用

4. 英美德法中等教育之比较

5. 我国之中等教育

6. 青年时期与训育问题

---

① 据《国立北京大学教育学系课程指导书》（十四年至十五年），北京大学 1925 年版。

7. 中学与小学及大学之关系

8. 中学之教育行政

9. 课程之组织及选科问题

10. 师资之养成

11. 课外活动所包含之各种问题

12. 成绩考察法

师范教育

主要目的在使学生坚定将来服务教育事业的信心,了解师范教育发展之方向,并具有从事师范教育的准备。内容共分十章,如下:

1. 师范教育的本质:普通教育与师范教育,义务教育与师范教育,师范教育的新要求;

2. 中国师范教育之史的发展:古代之公私教师、近古之自由讲学的教师、现代之职业化的教师;

3. 师范教育之比较的观察:德国、法国、美国、苏联;

4. 师范学校的组织:学制系统及主管机关、内部组织、校长的修养及使命;

5. 师范教育的教学:教务行政、教师之任用及服务、实习与参观、附属小学;

6. 师范学校的课程:普通训练课程与专业训练课程,课程编制,各科教学标准,成绩考察;

7. 师范学校的训育:训育的性质、主持者的修养及事权、青年之心理及心理的特征、课外活动之指导;

8. 师范学校的事务:建筑、设备、会计、日常事务;

9. 现行法令中的师范学校:原则、条文、实施状况及批评;

10. 现在师范教育的诸问题:师范生的待遇及服务,乡村师范教育的试验(如晓庄、定县),城市民众学校的教师……

养成师资问题①

一、总论

甲.师资与教育制度之关系

乙.师资之类别

丙.师资之预备与年限

丁.师范学校与大学教育系之责任

二、中学与大学课程之师资问题

甲.教育系与师范院之组织及行政问题

乙.幼稚教育师资之养成

丙.小学师资问题

丁.中学师资问题

三、实习与试验

甲.学校行政方面之实习

乙.课程组织方面之实习

丙.教学方面之实习

丁.实验教育与师资问题

四、各国师范教育之比较

甲.目标

---

① 据《国立北京大学教育学系课程指导书》(十四年至十五年),北京大学1925年版。

乙.教员之资格

丙.薪金

丁.待遇

戊.成绩

五、结论

社会教育[①]

社会教育是最近发展的一个部门，它代表现代教育的前进运动的尖端。本学程之目的即在给这个新兴的教育活动以严密的分析与剖解。在理论上，推阐社会教育之基本观念；在实施上，探寻社会教育的最有效之推进的形式和方法。在国际方面，介绍各国(如北欧各国、英、美及苏联)的社会教育运动之实况；在国内，特别注意于乡村社会教育各项活的问题的讨论，详究现时正在定县、邹平、无锡等处进行的社会教育的实验。

主要参考资料：

1. H. Begtrup, H. Lund & P. Manniche：*Folk High Schools of Denmark and the Development of a Farming Community*

2. J. K. Hart：*Adult Education*

3. N. Peffer：*New Schools for Older Students*

---

① 据《国立北京大学文学院课程一览》(民国二十四年至二十五年度)，北京大学1935年版。

乡村教育[①]（傅葆琛）

I. 乡村教育与乡村社会：1. 什么是乡村，2. 乡村的种类，3. 什么是乡村社会，4. 乡村社会的特征，5. 乡村人民的特质，6. 我国乡村社会概况，7. 我国乡村生活情形；

II. 乡村教育概论：1. 乡村教育的需要，2. 乡村教育的起源，3. 我国乡村教育发展的经过，4. 我国乡村教育现状，5. 乡村教育的目的，6. 乡村教育的分类，7. 乡村教育的实施原则；

III. 乡村小学教育：1. 乡村小学教育的目的，2. 乡村小学的设置标准，3. 乡村小学的编制，4. 乡村小学的课程，5. 乡村小学的教材，6. 乡村小学的教学法，7. 乡村小学的设备，8. 乡村小学的师资，9. 乡村小学的经费，10. 乡村小学的训育，11. 乡村小学的视导，12. 乡村小学的行政；

IV. 其他乡村教育问题：1. 乡村幼稚教育，2. 乡村中等教育，3. 乡村师范教育，4. 乡村社会教育；

V. 欧美的乡村教育：1. 丹麦的乡村教育，2. 美国的乡村教育。

教学指导

一、目的：

本学程之目的在讨论教学指导之性质、功用、范围、原则与设施教

[①]　据《国立北京大学教育学系课程指导书》（民国二十一年八月至二十二年七月适用），北京大学 1932 年版。

学指导之方法、工具等，期学生能明了教学指导之原理，并知如何实施。

二、纲要:

1. 绪论

2. 教学之困难与设施指导之需要

3. 设施指导之原则

4. 观察教学与模范示教

5. 教学批评法

6. 选择教材、组织科目与审定教科书

7. 测验方法与记分制度

8. 教师之资格与等第之标准

9. 提高教师程度之方法

10. 教学指导尚未解决之重要问题

三、参考书:

1. W. H. Burton: *Supervision and the Improvement of Teaching*

2. A. S. Barr & W. H. Burton: *The Supervision of Instruction*

3. H. W. Nutt: *The Supervision of Instruction*

4. A. S. Gist: *Elementary School supervision*

5. F. C. Ayer & A. S. Barr: *The Oraganization of Supervision*

6. 程湘帆:《教学指导》(商务)

7. Charles A. Wagner 著, 姜琦译:《视学纲要》

8. 杜定友编:《学校教育指导法》

教育调查①（杨亮功）

本学科目的在训练学生对于教育行政教学法各种问题有实际研究之能力，使其能运用教育学理，以解决各种实际问题。其内容包括：

1. 教育调查之意义及功用；2. 教育调查之步骤及方法；3. 教育行政组织之调查；4. 教育经费之调查；5. 教育人员之调查；6. 学生之调查；7. 课程之调查；8. 教学效率之调查；9. 校舍及设备之调查。

主要参考书：

1. F. Bobbitt：*Methods and Standards for Local School Surveys*

2. Sears：*The School Survey*

教育测验②（刘廷芳）

（甲）讲授教育测量原理及方法（共十五个总题）：

教育测量在教育上正当确切的位置，

查考已往的成绩，

估定它真正的价值，

辟除不科学的迷信，

各种 T 量尺的性质，

各种 B 量尺的性质，

---

① 据《国立北京大学教育学系课程指导书》（民国二十一年八月至二十二年七月适用），北京大学 1932 年版。
② 据《教育学系课程指导书》（民国十三年至十四年度），《北京大学日刊》1924 年 9 月 27 日。

各种 C 量尺的性质，

各种 F 量尺的性质，

诊断学生成绩的测量法，

升级降级留级规定法，

教授法优劣的评定法，

学校成绩比较法，

地方各学校全体成绩的品定法，

分组教授的标准法，

制造新式考试法，

化旧式考试成绩为测量法，

"跳机测量"的教学法，

"实练测量"的学习法，

(乙)实地试用各种测量:

学生自己被测量由教员施行测验，

选试中华教育改进社已编完的二十余种测量。

(丙)实地练习施行测量法:

教员率学生赴北京各中学及小学实地施行测量，学生练习施行，教员指导。

(丁)校阅测量结果,练习如何记分。

(戊)计算测量结果。

(己)解释和应用的讨论。

教育测验

一、目的:本学程之目的在使学者明了教育测验所根据之原理，并学习编造及应用测验之技术。

二、大纲

（1）绪论

（A）测验运动的演进

（B）教育测验的意义、过程、可能与制限

（C）教育测验的功能

（D）教育测验的要素

（E）教育测验的分类

（2）教育测验的施用

（A）教育测验之采择

（B）实施之手续

（C）中小学测验实习

（3）教育测验的编造

（A）编造之普通步骤

（B）T. B. C. 量表编造法

（C）百分量表及其他量表编造法

（4）测验结果之整理

（A）整理结果之普通方法

（B）结果之衡定

（C）结果之并合

（D）结果之应用

（5）结论

（A）测验应用的扩充

（B）测验运动的趋向及评价

三、参考书

（1）W. A. McCall：*How to Measure in Education*. 1922

（2）T. L. Kelley：*Interpretation of Education Measurements*. 1927

（3）G. M. Ruch & G. D. Stoddard：*Tests and Measurements in High School Instruction*

（4）C. L. Hull：*Aptitude Testing*. 1928

（5）陈选善：《教育测验》（商务印书馆）

课程论[①]

一、绪论

1. 课程论之意义、范围与地位

2. 课程之研究法

二、实质论

1. 课程之内容及其渊源

2. 决定课程之因素

3. 课程之沿革

4. 课程之机能

5. 各类学科之价值

6. 教材选择之依据

三、编制论

1. 编制之内涵

---

① 被列入参考书的还有：J. F. Bobbitt：*The Curriculum*；F. G. Bonser：*The Elementary School Curriculum*；W. W. Charters：*Curriculum Construction*；Uhl：*Secondary School Curricula*。

2. 编制之依据

3. 编制之单元

4. 编制之体构

5. 编制之程序

四、行政论

1. 课程之统制

2. 课程之效率

3. 课程之改造

课程组织[①]（杨亮功）

讨论关于课程之理论及课程编制之方法，并研究关于历代课程之演进及近代各国课程组织之比较。其范围注重小学及中学之课程。

主要参考书：

J. F. Bobbitt：*The Curriculum*

F. G. Bonser：*The Elementary School Curriculum*

W. W. Charters：*Curriculum Construction*

Cox：*The High-School Curriculum in the New Age*

L. K. Yong：*The Reorganization of Chinese Middle School Curriculum*

---

① 据《国立北京大学教育学系课程指导书》（民国二十一年八月至二十二年七月适用），北京大学 1932 年版。

组织课程的研究[①]（高仁山）

一、组织课程之原理：

甲.个人与社会的需求，乙.时间的分配，丙.科目的分配。

二、组织课程的实习：

甲.搜集材料，乙.分析材料，丙.集成课程的目的，丁.达到课程目的的方法。

三、对于组织课程的实验：

甲.实地组织小学及中学之课程，乙.观察组织课程的原则与教育方法之关系，丙.试验教材与组织课程的原则所发生的影响。

小学各科教材及教法[②]

本学程以研究现代小学各科之教材内容、学科心理及教学原则为主旨。其主要单元为：

1. 小学国语教材及教法；

2. 小学算学教材及教法；

3. 小学社会科教材及教法；

4. 小学自然科教材及教法；

5. 小学美术教材及教法；

6. 小学劳作教材及教法。

---

① 据《哲学系课程一览》（十二年至十三年），《北京大学日刊》1923 年 9 月 12 日。
② 据《国立北京大学文学院课程一览》（民国二十三年至二十四年度），北京大学 1934年版。

主要参考书：

1. H. B. Reed：*Psychology of Elementary School Subjects*

2. S. C. Garrison & K. C. Garrison：*The Psychology of Elementary School Subjects*

3. S. C. Parker：*Types of Elementary Teaching and Learning：Including Practical Technique and Scientific Evidence*

德育原理[①]

一、目的

本学程之目的在阐明德育之基本原理作为实施之准则。

二、学程纲要

(I)绪论：(1)道德教育之重要，(2)德育之三方面(品格、道德律、德育实施)；

(II)品格论：(1)品格之性质，(2)品格之分类，(3)品格之缺陷，(4)品格改变之可能，(5)品格之测验；

(III)道德律与德育目标：(1)道德律之哲学的与社会学为基础，(2)德育目标应如何制定；

(IV)德育实施之基本原则：(1)德育目标之提示(直接教学与间接教学)，(2)各科教学之德育效力，(3)自由与权威，(4)学生自治之理论与实施，(5)惩罚与奖赏，(6)性教育问题，(7)学校训育之组织；

(V)结论。

---

① 据《国立北京大学文学院课程一览》(民国二十四年至二十五年度)，北京大学1935年版。

三、参考书：

J. Dewey：*Moral Principles in Education*（中华书局译本：《德育原理》）

W. W. Charters：*The Teaching of Ideals*（商务印书馆译本：《理想的培育法》）

É. Durkheim：*La' Educación Morata.*（民智书局译本：《道德教育论》）

W. C. Bagley：*School Discipline*

健康教育①（袁敦礼）

1. 健康教育之起源、略史、定义及范畴；2. 健康教育行政；3. 儿童健康要项；4. 健康教学；5. 学校健康保护；6. 学校环境卫生；7. 教学的卫生；8. 教职员的健康。

近代教育思潮②

本学科叙述近代六大派教育思潮：（一）个人主义与自由主义，（二）社会主义与民族主义，（三）机械论与唯物主义，（四）理想主义，（五）文化学派，（六）实验主义。内容侧重现代最新的动向与在国际政治上影响颇大的思潮。如讲述第一派时，注重"新教育"之思潮，陈述

---

① 据《国立北京大学教育学系课程指导书》（民国二十二年八月至二十三年七月适用），北京大学 1933 年版。

② 据《国立北京大学文学院课程一览》（民国二十四年至二十五年度），北京大学 1935 年版。

第二派时，注重德意志国社［会］主义之思潮，叙述第三、第四派时，注重苏俄集体主义与意大利法西斯主义之思潮等。

现代教育思潮①

导言—道德教育（含公民教育）—美术教育—性欲教育—自然教育—个性教育（含人格教育）—社会教育（含平民教育）—勤劳教育—实验教育（特以天才测验及职业指导为主）。

近代教育趋势②

本学程自文艺复兴后讲起，专讨论各名家之教育学说及其影响；但对于在教育方面之各种主义及当今教育家之主张尤特别注意。目的在使学生了解各原理之真精神，并培养正确评论的眼光，为将来解决实际问题之准备。

近代教育原理与实施③（从洛克到现在）

一、总论：甲.西洋上古中古教育的概略，乙.文艺复兴以后之思潮与发明，丙.近代教育思想发达之近因；

二、洛克的哲学与其教育原理（1632—1704）；

---

① 据《国立北京大学教育学系课程指导书》（十四年至十五年），北京大学 1925 年版。
② 据《国立北京大学教育学系课程指导书》（十四年至十五年），北京大学 1925 年版。
③ 据《教育学系课程指导书》（民国十三年至十四年度），《北京大学日刊》1924 年 9 月 27 日。

三、卢梭在近代教育上的位置与其发明(1712—1778);

四、斐司塔洛齐在教育方法上的发明与其在欧美的势力(1746—1826);

五、海尔巴特与斐司塔洛齐的□及其教育上的兴趣等问题(1776—1841);

六、福禄培尔的社会实际生活的教育及幼稚园上之发明(1782—1852);

七、现代教育原理及实施:

甲.霍尔(1846—1924)在美国教育上的贡献;

乙.蒙台梭利(1870—)的感觉教育及其理想;

丙.杜威的教育哲学及实验教育;

丁.设计教育之产生;

戊.葛雷制之评论;

己.柏克赫司尔司脱与苞尔顿制;

八、现代国际教育的新趋势。

教育社会学[①]（陶孟和）

何为社会—社会与教育—教育的社会学—社会调查—社会组织—家庭，游戏，邻里，农村，国家—民治—人类的造化—学校的进化—遗传与教育—社会进步。

---

① 　据《哲学系课程一览》(十二年至十三年),《北京大学日刊》1923 年 9 月 23 日。

中学英语教学法

专为英语已有相当程度而对于教法未有研究者而设。举凡关于英语教学法及课室内外指导问题，作有系统的讨论、讲解及参读。实习与参观，于可能时举行之。

中学国文教学法

本学程二年级以上以国文为辅科的学生必修，其他学生可以选修。教学纲要如下：

（一）绪论

（二）国文教学的目标

（三）教材

（四）教法

　　（甲）关于讲文

　　（乙）关于作文

　　（丙）关于改文

（五）示范和实习

　　（甲）讲文示范和实习

　　（乙）改文示范和实习

图书馆学大纲

本学程讨论图书馆之内部组织及管理方法，尤注重选购、编目、分类、典藏、流通及目录之使用等问题。

中国教育问题①

一、目的:

本学程之目的在对于中国之重要教育问题,作一番考察与讨论,并提示解决之方法。各项问题,请校内外专家分任讲演。讲演时间,临时公布。听讲笔记,须于讲演完毕后缴阅;即作为学业成绩。

二、讲题及讲师:

(1)中国教育现状及其改进之办法 蒋梦麟

(2)国语教育问题 胡适

(其余俟将来另定公布)

普通心理学

此科以普通成人的行为为研究的对象。目的在说明关于人类行为的实施及其基本原则。全部纲要如下:

1. 心理学的定义、方法、目的、范围和类别

2. 行为的生理基础

3. 刺激和反应概论

4. 遗传行为的问题

5. 习惯的造就

---

① 据《国立北京大学文学院课程一览》(民国二十三年至二十四年度),北京大学1934年版。

6. 知觉

7. 语言的行为

8. 行为的动机

9. 人格

10. 心理学的应用

实验心理学

本学程包括标准实验四十四种，从可自省的经验进而及与外发的行为。着重基本方法的训练与心理仪器的施用。每周实验三小时，讲授一小时。讲授的范围则根据历史的观点，说明方法与问题的演变，并讨论最近关于每一类实验所得的结果，以资引证。

主要参考书①：

1. C. Myers：*Textbook of Experimental Psychology*

2. M. Collin & J. Drever：*Experimental Psychology*

3. C. A. Murchison：*The Foundations of Experimental Psychology*

4. H. E. Garrett：*Great Experiments in Psychology*

教育心理②

一、内容：教育心理概论；并选作重要教育心理试验。

---

① 曾被列入参考书的还有：E. B. Titchener：*Experimental Psychology：A Manual of Laboratory Practice：Qualitative and Quantitative*；C. Myers：*Textbook of Experimental Psychology*；L. W. Kline & F. L. Kline：*Psychology by Experiment*。

② 据《国立北京大学教育学系课程指导书》（十四年至十五年度），北京大学 1925 年版。

二、教授法：（1）教员讲授；（2）学生读指定参考书；（3）做报告在班讨论；（4）做实验。

三、习此课条件：（1）指定参考书，凡能由本京书铺购置者，必须自己购买，价值太昂之西文书籍，由校中备置，在图书馆供同班共用；（2）派定作报告必须按时交卷；（3）实验不得延期，亦不得托故不做；（4）所指定参考书上班时要考问，须随时回答。

四、目的：使习此课者，明了近世心理学对于教育学的贡献，并能在自修及教学上，实用这种种的贡献。

教育心理学[①]（刘廷芳）

（1）教育心理之范围与问题，（2）教育心理之方法与批评，（3）天性与学习之关系，（4）本性之差异与学习之关系，（5）本能之互助与学习之关系，（6）性质遗传与学习之关系，（7）两性之差异与学习之关系，（8）动物学习之定律与人类学习之关系，（9）人类学习之种别，（10）习惯之养成与教育之关系，（11）分析与选择之学习法，（12）心的机用的问题，（13）学习之进步与能否进益之问题，（14）学习之阻滞与进益之限制，（15）记忆与保存之久暂，（16）学习上的驱动与牵制，（17）身体的教育，（18）一机进益与他机上之影响，（19）"转益论"的研究与批评，（20）"注意论"与"兴味论"在学习上的关系，（21）奋力与疲劳之研究，（22）工作与休息的研究，（23）学习上的思想与想像，（24）如何学习总论，（25）如何教学总论。

[①] 据《教育学系课程指导书》（民国十三年至十四年度），《北京大学日刊》1924 年 9 月 27 日。

教育心理学①（潘渊）

一、目的：

本学程之目的在就心理学中有关教育之一切问题，择要加以讨论研究，期学生能明白了解并能应用。教学法除演讲讨论外，遇需要时，并作实验。

二、纲要：

1. 教育心理学史略；2. 教育心理学之范围；3. 数种基本事实；4. 人类之天赋，反射运动与本能；5. 才能；6. 遗传；7. 知、情、意及心能之发展；8. 性质 disposition、性情 temper、气质 temperament；9. 品性；10. 情绪及情操；11. 注意与兴趣；12. 游戏；13. 想像与联【概】念；14. 记忆与遗忘；15. 智慧与智慧测验；16. 个别差异；17. 学习之意义与方法；18. 学习律；19. 学习曲线；20. 经济的学习法；21. 学习效力之迁移与妨碍；22. 疲劳与学习；23. 精神陶冶；24. 心理分析与教育心理。

参考书②：

1. C. Fox：*Educational Psychology*

2. G. H. Thomson：*Instinct，Intelligence，and Character：An Educational Psychology*

3. J. Drener：*An Introduction to the Psychology of Education*

4. W. H. Pyle：*The Psychology of Learning*

---

① 据《国立北京大学教育学系课程指导书》（民国二十二年八月至二十三年七月适用），北京大学 1933 年版。

② 列入参考书的还有：W. C. Trow：*Education Psychology*；R. M. Ogden：*Psychology and Education*（New Edition）；S. I. Gates：*Psychology for Students of Education*。

5. E. Collings & M. O. Wilson: *Psychology for Teachers: Purposive Behavior*

6. C. E. Skinner: *Reading in Education Psychology*

7. F. N. Freeman: *Experimental Education: Laboratory Manual and Typical Results*

学习心理学

本学程以广泛的学习现象为研讨的对象,但同时亦顾及在教育方面实际的应用。理论之所根据大抵取材于比较心理学中实验的结果。讲授的内容可为三部:第一部分,分析一般生物行为改变的历程与模式;第二部分,详细讨论学习情境方面与学习者方面的各种条件如何影响行为的改变,使选习此科者能熟悉增进学习能效的方法;第三部分,说明学习的生理基础,并批评现代流行的各家学说。即按照讲授的程序随时补充已有系统的实验。

主要参考书:

1. E. L. Thorndike: *Educational Psychology: Briefer Course*（*Vol. II*）

2. E. L. Thorndike: *Human Learning*

3. W. F. Book: *Economy and Technique of Learning*

4. K. S. Lashley: *Brain Mechanisms and Intelligence: A Quantitative Study of Injuries to the Brain*

5. B. E. Holt: *Animal Drive and the Learning Process*

6. K. Dunlap: *Habits: Their Making and Unmaking*

7. H. Ebbinghaus: *Memory*

8. I. P. Pavlov: *Conditioned Reflexes*

儿童心理①（萧恩承）

根据生物、生理、测验诸学以研究儿童，使学生明了教育学心理化，心理学生物化之原理。内容分概论、生命之起源及其发育、遗传性、男女性、儿童身体之发达、身体之器官、本能与习惯、儿童生活之演进、儿童之游戏、儿童之言语与图画、儿童之知觉记忆与想像、儿童之思想、儿童之智慧、个性与社会性、儿童之道德与过犯等十五章。

用书：萧恩承《新编儿童心理学讲义》。

儿童心理学

本学程以儿童期内行为方面所显示的改变与特点为研究的对象。根据近年来对儿童研究所得到的丰富收获将儿童的动作、情绪、游戏、语言、绘画、思想［做］系统的说明。特别着重儿童行为对于教育的关系。

主要参考书②：

1. A. T. Jersild：*Child Psychology*

2. F. L. Goodenough：*Developmental Psychology*

3. M. W. Curti：*Child Psychology*

4. A. Gesell：*Infancy and Human Growth*

---

① 据《国立北京大学教育学系课程指导书》（民国二十一年八月至二十二年七月适用），北京大学1932年版。
② 曾列入参考书的还有：萧孝嵘：《实验儿童心理学》；J. J. B. Morgan：*Child Psychology*；F. L. Goodenough & J. E. Anderson：*Experimental Child Psychology*；A. Gesell：*The Mental Growth of the Pre-School Child*。

社会心理学

　　此科之目的在说明人在社会的环境中，彼此刺激、彼此反应之事实及其原则。初始所论者，为行为生来的与学得的组织，欲望与人格之组成，欲望阻碍与人格厘正，及人与人间之人格差异。其次则论人格之交互影响，行为的交互影响之模式，组织化的交互影响等。

变态心理学①

　　此科以普通的心理学的原则，叙述并说明各种行为的变态，对于各专家的见解加以考察和批评。心理疗治的原则和方法，亦附带说明。

心理卫生

　　此科以学习心理学为基础说明：（1）行为发展的过程，特别论及儿童和青年两个时期；（2）病态行为的意义和种类；（3）个人如何可以保持心理上的卫生；（4）各种社会制度如家庭学校、法律、宗教等与心理卫生的关系。

　　主要参考书：

　　1. E. R. Groves & P. Blanchard：*Introduction to Mental Hygiene*. Henry Holt& Co. , 1930

---

① 据《国立北京大学文学院课程一览》（民国二十三年至二十四年度），北京大学 1934 年版。

2．W. B. Pillsbury：*An Elementary Psychology of the Abnormal*. McGraw Hill Book Co. , 1932

情绪心理①

本学程之设目的在：(一)对于情绪心理作一简明概括的研究，(二)在阐明情绪对于教育之关系并如何培养情绪以收教育上之效果。

讨论纲要：

1. 心二分三分之历史，情绪在心理圈之位置；

2. 情绪之意义、性质与种类；

3. 情绪与意志及行为之关系(近时对于此问题研究之结果)；

4. 情绪之演进；

5. 恋爱与性教育；

6. 情意线与心理卫生；

7. 情绪之培养与改变；

8. 儿童情绪之培养；

参考书：随时指定

应用心理学

本学程根据实验与测验的结果，说明心理学应用于实际社会问题的范围、价值及限制。讲授程序，首先讨论决定一般行为的因素，如疲

---

① 据《国立北京大学文学院课程一览》(民国二十四年至二十五年度)，北京大学 1935 年版。

劳、睡眠、滋养、药品、气候、空气、光线、外界纷扰以及社会环境等对于行为的影响。次则进而研究心理学与职业选择、工业、商业、法律、政治、医学以及教育的关系。使选习者能了解实用上可能的途径，并详悉方法上现存的困难。

参考书：

M. S. Viteles & A. P. Brief：*Industrial Psychology*

F. A. Moss：*Your Mind in Action*

Burtt：*Principles of Employment Psychology*

Burtt：*Psychology and Industrial Efficiency*

H. L. Hollingworth & A. T. Poffenberger：*Applied Psychology*

H. L. Hollingworth：*Vocational Psychology and Character Analysis*

C. S. Myers：*Industrial Psychology*

现代心理学[①]

本学程的目的在于系统地介绍并说明现代心理学的发展已经达到怎样一种地步。内容可分为三部：第一部，现代心理学的意义、超【趋】势及方法；第二部，心理专题研究的结果；第三部，心理原则与技术的应用。由校内外教员九人共同讲授，注重现代心理学基本的常识，力避专门的术语与艰深的理论，使无论何系的学生均可选习，不致感觉十分困难。

每周二小时，一学年授毕。讲授的大纲与时间如下：

---

① 据《国立北京大学文学院课程一览》（民国二十三年至二十四年度），北京大学 1934 年版。

1. 现代心理学的趋势　　　　　　樊际昌　　　四小时

2. 心理学的实验方法　　　　　　周先庚　　　四小时

3. 智慧与个性差别　　　　　　　陆志韦　　　六小时

4. 学习　　　　　　　　　　　　陈雪屏　　　六小时

5. 本能的行为与情绪的行为　　　孙国华　　　六小时

6. 知觉　　　　　　　　　　　　朱希亮　　　四小时

7. 语言与思想　　　　　　　　　叶　麟　　　四小时

8. 人格　　　　　　　　　　　　王徵葵　　　四小时

9. 变态心理与精神卫生　　　　　樊际昌　　　六小时

10. 心理学与科【社】会科学　　　程克敬　　　六小时

11. 职业心理与工业心理　　　　　周先庚　　　八小时

12. 结论:心理学与日常生活的关系　樊际昌　　　二小时

遗传与环境①

1. 生物发展之现象; 2. 遗传之力量; 3. 环境之势力; 4. 结论。

（整理者:蔡磊砢）

---

① 据《国立北京大学教育学系课程指导书》(十四年至十五年), 北京大学1925年版。

教育学系教师名录[*]

1924 年（民国十三年）[①]

系主任：蒋梦麟

教员：高仁山、戴夏、刘廷芳、袁同礼、胡适、张颐、王星拱、樊际昌、张竞生、张租【祖】训、杨荫庆、陶孟和、王璞、郁达夫、蔡元、刘文显

李辛之：《北京大学之教育系》，《北京大学卅一周年纪念刊》

教员：蒋梦麟、高仁山、戴夏、刘廷芳、袁同礼、胡适、张颐、王星拱、陈大齐、樊际昌、张竞生、杨荫庆、陶孟和、江绍原、杨震文、徐炳［昶］

《教育学系课程指导书》（十三年至十四年度），《北京大学日刊》1924 年 9 月 27 日；

《教育学系教授会布告》，《北京大学日刊》1924 年 11 月 26 日

---

[*]　本部分整理了各年度教育学系任职教师名单，史料来源是北大档案中的教师名册与北大职员录、毕业同学录、纪念刊、西南联大史料以及教育学系课程指导书等。

[①]　1924—1929 年教员名单多根据李辛之的《北京大学之教育系》一文，但文中指出名单所依据材料"多辗转由注册部或日刊上抄辑而来"，疑不确切。因此个别年份同时附上了课程指导书所列任课教师的名单，但任课教师并非受聘于教育学系。

1925 年（民国十四年）

系主任：蒋梦麟

教员：杨荫庆（教授）、陶履恭（教授）、张颐（教授）、袁同礼（教授）、高宝寿（教授）、刘廷芳（讲师）

《国立北京大学职员录》（民国十四年六月），北京大学总务处 1925 年版

1926 年（民国十五年）

系主任：高仁山

教员：陈宝锷、陈科美、张敬虞、杨荫庆、冯友兰、王星拱、邓以蛰、樊际昌、查良钊、凌冰、谢循初、谭熙鸿、袁同礼、王【黄】建中、陶孟和、陈大齐、严毅、赵少侯

李辛之：《北京大学之教育系》，《北京大学卅一周年纪念刊》

教员：高仁山、杨荫庆、樊际昌、陈宝锷、凌冰、查良钊、张敬虞、陈科美、谭熙鸿、谢循初、袁同礼

《教育系课程指导书》（十五年至十六年度），
《北京大学日刊》1926 年 11 月 25 日

1927 年（民国十六年）

系主任：杨荫庆

教员：李建勋、韩定生、李蒸、杨荫庆、朱君毅、瞿世英、陈宝泉、

韩述祖、周扶耕、陈映璜、赖绍周、梅卓生、樊际昌、陈大齐、傅铜、李如松

李辛之：《北京大学之教育系》，《北京大学卅一周年纪念刊》

1928 年（民国十七年）

系主任：陈大齐

教员：韩定生、李建勋、刘廷芳、樊际昌、陶孟和、韩述祖、陈映璜、傅铜、梅卓生、黄子通、严毅、王镜儒

李辛之：《北京大学之教育系》，《北京大学卅一周年纪念刊》

1929 年（民国十八年）

系主任：陈大齐

教员：童德禧、马师儒、戴夏、邱椿、刘钧、张颐、徐炳昶、李建勋、韩定生、陈大齐、樊际昌、陶孟和、刘廷芳、傅铜、袁同礼、张心沛、陈映璜、陈应荣、王镜儒

李辛之：《北京大学之教育系》，《北京大学卅一周年纪念刊》

教员：张心沛、徐炳昶、邓以蛰、黄建中、樊际昌、马师儒、童德禧、戴夏、刘廷芳、韩定生、李建勋、邱椿、刘钧、陈映璜、袁同礼

《国立北京大学教育系课程》（十八年至十九年度），

《北京大学日刊》1929 年 9 月 23 日

1930 年（民国十九年）

系主任：戴夏

教授：刘廷芳（讲师待遇）、刘钧、童德禧、马师儒

讲师：邱椿、李建勋、袁同礼、韩定生

北京大学文牍课编：《国立北京大学职员录》（中华民国十九年五月），

北京大学 1930 年版

1931 年（民国二十年）

系主任：戴夏

教员：刘廷芳（教授）、刘钧（教授）、童德禧（教授）、马师儒（教授）、杨廉（副教授）、李建勋（讲师）、吴卓生（讲师）

北大二十年级毕业同学录筹备委员会编：《北大二十年级同学录》，

北京大学 1931 年版

1932 年（民国二十一年）

系主任：胡适

教员：吴俊升（教授）、杨廉（教授）、杨亮功（教授）、萧恩承（教授）、戴夏（教授）、刘廷芳（讲师）、刘吴卓生（讲师）、王卓然（讲师）、吴家镇（讲师）、袁敦礼（讲师）

《国立北京大学民国二十一年毕业同学纪念册》，北京大学 1932 年版

1933 年（民国二十二年）

系主任：吴俊升（代）

教员：潘渊（教授）、尚仲衣（教授）、萧恩承（教授）、袁敦礼（讲师）、倪亮（讲师）、邝震鸣（讲师）、刘吴卓生（讲师）、叶审之（助教）

《国立北京大学一览》（民国二十二年度），北京大学 1933 年版

1934 年（民国二十三年）

系主任：吴俊升

教员：邱椿（教授）、尚仲衣（教授）、陈雪屏（教授）、樊际昌（教授）、潘渊（教授）、王西徵（讲师）、刘吴卓生（讲师）、倪亮（讲师）、杨荣贞（助教）

《国立北京大学一览》（民国二十三年度），北京大学 1934 年版

1935 年（民国二十四年）

系主任：吴俊升

教员：樊际昌（教授）、邱椿（教授）、尚仲衣（教授）、潘渊（教授）、陈雪屏（教授）、汪敬熙（名誉教授）、林可胜（名誉教授）、刘吴卓生（讲师）、倪亮（讲师）、余景陶（讲师）、王西徵（讲师）、杨荣贞（助教）、张孟休（助教）

《国立北京大学教职员录(1935)》，北京大学档案，MC193503

1936 年（民国二十五年）

系主任：吴俊升

教员：樊际昌（教授）、邱椿（教授）、尚仲衣（教授）、潘渊（教授）、陈雪屏（教授）、汪敬熙（名誉教授）、林可胜（名誉教授）、刘吴卓生（讲师）、倪亮（讲师）、张孟休（助教）、杨荣贞（助教）

《国立北京大学教职员录（1936）》，北京大学档案，MC193603

1937 年（民国二十六年）

系主任：吴俊升

教员：邱椿（教授）、陈雪屏（教授）、樊际昌（教授）、潘渊（教授）、王西徵（讲师）、倪亮（讲师）、刘吴卓生（讲师）、严文郁（讲师）、罗廷光①

《国立北京大学一九三七级毕业同学录》，北京大学 1937 年版；
《长沙临时大学教职员名录》（1937 年），
《国立西南联合大学史料》（第四卷），第 62 页

1938 年（民国二十七年）②

系主席③：陈雪屏（代理）

---

① 《国立北京大学一九三七级毕业同学录》教师名单中无罗廷光。1937 年北大教育学系来长沙的教授及专任讲师有：吴俊升、樊际昌、邱椿、陈雪屏和罗廷光。据《长沙临时大学教职员名录》（1937 年），《国立西南联合大学史料》（第四卷），第 62 页。
② 1938—1945 年教育学系教职员名单为西南联大师范学院教育学系的教职员名单。
③ 系主席亦指系教授会主席，相当于系主任。

教员：吴俊升(教授)、樊际昌(教授)、罗廷光(教授)、冯文潜(教授)、黄钰生(教授)、沈履(教授)、查良钊(教授)、陆志韦(教授)、孟宪承(教授)、陈友松(教授)、曾作忠(兼实习导师)、严倚云(助教)。

《国立西南联合大学各院系教职员录》(1938 年)，

《国立西南联合大学史料》(第四卷)，第 78 页

1940 年（民国二十九年）

教员：陈雪屏(教授)、樊际昌(教授)、冯文潜(教授)、黄钰生(教授)、查良钊(教授)、曾作忠(教授)、陈友松(教授)、田培林(教授)、王维诚(副教授)、喻兆明(讲师)、刘振汉(音乐教员)、翁同文(助教)、刘盈(助教)、致玉汝(助教)、卢濬(助教)

《国立西南联合大学廿九年各院系教职员名册》，

《国立西南联合大学史料》(第四卷)，第 96—97 页

1942 年（民国三十一年）

系主任：陈雪屏

教员：彭仲铎(教授)、沈从文(副教授)、萧涤非(副教授)、余冠英(副教授)、张清常(副教授)、马芳若(助教)、凌达扬(教授)、马葆炼(专任讲师)、孙毓棠(副教授)、陶绍渊(副教授)、赵书文(专任讲师)、吴乾就(教员)、王乃樑(教员)、周简文(助教)、杨宗干(助教)、欧阳琛(半时助教)、王履常(半时助教)、倪中方(教授)、孟宪德(助教)、龙季和(教员)。

《国立西南联合大学三十一年度教员名册》，

《国立西南联合大学史料》(第四卷)，第 128 页

1943 年（民国三十二年）

教员：陈雪屏（教授）、樊际昌（教授）、查良钊（教授）、冯文潜（教授）、沈履（教授）、陈友松（教授）、徐继祖（教授）、胡毅（教授）、王懋祖（教授）、王维诚（教授）、严倚云（教员）、李廷揆（助教）、陈熙昌（助教）、萧厚德（助教）、宋宝光（助教）、张文洸（助教）。

《国立西南联合大学三十二年度教员名册》，

《国立西南联合大学史料》（第四卷），第 146 页

1944 年（民国三十三年）

系主任：陈雪屏

教员：樊际昌（教授）、查良钊（教授）、沈履（教授）、陈友松（教授）、徐继祖（教授）、卢濬（教员）、陈熙昌（助教）、李廷揆（助教）、萧厚德（助教）、张文洸（助教）、萧涤非（副教授）、陈美觉（副教授）、严倚云（副教授）、姜淑雁（专任讲师）、吴乾就（教员）、王乃樑（教员）、汪篯（教员）、蓝仲雄（教员）、欧阳琛（半时助教）、王履常（半时助教）。

《国立西南联合大学三十三年度教员名册》（1944 年 12 月），

《国立西南联合大学史料》（第四卷），第 174—175 页

1945 年（民国三十四年）

系主任：陈雪屏

教员：樊际昌（教授）、查良钊（教授）、陈友松（教授）、徐继祖（教授）、王懋祖（教授）、倪中方（教授）、严倚云（专任讲师）、孟宪德（教员）、卢濬（教员）、李廷揆（助教）、陈熙昌（助教）、萧厚德（助教）、周捷高（助教）。

《国立西南联合大学 34 年 12 月份俸薪表》，北京大学档案，LD0000068－2

1946 年（民国三十五年）

系主任：陈雪屏

教员：邱椿（教授）、陈友松（教授）、齐泮林（教授）、樊际昌（教授）、张孟休（副教授）、李仲三（副教授）、管玉珊（副教授）、李廷揆（助教）、萧厚德（助教）。

《文学院教育学系教员名单》，北京大学档案，BD1946071－2

1947 年（民国三十六年）

系主任：陈雪屏

教员：樊际昌（教授，未到校）、邱椿（教授）、陈友松（教授）、齐泮林（教授）、张孟休（副教授，未到校）、李仲三（副教授，教授体育）、管玉珊（副教授，教授体育）、赫宝源（讲员）、曾性初（助教）、严以宁（助教）。①

《文学院教员名册（三十六年）》，北京大学档案，BD1947037－2

---

①　本名单根据两份《文学院教员名册》合并而成。其中一份包含教授、副教授名单，编制时间为民国三十六年四月五日；一份包含教授、讲员、助教名单，编制时间为民国三十六年。两份文件中教授名单一致。

1948 年（民国三十七年）

系主任：樊际昌

教员：邱椿（教授）、陈友松（教授）、齐泮林（教授）、孙国华（教授）、李仲三（副教授）、管玉珊（副教授）、赫宝源（讲员）、曾性初（助教）、严以宁（助教）、侯璠（兼任讲师）。

《国立北京大学文学院教职员录》（三七年一月二十一日），
北京大学档案，BD19480068

1949 年（民国三十八年）

教员：张天麟（教授）、邱椿（教授）、陈友松（教授）、郭晋华（助教）。

《国立北京大学文学院教职员名册》，北京大学档案，BD1949112

（整理者：曹玲）

教育学科学生名录*

1902—1903 年师范馆同学录①

鲍诚镛、曹冕、曾有翼、曾载畴、陈鑅、陈继鸥、陈继鸶、陈嗣光、程臻、程祖彝、春毓、春泽、戴丹诚、丁嘉乃、丁作霖、董凤华、杜福坤【堃】、段以修、封汝谔、高绫颐、谷锺秀、顾大徵、顾德保、顾德馨、顾宗袠、关翰昭、关庆麟、广源、贵恒、韩述祖、何焱森、贺同庆、胡璧城、胡仁源、胡祥麟、黄甫衣、黄尚毅、黄嵩裴、蒋志乾、李彩章、李登选、李恩藻、李庆铭、李荣黻、李树滋、李思浩、李锺奇、梁兆璜、刘盥训、刘式训、刘湛霖、卢崇恩、伦绰、伦鑑、伦明、伦叙、吕志贞、马象雍、穆奎龄、念梅荫、潘敬、祁杰、钱文选、瞿士勋、任锺澍、邵从煾、施恩爔、时经训、松照、孙鼎烜、孙鸿烜、田士懿、王道元、王世寯、王松寿、王廷珪、王泽闿、吴鼎新、吴景濂、吴爕梅、伍作楫、夏寿同、萧承弼、谢运麒、徐德澂、煦增、炎舒、杨锟铻、姚丽堂、姚梓芳、叶开寅、由云龙、于凤藻、于洪起、余敏时、增普、张伯钦、张东烈、张灏、

---

*　本部分主要依据北大档案的毕业生名册以及毕业生一览、历届毕业同学录、新生名册等资料整理而成。由于转学、复学、休学、退学、寄读等原因,不同年度同一年级学生名单有所不同。为了保持学生名录的完整性,部分年度的名录由两份史料方式叠加而成。

①　师范馆同学包括四个来源:一是 1902 年冬考取入学的;二是由直隶、奉天、山西、山东、浙江五省咨送,1902 年冬入学的;三是其他各省咨送,1903 年春夏间入学的;四是由译学馆拨入,1903 年 9 月入学的。本同学录根据 1903 年 11 月京师大学堂调查所得。

张家驹、张家枢、张绍言、张熙敬、张达琼、朱廷佐、朱兆燊、卓陶时、邹大镛、邹应萱、邹锺铨（以上学生在堂）①

蔡岘、陈伯驹、陈鑑周、陈寿镐、陈祖蕃、邓钧、段廷珪、高巨瑗、胡汝麟、柯镇崧、廖道传、林仲幹、卢荣光、任重、阮志道、王人杰、王盛春、吴宝驹、吴寿昌、向同鋆、阎毓秀、张葆元、张继显、郑篪、周尔璧、周钜炜、朱贵华、朱应奎（以上学生假归）

陈治安、陈发檀、成㝢、杜福垣、冯祖荀、顾德邻、何培琛、何育杰、华南圭、黄艺锡、蒋宗鲁、景定成、刘成志、刘崇本、刘冕执、刘廷瀚、刘同文、刘毓云、潘承福、苏振潼、孙昌烜、唐演、王舜成、王桐、魏渤、吴宗栻、席聘臣、薛序镛、杨德懋、俞同奎、张耀曾、锺赓言、周典、周宣、朱炳文、朱深（以上学生派遣出国）

北京大学堂编纂：《京师大学堂同学录》，光绪二十九年（1903）十二月初十日

1904—1905 年师范馆同学录

鸿鑫、德斌、赵黻华、德成、锡康、隆彬、何师富、何广荣、金声、宋凤纯、维垄、葆谦、柯兴耀、桂芳、定林、铦启、锺启、魏绍周、王之栋、张国琛、孙鼎元、李彩章、刘瀚文、苏世璋、宗俊奇、杨湛霖、陈昭卓、黄文濬、李鸣铎、史树璋、齐文书、常堉惠、张厚璋、王佩真、王恩第、张国威、靳瀛旭、张国棣、胡光璧、李九华、毕培仁、方观洛、钱诗棣、吴简、史鼐、章国华、夏纬璟、王希曾、洪百庚、吴彤锡、缪承金、刘福祥、俞锺斑、陶国樑、徐国桢、秦铭光、曹允文、陈锡琨、高鼎文、张鼎治、郁振域、谭家临、查振声、殷良弼、刘传纯、马其则、孙魁、范

---

① 根据《京师大学堂同学录》（1906 年），上述学生中曾有翼、陈继篙、任锺澍已离开大学堂。

期梁、方元庚、吴浙、王多辅、孙光宇、夏建寅、辛际周、刘应嵩、周九龄、杨士京、周蔚生、李棠、毛鸷、杨绪昌、张景江、刘善案、吴克昌、冯学熹、钱云鹏、蒋睿、徐殿槐、张礼翰、俞爵、沈爌、王楸瑶、朱崇理、陆海望、刘彬、王葆初、陈文炳、陆銎、郑滋蕃、周清、金兆棪、管望清、杜师牧、徐建基、王焘、陈与椿、黄炯、黄璵、毛齐焕、刘子达、谢廷昌、金光斗、桂劼、郑万瞻、於树棠、邱志岳、李咸、石山仪、张尊五、朱承瀚、陈达灯、姚希崇、赵晋汾、李兴勇、王葆极、王黻灿、陈去非、袁世霖、王锷、吴奎璧、易国馨、邢骐、段吉常、汪步霄、程尔惺、唐春鋆、张启聪、左树瑄、曾楚珩、朱峻嶒、符定一、向玉阶、杨风穆、周扬峻、施文垚、田尚志、谭凌云、李锺英、刘宗向、马幹贞、彭觐圭、文启蠡、王凤昌、汤葆元、张炯、周明珂、余钦钱、邹学伊、李国瑜、高欀清、张鑑炯、祝良菜、时经诠、陶乐甄、王燕晋、董毓梅、苗永年、高茂荣、唐仰穰、解名发、陈贻馨、李文鼎、张鸿楷、李连炳、张洽、姚守文、加克恭、张秀升、马效渊、何艮、裴学曾、侯寅亮、渊从极、邓宗、张志谦、蒋举清、沈宗元、杨诚恭、马汝郏、蔡锡保、郭丹成、何光国、高培元、盛绍麟、萧秉廉、陈家驹、李文熙、李尧勋、萧秉元、伍思乐、伦绰、张星耀、冯崧颜、杨玉衔、崔学材、周锡龄、许维翰、谭崇光、杨鲁、张树基、锺颂良、叶夙浚、韦荣龄、陆大中、关黻钧、周瑞琦、李曰垓、李华、张崇仁、李应谦、张士麟、覃宝珧、陈兴廉、丁其彦、张鸿翼、方敦素、钱瑷、梅复、杨昌铭、黄必芳、杨协元、传喟然①、刘勋、王汝炤、吴藩、徐锺藩

全桂、荣生、文元、世谦、范承衔、茅祖权、张祖培、高巨瑷、王盛春、程臻、桂元度、杨纶、汪宾、刘赓藻、金壮春、孙松龄、张春海(以

---

① 传喟然 1906 年离开大学堂。

上学生游学东洋）

《京师大学堂同学录》，光绪三十二年（1906）

优级师范科毕业生（1907 年）[①]

廖道传、王松寿、吴鼎新、孙昌烜、于洪起、萧承弼、李树滋、顾宗裘、戴丹诚、关翰昭、李登选、关庆麟、李荣戴、任重、吴景濂、封汝谔、刘式训、邹应萱、顾德保（以上为最优等），韩述祖、由云龙、鲍诚毅、李恩藻、胡汝鳞、谢运麒、梁兆璜、程祖彝、潘敬、贵恒、段廷珪、杜福堃、王荣官、黄尚毅、张灏、夏寿同、朱兆莘、吴燮梅、祁杰、叶开寅、张家驹、姚梓芳、陈伯驹、杨锟铻、王廷珪、孙鼎烜、曹冕、王泽闿、胡祥麟、刘盥训、余敏时、卢崇恩、田士懿、瞿士勋、王道元、向同鋆、伦明、念梅荫、丁嘉乃、柯璜、伦叙、胡璧城、何焱森、时经训、姚云、高绶颐、卢荣光、张达琼、伦鑑、陈继鹏、李庆明、邹大镛、贺同庆、张绍言、陈嗣光、黄嵩龄、阮志道、黄甫衣、增普、董凤华、王世寯、顾德馨（以上为优等），曾载帱、张熙敬、朱廷佐、段以修、丁作霖、张东烈、广源、张伯钦、张钜源、卓燡、卢时立、陈鑅、刘湛霖、周尔璧、孙鸿烜、穆奎龄、松照、马象雍、朱应奎、吕志贞、伍作楫、顾大徵（以上为中等）[②]。

《大学堂师范生毕业照章给奖折》，《学部官报》第 19 期（光绪三十三年三月二十一日）；

《请补给师范生廖道传贵恒等奖励折》，《学部官报》第 25 期（光绪三十三年五月二十一日）；

《补奖大学堂优级师范生顾德保等折》，《学部官报》第 29 期（光绪三十三年七月初一日）

[①] 优级师范科毕业生名单均按毕业成绩排序。1907 年毕业生是 1902—1903 年间入学的学生。

[②] 根据《国立北京大学廿周年纪念册》，本年度还有毕业成绩为下等的煦增、春泽、春毓、成林。

优级师范科毕业生（1909 年）[①]

　　许维翰、海清、史鼐、周九龄、周瑞琦、唐仰樤、张秀升、田尚志、陈兴廉、俞锺珽、宋凤纯、吴彤锡、吴沂、王凤昌、苏世樟、高培元、刘宗向、石山偁、史树璋、杨协元、张士麟、张鸿翼、毛鸢（以上为最优等），裴学曾、张景江、张厚璋、赵晋汾、高元溥、金兆楘、魏绍周、蔡锡保、齐文书、辛际周、吴简、李曰垓、毛齐焕、沈宗元、王希曾、李九华、符定一、王恩第、刘福祥、桂汝劼、陆海望、金光斗、萧秉廉、王多辅、蒋举清、缪承金、陈与椿、梅镇涵、祝廷荣、吴奎璧、维堃、钱瑗、程兆元、刘彬、邢骐、马其则、张鑑炯、黄文瀿、王念劬、孙夒、金声、杨士京、李连炳、李棠、谭崇光、方敦素、洪百庚、段吉常、施文垚、章撷华、方元庚、钱云鹏、王光烈、陈昭卓、方观洛、曾楚珩、周清、郑万瞻、张洽、高茂棻、周蔚生、胡光壁、隆彬、张国琛、段世徽、马汝邺、何广荣、周明珂、周锡龄、叶浩章、时经诠、朱峻嶒、邱志岳、钱诗桢、陶乐甄、王燕晋（以上为优等），保谦、锺颂良、冯学壹、李兴勇、陆銎、文启蠡、锺启、张国棣、丁其彦、吴天澈、孙光宇、易国馨、宗俊琦、周扬埈、柯兴耀、王葆初、何师富、张启聪、徐锺藩、王之栋、张鼎治、解名发、杨绪昌、汤葆元、郁振域、渊从极、唐春銮、管望清、邹学伊、王汝炤、冯启豫、毕培仁、余钦镟、郭丹成、常堉蕙、陈锡琨、伍思乐、何艮、邓宗、张炯、徐国桢、谢廷昌、孙鼎元、高鼎文、靳瀛旭、李华、崔学材、夏建寅、李尧勋、刘善寀、李彩章、朱崇理、秦铭光、李文鼎、陈去非、苗永年、杨风穆、刘应嵩、成林、夏纬璟、王道济、刘瀚文、王黻

――――――――――

[①]　根据《国立北京大学廿周年纪念册》，本年还有毕业成绩为下等的陆大中，应补习的陈锡畴、范期梁。

灿、张鸿楷、鸿鑫、萧秉元、定林、李鸣铎、俞爵、吴克昌、谭家临、谭凌云、向玉楷、桂芳、黄枝欣、彰觐圭、郑滋蕃、陈文炳、张树基、袁世霖、德斌、张星耀、查振声、张壬林、伦绰、刘勋、德成、杨湛霖、李锺英、李应谦、董必芳、汪步霄、侯寅亮、马效渊、锡康、杜师牧、张国威、关黻钧、姚守文、加克恭、赵黻华、刘传纯、杨昌铭（以上为中等）。

《奏京师大学堂豫备师范两科学生毕业照章请奖折（并单）》，
《学部官报》第 96 期，宣统元年（1909）七月初一日

1925—1926 年度

毕业生：王九思、胡自益

《国立北京大学丙寅毕业同学录》（民国十五年），北京大学 1926 年版

四年级：王九思、王少文、胡自益

三年级：马复、唐贤轶、张博文

二年级：石廷瑜、李巽言、吴汝雷、明仲祺、胡勤业、段纯、陈世菜、高韵笙、马飞鹏、陆梅龄、晏名材、张瑞英、张挹兰、张锡辰、黄新运、程宗颐、程星龄、邹德高、裘友椿、杨蔚丰、万斑、刘恺悌、刘晓玉、欧阳兰、萧忠贞

一年级：王国章、田钟秀、丘汉兴、朱虚、沈昌盛、周遊、孙世优、洪樵、张经、张利模、张德峻、黄镜、许延俊、褚保权、赵维田、齐泮林、刘观海、谢祚苣、谢卿玺

旁听生：李栋、展树涛、张世铨、张显烈

《国立北京大学同学录》（民国十四年），北京大学 1925 年版

1926—1927 年度

毕业生：张博文、马复

《民国十六年六月各系毕业生名册》，北京大学档案，MC192702

1927—1928 年度

毕业生：黄新运、欧阳兰、裘友椿、程宗颐、胡勤业、张锡辰、陆梅舲、张瑞英、刘晓玉

《民国十七年六月各系毕业学生名册》，北京大学档案，MC192802－1

1928—1929 年度

毕业生：石廷瑜、吴汝雷、褚保权、陈世菜、洪樨、卜锡珺、黄镜、谢祚苴、谢卿玺、沈昌盛、萧忠贞、齐泮林、周遊

《十八年六月国立北京大学本科各系毕业学生清册》，北京大学档案，MC192902－2

1929—1930 年度

毕业生：李辛之、李荣荫、秦槐士、程星龄、詹昭清、黄继植、黄佛

《北京大学民国十九年六月各学系毕业学生清册》，北京大学档案，MC193002－1

四年级：李辛之、李荣荫、秦槐士、程星龄、詹昭清、黄继植、黄佛

三年级：王如南、王冠英、王怀璟、江锐、李完、高立、高秉然、张

兰堂、崔心泰、蒲敏政、解温涵、卢奉璋、马飞鹏、王友凡、王履荣、李乐侪、李锺灏、孟际丰、黄德筠、张世铨、颜长毓、邹湘、萧从方

二年级：丁锡魁、王之法、王鸿猷、全国体、朱世兰、李恂谟、周若度、易楷、孙祺藩、马正譓、夏宗锦、张舫、张玉池、张普仁、章震南、陈秉公、曾祥宽、刘树楠、刘显焜、韩友璋、朱银山、徐炳麐、程坤一、任传鼎、韩玉波、叶审之

一年级：王培祚、李玉堂、李文澜、李廷栋、李绍孟、李凤岐、余尊三、何炳烈、苑守智、段振纲、张书堂、冯苇周、邓炤、潘成义、龚瑞霖、白渊、叶藩、滕大春、娄相亮

《国立北京大学十八年度学生一览》，北京大学档案，MC192901－1

1930—1931 年度

毕业生：李锺灏、邹湘、高秉然、王怀璟、李乐侪、张兰堂、王履嵘、崔心泰、江锐、高立、孟际丰、王友凡、蒲敏政、王冠英、解温涵、黄德筠、李完、王如南、张世铨

《民国二十年六月各学系毕业学生清册》，北京大学档案，MC193103－1

1931—1932 年度

毕业生：叶审之、刘树楠、王之法、章震南、张玉池、易楷、程坤一、曾祥宽、朱世兰、张普仁、任传鼎、刘显焜、孙祺藩、周若度、颜长毓、夏宗锦、陈秉公、全国体

《民国二十一年六月各学系毕业学生清册》，北京大学档案，MC193202－2

1932—1933 年度

毕业生：莫国康、滕大春、李玉堂、李凤歧、余尊三、王培祚、邓炤、李文澜、张书堂、叶藩、李绍孟、龚瑞霖、段振纲、韩友璋

《民国二十二年六月各学系毕业学生清册》，北京大学档案，MC193302－4

1933—1934 年度

毕业生：王国香、刘国芳、国培之、何寿昌、孙长元、金岭峙、史凯元、杨荣贞、丁锡魁、尚士毅、覃濬玄、潘成义、王先进、王维纯、吴建屏、朱银山、孙凤鸣、任霈霖

《民国二十三年六月各学系毕业学生清册》，北京大学档案，MC193404－5

四年级：王国香、王焕勋、王先进、史凯元、朱银山、吴建屏、何寿昌、金岭时、尚士毅、孙长元、孙凤鸣、国培之、覃濬玄、彭庆和、杨荣贞、刘国芳、潘成义、王维纯（寄读生）、任霈霖（寄读生）、关成章（寄读生）

三年级：王金蓉、王春祥、王光汉、王兰生、李树声、李允蓁、岳永孝、胡振继、唐景崧、马汝邻、孙长佑、郭世璋、常积仁、廖鸿恩、赵炳汉、邓治民、刘埒、刘文秀、缪振鹏、苏世铎、李德成（寄读生）

二年级：于卓、牛九霄、周树楷、周仲甫、胡祖征、殷石麟、张崑山、温光三、傅永泰

一年级：王良池、李乃仁、张毓珣、叶佩华、杨润甲、葛惠芳、刘济勋、阎顾行

《国立北京大学一览》（民国二十二年度），北京大学1933年版

1934—1935 年度

毕业生：刘文秀、张孟休、唐景崧、缪振鹏、刘埒、常积仁、王金蓉、廖鸿恩、马汝邻、王焕勋、岳永孝、李允蕖、王光汉、赵炳汉、郭世璋、李树声、李福瀚、马正源①、李德成、彭庆和、胡振继、孙长佑、徐秉经、王春祥、关成章

《民国二十四年六月各学系毕业生清册》，北京大学档案，MC193502－2

四年级：彭庆和、岳永孝、李树声、李德成、王金蓉、马汝邻、刘埒、李允蕖、胡振继、王焕勋、张孟休、徐秉经、唐景崧、刘文秀、常积仁、廖鸿恩、李福瀚、王春祥、赵炳汉、关成章、孙长佑、郭世璋、王光汉、缪振鹏、杨馨华、刘芳兰

三年级：边振方、龙程铨、苏世铎、傅永泰、胡祖征、周树楷、温光三、邓治民、张崑山、于卓、曹延亭、李景安、梁国弼、牛九霄、殷石麟、张占魁、马飞鹏、周仲甫、丁敬贞

二年级：魏泽馨、曹鹏翔、温仁斋、叶佩华、吴锡涛、朱清澜、刘济勋、葛惠芳、阎顾行、李凤翔、王良池

一年级：梁发叶、赵效清、孟宪德、严倚云、宋汉濯、李稷年、王文光、郭敬、李滨孙、于德祥、刘秉崔、张建权、吴澈、鲍光祖、廖实中、卢荻、韩振庭、夏元勋、何志锋、胡祥云、窦同贵、马联第、李展唐、马伯龙、陈传方、王克崴

《国立北京大学一览》（民国二十三年度），北京大学 1934 年版

---

① 他在二十年度修业期满，本年度补考补毕业。

1935—1936 年度

毕业生：边振方、李景安、胡祖征、梁国弼、于卓、龙程铨、傅永泰、曹延亭、牛九霄、周仲甫、苏世铎、丁敬贞、张占魁、周树楷、殷石麟

《民国二十五年度六月各学系毕业生清册》，北京大学档案，MC193602－3

四年级：丁敬贞、于卓、牛九霄、李景安、周仲甫、周树楷、胡祖征、殷石麟、张占魁、梁国弼、曹延亭、傅永泰、龙程铨、边振方、苏世铎

三年级：王良池、王成瑜、朱清澜、李凤翱、吴锡涛、曹鹏翔、葛蕙芳、叶佩华、刘济勋、阎顾行、魏泽馨

二年级：王文光、李滨孙、吴澈、宋尔廉、孟宪德、胡祥云、马伯龙、马联第、秦本立、夏元勋、陈传方、陈化权、梁发叶、赵效清、廖实中、刘炳崒、卢荻、严倚云、窦同贵

一年级：于德祥、于经海、王俊升、王习之、李忠和、李尔重、李恒耀、周树人、郅玉汝、孙谛知、张天璞、陈熙昌、陈士骏、梁梦麟、许德富、常丕烈、冯辉珍、杨培根、杨炳延、刘盈、董浩

《国立北京大学一览》(民国二十四年度)，北京大学 1935 年版

1936—1937 年度

毕业生：刘济勋、魏泽馨、葛蕙芳、叶佩华、王良池、朱清澜、曹鹏翔、阎顾行、王成瑜、李凤翱

《民国二十五年度国立北京大学毕业生一览》，北京大学档案，MC193702－2

三年级：王文光、李滨孙、吴澈、宋尔廉、孟宪德、马联第、秦本

立、张岳、陈传方、陈化权、梁发叶、赵效清、廖实中、刘秉崔、卢荻、严倚云、窦同贵

二年级：于德祥、于经海、王俊升、王习之、王鸿钧、李恒耀、周树人、郅玉汝、孙谛知、陈熙昌、郭敬、梁梦麟、许德富、常丕烈、杨培根、刘盈

一年级：王念慈、王蕙兰、尹士伟、田朝汉、左宗枏、甘重斗、朱民六、李其泰、李廷揆、李楚安、谷国瑞、孟庆禄、徐克情、高景成、秦镍、张干胜、陈文联、郭松懋、常振誉、冯新善、贾镇、刘筠、刘德武、钱新哲、萧厚德、聂锡恩

《国立北京大学一九三七级毕业同学录》，北京大学 1937 年版

1937—1938 年度

毕业生：严倚云、陈化权、秦本立、李滨孙、廖宾中、梁发叶、陈传方

《国立北京大学毕业学生名册（廿六年度）》，《国立西南联合大学史料》（第五卷），
第 397 页

1938—1939 年度

毕业生：刘盈、陈熙昌、周树人、孟宪德、张嶽

《国立北京大学二十七年度各学系毕业生一览》，北京大学档案，LD000029－02

新生名册：

四年级：李璐玉（借读生）

三年级：王家璋、王恩溥、王家声、李燮昆、李荣畅、何嘉宾、和

德璋、孟承扬、郭瑀、徐鹤英、孙翊若、曹元焘、曹元龄、张禧、张宗舜、张凤祥、王延禧、杨映波、张德征、邓也迟、杨宝琴、刘嘉英、刘贤宗、杨焕南、陈嘉蓠、李瑞芬、王焕斗、吴美兰、陈端仪、卢濬、马人文、钱安进、段铁珊、魏孝钟、吴织云、杨清、高道英、高道英（借读生）、黄澂（借读生）、王军荣（借读生）、吴祥骤（借读生）、唐志贤（特别生）

二年级：张鹊梅、石韵薇、胡坚、张桂兰、于炳兰、王德溥、朱征、杜性庸、李蕙芬、李懋枢、侯正华、马葆三、马玉珍、孙粹元、桂希禹、秦元明、高法昌、曹威、黄菊芳、冯瑞祥、张英灿、杨上选、张翰杞、傅承炽、刘泽中、刘化国、龙之本、龙之宣、萧竹英、双莹、谭作棻、凌钟蕈、陈淑仪、胡定贞、蔡之玮、黄詠梅、杜文林、吴士光、牟崇鑫、段兴汉、岳代兴、周正华、黄诏玉、张济、秦维敏、易琪、李德媛（借读生）、赵鸿奎（借读生）、林杏初（借读生）

一年级：林秀清、余培忠、力易周、李芳经、张文洸、梁荫均、李应栋、符气雄、李应智、蒋极明、王启钧、全慰天、周桂霞、骆文辉、石希珍、彭慧如、林社友、廖拓、张朗清、郑韵琴、张淑彬、吴杏珍、邝文宝、李蕊、郭佩玉、金福祥、曹学源、鲍志美、杨尔衍、马维骏、陈以仁、陆和、徐萃灵（借读生）、蒋雍（特别生）、王棣容（特别生）、孙荫卿（旁听生）、俞启忠（旁听生）、方玉桃（旁听生）

《廿十七年度新生名册》，《国立西南联合大学史料》（第五卷），第83—132页

1939—1940 年度

毕业生：郅玉汝、徐克清、王习之、郭松懋、汪绥英

《国立北京大学毕业学生名册（廿八年度）》，《国立西南联合大学史料》（第五卷），
第403页

新生名册：

四年级：高道英、孟承扬（试读生）、梁枯贤（借读生）、徐则尧（借读生）、郑贵友（借读生）、吴祥骎（试读生）、冯德福（试读生）、黄澂（试读生）

三年级：严以宁、李振江、杨继本、陈宝静、秦维敏、舒子宽、熊鸿飞、陈伯吹、林玉琼、钱允仪、许汝铁（试读生）、高法昌（试读生）、冯荣（试读生）、王军荣（借读生）

二年级：邵景渭、周捷高、倪佩兰、萧以何、蔡劼、于乃立、何文声、王建兰、宋宝光、袁冬贞、钟婉芳、刘裕淦、刘祖同、张宝珍（试读生）、周景秋（试读生）、林杏初（借读生）

一年级：倪连生、朱良菊、刘笑娟、谭庆双、范毓秀、唐文秀、黄秀雅、伍廷法、袁铁仙、欧阳淑芝、余锡森、甘碧棠、潘景超、庾淦城、周伯平、周卓家、隗瑜、周锡琯、李钦瑞、伏景星、韩明谟、童有储、江克华、白爱珍、雷玉林、萧昌璜、习王益、钮建侯、施宝贞、赵巧官、蒋极明、全蔚天、刘焕生、刘锟（试读生）、袁世檠（试读生）、俞启忠（试读生）、杜锡瑜（借读生）、张英粹（特别生）、刘雪贞（特别生）、金遗章（特别生）

《廿十八年度新生名册》，《国立西南联合大学史料》（第五卷），第149—180页

1940—1941 年度

毕业生：李楚安、李廷揆、尹士伟、秦镈

《国立北京大学毕业学生名册（廿九年度）》，《国立西南联合大学史料》（第五卷），第405页

新生名册：

三年级：游凌霄、马德华

二年级：刘盛钻、杨长春、陈筱均、钟启禄、张鹊梅、尹金凤

《二十九年度新生名册》，《国立西南联合大学史料》（第五卷），第 212 页

1941—1942 年度

毕业生：萧厚德、孙谛知

《国立北京大学毕业学生名册（卅年度）》，《国立西南联合大学史料》（第五卷），

第 407 页

新生名册：

三年级：金遗章

二年级：邓育英（特别生）、刘兴诚（试读生）

一年级：段麟、王鹤昌、陈祖裔、刘月影、李杨铣、陈尔弼、杨琰、杨沛煊、浦钟斗、尹科云、吕尚文、者春熙、杨秀英、李再扬、余兴海

《卅年度新生名册》，《国立西南联合大学史料》（第五卷），第 234—248 页

1942—1943 年度①

毕业生：郑韵琴、郑永福、周桂霞、符气雄、李宸、李恩浩、李芳经、林杜友、罗人杰、沈劲冬、邓国强、董敬乔、童椿年、杨锡生、周捷高、蔡劼、宋宝光、钟婉芳、周景秋、于柄兰、高法昌、周正华、张文洸、萧以何

《西南联合大学历届本科毕业生名录及统计表（卅二年七月）》，北京大学档案，

LD0000073－3

---

① 1942—1943 年度、1943—1944 年度、1944—1945 年度教育学系毕业生名单为国立西南联合大学师范学院教育学系毕业生名单。

新生名册：

五年级：王建兰、石韵薇（复学生）

四年级：张英粹、张鹊梅（复学生）

三年级：贺守业、景湘春、程连伦

一年级：刘瑜、王功炳、方炎、史中一、陈司寇、王攀桂、殷学智、萧淑芳、林国杰、陈楚熊、符于周、李尊贤、马泽先、杨善继、刘光祚、方榕、余雪涛（特别生）

《卅一年度新生名册》，《国立西南联合大学史料》（第五卷），第 273—290 页

1943—1944 年度

毕业生：张朗清、何成桢、李蕊、马天禄、欧阳懬、卜为械、陆和、童月兰、孙凤鸣、黄赏林、刘克勤、周植恬、倪连生、朱良菊、童有储、范毓秀、伍廷法、甘碧棠、周卓家、李钦瑞、施宝贞、赵巧官、杨长春、陈筱均、钟启禄、杜锡瑜、张英灿、张英粹、王建兰

《西南联合大学历届本科毕业生名录及统计表（卅三年七月）》，北京大学档案，
LD0000073－3

新生名册：

一年级：钱惠濂、邵郊、邱如珂、蓝琳、李亚白、王以爵、晏德福、黄曙光

二年级：刘玉贞（试读生）、鲍汉琳（试读生）

《卅二年度新生名册》，《国立西南联合大学史料》（第五卷），第 309—313 页

1944—1945 年度

毕业生：张淋彬、骆火辉、彭凤梧、袁冬贞、杨宝云、吴彬、于华

荣、许占魁、谭瑞芳、邝仪真、庄家赋、张鹊梅、程连伦

《西南联合大学历届本科毕业生名录及统计表(卅四年七月)》,北京大学档案,

LD0000073－3

新生名册:

三年级:鲍汉琳

一年级:万哲元(未到校保留学籍)、陈志贞(借读生)

《卅三年度新生名册》,《国立西南联合大学史料》(第五卷),第341—355页

1945—1946 年度

毕业生:刘济勋、魏泽馨、葛惠芳、叶佩华、王良池、朱清兰、曹鹏翔、阎顾行、王成瑜、李凤翱

《国立北京大学各院系毕业生名册》(民国▨),北京大学档案,MC194605－4

西南联大分发至北大学生名单:

五年级:尹科云

四年级:杨善继、李衡照、萧淑芳、刘瑜、段运钧、陈司寇、李德一、林毓杉、王继位、李再汤、杨沛煊、杨秋园、陈尔弼、张斡胜

三年级:许开德、钱惠濂、计思忠、余雪涛、史中一、鲍汉琳(休学)

二年级:区静娴、张明浚

一年级:廖兴遇、潘齐亮(改哲二)、刘薇(外二转)、史士豪(法一转)、高先丙(法一转)、李彦(史一转)

《西南联大分发北京大学各系学生名册》,北京大学档案,MC194609－1

1946—1947 年度

毕业生：王继位、史中一、李德一、李衡照、余雪涛、林毓杉、计思忠、段运钧、许开德、陈司寇、杨善继、刘瑜、萧淑芳、钱惠濂、吴澈

《国立北京大学三十五年度第二学期应届毕业生名册》，北京大学档案，MC194704－6

1947—1948 年度

毕业生：俞琨、刘助民、李恒耀、张明浚、禄厚坤、鲍汉琳、王文光、计思忠、力易周

《三十六年度各院系初次审核准毕业人数统计》，北京大学档案，MC194804－4

（整理者：蔡磊砢、曹玲）

北京大学教育学科课程一览*

年度	课程编号	课程名称	任课教师	开设年级	必修/选修	学时/学分	学分	学期	开课院系
1902		国文							师范馆一二三类①
		经学							速成科师范馆
		伦理							速成科师范馆
		教育							速成科师范馆
		心理							速成科师范馆
		体操							速成科师范馆
		教育法令							速成科师范馆
		人伦道德							速成科师范馆
		英文							师范馆一二三类

* 本表依据史料整理了 1902 年至 1949 年北京大学所开设教育学相关课程，以及教育学专业学生必须修习的由其他专业开设的课程。具体包括：1. 京师大学堂师范馆开设的课程；2. 京师大学堂分科大学开设的与教育学相关的课程；3. 1912—1922 年哲学系（门）开设的与教育学相关的课程；4. 1922—1924 年哲学系教育学组开设的课程；5. 1924 年后教育学系开设的课程；6. 西南联大师范学院的教育学系（哲学心理学系）开设的课程。7. 1946 年北大教育学系开设的课程。表中未包含全校必修课。因史料不完整，个别年份课程缺失。

① 师范馆学生因所学科目的不同分为一二三四类，一类为国文外语部，二类为历史地理部，三类为数学物理部，四类为博物农学部。

续　表

年度	课程编号	课程名称	任课教师	开设年级	必修/选修	学时	学分	学期	开课院系
1902		学校卫生							师范馆一二三类
		生理							师范馆一四类
		法制							师范馆一二类
		生物							师范馆一二类
		德文							师范馆一类
		周秦诸子							师范馆一类
		外国地理							师范馆二类
		中国地理							师范馆二类
		世界史							师范馆二类
		亚洲史							师范馆二类
		中国史							师范馆二类
		地理							师范馆二类
		手工							师范馆三类
		物理							师范馆三类
		物理实验							师范馆三类

续　表

年度	课程编号	课程名称	任课教师	开设年级	必修/选修	学时	学分	学期	开课院系
1902		代数							师范馆三类
		几何							师范馆三类
		三角							师范馆三类
		解析几何							师范馆三类
		化学实验							师范馆三类
		化学							师范馆三类
		图画							师范馆三四类
		微积分							师范馆三四类
		农学							师范馆四类
		动物							师范馆四类
		动物实验							师范馆四类
		植物							师范馆四类
		植物实验							师范馆四类
		动物通论							师范馆四类

续表

年度	课程编号	课程名称	任课教师	开设年级	必修/选修	学时/学分	学期	开课院系
1902		动物进化论						师范馆四类
		植物生理						师范馆四类
		动物发生						师范馆四类
		矿物						师范馆四类
		地学						师范馆四类
1903		中外教育史			补助课			经学科大学各门学科
		教育学			主课			政法科政治学门
1912		教育学						文科哲学门中国哲学类
		教育学						文科哲学门西洋哲学类
1916		教育学①	许寿裳					文科哲学门

① 《北京大学四年度周年度概况报告书》，载《教育公报》第 4 年第 10 期，1917 年 8 月 30 日。

续　表

年度	课程编号	课程名称	任课教师	开设年级	必修/选修	学时	学分	学期	开课院系
1917		教育学			选修		3		文科哲学门
		教育史			选修		3		文科哲学门
		教授法			选修		1		文科哲学门
1918	13	教育学①			选修		2		文科哲学门
1919 — 1920		教育学	蒋梦麟	二三年级	选修		3		哲学系
		教育学史	蒋梦麟		选修		3		哲学系
		教育哲学	杜威		选修				哲学系
1920 — 1921		教育史	蒋梦麟				3		哲学系
		教育哲学	杜威		选修		3		哲学系
		教育社会学	陶孟和				2		哲学系

① 《文科大学现行科目修正案》，《北京大学日刊》1917 年 12 月 29 日。

续　表

年度	课程编号	课程名称	任课教师	开设年级	必修/选修	学时	学分	学期	开课院系
1920—1921		教育心理学	蒋梦麟				2		哲学系
		社会心理学	陶孟和				1		哲学系
1921—1922		欧洲教育史	朱经农				3		哲学系
		教育学	朱经农				3		哲学系
		教授法	朱经农				2		哲学系
		教育行政							哲学系
		中国教育史研究	朱经农				2		哲学系
		教育心理学	刘廷芳				2		哲学系
		教育社会学	陶孟和				2		哲学系
1922—1923		论理学（初级）	张竞生				2		哲学系
		科学方法与科学效果	王星拱				2		哲学系
		生物学	李石曾				2		哲学系
		进化学说	谭熙鸿				2		哲学系

续　表

年度	课程编号	课程名称	任课教师	开设年级	必修/选修	学时/学分	学分	学期	开课院系
1922—1923		教育史	蒋梦麟				2		哲学系教育学组①
		教育学	刘廷芳				2		哲学系教育学组
		中等教育原理	杨荫庆				2		哲学系教育学组
		学校管理法	杨荫庆				1		哲学系教育学组
		乡村教育					2		哲学系教育学组
		初等教育							哲学系教育学组
		教育测验	刘廷芳				2		哲学系教育学组
		教授法□论	待定						哲学系教育学组
		教育行政	待定						哲学系教育学组
		教育统计学	待定						哲学系教育学组
1923—1924		科学方法与科学效果	王星拱	一二年级	必修		3		哲学系
		中国哲学史	胡适	一二年级	必修		2		哲学系

① 1922—1924年度，哲学系课程分为哲学、心理学和教育学三组。

续　表

年度	课程编号	课程名称	任课教师	开设年级	必修/选修	学时	学分	学期	开课院系
1923—1924		西洋哲学史	徐炳昶	一二年级	必修		1		哲学系
		▽论理学①		一二年级	必修				哲学系
		行为论	张竞生	一二年级	必修		2		哲学系
		普通心理学	樊际昌	一二年级	必修		2		哲学系
		教育学	高仁山	一二年级	必修		2		哲学系
		教育社会学	陶孟和		必修		1		哲学系教育学组
		▽教育心理学（甲）	刘廷芳		必修		2		哲学系教育学组
		教育心理学（乙）	刘廷芳				2		哲学系教育学组
		儿童心理学	刘廷芳		必修		2		哲学系教育学组
		教育史	高仁山		必修		2		哲学系教育学组
		各国教育制度					3		哲学系教育学组
		教授法	戴夏		必修		2		哲学系教育学组
		教育行政	戴夏		必修		3		哲学系教育学组
		教育测验	刘廷芳		必修		6		哲学系教育学组

① 凡是带有"▽"标记的课程表示"本年度暂停开设"。

续　表

年度	课程编号	课程名称	任课教师	开设年级	必修/选修	学时	学分	学期	开课院系
1923—1924		组织课程的研究	高仁山				2		哲学系教育学组
		中等教育	戴夏				2		哲学系教育学组
		现代教育思潮	戴夏				2		哲学系教育学组
		儿童心理学	刘廷芳		必修		2		哲学系
		中国哲学史	胡适		必修		2		哲学系
		西洋哲学史	张颐		必修		2		哲学系
		科学概论	王星拱		必修		2		哲学系
		论理学(逻辑)	陈大齐		必修		2		哲学系
1924—1925		伦理学(行为论)	张竞生		必修		2		哲学系
		社会学原理	陶孟和		必修		1		哲学系
		心理学	樊际昌		必修		3		哲学系
		英文哲学选读(甲)	江绍原		选修		2		哲学系
		英文哲学选读(乙)	樊际昌		选修		2		哲学系
		法文哲学选读	徐炳[昶]		选修		2		哲学系
		德文哲学选读	杨震文		选修		2		哲学系

续　表

年度	课程编号	课程名称	任课教师	开设年级	必修/选修	学时	学分	学期	开课院系
1924—1925		普通教学法	高仁山		必修		2		教育学系
		教育行政	戴夏		必修		2		教育学系
		学校管理法	杨荫庆		必修		1		教育学系
		教育测验	刘廷芳		必修	3	2		教育学系
		教育社会学	陶孟和		选修	2	1		教育学系
		各国教育制度	高仁山		选修		3	下	教育学系
		近代教育原理与实施（从洛克到现在）	高仁山		选修		2		教育学系
		中等教育问题	杨荫庆		选修		2		教育学系
		现代教育思潮	戴夏		选修		2		教育学系
		教育哲学	张颐		必修		2		教育学系
		教育学概论	高仁山		必修		2		教育学系
		教育史	戴夏		必修		3		教育学系
		教育心理学	刘廷芳		必修		2		教育学系

续　表

年度	课程编号	课程名称	任课教师	开设年级	必修/选修	学时	学分	学期	开课院系
1924—1925		图书利用法	袁同礼		必修	2	2		教育学系
		图书馆学	袁同礼		选修	2	2		教育学系
		目录学①	袁同礼		选修	2	2		教育学系
		中国哲学史	徐炳昶		必修		3		哲学系
		西洋哲学史	张颐		必修		3		哲学系
1925—1926		科学概论	王星拱		必修		2		哲学系
		论理学(逻辑)	陈大齐		必修		2		哲学系
		伦理学(行为论)	张竞生		必修		2		哲学系
		社会学原理	陶孟和		必修		2		哲学系
		心理学	樊际昌		必修		3		哲学系
		儿童心理(或称儿童的哲学)	刘廷芳		必修		2		哲学系

① 图书利用法、图书馆学、目录学三门课据《教育学系教授会布告》(《北京大学日刊》1924年11月26日)。

续 表

年度	课程编号	课程名称	任课教师	开设年级	必修/选修	学时	学分	学期	开课院系
1925—1926		英文哲学选读（甲）	陶孟和 江绍原		选修		2	上下	哲学系
		英文哲学选读（乙）	樊际昌		选修		2		哲学系
		法文哲学选读	徐炳昶		选修		2		哲学系
		德文哲学选读	戴夏		选修		2		哲学系
		生物学通论	李煜瀛		必修		3		生物系
		教育学概论	高仁山		必修		2		教育学系
		西洋教育（1）（上古及中古）	蒋梦麟 杨振声		必修	3	1.5	下	教育学系
		西洋教育史（2）（近代）	蒋梦麟 杨振声		必修	3	1.5	上	教育学系
		教育哲学	黄建中 陈宝锷		必修		2	上下	教育学系
		教育心理	刘廷芳		必修		3		教育学系
		青年心理	蒋梦麟 杨振声		必修	4	2	下	教育学系

续 表

年度	课程编号	课程名称	任课教师	开设年级	必修/选修	学时	学分	学期	开课院系
		普通教学法	高仁山		必修		2		教育学系
		教育行政	戴夏		必修	2	3		教育学系
		学校管理法	杨荫庆		必修		2	下	教育学系
		教育测验	刘廷芳		必修	3	2	下	教育学系
		教育统计学初步	刘廷芳		必修		3	上	教育学系
		中等教育史	杨荫庆		选修		2	下	教育学系
1925 — 1926		近代西洋小学教育史	蒋梦麟 杨振声		选修	2	1	下	教育学系
		教育理想发展概观	戴夏		选修		2		教育学系
		教育社会学	陶孟和		选修		1		教育学系
		各国教育制度	高仁山		选修		3		教育学系
		现代教育思潮	戴夏		选修		2		教育学系
		近代教育趋势	杨荫庆		选修		2	上	教育学系
		中等教育问题	杨荫庆		选修		2	上	教育学系
		养成师资问题	高仁山		选修		2		教育学系

续 表

年度	课程编号	课程名称	任课教师	开设年级	必修/选修	学时	学分	学期	开课院系
1925—1926		遗传与环境	谭熙鸿		选修		1		教育学系
		图书利用法	袁同礼		选修		2		教育学系
		英文教育选读	杨荫庆		选修		2		教育学系
		中国哲学史	冯友兰	一年级	必修		3		哲学系
		西洋哲学史	邓以蛰	一年级	必修		3		哲学系
		科学概论	王星拱	一年级	必修		2		哲学系
		普通心理学	樊际昌	一年级	选修		3		心理学系
		变态心理学	谢循初		选修		2		心理学系
1926—1927		教育学概论	高仁山	一年级	必修		2		教育学系
		教育史（上古、中古）	杨荫庆	一年级	必修		1.5	上	教育学系
		教育史（近代）	高仁山	一年级	必修		1.5	下	教育学系
		教育心理	陈宝锷		必修		3		教育学系
		普通教学法	高仁山		必修		2		教育学系
		学校管理法	杨荫庆		必修		2		教育学系
		儿童心理学	凌冰		必修		2		教育学系

续　表

年度	课程编号	课程名称	任课教师	开设年级	必修/选修	学时	学分	学期	开课院系
1926—1927		教育行政	查良钊		必修		2		教育学系
		教育统计学	张敬庶		必修		2		教育学系
		实验教育	陈宝锷		必修		3		教育学系
		教育哲学	陈科美		必修		2	下	教育学系
		近代西洋小学教育史	陈宝锷		选修		2	下	教育学系
		教育社会学	谢循初		选修		2		教育学系
		现代教育学问题	陈科美		选修		2	下	教育学系
		教育思想发展概况	陈科美		选修		2	下	教育学系
		学校卫生	凌冰		选修		2		教育学系
		师资问题	张敬庶		选修		2	上	教育学系
		教育心理测验	陈宝锷		选修		2		教育学系
		生理卫生与教育	陈宝锷		选修		2	下	教育学系
		英文教育选读	杨荫庆		选修		2		教育学系
		道尔顿制	高仁山		选修		2	上	教育学系
		原人心理	陈宝锷		选修		1	上	教育学系

续　表

年度	课程编号	课程名称	任课教师	开设年级	必修/选修	学时	学分	学期	开课院系
1926—1927		组织课程	高仁山		选修		2	下	教育学系
		图书利用法	袁同礼		选修		2		教育学系
		西洋中等教育史	杨荫庆		选修		2	下	教育学系
		道德与环境	谭熙鸿		选修		2		生物学系
		生理学及实习			选修		6		生物学系
		科学概论	张心沛		必修	2	2		哲学系
		中国哲学史	徐炳昶		必修	3	3		哲学系
		西洋哲学史	邓以蛰		必修	3	3		哲学系
		论理学			必修		3		哲学系
1929—1930		伦理学	黄建中		必修	3	3		哲学系
		社会学			必修				政治系
		普通心理学	樊际昌		必修		3		心理系
		教育学	马师儒		必修		3		教育学系
		教育哲学史	童德禧		必修		2		教育学系
		西洋教育史	戴夏		必修		3		教育学系

续　表

年度	课程编号	课程名称	任课教师	开设年级	必修/选修	学时	学分	学期	开课院系
1929—1930		教育心理学	刘廷芳		必修		3		教育学系
		儿童学	马师儒		必修		3		教育学系
		教授法原理	韩定生		必修		2		教育学系
		教育行政	戴夏		必修		3		教育学系
		学校管理法	韩定生		必修		2		教育学系
		教育测验	刘廷芳		必修		3		教育学系
		教育统计学初步	刘廷芳		选修		3		教育学系
		教育与文化	马师儒		选修		2	上	教育学系
		现代教育思潮	戴夏		选修		2		教育学系
		学务调查	李建勋		选修		2		教育学系
		师范教育	李建勋		选修		2		教育学系
		小学教育	邱椿		选修		3	下	教育学系
		唯物主义与教育	邱椿		选修		3	上	教育学系
		中国教育思想史	邱椿		选修		2		教育学系
		英文教育学选读	邱椿		选修		2		教育学系

年度	课程编号	课程名称	任课教师	开设年级	必修/选修	学时	学分	学期	开课院系
1929—1930		德文教育学选读	童德禧		选修		2		教育学系
		学校学组织	刘钧		选修		3		教育学系
		工作学校要义	刘钧		选修		3		教育学系
		遗传与环境	陈映璜		选修		2		教育学系
		图书馆学	袁同礼		选修		2		教育学系
		科学概论	张心沛		必修		2		教育学系
		中国哲学史	徐炳昶		必修		3		教育学系
		西洋哲学史	张颐		必修		3		教育学系
		论理学	陈大齐		必修		2		教育学系
		伦理学			必修		3		教育学系
1930—1931		社会学	陶孟和		必修		2		教育学系
		普通心理学	樊际昌		必修		3		教育学系
		教育学概论	马师儒		必修		3		教育学系
		西洋教育通史	戴夏		必修		3		教育学系
		教育哲学	童德禧		必修		2		教育学系

续表

年度	课程编号	课程名称	任课教师	开设年级	必修/选修	学时	学分	学期	开课院系
1930—1931		教育行政概论	戴夏		必修		2		教育学系
		学校管理法	韩定生		必修		2		教育学系
		普通教授法原理	马师儒		必修		3		教育学系
		教育心理学	邱椿		必修		2		教育学系
		教育测验	杜元载		必修		3		教育学系
		实习(四年级)	马师儒		必修		2		教育学系
		实习(三年级)	刘钧		必修		2		教育学系
		遗传与环境	陈映璜		选修		2		教育学系
		克伯什太奈陶冶学原理	刘钧		选修		3		教育学系
		教育价值论	邱椿		选修		2		教育学系
		幼稚教育	刘灵卓生		选修		3		教育学系
		师范教育	李建勋		选修		2		教育学系
		乡村教育	李蒸 佘景陶		选修		2	上下	教育学系
		民众教育	李蒸		选修		2	下	教育学系
		中国教育史	佘景陶		选修		2		教育学系

续　表

年度	课程编号	课程名称	任课教师	开设年级	必修/选修	学时	学分	学期	开课院系
		现代教育思潮	戴夏		选修		2		教育学系
		中国教育制度	李建勋		选修		2		教育学系
		西洋教育制度	萧恩承		选修		2		教育学系
		学务调查	李建勋		选修		2		教育学系
		工作学校要义	刘钧		选修		2		教育学系
		教育统计学初步	刘廷芳		选修		2		教育学系
		各科教授法	韩定生		选修		2		教育学系
1930		图书馆学	袁同礼		选修		2		教育学系
—		英文教育书选读	萧恩承		选修		2		教育学系
1931		中等教育原理①	余景陶			2		上	教育学系
		唯物史观与教育②	王少文			3		上	教育学系
		中学教学法	杨康			3	1.5	下	教育学系
		最近美国教育③	杨康			3	1.5	下	教育学系

① 注册部布告：教育系添设"中等教育原理"一课。据《北京大学日刊》1930 年 11 月 10 日。
② 注册部布告：教育系添设"唯物史观与教育"一课。据《北京大学日刊》1930 年 12 月 3 日。
③ 注册部布告：教育系添设"中学教学法""最近美国教育"两种功课。据《北京大学日刊》1931 年 2 月 12 日。

续表

年度	课程编号	课程名称	任课教师	开设年级	必修/选修	学时	学分	学期	开课院系
1931—1932		儿童心理学	萧恩承			4			教育学系
		课程编制	萧恩承			4			教育学系
		教育社会学	吴俊升			4			教育学系
		教育哲学	吴俊升			4			教育学系
		上中古教育史	裘夏			4			教育学系
		比较教育	裘夏 杨廉			4			教育学系
		中学教育	杨廉			4			教育学系
		教育行政	杨亮功			4			教育学系
		视学指导	杨亮功			4			教育学系
		教育统计初步	刘廷芳			4			教育学系
		幼稚教育	刘灵卓生			3			教育学系
		英文教育书选读	王卓然			4			教育学系
		中国教育问题①	蒋梦麟、朱经农等					下	教育学系

① 教育系布告：分别聘请朱经农、蒋梦麟讲"中国教育问题"和"高等教育问题"的"义务教育问题"。据《北京大学日刊》1932 年 3 月 4 日、4 月 21 日。

续　表

年度	课程编号	课程名称	任课教师	开设年级	必修/选修	学时	学分	学期	开课院系
1932—1933		哲学概论		一年级	必修	2	2	上	文学院
		科学概论		一年级	必修	2	2	下	文学院
		中国通史		一年级	必修	4	8	上下	文学院
		西洋通史		二年级	必修	4	8		文学院
	教11-12	教育概论	杨亮功	一年级	必修	2	2	上下	教育系
	教35-36	教育名著选读(1)	萧恩承	一年级	必修	2	2	上下	教育系
	教111-2	西洋教育史	萧恩承			4	4	上下	教育系
	教125	教育统计	刘廷芳	二年级	必修	3	3	上	教育系
	教135-6	教育名著选读(2)	邱椿	二三四年级	必修	2	2	上下	教育系
	教201	▽教育哲学	吴俊升	三四年级	必修	4	4	上	教育系
	教209-10	教育心理	蔡乐生	三四年级	必修	2	2	上下	教育系
	教225	教育社会学	吴俊升	三四年级	必修	4	4	上	教育系
	教228	教育行政	杨亮功	三四年级	必修	4	4	下	教育系
	教231	▽教学法	杨廉	三四年级	必修	2	4	上	教育系
	教235-6	教育名著选读(3)	吴俊升	二三四年级	必修	2	2	上下	教育系

续表

年度	课程编号	课程名称	任课教师	开设年级	必修/选修	学时	学分	学期	开课院系
1932—1933	教405-6	幼稚教育	刘灵 卓生			3	3	上下	教育系
	教408	小学教育	吴俊升			4	4	下	教育系
	教415	▽中学教育原理	杨廉			3	3	上	教育系
	教416	中学行政	杨廉			3	3	下	教育系
	教426	▽地方教育行政	杨亮功			4	4	下	教育系
	教427	教学指导	杨亮功			3	3	上	教育系
	教429-30	教育调查	杨亮功			3	3	上下	教育系
	教431-2	比较教育	吴俊升 萧恩承 杨廉			4	4	上下	教育系
	教434	教育测验	刘廷芳			3	3	下	教育系
	教437	▽课程组织	萧恩承			3	3	上	教育系
	教440	健康教育	袁敦礼			2	2	下	教育系
	教441-2	师范教育	李建勋			2	2	上下	教育系
	教445	▽乡村教育				4	4	上	教育系

续　表

年度	课程编号	课程名称	任课教师	开设年级	必修/选修	学时	学分	学期	开课院系
	教 448	▽职业教育				4	4	下	教育系
	教 455	成人教育	傅葆琛			4	4	上	教育系
1932	教 465-6	儿童心理	叶石荪			3	3	上下	与心理系合班
—	教 468	青年心理	陈雪屏			3	3	下	与心理系合班
1933	教 470	▽中国教育史	邱椿			4	4	下	教育系
	教 471	▽中国教育思想史	邱椿			4	4	上	教育系
	教 476	现代教育思想史	吴俊升			3	3	下	教育系
	教 478	教育研究法	萧恩承			2	2	下	教育系
		科学概论			必修		2		文学院
		哲学概论			必修		2		文学院
1933		中国通史			必修		8		文学院
—		西洋通史			必修		8		文学院
1934	教 11-12	教育概论	尚仲衣			2	2	上下	教育系
	教 135-6	教育名著选读（1）	萧恩承			2	2	上下	教育系
	教 111-2	西洋教育史	萧恩承			3	3	上下	教育系

续　表

年度	课程编号	课程名称	任课教师	开设年级	必修/选修	学时	学分	学期	开课院系
1933—1934	教125	教育统计学	倪亮			3	3	上	教育系
	教201	教育哲学	吴俊升			4	4	上	教育系
	教209-10	教育心理学	潘渊			2	2	上下	教育系
	教226	教育社会学	吴俊升			4	4	下	教育系
	教228	教育行政	尚仲衣			4	4	下	教育系
	教231	教学法	潘渊			4	4	上	教育系
	教235-6	教育名著选读（2）	吴俊升			2	2	上下	教育系
	教405-6	幼稚教育	刘吴卓生			3	3	上下	教育系
	教408	小学教育	尚仲衣			4	4	上	教育系
	教416	中学教育	潘渊			4	4	下	教育系
	教428	教学指导	潘渊			2	2	下	教育系
	教429-30	教育调查	萧恩承			3	3	上	教育系
	教431-2	比较教育	萧恩承 潘渊 尚仲衣 吴俊升			3	3	上下	教育系
	教434	教育测验				3	3	下	教育系
	教437	课程论	萧恩承			3	3	上	教育系

续　表

年度	课程编号	课程名称	任课教师	开设年级	必修/选修	学时	学分	学期	开课院系
	教439-40	健康教育	袁敦礼			2	2	上下	教育系
	教441-2	▽师范教育				2	2	上下	教育系
1933 — 1934	教445	▽乡村教育				4	4	上	教育系
	教448	职业教育				3	3	下	教育系
	教456	成人教育	尚仲衣			4	4	下	教育系
	教466	儿童心理	萧恩承			2	2	下	教育系
	教470	▽中国教育史				4	4		教育系
	教476	▽现代教育思想史				3	3		教育系
	教478	教育研究法	萧恩承			2	2	下	教育系
		基本英文			必修		6		文学院
		中国通史			必修		8		文学院
1934 — 1935		西洋通史			必修		8		文学院
	教11-12	教育概论	尚仲衣	一年级	必修	2	2	上下	教育学系
	教115	教育统计学	倪亮	二年级	必修	3	3	上	教育学系
	教120	教育社会学	吴俊升	三四年级	必修	4	4	下	教育学系

续表

年度	课程编号	课程名称	任课教师	开设年级	必修/选修	学时	学分	学期	开课院系
	教131	教育哲学	吴俊升	三四年级	必修	4	4	上	教育学系
	教148	教育行政	尚仲衣	三四年级	必修	4	4	下	教育学系
	教201-2	中国教育史	邱椿	三四年级	必修	3	3	上下	教育学系
	教217-8	▽西洋教育史		三四年级	必修	3	3	上下	教育学系
	教231-2	教育名著选读(1)	陈雪屏	二年级	必修	2	2	上下	教育学系
	教241-2	教育名著选读(2)	吴俊升	三年级	必修	2	2	上下	教育学系
1934—1935	教296	教育系观及实习	本系教授指导	四年级	必修				教育学系
	教301-2	幼稚教育	刘灵卓生	二年级以上	选修	2	2	上下	教育学系
	教309	小学教育	尚仲衣	二年级以上	选修	4	4	上	教育学系
	教318	中学教育	潘渊	二年级以上	选修	4	4	下	教育学系
	教321	师范教育	王西微	二年级以上	选修	4	4	上	教育学系
	教331	▽社会教育		二年级以上	选修	4	4	上	教育学系
	教342	▽教育学指导		三年级以上	选修	2	2	下	教育学系
	教348	教育测验	倪亮	二年级以上	选修	3	3	下	教育学系

续　表

年度	课程编号	课程名称	任课教师	开设年级	必修/选修	学时	学分	学期	开课院系
	教 351	▽课程编制		三年级以上	选修	3	3	上	教育学系
	教 359	小学各科教材及教法	尚仲衣	三年级以上	选修	3	3	上	教育学系
	教 362	▽德育原理		三年级以上	选修	4	4	下	教育学系
	教 375-6	▽健康教育		二年级以上	选修	2	2	上下	教育学系
	教 384	现代教育思潮	邱椿	三年级以上	选修	3	3	下	教育学系
1934—1935	教 391-2	各国教育制度	邱椿潘渊尚仲衣吴俊升	二年级以上	选修	3	3	上下	教育学系
	教 397-9	中国教育问题	蒋梦麟、胡适等	三年级以上	选修		1	上下	教育学系
	教 401-2	普通心理学	樊际昌	一年级	必修	2	2	上下	教育学系心理组①
	教 413-4	实验心理学	陈雪屏	二四年级	必修	4	2	上下	教育学系心理组

① 1934 年下学年，心理系被裁并。该系课程并入哲学、教育学两系。心理组为并入教育学系的课程。

续　表

年度	课程编号	课程名称	任课教师	开设年级	必修/选修	学时	学分	学期	开课院系
1934 — 1935	教 421	教育心理学及实验	潘渊	二年级	必修	4	3	上	教育学系心理组
	教 428	学习心理学及实验	陈雪屏	二年级	必修	4	3	下	教育学系心理组
	教 433	儿童心理学	陈雪屏	二年级以上	选修	3	3	上	教育学系心理组
	教 441	社会心理学	樊际昌	二年级以上	选修	2	2	上	教育学系心理组
	教 450	变态心理学	樊际昌	二年级以上	选修	2	2	下	教育学系心理组
	教 455	情绪心理与教育	潘渊	二年级以上	选修	2	2		教育学系心理组
	教 461-2	▽应用心理学		一年级以上	选修	3	3	上 下	教育学系心理组
	教 469-70	现代心理学	樊际昌等①	一年级以上	选修	2	2		教育学系心理组
1935 — 1936		基本英文			必修		6		文学院
		中国通史			必修		8		文学院
		西洋通史			必修		8		文学院
	教 11-12	教育概论	尚仲衣	一年级	必修	2	2	上下	教育学系
	教 106	普通教学法	潘渊	三四年级	必修	4	4	下	教育学系

① 本课程由樊际昌、陈雪屏、陆志韦、周先庚、王徽奏、程克敬、孙国华、朱希亮、叶麟共同开设。

续表

年度	课程编号	课程名称	任课教师	开设年级	必修/选修	学时	学分	学期	开课院系
1935—1936	教 115	教育统计学	倪亮	二年级	必修	3	3	上	教育学系
	教 131-2	教育哲学	吴俊升	三四年级	必修	2	2	上下	教育学系
	教 147-8	教育行政	尚仲衣	三四年级	必修	2	2	上下	教育学系
	教 201-2	中国教育史	邱椿	三四年级	必修	3	3	上下	教育学系
	教 217-8	▽西洋教育史	吴俊升	三四年级	必修	3	3	上下	教育学系
	教 231-2	教育名著选读(1)	吴俊升	二年级	必修	2	2	上下	教育学系
	教 241-2	教育名著选读(2)	邱椿	三年级	必修	2	2	上下	教育学系
	教 243-4	论文撰著	本系教授指导	四年级	必修		2	上下	教育学系
	教 296	教育参观及实习	本系教授指导	四年级	必修				教育学系
	教 301-2	幼稚教育	刘灵卓生	二年级以上	选修	2	2	上下	教育学系
	教 309	▽小学教育	尚仲衣	二年级以上	选修	4	4	上	教育学系
	教 318	中学教育	潘渊	二年级以上	选修	4	4	下	教育学系
	教 321	师范教育	王丙徵	二年级以上	选修	4	4	上	教育学系

续　表

年度	课程编号	课程名称	任课教师	开设年级	必修/选修	学时	学分	学期	开课院系
1935—1936	教331	社会教育	尚仲衣	二年级以上	选修	4	4	上	教育学系
	教341	教学指导	潘渊	三年级以上	选修	2	2	上	教育学系
	教348	教育测验	倪亮	二年级以上	选修	3	3	下	教育学系
	教351-2	课程论	余肇陶	三年级以上	选修	2	2	上下	教育学系
	教360	小学各科教材及教法	尚仲衣	三年级以上	选修	4	4	下	教育学系
	教361-2	德育原理	吴俊升	三年级以上	选修	2	2	上下	教育学系
	教376	健康教育		二年级以上	选修	4	4	下	教育学系
	教383-4	近代教育思潮	邱椿	三年级以上	选修	2	2	上下	教育学系
	教385-6	▽教育社会学	吴俊升	三年级以上	选修	2	2	上下	教育学系
	教391-2	▽各国教育制度	邱椿、潘渊、尚仲衣、吴俊升	二年级以上	选修	3	3	上下	教育学系
	教397-8	▽中国教育问题	蒋梦麟、胡适等	三年级以上	选修		1	上下	教育学系

续　表

年度	课程编号	课程名称	任课教师	开设年级	必修/选修	学时	学分	学期	开课院系
1935—1936	教 401-2	普通心理学	樊际昌	一年级	必修	2	2	上下	教育学系心理组
	教 413-4	实验心理学	陈雪屏	二三年级	必修	4	2	上下	教育学系心理组
	教 421	教育心理学	潘渊	二年级	必修	4	3	上	教育学系心理组
	教 428	学习心理学	陈雪屏	二年级	必修	4	3	下	教育学系心理组
	教 433	儿童心理学	陈雪屏	二年级以上	选修	4	4	上	教育学系心理组
	教 441	社会心理学	樊际昌	二年级以上	选修	2	2	上	教育学系心理组
	教 450	▽变态心理学	樊际昌	二年级以上	选修	2	2	下	教育学系心理组
	教 452	心理卫生	樊际昌	二年级以上	选修	2	2	下	教育学系心理组
	教 455	情绪心理	潘渊	二年级以上	选修	2	2	上	教育学系心理组
	教 461-2	▽应用心理学	陈雪屏	二年级以上	选修	3	3	上下	教育学系心理组
	教 469-70	▽现代心理学	樊际昌等	二年级以上	选修	2	2	上下	教育学系心理组
1936—1937		基本英文			必修		6		文学院
		中国通史			必修		8		文学院
		西洋通史			必修		8		文学院
	教 11-12	教育概论	邱椿	一年级	必修	2	2	上下	教育学系

续　表

年度	课程编号	课程名称	任课教师	开设年级	必修/选修	学时	学分	学期	开课院系
	教106	普通教学法	潘渊	三四年级	必修	4	4	下	教育学系
	教115	教育统计学	倪亮	二年级	必修	3	3	上	教育学系
	教131-2	教育哲学	吴俊升	三四年级	必修	3	4	上	教育学系
	教147-8	教育行政		三四年级	必修	4	4	下	教育学系
	教201-2	▽中国教育史	邱椿	三四年级	必修	3	3	上下	教育学系
	教217-8	西洋教育史	邱椿	三四年级	必修	3	3	上下	教育学系
	教231-2	教育名著选读（1）	吴俊升	二年级	必修	4	4	上	教育学系
	教241-2	教育名著选读（2）	邱椿	三年级	必修	2	2	上下	教育学系
1936—1937	教243-4	论文撰著	本系教授指导	四年级	必修		2	上下	教育学系
	教296	教育参观及实习	本系教授指导	四年级	必修				教育学系
	教301-2	幼稚教育	刘吴卓生	二年级以上	必修	2	2	上下	教育学系
	教310	小学教育		二年级以上	选修	4	4	下	教育学系
	教318	中学教育	潘渊	二年级以上	选修	4	4	下	教育学系

续　表

年度	课程编号	课程名称	任课教师	开设年级	必修/选修	学时	学分	学期	开课院系
1936—1937	教321-2	师范教育	王西徵	二年级以上	选修	2	2	上下	教育学系
	教331	▽社会教育		二年级以上	选修	4	4	上	教育学系
	教341	教学指导	潘渊	三年级以上	选修	2	2	上	教育学系
	教348	教育测试	倪亮	二年级以上	选修	3	3	下	教育学系
	教351-2	▽课程论		三年级以上	选修	2	2	上下	教育学系
	教360	▽小学各科教材及教法		三年级以上	选修	4	4	下	教育学系
	教361-2	▽德育原理	吴俊升	三年级以上	选修	2	2	上下	教育学系
	教376	▽健康教育		二年级以上	选修	4	4	下	教育学系
	教383-4	▽近代教育思潮	邱椿	三年级以上	选修	2	2	上下	教育学系
	教385-6	▽教育社会学	吴俊升	三年级以上	选修	2	2	上下	教育学系
	教387	学校调查	黄敬思	二年级以上	选修	3	3	上	教育学系
	教391-2	各国教育制度	邱椿 潘渊 吴俊升	二年级以上	选修	3	3	上下	教育学系
	教393-4	中学英语教学法	莫洋齐	二年级以上	选修	3	2	上下	教育学系

续　表

年度	课程编号	课程名称	任课教师	开设年级	必修/选修	学时	学分	学期	开课院系
1936—1937	教395	中学国文教学法	缪金源	二年级以上	选修	2	2	上	教育学系
	教397	图书馆学大纲	严文郁	二年级以上	选修	2	2	上	教育学系
	教399-400	▽中国教育问题	蒋梦麟、胡适等	二年级以上	选修		1	上下	教育学系
	教401-2	普通心理学	樊际昌	一年级	必修	2	2	上下	教育学系心理组
	教413-4	实验心理学	陈雪屏	一、二、三年级	必修	4	2	上下	教育学系心理组
	教421	教育心理学	潘渊	二年级	必修	4	3	上	教育学系心理组
	教428	学习心理学	陈雪屏	二年级	必修	4	3	下	教育学系心理组
	教433	儿童心理学	陈雪屏	二年级以上	选修	4	4	上	教育学系心理组
	教411	社会心理学	樊际昌	二年级以上	选修	2	2	上	教育学系心理组
	教450	▽变态心理学	樊际昌	二年级以上	选修	2	2	下	教育学系心理组
	教452	▽心理卫生	樊际昌	二年级以上	选修	2	2	下	教育学系心理组
	教455	▽情绪心理	潘渊		选修	2	2	上	教育学系心理组
	教461-2	应用心理学	陈雪屏	二年级以上	选修	3	4	下	教育学系心理组
	教469-70	▽现代心理学	樊际昌等	二年级以上	选修	2	2	上下	教育学系心理组

续　表

年度	课程编号	课程名称	任课教师	开设年级	必修/选修	学时	学分	学期	开课院系
1937—1938		教育心理学	周先庚				4	上下	哲学心理教育学系①
		学习心理学	陈雪屏				4	上下	哲学心理教育学系
		儿童心理学	陈雪屏				4	上下	哲学心理教育学系
		普通教学法	罗廷光				3	下	哲学心理教育学系
		教育行政	罗廷光				4	上下	哲学心理教育学系
		比较教育	罗廷光				4	上下	哲学心理教育学系
		西洋教育史	邱椿				4	上下	哲学心理教育学系
		现代教育思潮	邱椿				4	上下	哲学心理教育学系
		教育名著选读	吴俊升				2	上	哲学心理教育学系
		教育哲学	吴俊升				4	上下	哲学心理教育学系
1938—1939		普通心理学	樊际昌	一年级	必修		6	上下	教育学系
		教育概论	黄钰生	一年级	必修		6	上下	教育学系

① 1937年7月7日，抗战全面爆发。北大、清华、南开组建长沙临时大学。临时大学文科院系为：中国文学系、外国语文系、历史社会系和哲学心理教育系。

续　表

年度	课程编号	课程名称	任课教师	开设年级	必修/选修	学时/	学分	学期	开课院系
		教育心理学	陈雪屏	二年级	必修		6	上下	教育学系
		中等教育	陈友松	二年级	必修		6	下	教育学系
		教育统计学	曾作忠	二年级	必修		4	上下	教育学系
		普通教学法	罗廷光	三年级	必修		4	上下	教育学系
		比较教育	罗廷光	三年级	必修		6	上下	教育学系
1938		心理及教育测验	曾作忠	三年级	必修		4	上下	教育学系
—		西洋教育史	邱椿	三年级	必修		6	上下	教育学系
1939		训育论	查良钊		必修		3	下	教育学系
		变态心理及精神卫生	樊际昌	三年级	选修		6	上下	教育学系
		儿童心理学	陈雪屏				4	上下	教育学系
		中国教育史	邱椿		选修		4	上下	教育学系
		青年心理学	曾作忠				4	上下	教育学系
		家庭管理学	陈意	二年级以上	选修①		3	上	教育学系
		营养学	陈意				3	下	教育学系

① 限女生选修。

续　表

年度	课程编号	课程名称	任课教师	开设年级	必修/选修	学时	学分	学期	开课院系
1938—1939		学校行政问题	查良钊	二年级	选修		4	上下	师范学院
		教育财政学	陈友松				2	下	教育学系
		普通心理	樊际昌	一年级	必修		6	上下	教育学系
		教育概论	黄钰生	一年级	必修		6	上下	教育学系
		教育心理（甲）	陈雪屏	二年级	必修		6	上下	与公民训育系合设
		中等教育	陈友松	二年级	必修		6	上下	教育学系
		教育统计学	曾作忠	二年级	必修		4	上下	教育学系
1939—1940		教育名著选读（地黄）	黄廷光	二年级	选修		4	上下	教育学系
		普通教学法	罗廷光	三年级	必修		4	上下	教育学系
		教育社会学	陈友松	三年级	必修		4	上下	教育学系
		西洋教育史	田培林	三年级	必修		6	上下	教育学系
		心理及教育测验	曾作忠	三年级	必修		4	上下	教育学系
		儿童心理学	陈雪屏	三年级	选修		4	上下	教育学系
		社会心理学	樊际昌	二年级	选修		3	下	教育学系
		教育哲学	孟宪承	四年级	必修		2	上下	教育学系

续　表

年度	课程编号	课程名称	任课教师	开设年级	必修/选修	学时	学分	学期	开课院系
1939—1940		训育论	查良钊	四年级	必修		3	上	教育学系
		教育及学校行政	罗廷光	四年级	必修		6	上下	教育学系
		职业教育	喻兆明	四年级	选修		4	上下	教育学系
		教育名著选读（天玄）	刘盈					上下	教育学系
		教育视导	罗廷光				2	下	教育学系
		青年问题	查良钊				2	下	教育学系
		童子军教育男	朱守训	三年级	必修		4		与公民训育系合设
		童子军教育女	朱守训	三年级	必修		4		教育学系
		童子军教育男	朱守训	二年级	选修		4		教育学系
		童子军教育女	朱守训	二年级	必修		4		教育学系
		童子军教育男	朱守训	四年级	必修		4		教育学系
		音乐教育甲	刘振汉	一二年级　三四年级	必修　选修				师范学院
		音乐教育乙	刘振汉	一二年级　三四年级	必修　选修				师范学院

续　表

年度	课程编号	课程名称	任课教师	开设年级	必修/选修	学时	学分	学期	开课院系
1939—1940		音乐教育丙	刘振汉	一二年级	必修				师范学院
		论文讨论		三四年级	选修				师范学院
1940—1941		普通心理	樊际昌	一年级	必修		6		教育学系
		教育概论	黄钰生	一年级	必修		6		教育学系
		教育心理学	陈雪屏	二年级	必修		6		教育学系
		中等教育	陈友松	二年级	必修		6		教育学系
		教育统计学	曾作忠	二年级	必修		4		教育学系
		西洋教育史	田培林	三年级	必修		6		教育学系
		发展心理学	陈雪屏	三年级	必修		4		教育学系
		普通教学法	黄钰生	三年级	必修		4		教育学系
		心理及教育测验	倪中方	三年级	必修		4		教育学系
		训育原理及实施	查良钊	三年级	必修		3	上下	教育学系
		教育哲学	田培林	四年级	必修		4		教育学系
		教育行政	陈友松	四年级	必修		4		教育学系

续　表

年度	课程编号	课程名称	任课教师	开设年级	必修/选修	学时	学分	学期	开课院系
1940—1941		比较教育	曾作忠	四年级	必修		4		教育学系
		中国教育史	王维诚	四年级	必修		6		教育学系
		分科教材及教法研究	黄、查等①	四年级	必修		6		教育学系
		教学实习	附校视导委员会	四年级	必修		6		教育学系
		教育名著选读	黄钰生	二年级	选修		4	上下	教育学系
		变态心理学	樊际昌	三四年级	选修		3	下	教育学系
		社会心理学	樊际昌	三四年级	选修		3	下	教育学系
		教育专家研究	田培林	四年级	选修		2	上	教育学系
		职业教育	喻兆明	四年级	选修		4	上下	教育学系
		人格心理学	陈雪屏	四年级	选修		2	下	教育学系
		青年问题	查良钊	三年级	选修		2	下	教育学系
		教育财政学	陈友松	四年级	选修		2	上	教育学系

① 本课程由黄钰生、查良钊、樊际昌、陈友松、陈雪屏、田培林、曾作忠、严情云共同开设。

续　表

年度	课程编号	课程名称	任课教师	开设年级	必修/选修	学时	学分	学期	开课院系
1940—1941		童子军教育①	朱守训	二三四年级	选修		2	上下	教育学系
		音乐教育	刘振汉	二三四年级	选修		2		教育学系
		童子军训练②	马约翰		选修		2		教育学系
		普通心理学	樊际昌	一年级	必修		6		教育学系
		教育概论	黄钰生	一年级	必修		6		教育学系
		中等教育	徐继祖	二年级	必修		6		教育学系
		教育心理学	陈雪屏	二年级	必修		6		教育学系
		教育统计学	胡毅	二年级	必修		4		教育学系
1941—1942		教育名著选读	王纯修	二年级	选修		2	下	教育学系
		普通教学法	胡毅	三年级	必修		4		教育学系
		发展心理学	陈雪屏	三年级	必修		4		教育学系
		中国教育史	王维诚	三年级	必修		6		教育学系
		心理及教育测验	倪中方	三年级	必修		4		教育学系

① 一学期授毕,上学期男生选修,下学期女生选修。
② 须修毕童子军教育者,方能选修。

续表

年度	课程编号	课程名称	任课教师	开设年级	必修/选修	学时	学分	学期	开课院系
1941—1942		训育原理及实施	查良钊	三年级	必修		3		教育学系
		初等教育	王纯修	三年级	必修		2	上	教育学系
		升学及就业指导	倪中方	三年级	选修		2	下	教育学系
		青年问题	查良钊	三年级	选修		2	下	教育学系
		社会心理学	樊际昌	三年级	选修		3	下	教育学系
		教育哲学	田培林	四年级	必修		4		教育学系
		教育行政	陈友松	四年级	必修		4		教育学系
		西洋教育史	陈友松	四年级	必修		6		教育学系
		教育视导及调查	徐继祖	四年级	选修		2	下	教育学系
		中等教育专家研究	田培林	四年级	选修		2	上	教育学系
		职业教育	喻兆明	四年级	选修		2	上	教育学系
		心理卫生	倪中方	四年级	选修		2	上	与公民训育系合设
		青年心理学	倪中方	四年级	选修		3	下	与公民训育系合设
		比较教育	陈友松	五年级	必修		4		教育学系

续表

年度	课程编号	课程名称	任课教师	开设年级	必修/选修	学时	学分	学期	开课院系
1941—1942		分科教材及教法研究	胡毅及其他导师	五年级	必修		2		教育学系
		教学实习	胡毅及其他导师	五年级	必修		10		教育学系
		论文		五年级	必修		2		教育学系
		学校行政	徐继祖	五年级	选修		3	上	教育学系
		体育与卫生	马约翰	五年级	选修		2	上下	与公民训育系合设
		人格心理学	王纯修	五年级	选修		2	下	教育学系
		音乐教育	顾钟琳	二三四年级	必修				教育学系
		体育与卫生	马约翰	二三四年级	选修		2	下	教育学系
		教育法令	杜元载	三年级			3	下	教育学系
		中学行政问题	沈覆	二年级			2	下	教育学系
1942—1943		教育概论	黄钰生	一年级	必修		6		教育学系
		普通心理学	樊际昌	一年级	必修		6		教育学系
		中等教育	徐继祖	二年级	必修		6		教育学系

续　表

年度	课程编号	课程名称	任课教师	开设年级	必修/选修	学时	学分	学期	开课院系
1942—1943		教育心理学	陈雪屏	二年级	必修		6		教育学系
		教育统计学	胡毅	二年级	必修		4		教育学系
		中国教育史	王维诚	三年级	必修		6		教育学系
		训育原理及实施	查良钊	三年级	必修		3	上	教育学系
		发展心理学	陈雪屏	三年级	必修		4		教育学系
		心理及教育测验	曹日昌	三年级	必修		4		教育学系
		普通教学法	胡毅	三年级	必修		4		教育学系
		升学及就业指导	倪中方	三年级	选修		2	下	与公民训育系合设
		青年问题	查良钊	三年级	选修		2	下	教育学系
		社会心理学	樊际昌	三年级	选修		4	下	教育学系
		教育哲学	汪懋祖	四年级	必修		4		教育学系
		西洋教育史	陈雪屏	四年级	必修		6		教育学系
		比较教育	陈友松	四年级	必修		4	下	教育学系
		教育行政	徐继祖	四年级	必修		4		教育学系

续　表

年度	课程编号	课程名称	任课教师	开设年级	必修/选修	学时	学分	学期	开课院系
1942—1943		分科教材及教法研究	本系教授共同讲授	四年级	必修		6		教育学系
		教学实习	委员会指导	四年级	必修		6		教育学系
		中等教育专家研究	胡毅	四年级	选修		2	上	教育学系
		心理卫生	倪中方	四年级	选修		2	下	教育学系
		青年心理学	倪中方	四年级	选修		3	上	教育学系
		人格心理学	陈雪屏	四年级	选修		2	下	教育学系
		二年国文	张清常	二年级	必修		4		教育学系
		图书馆学	童明道				4		教育学系
1943—1944		中学行政问题	沈覆	四年级	选修		2	下	教育学系
		教育概论	黄钰生	一年级	必修		6		教育学系
		普通心理学	樊际昌	一年级	必修		6		教育学系
		教育心理学	陈雪屏	二年级	必修		6		教育学系
		教育统计学	胡毅	二年级	必修		4		教育学系
		中等教育	徐继祖	二年级	必修		6		教育学系

续　表

年度	课程编号	课程名称	任课教师	开设年级	必修/选修	学时	学分	学期	开课院系
1943—1944		教育史(西洋及中国)	汪懋祖	三年级	必修		6		教育学系
		发展心理学	倪中方	三年级	必修		4		教育学系
		心理及教育测验	曹日昌	三年级	必修		4		教育学系
		普通教学法	胡毅	三年级	必修		4		教育学系
		教育行政	陈友松	三年级	必修		4		教育学系
		社会教育	陈友松	三年级	必修		2	下	教育学系
		心理卫生	倪中方	三年级	选修		2	下	教育学系
		训育原理及实施	查良钊	四年级	必修		3	上	教育学系
		青年问题	查良钊	四年级	选修		2	下	教育学系
		比较教育	陈友松	四年级	必修		4		教育学系
		教育哲学	汪懋祖	四年级	必修		4		教育学系
		应用心理学	倪中方	四年级	选修		4		教育学系
		社会心理学	樊际昌	四年级	选修		3	下	教育学系
		中学行政问题	沈覆	四年级	选修		2	下	教育学系
		教育视导及调查	徐继祖	四年级	选修		3	上	教育学系

续　表

年度	课程编号	课程名称	任课教师	开设年级	必修/选修	学时/学分	学分	学期	开课院系
1943—1944		教学实习	本系教授指导	五年级	必修		16		教育学系
		分科教材及教法研究	本系教授共同讲授	五年级	必修		8		教育学系
		毕业论文	本系教授指导	四年级	必修		3		教育学系
1944—1945		教育概论	黄钰生、李廷揆	一年级	必修		6		教育学系
		普通心理学	樊际昌	一年级	必修		6		教育学系
		中等教育	徐继祖	二年级	必修		6		教育学系
		教育统计	胡毅	二年级	必修		4		教育学系
		教育心理学	陈雪屏	二年级	必修		6		教育学系
		西洋教育史	孟宪德	三年级	必修		4		教育学系
		发展心理学	倪中方	三年级	必修		4		教育学系
		心理及教育测验	曹日昌	三年级	必修		4		教育学系

续　表

年度	课程编号	课程名称	任课教师	开设年级	必修/选修	学时/学分	学分	学期	开课院系
		普通教学法	严倚云	三年级	必修		4		教育学系
		训育原理及实施	查良钊	三年级	必修		3	上	教育学系
		教育行政	陈友松	三年级	必修		4		教育学系
		青年心理	沈覆	三年级	选修		2	下	教育学系
		心理卫生	倪中方	三年级	选修		2	下	教育学系
		青年问题	查良钊	三年级	选修		2	下	教育学系
		应用心理学	倪中方	三年级	选修		4		教育学系
1944—1945		比较教育	陈友松	四年级	必修		4		教育学系
		教育哲学	黄钰生	四年级	必修		4		教育学系
		中国教育史	汪懋祖	四年级	必修		4		教育学系
		初等教育	严倚云	四年级	必修		4		教育学系
		社会教育	陈友松	四年级	必修		2	下	教育学系
		学校行政问题	沈覆	四年级	选修		2	上	教育学系
		人格心理	陈雪屏	四年级	选修		4		教育学系
		教育视导及调查	徐继祖	四年级	选修		2	上	教育学系

续 表

年度	课程编号	课程名称	任课教师	开设年级	必修/选修	学时	学分	学期	开课院系
1944—1945		中学视导	徐继祖	四年级	选修		2	下	教育学系
		教学实习	本系教授指导	五年级	必修		16		教育学系
		分科教材及教法研究	本系教授共同讲授	五年级	必修		8		教育学系
		毕业论文	本系教授指导	四年级	必修		3		教育学系
1945—1946		三民主义		一年级	必修				教育学系
		教育概论	黄钰生	一年级	必修		6		教育学系
		普通心理	樊际昌周先庚	一年级	必修		6		教育学系
		教育心理	陈雪屏	二年级	必修		6		教育学系
		中学教育	徐继祖	二年级	必修		6		教育学系
		中国教育史	汪懋祖	二年级	必修		6		教育学系
		教育统计	胡毅陈熙昌	二年级	必修		4		教育学系

续　表

年度	课程编号	课程名称	任课教师	开设年级	必修/选修	学时	学分	学期	开课院系
		西洋教育史	孟宪德	三年级	必修		6		教育学系
		教育行政	陈友松	三年级	必修		4		教育学系
		发展心理	倪中方	三年级	必修		4		教育学系
		心理及教育测验	卢濬	三年级	必修		4		教育学系
		训育原理及实施	查良钊	三年级	必修		3	上	教育学系
		普通教学法	胡毅	三年级	必修		4		教育学系
1945—1946		教育哲学	汪懋祖	四年级	必修		4		教育学系
		比较教育	陈友松	四年级	必修		4		教育学系
		初等教育	严倚云	四年级	必修		4		教育学系
		小学各科教材教法	严倚云	四年级	必修		4		教育学系
		教学实习	魏泽馨	四年级	必修		10		教育学系
		论文	本系教授指导	四年级	必修		3		教育学系
		教学实习	本系教授指导	五年级	必修		4		教育学系

续　表

年度	课程编号	课程名称	任课教师	开设年级	必修/选修	学时	学分	学期	开课院系
1945—1946		社会教育	陈友松	三年级	选修		2	下	教育学系
		青年心理	沈履	三年级	选修		2	上	教育学系
		心理卫生	倪中方	三年级	选修		2	下	教育学系
		人格心理	陈雪屏	三年级	选修		2	下	教育学系
		应用心理	倪中方	四年级	选修		4		教育学系
		青年问题	查良钊	四年级	选修		2	下	教育学系
		教育视导及调查	徐继祖	四年级	选修		4		教育学系
1946—1947		教育概论	邱椿	二年级	必修	2			教育学系
		教育统计	齐洋林	二年级	必修	2			教育学系
		教育心理学	陈雪屏	二年级	必修	3			教育学系
		教育名著选读（一）	陈友松	二年级	必修	2			教育学系
		伦理学		二年级	必修	2			教育学系
		英文		二年级	必修	2			教育学系
		西洋教育史	邱椿	三年级	必修	3			教育学系
		教育行政	陈友松	三年级	必修	2			教育学系

续表

年度	课程编号	课程名称	任课教师	开设年级	必修/选修	学时	学分	学期	开课院系
1946—1947		发展心理学		三年级	必修	2			教育学系
		心理与教育测验		三年级	必修	2			教育学系
		教育名著选读（二）	乔洋林	三年级	必修	2			教育学系
		普通教学法	乔洋林	三年级	必修	2			教育学系
		社会心理学		三年级	选修	2		上	教育学系
		变态心理学		三年级	选修	2		下	教育学系
		学校调查		三年级	选修	2		下	教育学系
		教育哲学	邱椿	四年级	必修	2			教育学系
		比较教育	陈友松	四年级	必修	3			教育学系
		中国教育史	邱椿	四年级	必修	2			教育学系
		中等教育	乔洋林	四年级	必修	2			教育学系
		小学各科教材与教法	严倚云	四年级	选修	2			教育学系
		教育视导		四年级	选修	2		上	教育学系
		人格心理学		四年级	选修	2		下	教育学系

续 表

年度	课程编号	课程名称	任课教师	开设年级	必修/选修	学时	学分	学期	开课院系
		社会学	温广汉	二年级	必修	3		上下	教育学系
		哲学概论		二年级	必修	2		上下	教育学系
		教育心理学	孙国华	二年级	必修	3		上下	教育学系
		教育统计	齐洋林	二年级	必修	2		上下	教育学系
		教育名著选读	陈友松	二年级	必修	2		上下	教育学系
		实验心理学	赫葆源	二年级	选修	1		上下	教育学系
		实验心理学实验	赫葆源	二年级	选修	3		上下	教育学系
1947		教育概论	齐洋林	二年级	选修	2		上下	教育学系
—		普通心理学	赫葆源	二年级	选修	3		上下	教育学系
1948		大二英文		二年级					
		西洋教育史	邱椿	三年级	必修	3		上下	教育学系
		教育行政	陈友松	三年级	必修	2		上下	教育学系
		普通教学法	鲁世英	三年级	必修	2		上下	教育学系
		发展心理学	孙国华	三年级	选修	2		上下	教育学系
		心理与教育测验	侯璠	三年级	选修	2		上下	教育学系

续　表

年度	课程编号	课程名称	任课教师	开设年级	必修/选修	学时	学分	学期	开课院系
		变态心理学	樊际昌	三年级	选修	3		下	教育学系
		教育哲学	邱椿	四年级	必修	2		上下	教育学系
		中等教育	齐泮林	四年级	必修	2		上下	教育学系
		人格心理	陈雪屏	四年级	选修	2		下	教育学系
		比较教育	陈友松	四年级	选修	2		上下	教育学系
1947—1948		▽应用心理学		四年级	选修	2		上下	教育学系
		▽各种教材与教法	严倚云	四年级	选修	2		上下	教育学系
		▽现代心理学	陈雪屏	四年级	选修	2		上下	教育学系
		中国教育史	杨成章	四年级	选修	3		上下	教育学系
		教育视导	陈友松	四年级	选修	2		上	教育学系
		▽学务调查		四年级	选修	2		下	教育学系
		▽课程论		四年级	选修	2		上下	教育学系
		教育研究法	齐泮林	研	选修	2			教育学系

* 表中各年度课程依据下列史料整理：
国立北京大学编：《国立北京大学廿周年纪念册》，北京大学1918年版。
北京大学档案，BD191201。
《改订文科课程会议纪事》，《北京大学日刊》1917年12月2日。
《国立北京大学学科课程一览》（八年至九年度），北京大学1919年版。
《国立北京大学学科课程一览》（九年度至十年度），北京大学1920年版。
《1921—22年哲学系课程草案（暂定）》，《北京大学日刊》1921年10月6日。
《哲学系课程》，《北京大学日刊》1922年10月9日。
《哲学系课程一览》（十二年至十三年度），《北京大学日刊》1923年9月12日。
《教育学系课程指导书》（十三年至十四年度），《北京大学日刊》1924年9月27日。
《国立北京大学教育学系课程指导书》（十四年至十五年），北京大学1925年版。
《教育学系课程指导书》（十五年至十六年度），《北京大学日刊》1926年11月25日。
《教育系课程》（十八年至十九年度），《北京大学日刊》1929年9月23日。
《教育学系本学年度课程表》，《北京大学日刊》1930年10月21日。
《北大教育系二十年度课程》，《北京大学日刊》1931年9月14日。
《国立北京大学文学院课程一览》（民国二十一年至二十二年度），北京大学1932年版。
《国立北京大学文学院课程一览》（民国二十二年至二十三年度），北京大学1933年版。
《国立北京大学文学院课程一览》（民国二十三年至二十四年度），北京大学1934年版。
《国立北京大学文学院课程一览》（民国二十四年至二十五年度），北京大学1935年版。
《国立北京大学文学院课程一览》（民国二十五年至二十六年度），北京大学1936年版。
北京大学、清华大学、南开大学，云南师范大学合编：《国立西南联合大学史料》（三），云南教育出版社1998年版。
王学珍、郭建荣主编：《北京大学史料》（第四卷），北京大学出版社1993年版。
北京大学档案，BD194750。

（整理者：曹玲　蔡磊砢）

参考文献

档　案

《北京大学民国十九年六月各学系毕业学生清册》，北京大学档案，
　　MC193002－1。

《本校评议会选举法及改选人当选名单》，北京大学档案，BD1919013。

《第十九次会议记录》，北京大学档案，BD1946049。

《第二十七次会议记录》，北京大学档案，BD1946049。

《第四十八次会议记录》，北京大学档案，BD1947001。

《第五十一次会议记录》，北京大学档案，BD1947001。

《第五十六次会议记录》，北京大学档案，BD1947001。

《第五十七次会议记录》，北京大学档案，BD1947001。

《第六十二次会议记录》，北京大学档案，BD19481498。

《光绪二十九年所订之大学学制及其学科》，北京大学档案，BD1912001－2。

《国立北京大学二十七年度各学系毕业生一览》，北京大学档案，LD000029－02。

《国立北京大学各院系毕业生名册》（民国），北京大学档案，MC194605－4。

《国立北京大学教职员录（1935）》，北京大学档案，MC193503。

《国立北京大学教职员录（1936）》，北京大学档案，MC193603。

《国立北京大学入学试验试题》，北京大学档案，BD1935008。

《国立北京大学三十六年度招考研究生简章》，北京大学档案，BD1947458。

《国立北京大学三十五年度第二学期应届毕业生名册》，北京大学档案，
　　MC194704－6。

《国立北京大学十八年度学生一览》，北京大学档案，MC192901－1。

《国立北京大学文学院教职员录》（三七年一月二十一日），北京大学档
　　案，BD19480068。

《国立北京大学文学院教职员名册》，北京大学档案，BD1949112。

《国立北京大学校务委员会第八次会议纪录》，北京大学档案，BD2011949028。

《国立西南联合大学 34 年 12 月份俸薪表》，北京大学档案，LD0000068－2。

《教育部部长朱家骅回复北京大学关于各院系设置问题》，北京大学档案，BD1947435。

《教育部关于修正师范学院规程及废止改进师范学院办法的训令》，北京大学档案，BD1949070。

《民国二十年六月各学系毕业学生清册》，北京大学档案，MC193103－1。

《民国二十一年六月各学系毕业学生清册》，北京大学档案，MC193202－2。

《民国二十二年六月各学系毕业学生清册》，北京大学档案，MC193302－4。

《民国二十三年六月各学系毕业学生清册》，北京大学档案，MC193404－5。

《民国二十四年六月各学系毕业生清册》，北京大学档案，MC193502－2。

《民国二十五年度国立北京大学毕业生一览》，北京大学档案，MC193702－2。

《民国二十五年度六月各学系毕业生清册》，北京大学档案，MC193602－3。

《民国十六年六月各系毕业生名册》，北京大学档案，MC192702。

《民国十七年六月各系毕业学生名册》，北京大学档案，MC192802－1。

《评议会议事录》（第一册），北京大学档案，BD1919002。

《评议会议事录》（第四册），北京大学档案，BD1923009。

《三十六年度各院系初次审核准毕业人数统计》，北京大学档案，MC194804－4。

《十八年六月国立北京大学本科各系毕业学生清册》，北京大学档案，MC192902－2。

《文学院教育学系教员名单》，北京大学档案，BD1946071－2。

《文学院教员名册（三十六年）》，北京大学档案，BD1947037－2。

《西南联大分发北京大学各系学生名册》，北京大学档案，MC194609－1。

《西南联合大学历届本科毕业生名录及统计表（卅二年七月）》，北京大学档案，LD0000073－3。

《西南联合大学历届本科毕业生名录及统计表（卅三年七月）》，北京大学档案，LD0000073－3。

《西南联合大学历届本科毕业生名录及统计表（卅四年七月）》，北京大学档案，LD0000073－3。

职员录、同学录等

北大二十年级毕业同学录筹备委员会编:《北大二十年级同学录》,北京大学 1931 年版。

北大学生会文书股:《发展北大计划大纲》,北大学生会 1929 年版。

北京大学文牍课编:《国立北京大学职员录》(民国十九年五月),北京大学 1930 年版。

北京大学学生自治会北大半月刊社编:《北大(1946—48)》,北京大学学生自治会北大半月刊社 1948 年版。

国立北京大学编:《国立北京大学丙寅毕业同学录》(民国十五年),北京大学 1926 年版。

国立北京大学编:《国立北京大学教育学系课程指导书》(民国二十二年八月至二十三年七月适用),北京大学 1933 年版。

国立北京大学编:《国立北京大学教育学系课程指导书》(民国二十一年八月至二十二年七月适用),北京大学 1932 年版。

国立北京大学编:《国立北京大学教育学系课程指导书》(十四年至十五年),北京大学 1925 年版。

国立北京大学编:《国立北京大学民国二十一年毕业同学纪念册》,北京大学 1932 年版。

国立北京大学编:《国立北京大学同学录(民国十四年)》,北京大学 1925 年版。

国立北京大学编:《国立北京大学文学院课程一览》(民国二十一年至二十二年度),北京大学 1932 年版。

国立北京大学编:《国立北京大学文学院课程一览》(民国二十二年至二十三年度),北京大学 1933 年版。

国立北京大学编:《国立北京大学文学院课程一览》(民国二十三年至二十四年度),北京大学 1934 年版。

国立北京大学编:《国立北京大学文学院课程一览》(民国二十四年至二十五年度),北京大学 1935 年版。

国立北京大学编:《国立北京大学文学院课程一览》(民国二十五年至二十
六年度),北京大学1936年版。

国立北京大学编:《国立北京大学文学院课程一览》(民国二十一年至二十
二年度),北京大学1932年版。

国立北京大学编:《国立北京大学学科课程一览》(九年至十年度),北京大
学1920年版。

国立北京大学编:《国立北京大学一九三七级毕业同学录》,北京大学1937
年版。

国立北京大学编:《国立北京大学一览》(民国二十二年度),北京大学1933
年版。

国立北京大学编:《国立北京大学一览》(民国二十三年度),北京大学1934
年版。

国立北京大学编:《国立北京大学一览》(民国二十四年度),北京大学1935
年版。

国立北京大学编:《国立北京大学职员录》(民国十四年六月),北京大学总
务处1925年版。

国立北京大学课业处编:《国立北京大学学则》(叁版),北京大学出版组
1934年版。

国立北京大学课业处编:《国立北京大学学则》,北京大学出版组1936
年版。

国立北京大学卅一周年纪念会宣传股编:《北京大学卅一周年纪念刊》,国
立北京大学卅一周年纪念会宣传股1929年版。

五十周年筹备委员会编:《国立北京大学历届同学录》,国立北京大学出版
部1948年12月版。

国立北京大学编:《国立北京大学廿周年纪念册》,北京大学1918年版。

报　刊

《安徽地方政务研究周刊》、《安徽省教育行政周刊》、《北大校友》、《北大
学生》、《北京大学日刊》(1917年11月16日至1932年9月10日)、《北京

大学周刊》（1932 年 9 月 17 日至 1937 年 8 月 7 日）、《北平晨报》、《晨报》、《大夏周报》、《国立四川大学校刊》、《国立中山大学校报》、《国民政府公报》、《华北日报》、《江苏教育》、《教与学》、《教育部公报》、《教育丛刊》、《教育公报》、《教育杂志》、《京报》、《人民日报》、《新纪元》、《新教育》、《新闻报》、《学部官报》、《益世报》、《中华教育界》、《中央周报》

史料汇编

北京大学、清华大学、南开大学、云南师范大学编：《国立西南联合大学史料》（第一卷至第六卷），云南教育出版社 1998 年版。

北京大学、中国第一历史档案馆编：《京师大学堂档案选编》，北京大学出版社 2001 年版。

北京大学校史研究室编：《北京大学史料》（第一卷），北京大学出版社 1993 年版。

成都市政协文史学习委员会编：《成都市文史资料选编·教科文卫卷（下）人物荟萃》，四川人民出版社 2007 年版。

党德信编：《文史资料存稿选编》，中国文史出版社 2002 年版。

高等教育访问社：《北京各大学入学调查录》（十二年度），北京大学出版部 1924 年 6 月 5 日版。

教育部编：《教育部行政纪要第 2 辑》，文海出版社 1986 年版。

李文海主编：《民国时期社会调查丛编》（文教事业卷），福建教育出版社 2014 年版。

聂国柱主编：《江西文史资料》（第 50 辑），江西省政协学习、文史委员会 1993 年版。

山东大学校史编写组编：《山东大学校史资料》，山东大学校史编写组 1982 年版。

王学珍、郭建荣主编：《北京大学史料》（第二至四卷），北京大学出版社 2000 年版。

王学珍等主编：《北京大学纪事（1898—1997）》，北京大学出版社 1998 年版。

姚远编:《西北联大史料汇编》,西北大学出版社2012年版。

宜兴市政协学习和文史委员会、宜兴市台湾事务办公室、宜兴市侨务办公室编:《宜兴文史资料》(第29辑),宜兴市政协学习和文史委员会、宜兴市台湾事务办公室、宜兴市侨务办公室2003年版。

中国蔡元培研究会编:《蔡元培全集》(第16卷)(第18卷),浙江教育出版社1998年版。

中国人民政治协商会议河南省濮阳市委员会文史学习委员会编:《濮阳文史资料》,内部资料,1998年版。

中国人民政治协商会议江苏省江阴市委员会学习文史委员会编:《江阴文史资料》(第23辑),内部资料,2006年版。

中国人民政治协商会议江苏省徐州市委员会文史委员会编:《徐州文史资料》(第20辑),内部资料,2000年版。

中国人民政治协商会议江苏省徐州市委员会文史委员会编:《徐州文史资料》(第25辑),内部资料,2005年版。

中国人民政治协商会议全国委员会文史资料研究委员会编:《文化史料丛刊》(第3辑),文史资料出版社1982年版。

中国人民政治协商会议唐山市委员会文史资料委员会编:《唐山文史资料》,内部资料,1991年版。

中国人民政治协商会议浙江省绍兴县委员会学习文史委员会编:《绍兴文史资料选辑》,内部资料,1988年版。

中央档案馆编:《革命烈士传记资料》,中共中央党校出版社1983年版。

朱有瓛、戚名琇等编:《中国近代教育史资料汇编·教育行政机构及教育团体》,上海教育出版社1993年版。

工具书

《保定学院志》编纂委员会编:《保定学院志(1978—2010)》,河北大学出版社2014年版。

《中国社会科学家辞典》(现代卷)编委会编:《中国社会科学家辞典》(现代卷),甘肃人民出版社1986年版。

白化文主编:《中国近现代历史名人轶事集成》(第10册),山东人民出版社
　　2015年版。

陈乔之主编:《港澳大百科全书》,花城出版社1993年版。

陈玉堂编著:《中国近现代人物名号大辞典》,浙江古籍出版社1993年版。

丁光训、金鲁贤主编:《基督教大辞典》,上海辞书出版社2010年版。

樊荫南编纂:《当代中国名人录》,良友图书印刷公司1931年版。

方克立主编:《中国哲学大辞典》,中国社会科学出版社1994版。

抚顺市社会科学院编:《抚顺市志》(第十卷),辽宁民族出版社2000年版。

顾明远主编:《教育大辞典:增订合编本》,上海教育出版社1998年版。

顾明远总主编:《中国教育大系:历代教育名人志》,湖北教育出版社1994
　　年版。

广东省志编纂委员会编:《广东省志》(人物卷),方志出版社2014年版。

郭方忠、张克复等主编:《甘肃大辞典》,甘肃文化出版社2000年版。

湖北省地方志编纂委员会编:《湖北省志·人物志稿》,光明日报出版社
　　1989年版。

湖北省志·人物志编辑室编辑:《湖北人物传记》,湖北省武昌县印刷厂
　　1982年印刷。

季羡林主编:《敦煌学大辞典》,上海辞书出版社1998年版。

《江西省人物志》编纂委员会编:《江西省人物志》,方志出版社2007年版。

教育大辞典编纂委员会编:《教育大辞典》,上海教育出版社1990年版。

李华兴主编:《近代中国百年史辞典》,浙江人民出版社1987年版。

李景文编著:《民国教育史料丛刊总目提要》,大象出版社2015年版。

李新、孙思白主编:《民国人物传》,中华书局1978年版。

李新等主编:《中华民国史·人物传》,中华书局2011年版。

林吕建主编:《浙江民国人物大辞典》,浙江大学出版社2013年版。

刘国铭主编:《中国国民党百年人物全书》(下),团结出版社2005年版。

刘绍唐主编:《民国人物小传》,上海三联书店2014年版。

刘卫东主编:《河南大学百年人物志》,河南大学出版社2012年版。

上海市社会科学界联合会编:《二十世纪中国社会科学》(社会学卷),上海
　　人民出版社2005年版。

上海图书馆编:《中国近代期刊篇目汇录》(第二卷 中 3),上海人民出版社 1981 年版。

上虞县志编纂委员会编:《上虞县志》,浙江人民出版社 1990 年版。

四川百科全书编纂委员会编:《四川百科全书》,四川辞书出版社 1997 版。

宋德慈等主编:《二十世纪中华爱国名人辞典》,吉林大学出版社 1990 年版。

唐荣智主编:《世界法学名人词典》,立信会计出版社 2002 年版。

佟建寅主编:《台湾历史辞典》,群众出版社 1990 年版。

王鹌宾等主编:《东北人物大辞典》,辽宁古籍出版社 1996 年版。

王金铻、邢康主编:《爱国主义教育辞典》,山西人民出版社 2000 年版。

王荣华主编:《上海大辞典》(下),上海辞书出版社 2007 年版。

王巍主编:《20 世纪中国知名科学家学术成就概览·考古学卷》(第一分册),科学出版社 2015 年版。

西南师范大学教授名录编写组编:《西南师范大学教授名录》,西南师范大学出版社 2000 年版。

徐友春主编:《民国人物大辞典》,河北人民出版社 1991 年版。

许焕玉、周兴春等主编:《中国历史人物大辞典》,黄河出版社 1992 年版。

薛维维主编:《中国妇女名人录》,陕西人民出版社 1988 年版。

杨治良、郝兴昌主编:《心理学辞典》,上海辞书出版社 2016 年版。

尹恺德主编:《中国当代社会科学人物》,重庆大学出版社 1990 年版。

俞佐萍、陆京安等编:《浙江在台人物录》,浙江省地方志编纂室 1986 年版。

张岱年主编:《中国哲学大辞典》,上海辞书出版社 2014 年版。

张锋主编:《当代中国百科大辞典》,档案出版社 1991 年版。

张品兴、殷登祥等主编:《中华当代文化名人大辞典》,中国广播电视出版社 1992 年版。

浙江省人物志编纂委员会编:《浙江省人物志》,浙江人民出版社 2005 年版。

中共北京市委党史研究室编:《北京革命史简明词典》,北京出版社 1992 年版。

中国科学技术协会编:《中国科学技术专家传略·理学编·生物学卷》(1),

河北教育出版社 1996 年版。

中国社会科学家辞典现代卷编委会：《中国社会科学家辞典》（现代卷），甘肃人民出版社 1986 年版。

周川主编：《中国近现代高等教育人物词典》，福建教育出版社 2012 年版。

周家珍编著：《20 世纪中华人物名字号辞典》，法律出版社 2000 年版。

朱信泉、宗志文主编：《民国人物传》（第七卷），中华书局 1993 年版。

朱义禄主编：《中国近现代人文名篇鉴赏辞典》，上海辞书出版社 2014 年版。

著　述

安树芬、彭诗琅主编：《中华教育历程》，远方出版社 2006 年版。

北京大学校友联络处编：《笳吹弦诵情弥切——国立西南联合大学五十周年纪念文集》，中国文史出版社 1988 年版。

北京大学哲学系史稿编委会编：《北京大学哲学系史稿》，北京大学哲学系史稿编委会 2004 年版。

陈竞蓉：《教育交流与社会变迁：哥伦比亚大学与现代中国教育》，华中科技大学出版社 2011 年版。

陈昆、涂上飙主编：《教育部直属高校历史发展沿革概览》，武汉大学出版社 2018 年版。

陈媛：《中国大学教授研究——近代教授、大学与社会的互动史（1895—1949）》，山西教育出版社 2012 年版。

陈志科：《留美生与民国时期教育学》，天津人民出版社 2008 年版。

程新国：《庚款留学百年》，东方出版中心 2005 年版。

付邦红：《民国时期的科学计划与计划科学》，中国科学技术出版社 2015 年版。

高平叔编：《蔡元培教育论著选》，人民教育出版社 2011 年版。

高增德、丁东编：《世纪学人自述》（第一卷），北京十月文艺出版社 2000 年版。

顾红亮编著：《杜威在华学谱》，华东师范大学出版社 2019 年版。

郭戈:《教苑随想录》,河南大学出版社2005年版。

郭晋华著,孟廷为整理:《郭晋华教育文集》,中国和平出版社1996年版。

郭俊英主编:《北大红楼历史沿革考论》,文物出版社2012年版。

韩定生编纂:《新体教育学讲义》,商务印书馆1920年版。

韩信夫、姜克夫主编:《中华民国史·大事记》,中华书局2011年版。

华东师范大学教育系编:《中国现代教育文选(修订版)》,人民教育出版社1998年版。

李帆主编:《民国思想文丛·乡村建设派》,长春出版社2013年版。

刘海峰主编:《鉴古知今的教育史研究:第六届"两岸四地"教育史论坛文集》,厦门大学出版社2014年版。

罗桂环主编:《中国生物学史·近现代卷》,广西教育出版社2018年版。

罗久芳编著:《文墨风华:罗家伦珍藏师友书简》,北方文艺出版社2014年版。

吕雅璐主编:《抗战烽火中的中山大学》,中山大学出版社2017年版。

彭裕文、许有成主编:《台湾复旦校友忆母校》,复旦大学出版社2003年版。

浦薛凤:《音容宛在》,商务印书馆2015年版。

司琦、徐珍编:《吴俊升先生暨夫人倪亮女士年谱》,台湾三民书局1997年版。

陶行知:《陶行知全集》(第8卷),四川教育出版社2005年版。

宋恩荣主编:《晏阳初全集》(第1卷),湖南教育出版社1989年版。

王爱枝主编:《江天水一泓——毛泽东与文化名人的交往》,山西人民出版社2014年版。

王立诚:《美国文化渗透与近代中国教育:沪江大学的历史》,复旦大学出版社2001年版。

王学典主编:《考据与思辨:文史治学经验谈》,商务印书馆2013年版。

吴晞编著:《北京大学图书馆九十年记略》,北京大学出版社1992年版。

吴俊升:《教育生涯一周甲》,传记文学出版社1976年版。

吴祥兴主编:《师道永恒:上海师范大学名师列传》(一),上海人民出版社2009年版。

西南联合大学北京校友会编:《国立西南联合大学校史》,北京大学出版社

2006 年版。

萧超然等编：《北京大学校史（1898—1949）》，上海教育出版社 1981 年版。

萧恩承：《中国近代教育史》（*The History of Modern Education in China*），商务
　　印书馆 1935 年版。

寻霖、龚笃清编著：《湘人著述表》（二），岳麓书社 2010 年版。

阎书昌、周广业主编：《周先庚文集》（卷二），中国科学技术出版社 2013
　　年版。

阎书昌：《中国近代心理学史 1872—1949》，上海教育出版社 2015 年版。

姚远、董丁诚等撰：《图说西北大学百十年历史》，西北大学出版社 2017
　　年版。

叶志坚编：《中国近代教育学原理的知识演进：以文本为线索》，浙江大学出
　　版社 2012 年版。

余世存主编：《北大读本》，四川人民出版社 2018 年版。

余子侠、郑刚编：《中国近代思想家文库·余家菊卷》，中国人民大学出版社
　　2013 年版。

张竞生：《张竞生文集》，广州出版社 1998 年版。

张均兵：《国民政府大学训育：1927—1949 年》，光明日报出版社 2011 年版。

张宪文主编：《金陵大学史》，南京大学出版社 2002 年版。

张晓唯：《今雨旧雨两相知：民国文化名人史事钩沉》，百花文艺出版社 2005
　　年版。

张在军：《西北联大·抗战烽火中的一段传奇》，金城出版社 2017 年版。

赵莉如、林方等编：《心理学史》，团结出版社 1989 年版。

郑堆主编：《中国因明学史》，中国藏学出版社 2017 年版。

中德学会编译：《五十年来的德国学术》，商务印书馆 1937 年版。

中央档案馆：《共和国雏形——华北人民政府》，西苑出版社 1999 年版。

周策纵：《五四运动史》，岳麓书社 1999 年版。

周曲编著：《中外人文大讲堂》，中国华侨出版社 2017 年版。

朱典淼编著：《名流世家》，安徽师范大学出版社 2018 年版。

编者后记

2020 年是北京大学教育学科重建四十周年，北京大学教育学院建院二十周年。1980 年，北大高等教育研究室建立，标志着教育学科在北京大学的重建。1984 年，高等教育研究室发展为高等教育研究所，2000 年，高教所与电教中心合并成为教育学院。过去的四十年是中国高等教育大发展的时期，更是北大教育学科成长壮大的时期。

北大的教育学科最早可以追溯到 1902 年设立的京师大学堂师范馆，这是我国近代高等师范教育的起点，也是我国现代教育学科的起源。为继承历史，展望未来，我们梳理了北大教育学科发展的历史沿革，撰写了教育科系的简史，为曾经担任过北大教育学系系主任、名誉教授，开设过教育学相关课程的 91 位教授撰写了小传，整理了北大教育学系的师生名录、教育学科的课程大纲、课程一览及相关规则等历史文献。

本书为教育学院的部分师生合作编著的成果。各个部分的编著及统稿者如下所列：第一部分"北京大学教育科系简史"由林小英撰写；第二部分"教授小传"由王利平、蔡磊砢、刘云杉、林小英、沈文钦共同编撰，由王利平统稿；第三部分"北京大学教育学科史料编年辑录"由蔡磊砢和曹玲编撰；第四部分"附录"中的规则、课程大纲由蔡磊砢整理，教育学系师生名录、课程一览由曹玲和蔡磊砢整理。曹玲与方程煜、杨芊芊、黄鸿、冯雨奂、谢心怡、刘雪婷、贾宇婧、李波、倪晓畅等同学参与了小传的撰写，杨芊芊、张艾静、孟硕洋、谭越等同学参与了教育学科历史沿革的整理,陈梦圆、陈方舟同学协助录入了课程大纲等部分史料,曹玲、方程煜校订了英文拼写。

本书编撰所依据的多为 19 世纪末 20 世纪上半叶刊布的历史文献,其语言习惯、遣词造句等有明显的时代印记,为尊重历史,编辑时尽量保持文献的原貌。原文中的错别字,将订正之字置于错字后的"【】"内,如"联【概】念";增补脱字,置于"[　]"内,如"徐炳[昶]"。凡残缺或模糊难以辨认者,若知字数,一字用一"□"表示,难知字数,则用"▨"表示。因文献中外文拼写错误过多,编辑时进行了径改。原文中的繁体字、异体字均按现代规范进行了简化,但一些人物姓名保留了繁体形式,如"王西徵""王徵葵"等。标点符号的用法,在不损害原意的情况下,按现代规范进行了校订。

本书编著过程恰逢突如其来的新冠疫情,因条件所限,未能全面检索并查阅档案资料,不免有遗珠之憾。虽然编辑团队做了许多努力,但限于时间、精力,疏误之处在所难免。不当之处恳请读者批评指正。

2020 年 9 月 20 日

图书在版编目（CIP）数据

学堂兴 师道立：北京大学教育学科溯源：1902—
1949 / 蔡磊砢编著 . — 北京：商务印书馆，2021
（北大教育学文库）

ISBN 978-7-100-19663-5

Ⅰ . ①学… Ⅱ . ①蔡… Ⅲ . ①北京大学—教育学—学
科发展— 1902-1949 Ⅳ . ① G40-12

中国版本图书馆CIP数据核字（2021）第042344号

学堂兴 师道立

北京大学教育学科溯源（1902—1949）

蔡磊砢 等 编著

商 务 印 书 馆 出 版
（北京王府井大街36号 邮政编码 100710）
商 务 印 书 馆 发 行
江苏凤凰数码印务有限公司印刷
ISBN 978-7-100-19663-5

2021年9月第1版 开本 880×1240 1/32
2021年9月第1次印刷 印张 18¾
定价：76.00元